CB068321

Dia a dia com
CALVINO

DEVOCIONAL DIÁRIO

Publicações
Pão Diário

Dia a dia com

CALVINO

DEVOCIONAL DIÁRIO

João
CALVINO

Originally published in English under the title
Day by Day with John Calvin
Copyright © 2016 by Hendrickson Publishers
Peabody, MA, 01960, U.S.A.
All rights reserved.

COORDENAÇÃO EDITORIAL: Dayse Fontoura
TRADUÇÃO: Elisa Tisserant de Castro
REVISÃO: Dalila de Assis, Dayse Fontoura, Lozane Winter, Rita Rosário, Thaís Soler
PROJETO GRÁFICO: Audrey Novac Ribeiro
CAPA: Audrey Novac Ribeiro
DIAGRAMAÇÃO: Denise Duck

Dados Internacionais de Catalogação na Publicação (CIP)

Calvino, João
Dia a dia com Calvino
Tradução: Elisa Tisserant de Castro – Curitiba/PR, Publicações Pão Diário.
Título original: *Day by Day with John Calvin*
1. Teologia prática   2. Calvinismo
3. Vida cristã   4. Meditação e devoção

Proibida a reprodução total ou parcial sem prévia autorização, por escrito, da editora.
Todos os direitos reservados e protegidos pela Lei 9.610, de 19/02/1998.
Permissão para reprodução: permissao@paodiario.com

Exceto quando indicado o contrário, os trechos bíblicos mencionados são da edição Revista e Atualizada de João F. de Almeida © 2009 Sociedade Bíblica do Brasil.

Publicações Pão Diário
Caixa Postal 4190
82501-970 Curitiba/PR, Brasil
publicacoes@paodiario.org
www.publicacoespaodiario.com.br
Telefone: (41) 3257-4028

Capa dura: AW986
ISBN: 978-65-86078-83-1
Capa couro: QB877
ISBN: 978-65-86078-82-4

1.ª impressão 2021

Impresso na China

João CALVINO

João Calvino

(1509-64)

*Teólogo francês, pastor e reformador em Genebra,
na Suíça, considerado o sucessor de Martinho Lutero
e aclamado como o reformador mais
importante na segunda geração da Reforma Protestante.*

Infância e juventude

João Calvino (Jean Cauvin), nasceu em Noyon, nordeste da França, em 10 de julho de 1509. Seus pais, católicos praticantes, desde cedo instruíram os dois filhos, Charles e Jean, nos princípios da fé que professavam. Pelo fato de seu pai, Gérard Cauvin, manter ligações estreitas com o bispo da cidade, Calvino usufruiu de privilégios que lhe propiciaram uma excelente educação. Sua mãe, Jeanne Lefranc, oriunda de uma nobre família francesa, faleceu quando ele tinha 6 anos. Durante a infância, ele conviveu e estudou com os filhos das famílias locais. Sua inteligência e dedicação aos estudos lhe oportunizaram, já na adolescência, mudar-se para Paris, em 1523, onde estudou latim e humanidades. Em 1528, iniciou seus estudos na área jurídica em Orleans e depois em Bourges, onde também estudou grego. Nessa época, ele solidarizou-se com a causa da Reforma, pois simpatizava com as posições antipapistas.

Sua educação e interesses bem pontuais logo demonstraram que Calvino era adepto do humanismo, um significativo movimento intelectual da época da Renascença. Isso é compreensível, já que Calvino amava a cultura greco-romana, as artes, a literatura e a filosofia clássicas. Muito desse ideal permearia, posteriormente, sua postura política e teológica, visto que Calvino não almejava meramente um novo sistema eclesiástico, mas, sim, a transformação da sociedade.

Durante seu período de estudos, seu pai ficou seriamente doente e Calvino voltou para casa a fim de cuidar dele. Depois do falecimento de seu pai, em 1531, Calvino retornou a Paris e dedicou-se ao que mais gostava — a literatura clássica.

No ano seguinte, em 1532, Calvino publicou um artigo em que abordava a obra do antigo filósofo romano Sêneca, *De Clementia* (Sobre a clemência), solicitando ao rei Francisco I que usasse de clemência para com os reformadores, pois a Igreja francesa rechaçava severamente quaisquer inovações no tocante à religião.

Não muito tempo depois disso, Calvino, influenciado por pessoas bem próximas, converteu-se à fé evangélica por volta de 1533, aderindo formalmente ao protestantismo. Com isso passou de uma postura cristã nominal à espiritualidade bíblica e cristocêntrica.

Assim, como todo protestante do século 16, Calvino sofreu certa influência do luteranismo, especialmente no que tange à justificação pela graça mediante a fé em Cristo. Com isso, começou a combater as práticas e ensinos do catolicismo, o que lhe trouxe a perseguição da Inquisição.

Diante disso, no final de 1534, ele fugiu para Angoulême, onde hospedou-se na casa de um amigo. Lá passou a estudar profunda e sistematicamente a Bíblia dando início a sua principal obra teológica: as *Institutas*. O resultado de sua dedicação foi a publicação, em 1536, da primeira edição em latim das *Institutas da Religião Cristã* ou, como é mais popularmente conhecida, as *Institutas de Calvino*. Esse tratado não só revelou seus dotes literários e seu profundo conhecimento bíblico, como também trouxe à tona uma nova teologia bem distinta da de Lutero. Com as *Institutas* pensava em padronizar os princípios do protestantismo.

As *Institutas*, composta por quatro partes, aborda os seguintes temas: o ser e as obras de Deus; Jesus Cristo e a obra da redenção; instruções sobre a vida cristã e a igreja e sua relação com a sociedade e o Estado. Enfatizam a soberania das Escrituras e a predestinação divina — doutrina que defende que Deus elege aqueles que herdarão a vida eterna com base em Sua onipotência e graça. Assim, além de ser detentora de um valor teológico inestimável, as *Institutas de Calvino* representam também um marco intelectual e literário à História da Igreja.

Alguns meses mais tarde, Calvino se dispôs a ir para Estrasburgo, na Alemanha, mas, por causa de um inconveniente, precisou pernoitar em Genebra. Lá encontrou-se com Guilherme Farel, líder protestante que começara a Reforma ali. Este convenceu Calvino a ficar em Genebra e ajudá-lo com essa causa.

Em seu primeiro ano em Genebra, como se importava com a educação, Calvino propôs ao conselho municipal a criação de uma escola obrigatória para todas as crianças, inclusive meninas, e na qual as crianças pobres estudariam gratuitamente.

Calvino tinha uma meta muito clara a esse respeito: que cada aluno fosse de fato um cidadão e fosse versado "na linguagem e nas humanidades", além de receberem formação cristã e bíblica. O currículo, que ele ajudou a elaborar, enfatizava as artes e as ciências, bem como as Escrituras.

Calvino permaneceu em Genebra durante dois anos tentando, junto a Farel, implementar a Reforma, mas, devido a divergências com autoridades civis da cidade relacionadas a questões eclesiásticas expostas em alguns de seus escritos — "Artigos sobre o governo local" e "Confissões de fé" —, foi expulso da cidade.

Com isso, em 1538, Calvino foi para Estrasburgo, onde residiu por três anos (1538-41) junto ao reformador Martin Bucer. Lá, pastoreou uma modesta igreja de exilados franceses, lecionou em uma escola que serviu de base para a futura Academia de Genebra e participou de conferências que tinham como meta aproximar protestantes e católicos. Também produziu vários textos: uma edição inteiramente revisada das *Institutas* (1539), fez a primeira tradução dela para o francês (1541), elaborou um comentário da Epístola aos Romanos, a *Resposta a Sadoleto* (uma apologia da fé reformada), dentre outras obras. Também em Estrasburgo, em 1540, Calvino casou-se com a viúva Idelette de Bure, membro de sua igreja. Durante esse tempo, amadureceu e tornou-se um impressionante teólogo e pastor.

> *A igreja será sempre liberta das calamidades que lhe sobrevêm, porque Deus, que é poderoso para salvá-la, jamais suprime dela Sua graça e Sua bênção.*
> —João Calvino

Mudança definitiva para Genebra

Nesse ínterim, em 1541, Calvino foi convidado a retornar a Genebra, pois alguns de seus amigos tinham assumido o governo da cidade. Mesmo relutando, alguns meses depois, Calvino deixou a Alemanha e voltou a Genebra no dia 13 de setembro de 1541 e foi nomeado pastor da antiga catedral de Saint Pierre. Em seguida, escreveu uma constituição para a igreja reformada de Genebra (as *Ordenanças Eclesiásticas*), uma nova liturgia e um novo catecismo, que foram logo aprovados pelas autoridades civis. Nesse documento, Calvino prescreveu quatro ofícios para a igreja: pastores, mestres, presbíteros e diáconos.

Calvino empenhou-se intensamente para tornar Genebra uma cidade cristã. Por 14 anos (1541-55) digladiou-se com autoridades e algumas famílias influentes, às quais denominou de "libertinos". Nesse período, em 1549, sofreu uma grande perda: a morte de sua esposa dedicada e leal, que o acompanhara por dez anos. Calvino não se casou novamente. Nessa ocasião, também se deparou com alguns oponentes teológicos, dentre eles o médico espanhol Miguel Serveto, que negava a doutrina da Trindade. Serveto refugiou-se em Genebra após fugir da Inquisição, contudo devido a essa divergência teológica, em 1553, ele foi considerado herege e sentenciado à morte na fogueira. A omissão de Calvino em intervir a fim de impedir tal execução, ainda que compreensível à luz das circunstâncias da época, é uma triste mancha na biografia desse grande reformador.

Em Genebra, onde viveu o restante de seus dias, Calvino tornou-se um importante líder espiritual e político. Ele usou os princípios protestantes para estabelecer um governo religioso e, em 1555, recebeu poder ilimitado como líder da cidade. Os "libertinos" foram finalmente derrotados e conselhos municipais foram estabelecidos por homens que o apoiavam.

Calvino influenciou sobremaneira a sociedade genebrina, não apenas no aspecto moral e religioso, mas em diversas áreas. Ele contribuiu para que as leis da cidade se tornassem mais humanas, colaborou com a criação de um sistema educacional acessível aos cidadãos e incentivou a filantropia, cooperando para a organização de um hospital para carentes e um fundo de assistência aos estrangeiros pobres.

Ele instituiu muitas políticas positivas e também puniu a "impiedade". Nos primeiros cinco anos de sua gestão em Genebra, 58 pessoas foram executadas e 76 exiladas por suas crenças religiosas. Calvino não permitia outra arte além da música, porém sem instrumentos. Sob sua liderança, Genebra se tornou o centro do protestantismo e enviou pastores por toda Europa, que inspiraram o presbiterianismo na Escócia, o movimento puritano na Inglaterra e a igreja reformada na Holanda.

Em 1559, três importantes fatos aconteceram na vida de Calvino: ele tornou-se oficialmente um cidadão genebrino, a Academia de Genebra foi inaugurada — destinada primordialmente à preparação de pastores reformados— e publicou a última edição das *Institutas*.

Ao longo de seus anos ministeriais, embora com saúde debilitada, Calvino foi incansável em suas atribuições como pastor, pregador, administrador, professor e escritor. Enquanto Lutero trouxe paixão e populismo ao movimento religioso que promovera, Calvino, como um proeminente teólogo protestante, ficou conhecido pela abordagem intelectual e racional da fé ao fornecer os fundamentos teológicos do protestantismo.

> *A mente do homem é como um depósito de idolatria e superstição, de modo que, se o homem confiar em sua própria mente, é certo que ele abandonará a Deus e inventará um ídolo, segundo sua própria razão.*
> —João Calvino

Academia de Genebra

A Academia de Genebra foi a escola de grandes reformadores de toda a Europa, tornando Genebra o principal centro protestante de todo continente nos primórdios da Reforma.

Calvino acreditava que todo conhecimento, fosse ele "sagrado" ou "profano", provinha de Deus. Sua cosmovisão de mundo, em muito influenciada pelo humanismo, levava-o a crer que Deus é Senhor de todas as coisas, inclusive que toda verdade é verdade de Deus. Com essa crença, ele fundamentou o conceito da "Graça Comum" ou "Graça Geral" de Deus sobre todos os seres humanos.

Defendia que Deus agraciara todas as pessoas com inteligência, perspicácia, capacidade de entender e transmitir, independentemente de sua fé e crença. Assim, desconsiderar a mente secular era desprezar as dádivas que Deus concedeu ao mundo, até mesmo aos incrédulos, mediante a graça comum. Diante disso, não é de se estranhar que o coração de Calvino pulsava por uma educação que fosse acessível à população de um modo geral.

Calvino desejava criar uma universidade, mas os recursos da União eram insuficientes para tal empreendimento. Assim, ele se limitou a instituir a Academia de Genebra (1559). De acordo com o currículo da instituição, os alunos seriam alfabetizados e depois passariam à leitura do francês fluente, gramática latina e composição em latim, literatura grega, leitura de porções do Novo Testamento grego, juntamente com noções de retórica e dialética, com base nos textos clássicos.

Na mente desse Reformador, jamais existiu o conflito entre fé e ciência. Ao contrário da visão educacional escolástica medieval, Calvino considerava que o estudo da ciência física visava descobrir a natureza e sua dinâmica, pois Deus se revela à humanidade mediante Sua criação. Assim, ao estudar o mundo, o ser humano acabaria conhecendo Deus.

A Reforma e a Educação

Calvino, como outros reformadores, defendeu que a educação estivesse ao alcance de todos os cidadãos. Assim, os cristãos reformados se dedicaram a promover a educação, as artes e as ciências. Eles nunca consideraram a fé cristã como inimiga do avanço científico e do saber humano. Por isso, as ciências físicas e as biológicas foram influenciadas fortemente pelos calvinistas durante os séculos 16 e 17. Pesquisadores e cientistas, por sua vez, foram influenciados pela Reforma Protestante, especialmente pelo trabalho de João Calvino.

Nos séculos subsequentes, a educação foi profundamente influenciada por outros reformadores, principalmente os de princípios calvinistas. Nessa área, destaca-se a obra de João Amós Comênio, *Didática Magna*, considerada o primeiro tratado sistemático de pedagogia, de didática e de sociologia escolar.

Muitas das maiores e melhores universidades em diversos países europeus foram fundadas por reformados. Também, algumas das principais dos Estados Unidos, como as de Harvard, Yale e Princeton. No Brasil, os reformados trouxeram importantes contribuições para a educação, com a fundação de escolas e universidades e a influência nos meios educacionais.

> *"Tendo sido um espectador de sua conduta por 16 anos, posso declarar que todos os homens podem considerá-lo um modelo muito bonito de caráter cristão, um exemplo que é tão fácil de difamar quanto difícil de imitar."*
> —Theodore Beza, falando sobre Calvino

Morte e legado
João Calvino faleceu em 27 de maio de 1564 prestes a completar 55 anos em Genebra, Suíça. A seu pedido, foi sepultado em local desconhecido, pois queria evitar que possíveis homenagens póstumas à sua pessoa ocorressem e isso obscurecesse a glória de Deus. Ele foi muito modesto e jamais pretendeu ser considerado uma celebridade por conta de suas realizações.

Poucas são as personalidades na História da Igreja que estabeleceram um impacto tão profundo e duradouro quanto João Calvino. A partir da leitura dos profetas e dos evangelhos, Calvino também deixou contribuições nas áreas social e econômica, acentuando valores como a solidariedade, a compaixão e a justiça social. Inquestionavelmente o sistema calvinista foi responsável por boa parte da prosperidade econômica de Genebra.

No âmbito religioso, Calvino é considerado o pai da tradição protestante reformada, que engloba presbiterianos, congregacionalistas, parte dos batistas e parte do anglicanismo. Ele deixou muitas obras publicadas e seguidores do sistema que mais tarde foi chamado de calvinismo, em todo mundo. Na Europa Ocidental foram chamados de huguenotes (França), presbiterianos (Escócia), puritanos (Inglaterra) e protestantes (Holanda). Do século 16 até a contemporaneidade, o cristianismo de orientação calvinista tem se espalhado por toda a Terra.

No campo das missões, Calvino acolheu e treinou indivíduos que implantaram igrejas reformadas nas mais diferentes regiões da Europa. Em 1557, o reformador de Genebra foi responsável pelo envio de um pequeno contingente de huguenotes à Baía de Guanabara, onde o militar Nicolas Durand de Villegaignon havia estabelecido uma colônia, a França Antártica. Esse grupo realizou o primeiro culto protestante da história das Américas, empreendeu a primeira tentativa protestante de evangelizar os indígenas brasileiros e produziu um documento de singular beleza e profundidade — a *Confissão de Fé da Guanabara*. Dessa maneira, Calvino foi o único reformador protestante a ter uma conexão pessoal com o Brasil.

O seu famoso mote: "O meu coração te ofereço, ó Senhor, de modo pronto e sincero", com a imagem de uma das mãos segurando um coração e a inscrição das palavras em latim *Cor meum tibi offero Domine, prompte et sincere*, aparecem em todas as obras de Calvino como símbolo de seu serviço e propósito de vida.

"Confesso que vivo e morro nesta fé que Deus me concedeu, visto que não tenho outra esperança ou refúgio além de Sua predestinação, sobre a qual se fundamenta toda a minha salvação."
—João Calvino

1.º DE JANEIRO

JESUS EM CARNE

*E o Verbo se fez carne e habitou entre nós,
cheio de graça e de verdade, e vimos a sua glória,
glória como do unigênito do Pai.* —JOÃO 1:14

O evangelista mostra o que era essa vinda de Cristo que ele havia mencionado, a saber, o ter sido vestido de nossa carne e que, assim, Ele se revelou abertamente ao mundo. Ainda que o evangelista aborde brevemente o mistério inefável de que o Filho de Deus foi revestido da natureza humana, essa brevidade é, contudo, maravilhosamente manifesta. A palavra "carne" expressa mais forçosamente a intenção do evangelista do que se ele tivesse dito que Jesus foi feito homem. Pretendia mostrar a que condição miserável e desprezível o Filho de Deus desceu das alturas de Sua glória celestial por nossa causa. Quando as Escrituras falam do homem de modo desdenhoso, chamam-no de carne.

Agora, ainda que haja tão grande distância entre a glória espiritual do Verbo de Deus e a abominável imundície de nossa carne, o Filho de Deus, contudo, inclinou-se de tal forma que Ele próprio tomou essa carne sobre si, sujeitando-se a tamanhas misérias. A palavra "carne" não é aceita aqui como natureza corrompida (como é frequentemente utilizada por Paulo), mas como o homem mortal, ainda que ela denote de modo depreciativo sua natureza frágil e perecível como ocorre nestas passagens similares: "lembra-se de que eles são carne..." (SALMO 78:39) e "...toda carne é erva..." (ISAÍAS 40:6).

> *"...[a palavra carne] marca de modo depreciativo a
> natureza frágil e perecível do homem".*

João Calvino

VERDADEIRA ABUNDÂNCIA

*Porque todos nós temos recebido da sua
plenitude e graça sobre graça.* —JOÃO 1:16

João começa agora a pregar sobre o ofício de Cristo — que contém em si abundância de todas as bênçãos — de modo que parte alguma da salvação deve ser procurada em qualquer outro lugar. De fato, a fonte de vida, justiça, virtude e sabedoria está em Deus; mas para nós se trata de uma fonte secreta e inacessível. Todavia, uma abundância dessas coisas é exibida a nós em Cristo, de modo que nos seja consentido ter refúgio nele; pois Ele está pronto para fluir até nós desde que abramos um canal pela fé.

João declara em geral que fora de Cristo não devemos buscar algo de bom, ainda que nessa frase haja muitas cláusulas. Primeiro, ele demonstra que todos estamos inteiramente destituídos e vazios de bênçãos espirituais, pois a abundância que há em Cristo é destinada a suprir nossa deficiência e a satisfazer nossa fome e sede. Segundo, ele nos alerta que no momento em que nos afastamos de Cristo, é vaidade nociva buscarmos uma única gota de felicidade; porque Deus determinou que tudo o que é bom residirá somente nele. Logo, veremos que anjos e homens ficarão áridos, o Céu vazio, a Terra improdutiva e, em síntese, todas as coisas serão nulas em valor se desejarmos ser participantes dos dons de Deus de qualquer outra forma que não por meio de Cristo. Terceiro, ele nos garante que não teremos motivos para temer a falta de qualquer coisa, dado que recebemos da plenitude da Cristo, que é, em todos os aspectos, tão completa de modo que a vivenciaremos, de fato, como uma fonte inesgotável. E João classifica-se com o restante, não por modéstia, mas para deixar ainda mais evidente que homem algum jamais está excluído disso.

João Calvino

A EXPRESSÃO EXATA DE DEUS

*Ninguém jamais viu a Deus; o Deus unigênito,
que está no seio do Pai, é quem o revelou.* —JOÃO 1:18

Certamente, quando Cristo é chamado de expressão exata de Deus (HEBREUS 1:3), isso se refere ao privilégio peculiar do Novo Testamento. De modo semelhante, o evangelista descreve algo novo e incomum quando diz que o Deus unigênito, que está no seio do Pai, tornou conhecido para nós o que antes era oculto. João, portanto, magnifica a manifestação de Deus que foi trazida a nós pelo evangelho em que ele nos distingue dos antepassados e demonstra que somos superiores a eles (como também Paulo explica mais plenamente no terceiro e quarto capítulos da segunda epístola aos Coríntios). Pois argumento que já não há mais véu algum como existia sob a Lei, mas que Deus é abertamente contemplado na face de Cristo.

A visão que Moisés obtete no monte foi marcante e mais excelente do que quase todo o restante. E Deus, entretanto, declara expressamente: "...tu me verás pelas costas; mas a minha face não se verá" (ÊXODO 33:23). Por essa metáfora, Deus demonstra que o momento para uma revelação plena e clara ainda não chegara. Deve-se também observar que, quando os pais desejavam contemplar Deus, eles sempre voltavam seus olhos para Cristo. Não apenas quero dizer que eles contemplavam Deus em Seu Verbo eterno, mas também que participavam com toda a sua mente e todo o seu coração da prometida manifestação de Cristo. Por essa razão descobriremos que Cristo posteriormente disse: "Abraão, [...] alegrou-se por ver o meu dia..." (JOÃO 8:56); e aquilo que é subordinado não é contraditório.

João Calvino

É, portanto, um princípio fixo que Deus, que antes era invisível, fez-se agora visível em Cristo. Quando ele diz que o Filho estava no seio do Pai, a metáfora é emprestada dos homens, de quem se diz receberem no seio aqueles a quem comunicam todos os seus segredos. Ele demonstra, portanto, que o Filho estava familiarizado com os segredos mais ocultos de Seu Pai, a fim de nos informar de que temos o peito de Deus aberto para nós no evangelho.

ABRINDO MÃO DE SEUS "DIREITOS"

Entra em acordo sem demora com o teu adversário, enquanto estás com ele a caminho, para que o adversário não te entregue ao juiz, o juiz, ao oficial de justiça, e sejas recolhido à prisão. —MATEUS 5:25

Cristo parece ir mais longe e exortar sobre a reconciliação não somente àqueles que feriram seus irmãos, mas também àqueles que são tratados injustamente. Mas interpreto as palavras como tendo sido ditas com outro ponto de vista: abolir os motivos para o ódio e ressentimento e indicar o caminho para valorizar a boa vontade.

Pois de onde vêm todas as feridas se não daqui: de que cada pessoa é tão tenaz com relação a seus próprios direitos, ou seja, que cada um está tão pronto a levar em consideração seu próprio conforto em detrimento de outros? Quase todos são tão cegados por um amor perverso por si mesmos que, até nas piores situações, bajulam-se a si mesmos acreditando que agem corretamente. Para confrontar todo o ódio, hostilidade, contenda e injustiça, Cristo repreende essa teimosia, que é a fonte desses males, e ordena a Seu povo que cultive moderação e justiça, e que evite ao máximo aprofundar-se em discussões para que, por meio de tal ato de justiça, possa conquistar paz e amizade.

Dever-se-ia, de fato, desejar que nenhum tipo de controvérsia jamais surgisse entre cristãos — e indubitavelmente não se chegaria ao ponto do abuso ou da desavença se eles possuíssem a cota devida de mansidão. Porém, como é pouco provável que diferenças não surjam algumas vezes, Cristo mostra a solução por meio da qual elas serão imediatamente liquidadas: moderar nossos desejos e antes agir em desvantagem própria; e então averiguar nossos direitos com rigor inflexível.

João Calvino

OS ATRASOS DE DEUS

Ora, amava Jesus a Marta, e a sua irmã, e a Lázaro.
—JOÃO 11:5

Estas duas coisas parecem ser inconsistentes uma com a outra: o fato de Cristo permanecer dois dias além do Jordão como se não se importasse com a vida de Lázaro e, contudo, o evangelista dizer que Cristo amava Lázaro e suas irmãs. Pois, considerando que o amor produz ansiedade, Ele deveria ter se apressado imediatamente. Como Cristo é o único espelho da graça de Deus, é-nos ensinado por esse atraso de Sua parte que não devemos julgar o amor de Deus com base na condição que vemos diante de nossos olhos. Após termos orado, Ele frequentemente atrasa o Seu auxílio ou para que possa ampliar mais nosso ardor em oração, ou para que possa exercitar mais nossa paciência e, ao mesmo tempo, nos acostumar à obediência.

Que os cristãos, então, implorem pelo auxílio de Deus, mas que também aprendam a suspender seus desejos caso Ele não estenda Sua mão em seu socorro no momento em que eles acreditam que a necessidade exige. Pois qualquer que seja o Seu atraso, Ele nunca dorme e nunca se esquece do Seu povo. Entretanto, tenhamos também plena certeza de que Ele deseja que todos a quem ama sejam salvos.

> *"...não devemos julgar o amor de Deus com base na condição que vemos".*

João Calvino

SUA VIDA, UM DOM DE JESUS

*Todo aquele que o Pai me dá, esse virá a mim;
e o que vem a mim, de modo nenhum o lançarei fora.*
—JOÃO 6:37

Jesus não é o guardião de nossa salvação por um único dia ou por alguns dias apenas. Ele zelará por ela até o fim; de modo que nos conduzirá, por assim dizer, desde a instauração de nosso percurso até seu encerramento. Em vista disso, Ele menciona a ressurreição dos últimos dias. Essa promessa é altamente necessária para nós que gememos miseravelmente sob tão grande fraqueza da carne, da qual cada um de nós está bastante consciente. De fato, a todo momento a salvação de todo o mundo poderia ser arruinada, não fosse o fato de que cristãos, sustentados pela mão de Cristo, avançam ousadamente até o dia da ressurreição. Que isto, portanto, esteja fixado em nossa mente: Cristo estendeu a Sua mão para nós, sem nos abandonar no meio do percurso, para que nós, confiando em Sua bondade, possamos, com ousadia, erguer nossos olhos em direção ao último dia.

Há também outra razão porque Ele menciona a ressurreição: enquanto nossa vida estiver escondida (COLOSSENSES 3:3), seremos como mortos. Pois, em que aspecto os cristãos se diferem de homens perversos, se não pelo fato de que oprimidos por aflições e como ovelhas destinadas ao matadouro (ROMANOS 8:36) têm sempre um pé na sepultura e, de fato, não estão longe de continuamente serem engolidos pela morte? Logo não há outro suporte constante para nossa fé e paciência além deste: que mantenhamos fora de foco a condição de nossa vida presente, colocando nossa mente e sentidos no último dia e atravessemos as obstruções do mundo até que o fruto de nossa fé eventualmente apareça.

João Calvino

A IMPORTÂNCIA DA MISERICÓRDIA

Então, disseram uns aos outros: Na verdade, somos culpados, no tocante a nosso irmão, pois lhe vimos a angústia da alma, quando nos rogava, e não lhe acudimos; por isso, nos vem esta ansiedade.
—GÊNESIS 42:21

Os irmãos de José reconheceram que foi pelo julgamento de Deus que, ao implorarem, não obtiveram nada de José, agora governando no Egito, porque agiram tão cruelmente com seu irmão no passado. Cristo ainda não havia pronunciado a sentença: "Pois, com o critério com que julgardes, sereis julgados..." (MATEUS 7:2), mas é um ditado da natureza que aqueles que foram cruéis com outros sejam indignos de compaixão. Devemos ser mais cuidadosos para não agirmos como surdos diante dos tantos anúncios das Escrituras sobre essa questão. Pavorosa é esta condenação: "O que tapa o ouvido ao clamor do pobre também clamará e não será ouvido" (PROVÉRBIOS 21:13).

Portanto, enquanto tivermos tempo, aprendamos a exercitar a humanidade, a ter compaixão do miserável e a estender a mão para dar auxílio. Mas, se a qualquer momento nós formos tratados brutalmente por outros, e nossos clamores por piedade forem orgulhosamente rejeitados por eles, então, ao menos, perguntemos se nós, em algum aspecto, agimos cruelmente com outros. Pois ainda que seja melhor ser sábio de antemão, é, contudo, vantajoso refletirmos, quando outros nos desprezam orgulhosamente, sobre aqueles com quem lidamos no passado e se eles não vivenciaram dificuldades semelhantes por nossa causa. Ademais, a crueldade destes para conosco foi detestável para Deus (considerando que

João Calvino

Sua bondade se espalha pelo Céu e pela Terra, e Seu benfazer estende-se não apenas a pessoas, mas até mesmo a animais brutos), porque nada é mais contrário à Sua natureza do que rejeitarmos cruelmente aqueles que imploram nossa proteção.

João Calvino

COLOCANDO-SE CONTRA A TENTAÇÃO

Cura-me, Senhor, e serei curado, salva-me, e serei salvo; porque tu és o meu louvor.
—JEREMIAS 17:14

Somos ensinados por estas palavras que, sempre que pedras de tropeço surgem em nosso caminho, devemos clamar a Deus com ardor e sinceridade intensificados. Pois todos nós conhecemos nossa fraqueza; mesmo quando não temos que lutar, nossa fraqueza não nos permite permanecer incorruptíveis. Como então agiremos quando Satanás atacar nossa fé com os seus mecanismos mais sagazes? Assim, como agora vemos todas as coisas no mundo em estado corrompido, de modo que somos seduzidos por milhares delas desviando-nos da verdadeira adoração a Deus, aprendamos com o exemplo do profeta a esconder-nos sob as asas de Deus e a orar para que Ele nos cure. Pois não seremos apenas aparentemente malévolos; muitas perversões nos devorarão imediatamente a menos que o próprio Deus nos traga auxílio. Logo, quanto pior for o mundo e maior a licenciosidade do pecado, maior é a necessidade de orar a Deus para que nos guarde por Seu maravilhoso poder, como se estivéssemos nas próprias regiões do inferno.

Uma verdade geral pode também ser recolhida dessa passagem: o fato de que não está em nós o posicionarmo-nos ou manter-nos seguros de modo a sermos preservados; isso é a peculiar bondade de Deus. Pois se tivéssemos algum poder para nos preservar, continuar puros e genuínos em meio à perversão, sem dúvida Jeremias teria recebido tal dom. Porém, ele confessa que não há esperança de cura ou salvação, exceto por meio do favor singular de Deus. Pois o que mais é a cura se não pureza de vida? É como se Jeremias

João Calvino

tivesse dito: "Ó Senhor, não há em mim essa habilidade para preservar a integridade que o Senhor exige de nós"; portanto ele diz: "Cura-me e serei curado". E então, quando fala de salvação, ele, sem dúvida, quer dizer não ser suficiente que o Senhor nos auxilie uma vez ou por um curto período de tempo; Ele deve continuar a nos auxiliar até o fim. Portanto, o início, assim como todo o processo de salvação, é aqui atribuído, por Jeremias, a Deus.

Deus Todo-Poderoso, concede-nos que aprendamos, seja na necessidade ou abundância, a submetermo-nos a ti de modo que nossa única e perfeita felicidade seja depender do Senhor e descansar nessa salvação (cuja vivência já nos deste) até que alcancemos o eterno descanso onde desfrutaremos da salvação em toda a sua plenitude. Fomos feitos participantes dessa glória que nos foi ofertada pelo sangue de Teu Filho primogênito. Amém.

João Calvino

CAMINHANDO À LUZ DO DIA

...Não são doze as horas do dia?... —JOÃO 11:9

Cristo empresta uma comparação entre o dia e a noite, pois se qualquer homem realizar uma jornada na escuridão, não precisamos nos perguntar se ele, com frequência, tropeça ou se perde, ou cai; mas a luz do sol durante o dia indica a estrada de modo que não há perigo. Agora, o chamado de Deus é como a luz do dia, que não nos permite errar a estrada ou tropeçar. Quem, então, obedece a Palavra de Deus e nada empreende, se não for de acordo com o Seu comando, tem sempre Deus o guiando e direcionando do Céu. Com essa confiança ele pode, segura e ousadamente, seguir sua jornada. Pois, como nos é informado, quem em Seus caminhos anda tem anjos para guardá-lo e, sob a direção destes, está seguro de modo que não tropeçará nalguma pedra (SALMO 91:11,12).

Esse conhecimento é altamente necessário para nós, pois os cristãos dificilmente conseguem mover um pé para seguir o Senhor, e Satanás imediatamente interporá milhares de obstruções, apresentará uma variedade de perigos em todos os lados e tramará, de todas as formas possíveis, para opor-se a seu progresso. Contudo, quando o Senhor nos convida a ir adiante, de certo modo, segurando Sua lamparina para nós, devemos continuar corajosamente, ainda que muitas mortes cerquem nosso caminho. Deus nunca nos ordena avançar sem que, ao mesmo tempo, acrescente a promessa de nos encorajar para que sejamos plenamente convencidos de que, independentemente do que enfrentemos, se o fizermos de acordo com o Seu comando, estaremos em boa e próspera situação.

"...a luz do sol durante o dia indica a estrada".

João Calvino

ESPELHO DE INJUSTIÇA

*Sobreveio a lei para que avultasse a ofensa;
mas onde abundou o pecado, superabundou a graça, a
fim de que, como o pecado reinou pela morte,
assim também reinasse a graça pela justiça para a vida
eterna, mediante Jesus Cristo, nosso Senhor.*
—ROMANOS 5:20,21

A Lei é um tipo de espelho. Assim como em um espelho descobrimos qualquer mancha em nosso rosto, também na Lei contemplamos nossa impotência; e, depois, como consequência disso, contemplamos nossa iniquidade e, finalmente, a maldição como resultado de ambas. Aquele que não tem poder para seguir a justiça é necessariamente submerso na opressão da iniquidade e essa iniquidade é imediatamente seguida pela maldição.

Sendo assim, quanto maior for a transgressão da qual a Lei nos condene, mais severo o julgamento ao qual estaremos expostos. É nesse sentido que o apóstolo declara: "...pela lei vem o pleno conhecimento do pecado" (ROMANOS 3:20). Por essas palavras ele simplesmente indica o primeiro ofício da Lei como sendo vivenciado por pecadores ainda não regenerados. Em conformidade a isso é dito: "Sobreveio a lei para que avultasse a ofensa..." e, em concordância, que é "...o ministério da morte...", que "...suscita a ira..." e mata (ROMANOS 5:20; 2 CORÍNTIOS 3:7; ROMANOS 4:15).

Por isso não pode haver dúvida de que, quanto mais clara a consciência de culpa, maior a intensidade do pecado — porque é acrescentado à transgressão um sentimento de rebelião contra o Doador da Lei. Tudo o que resta à Lei é armar a ira de Deus para a destruição do pecador, pois por si só nada pode fazer senão o acusar, condenar e destruir.

João Calvino

Certamente, se toda a nossa vontade fosse formada para obediência e a ela propensa, o mero conhecimento da Lei seria suficiente para a salvação. Mas, considerando que nossa natureza carnal é corrompida, contraditória e antagônica à Lei divina (e em grau algum é retificada por sua disciplina), a consequência é que a Lei que, se tivesse sido adequadamente seguida, teria dado vida, se torna ocasião para o pecado e a morte. Quando todos são condenados por transgressão, mais a Lei declara a justiça de Deus, mais revela nossa iniquidade, mais inquestionavelmente nos garante que a vida e a salvação são tesouros guardados como recompensa da justiça, mais certamente nos garante que o injusto perecerá.

O ÚNICO PORTO DE SEGURANÇA

*Por isso mesmo, ele é o Mediador da nova aliança,
a fim de que, intervindo a morte para remissão das
transgressões que havia sob a primeira aliança,
recebam a promessa da eterna herança aqueles
que têm sido chamados.*
—HEBREUS 9:15

Agora é simples compreender a doutrina da Lei: Deus, como nosso Criador, tem o direito de ser reconhecido como Pai e Senhor e deveria, em conformidade, receber temor, amor, reverência e glória; pois de fato não somos donos de nós mesmos para que possamos seguir qualquer curso ditado pela paixão. Antes, estamos sujeitos a obedecê-lo por completo e a nos adequarmos integralmente a Seu bom prazer. Novamente, a Lei ensina que a justiça e a retidão são um deleite e a injustiça uma abominação para Ele e, portanto, como não desejamos nos insurgir com ingratidão contra nosso Criador, toda a nossa vida deve ser empregada no cultivo da justiça. Não nos pode ser permitido mensurar a glória de Deus por nossas habilidades. Independentemente do que sejamos, Ele permanece sendo quem é — amigo da justiça e inimigo da injustiça —, e quaisquer que sejam Suas exigências para nós, considerando que Ele só pode exigir o que é correto, nós estamos necessariamente sob obrigação natural de obedecer. Nossa inabilidade de assim fazer é nossa própria culpa.

Contrastando nossa conduta com a justiça da Lei, vemos o quão distante está de entrar em acordo com a vontade de Deus e, portanto, como somos indignos de termos lugar entre Suas criaturas e menos ainda de sermos considerados Seus filhos. Ademais, analisando nossas competências, vemos que são não apenas incapazes de cumprir a Lei, mas inteiramente inúteis. A

João Calvino

consequência necessária deve ser o produzir da desconfiança em nossa própria habilidade e, também, ansiedade e sobressalto da mente. A consciência não pode sentir o fardo de sua culpa sem que antes se volte para o julgamento de Deus à medida que a visão deste julgamento não falha em suscitar medo da morte. De forma semelhante, as provas de nossa absoluta impotência devem causar instantaneamente desespero com a nossa própria força. Ambos os sentimentos são produtores de humildade e vergonha. Então o pecador, aterrorizado com a perspectiva de morte eterna (que ele vê, de modo justo, iminentemente vindo sobre ele devido às suas iniquidades), volta-se para a misericórdia de Deus como único refúgio seguro.

UMA AUSÊNCIA PROVEITOSA

Então, Jesus lhes disse claramente: Lázaro morreu; e por vossa causa me alegro de que lá não estivesse, para que possais crer; mas vamos ter com ele.
—JOÃO 11:14,15

A bondade de Cristo foi surpreendente ao ser capaz de suportar tal ignorância rudimentar dos discípulos. E, de fato, a razão pela qual Ele retardou, por certo tempo, o outorgar-lhes a graça do Espírito em maior medida foi para que o milagre de renová-los em um único momento pudesse ser maior. Ele quis dizer que Sua ausência foi proveitosa a eles porque Seu poder teria sido menos notavelmente demonstrado se Ele tivesse dado assistência imediata a Lázaro. Pois quanto mais próximas da natureza estão as obras de Deus menos intensamente são valorizadas e menos brilhantemente Sua glória é revelada. É isto que vivenciamos diariamente; pois se Deus estende imediatamente Sua mão, não percebemos Seu auxílio. Para que a ressurreição de Lázaro, portanto, possa ser reconhecida pelos discípulos como sendo verdadeiramente uma obra divina, deve ser delongada para que seja amplamente destituída de solução humana.

Devemos nos lembrar, todavia, do que observei anteriormente: a bondade paterna de Deus para conosco é aqui representada na pessoa de Cristo. Quando Deus nos permite ser sobrecarregados com angústias e padecer por longo tempo sob elas, saibamos que dessa forma Ele promove nossa salvação. No momento em que passamos por isso, sem dúvida, lamentamos, ficamos atordoados e aflitos, mas o Senhor se alegra em razão de nosso benefício e nos dá demonstração duplicada da Sua bondade no seguinte sentido: Ele não somente perdoa nossos pecados, mas, de bom grado, encontra meios de corrigi-los.

João Calvino

O QUE DEUS PURIFICA

No dia seguinte, indo eles de caminho e estando já perto da cidade, subiu Pedro ao eirado, por volta da hora sexta, a fim de orar. Estando com fome, quis comer; mas, enquanto lhe preparavam a comida, sobreveio-lhe um êxtase; então, viu o céu aberto e descendo um objeto como se fosse um grande lençol, o qual era baixado à terra pelas quatro pontas, contendo toda sorte de quadrúpedes, répteis da terra e aves do céu. E ouviu-se uma voz que se dirigia a ele: Levanta-te, Pedro! Mata e come. Mas Pedro replicou: De modo nenhum, Senhor! Porque jamais comi coisa alguma comum e imunda. Segunda vez, a voz lhe falou: Ao que Deus purificou não consideres comum.

—ATOS 10:9-15

Quando diz: "...Ao que Deus purificou não consideres comum", está se referindo à carne, mas essa sentença deve ser estendida a todas as partes da vida. O sentido é de que não é nosso papel permitir ou condenar coisa alguma, mas, como nós nos levantamos e caímos somente pelo julgamento de Deus, da mesma forma Ele é juiz de todas as coisas (ROMANOS 14:4). Sobre a questão da carne: após o revogar da Lei, Deus pronuncia que são todos puros e limpos. Se, por outro lado, um mortal se levanta, criando uma nova diferença, proibindo certas coisas, essa pessoa toma sobre si a autoridade e o poder de Deus com ousadia sacrílega.

Mas confiemos no oráculo celestial e rejeitemos livremente as inibições. Devemos sempre pedir a orientação do Senhor, para que por meio disso tenhamos certeza do que podemos fazer licitamente — assim como não foi lícito nem mesmo para Pedro, considerar

João Calvino

profano algo que era lícito pela Palavra de Deus. Além disso, este é um ponto de extrema importância a ser abatido na lentidão das pessoas: o fato de que fazem muitos julgamentos e perversos demais. Não há quase ninguém que não conceda liberdade a si mesmo para julgar as ações de outras pessoas. Agora, como somos rudes e maliciosos, inclinamo-nos mais à pior parte, de modo que tomamos de Deus o direito de julgar que é dele. Essa mensagem por si só deve ser suficiente para corrigir tal ousadia; pois não é lícito que façamos disso ou daquilo algo impuro; antes, tal poder pertence somente a Deus.

VIDA PERPÉTUA

*...e todo o que vive e crê em mim
não morrerá, eternamente.* —JOÃO 11:26

Esta é a exposição da segunda cláusula: Cristo é a vida; e Ele de fato o é porque jamais permite que a vida que concedeu seja perdida, mas a preserva até o fim. Pois considerando que a carne é tão frágil, o que seria dos homens se, após terem obtido vida, fossem posteriormente entregues a si mesmos? A perpetuidade da vida deve, portanto, estar fundamentada no poder de Cristo, para que Ele complete o que começou.

A razão pela qual é dito que cristãos nunca morrem é porque sua alma, tendo nascido novamente de uma semente incorruptível (1 PEDRO 1:23), tem Cristo habitando-a, de quem auferem vigor perpétuo. Pois, ainda que o corpo esteja sujeito à morte em razão do pecado, o espírito, contudo, é vida em razão da justiça (ROMANOS 8:10). O fato de que o homem exterior deteriora diariamente está distante de tirar-lhes qualquer coisa concernente à verdadeira vida; antes auxilia o processo, pois o homem interior é renovado diariamente (2 CORÍNTIOS 4:16). E mais ainda, a morte, em si, é um tipo de emancipação da escravidão da morte.

> *"A perpetuidade da vida deve [...]
> estar fundamentada no poder de Cristo".*

João Calvino

15 DE JANEIRO

REAGINDO AO MEDO

*Antes que os espias se deitassem, foi ela ter com eles ao eirado e lhes disse: Bem sei que o S*ENHOR *vos deu esta terra, e que o pavor que infundis caiu sobre nós, e que todos os moradores da terra estão desmaiados.*
—JOSUÉ 2:8,9

Raabe reconhece que foi a mão divina que infligiu medo nos povos das nações de Canaã, o que, de certa forma, os faz declarar previamente sobre si mesmos sua própria ruína. Raabe deduz que o terror causado aos cananeus pelos filhos de Israel é um símbolo da vitória dos israelitas, visto que os israelitas lutam sob a liderança de Deus. No fato de que, ainda que a coragem dos cananeus havia se dissolvido, eles, ainda assim, se preparam para resistir os israelitas — com a obstinação do desespero — vemos que quando os perversos são derrotados e moídos pela mão de Deus, não são assim submissos a receber o jugo de Deus; antes, em seu terror e ansiedade, tornam-se incapazes de serem domados.

Aqui, também, temos que observar como, quando afligidos pelo mesmo medo, os cristãos se distinguem dos incrédulos e como Raabe demonstra sua fé. Ela própria estava temerosa, assim como todos os outros cananeus; mas, quando ela reflete no fato de que terá que tratar com Deus de um jeito ou de outro, conclui que sua única saída é evitar o mal rendendo-se humilde e placidamente, considerando que a resistência seria completamente inútil. Mas qual é trajetória adotada por todos os desventurados habitantes de Canaã? Ainda que o terror os tenha atingido, seu pecado estava tão longe de ser dominado que incentivavam uns aos outros ao conflito.

"...quando afligidos pelo mesmo medo, os cristãos distinguem-se dos incrédulos".

João Calvino

DEUS MAIS PRÓXIMO DE NÓS

A vida estava nele e a vida era a luz dos homens.
—JOÃO 1:4

Em minha opinião, [João] fala aqui da parte da vida em que os homens se sobressaem a outros animais; e ele nos informa que a vida concedida aos homens não era de descrição comum, mas estava unida à luz do entendimento. Ele separa o homem da classificação de outras criaturas, porque percebemos mais prontamente o poder de Deus, sentindo este poder em nós, em vez de contemplá-lo a distância.

Assim, Paulo não nos incumbe de buscar Deus a distância, pois Ele se faz sentir dentro de nós (ATOS 17:27). Após ter apresentado uma exibição geral da bondade de Cristo, para induzir os homens a adotarem uma visão mais próxima dessa bondade, ele indica o que foi outorgado particularmente a eles, ou seja: o fato de que não foram criados como animais, antes foram dotados de razão e, assim, obtiveram uma classificação mais elevada.

Como não é em vão que Deus confere a Sua luz à mente dos homens, segue que o propósito pelo qual foram criados foi para que possam reconhecer Aquele que é o Autor de tão excelente bênção. E considerando que essa luz foi transmitida dele para nós, deve nos servir como um espelho em que podemos contemplar claramente o poder divino do Verbo.

> *"...a vida concedida aos homens [...]*
> *estava unida à luz do entendimento".*

João Calvino

A FÉ E NOSSA RENOVAÇÃO

*Mas, a todos quantos o receberam,
deu-lhes o poder de serem feitos filhos de Deus,
a saber, aos que creem no seu nome; os quais
não nasceram do sangue, nem da vontade da carne,
nem da vontade do homem, mas de Deus.*

—JOÃO 1:12,13

O evangelista afirma que nenhum homem pode crer a menos que seja gerado de Deus e, portanto, a fé é um dom celestial. Segue um segundo ponto: a fé não é conhecimento vazio e frio, dado que nenhum homem pode crer se não tiver sido renovado pelo Espírito de Deus. Pode-se pensar que o evangelista inverte a ordem natural ao colocar a regeneração como precedente à fé; ao passo que é, pelo contrário, um efeito da fé e, portanto, deve ser alocada posteriormente. Replico que ambas afirmações estão em perfeito acordo, porque pela fé recebemos a semente incorruptível (1 PEDRO 1:23) pela qual somos nascidos de novo para a nova vida divina. E, contudo, a fé em si é obra do Espírito Santo, que não habita ninguém senão os filhos de Deus. Então, em vários aspectos, a fé é uma parte de nossa regeneração e uma entrada para o reino de Deus para que Ele possa contar-nos entre Seus filhos. A iluminação de nossa mente, acionada pelo Espírito Santo, pertence à nossa renovação e, desta forma, a fé flui da regeneração como sua fonte; mas dado que é pela mesma fé que recebemos Cristo, que nos santifica por Seu Espírito, é dito que ela é o início de nossa adoção.

Outra solução, ainda mais clara e simples, pode ser oferecida; pois, quando o Senhor sopra fé em nós, Ele nos regenera por algum método oculto e desconhecido a nós. Mas, após termos recebido a fé, percebemos, por um vigoroso sentimento de consciência, não

João Calvino

apenas a graça da adoção, mas também a novidade de vida e os outros dons do Espírito Santo. Pois dado que a fé, como dissemos, recebe Cristo, ela nos dá a posse, por assim dizer, de todas as Suas bênçãos. Assim, em respeito a nossos sentidos, é somente após termos crido que começamos a ser filhos de Deus. Mas, se a herança de vida eterna é o fruto da adoção, vemos como o evangelista atribui o todo de nossa salvação somente à graça de Cristo; e, de fato, ao examinarem-se intimamente, os homens não descobrirão coisa alguma que seja digna dos filhos de Deus, exceto o que Cristo lhes outorgou.

UM ESPÍRITO OUSADO

*Agora, pois, ó Senhor Deus,
tu mesmo és Deus, e as tuas palavras são verdade,
e tens prometido a teu servo este bem.*
—2 SAMUEL 7:28

Nossas orações não dependem, de modo algum, de nosso próprio mérito, mas o seu valor e esperança de sucesso são encontrados nas promessas de Deus e delas dependem, de modo que não precisam de nenhum outro suporte e não necessitam olhar para cima ou para baixo para esta ou aquela mão. Deve, portanto, estar fixo em nossa mente que, embora não nos igualemos à santidade dos patriarcas, profetas e apóstolos, a ordenança à oração é comum a nós e a eles, e a fé é comum; de modo que, se nos apoiarmos na Palavra de Deus, somos, com relação a esse privilégio, seus companheiros.

Pois, ao declarar que ouvirá e será favorável a todos, Deus encoraja os mais miseráveis a ter esperança de que obterão o que pedem. Assim, deveríamos seguir as formas gerais de expressão, das quais não se exclui nenhuma delas, desde a primeira até a última: que haja apenas sinceridade de coração, autoinsatisfação, humildade e fé para que, pela hipocrisia de uma oração fraudulenta, não profanemos o nome de Deus. Nosso mais misericordioso Pai não rejeitará aqueles a quem não apenas encoraja a vir a Ele, mas também nos incita a isso de todas as formas possíveis. Por isso, a oração de Davi: "Agora, pois, ó Senhor Deus, tu mesmo és Deus, e as tuas palavras são verdade, e tens prometido a teu servo este bem. [...] a fim de permanecer para sempre diante de ti...". E também em outra passagem: "Venha, pois, a tua bondade consolar-me, segundo a palavra que deste ao teu servo".

João Calvino

Quaisquer que sejam os pretextos que os incrédulos empregam quando não correm para Deus assim que a necessidade os impele, nem o buscam ou imploram Seu auxílio, estão defraudando-o de Sua devida honra tanto quanto o fariam se estivessem fabricando para si novos deuses e ídolos, dado que desta forma negam que Deus seja o autor de todas as suas bênçãos. Por outro lado, não há nada que mais eficazmente liberte a mente piedosa de toda dúvida do que estar armado com o pensamento de que nenhum obstáculo deveria detê-los enquanto estão obedecendo ao comando de Deus, que declara que nada o satisfaz mais do que a obediência. Um espírito ousado em oração está de bom acordo com o temor, a reverência e a inquietação.

O DOM DA PERSEVERANÇA

*Disse-lhe o senhor: Muito bem, servo bom
e fiel; foste fiel no pouco, sobre o muito
te colocarei; entra no gozo do teu senhor.*
—MATEUS 25:21

Com relação à perseverança, teria sido, indubitavelmente, considerada como o dom gratuito de Deus caso não tivesse prevalecido este tão destrutivo erro: acreditar que ela é concedida proporcionalmente ao mérito humano, conforme o acolhimento que cada indivíduo dá à graça inicial. Isso deu ascensão à ideia de que estaria inteiramente em nosso poder receber ou rejeitar a graça de Deus ofertada; essa ideia é tão facilmente destruída quanto a ruína do erro nela fundamentado.

O erro, de fato, é ambivalente. Pois não apenas ensina que nossa gratidão pela primeira graça e nosso uso legítimo dela são recompensados por fornecimentos subsequentes de graça, mas também ensina que a graça não age sozinha; afirmando que coopera conosco. Com relação à primeira afirmação, devemos compreender que o Senhor, enquanto diariamente enriquece Seus servos e os mune de novos dons da Sua graça (porque Ele aprova a obra que começou e nela tem prazer), e a eles seguirá com medidas ainda maiores de graça. Nesse sentido são as sentenças: "...a todo o que tem dar-se-lhe-á..." (LUCAS 19:26) e "...Muito bem, servo bom e fiel; foste fiel no pouco, sobre o muito te colocarei..." (MATEUS 25:21,23,29).

Mas aqui são necessárias duas precauções: não deve ser dito que o uso legítimo da primeira graça é recompensado por medidas subsequentes de graça, de modo que o homem tornasse a graça de Deus eficaz por sua própria diligência. Nem se pode pensar que há tal recompensa, pois deixa de ser a graça de Deus. Admito, então, que os cristãos devem esperar como uma bênção de Deus que,

João Calvino

quanto melhor uso fizerem da primeira graça, maiores serão os fornecimentos recebidos de graça futura. Mas digo que até mesmo esse uso é do Senhor, e essa compensação é concedida gratuitamente por mera boa vontade.

SUJEITO A SATANÁS

*Ele vos deu vida, estando vós mortos nos vossos delitos
e pecados, nos quais andastes outrora, segundo o curso
deste mundo, segundo o príncipe da potestade do ar,
do espírito que agora atua nos filhos da desobediência...*
—EFÉSIOS 2:1,2

Creio que foi suficientemente provado o fato de que o homem é tão escravizado pelo jugo do pecado a ponto de não conseguir, por sua própria natureza, ter o bem como alvo, seja em desejo ou em busca efetiva. Ademais, foi estabelecida uma distinção entre compulsão e necessidade deixando ainda mais claro que o homem peca, ainda que necessariamente, mas o faz voluntariamente.

Mas, do fato de que o homem é levado a ser escravo do diabo, poderia denotar que ele é acionado mais pela vontade do diabo do que por sua própria. Agostinho (comentando Salmos 32 e 33) compara a vontade humana a um cavalo pronto para largar, e Deus e o diabo a cavaleiros: "Se Deus monta o cavalo, Ele, como um cavaleiro moderado e habilidoso, guia o animal calmamente, o estimula quando muito lento, puxa as rédeas quando rápido demais, contém sua audácia e exagero, verifica seu mau humor e o mantém no percurso adequado; mas, se o diabo toma a sela, como um cavaleiro ignorante e impetuoso, ele acelera o cavalo em solo irregular, o direciona a fossos, o faz passar por cima de precipícios, o impele à obstinação e à fúria".

Com essa analogia, dado que uma melhor não sucede, nos contentaremos no momento. Quando é dito que a vontade do homem natural está sujeita ao poder do diabo e é acionada por ele, o significado não é de que a vontade, ainda que relutante e resistente, é forçada a submeter-se (como senhores obrigam escravos

João Calvino

intransigentes a executar suas ordens), mas de que, fascinada pelas ardilezas de Satanás, ela necessariamente se rende à sua orientação e lhe presta homenagem. Aqueles a quem o Senhor não favorece com a direção, Ele, por um julgamento justo, os destina à ação de Satanás.

Por conseguinte, o apóstolo diz: "...o deus deste século cegou o entendimento dos incrédulos, para que lhes não resplandeça a luz do evangelho da glória de Cristo, o qual é a imagem de Deus". E, em outra passagem, ele descreve o diabo como "...espírito que agora atua nos filhos da desobediência" (EFÉSIOS 2:2). O cegar os perversos e todas as iniquidades consequentes dessa cegueira são chamados de obras de Satanás — obras cujas causas não devem ser procuradas em nada exterior à vontade do homem em que está a raiz do mal e em que é fixada a fundação do reino de Satanás (em outras palavras, o pecado).

PROVIDÊNCIA DIVINA

*Olhou-os, contudo, quando estavam angustiados
e lhes ouviu o clamor; lembrou-se,
a favor deles, de sua aliança e se compadeceu,
segundo a multidão de suas misericórdias.
Fez também que lograssem compaixão de todos
os que os levaram cativos.*
—SALMO 106:44-46

Nestas ações, que em si não são boas ou ruins e são concernentes à vida física e não espiritual, a liberdade que o homem possui ainda não foi explicada. Alguns outorgaram uma livre escolha ao homem em tais ações.

Ainda que eu admita que aqueles que sustentam que o homem não tem em si a habilidade de fazer o que é justo sustentam aquilo que é particularmente necessário ser conhecido para a salvação, creio que não se deve negligenciar o fato de que é dívida nossa com a especial graça de Deus sempre que escolhemos aquilo que é para nosso benefício, e nossa vontade se inclina nesta direção; e sempre que, por outro lado, afastamo-nos daquilo que nos causaria malefício.

E a interferência da providência divina chega a ponto de não somente desenrolar eventos de modo que tenham o resultado que fora previsto como adequado, mas de dar às vontades dos homens a mesma direção. Caso consideremos a administração de questões humanas com os olhos do bom senso, não teremos dúvida de que, até o momento, elas estão à disposição do homem. Mas, se dermos atenção às muitas passagens das Escrituras que proclamam que, mesmo nessas questões, a mente dos homens são governadas por Deus, seremos compelidos a colocar a escolha humana subordinada à Sua influência especial.

João Calvino

Quem concedeu aos israelitas tal favor aos olhos dos egípcios, a ponto de lhes cederem todos os seus bens mais valiosos (ÊXODO 11:3)? Eles nunca teriam sido tão favoráveis por iniciativa própria. Suas inclinações, portanto, foram mais dominadas por Deus do que reguladas por si mesmos. E, certamente, se Jacó não tivesse sido convencido de que Deus inspira homens com afetos diversos conforme lhe parece aprazível, ele não teria dito a seu filho José (que pensava ser um egípcio pagão): "Deus Todo-Poderoso vos dê misericórdia perante o homem..." (GÊNESIS 43:14). Quando o Senhor se agradou de ter compaixão do Seu povo, Ele também os fez a todos alvo da compaixão de todos os que os mantinham cativos (SALMO 106:46).

João Calvino

TRANSFORMADO PELA MÃO DE DEUS

*Como ribeiros de águas assim é o coração do rei
na mão do Senhor; este, segundo o seu querer, o inclina.*
—PROVÉRBIOS 21:1

Sempre que Deus se agrada de abrir caminho para Sua providência, até mesmo em questões externas, Ele curva e dobra as vontades dos homens. Seja qual for sua liberdade de escolha, ainda está sujeita à disposição de Deus. A experiência diária ensina que sua mente depende mais da ação de Deus do que de sua própria liberdade de escolha. O seu julgamento frequentemente falha, e, em questões de pouca dificuldade, sua coragem desfalece. Em outros momentos, em questões da maior obscuridade, o modo de explicá-las rapidamente se expõe, enquanto, em questões momentâneas e de ameaça, sua mente se eleva superior a toda dificuldade. Com esta abordagem interpreto as palavras de Salomão: "O ouvido que ouve e o olho que vê, o Senhor os fez, tanto um como o outro" (PROVÉRBIOS 20:12). Pois parecem, a meu ver, referirem-se não à sua criação, mas à graça peculiar em seu uso. Quando ele diz: "Como ribeiros de águas assim é o coração do rei na mão do Senhor; este, segundo o seu querer, o inclina" (PROVÉRBIOS 21:1), ele inclui toda a raça em uma classe específica.

Caso qualquer vontade seja livre de sujeição, deve ser uma vontade possuidora de poder magnificente e, de certa forma, exercer domínio sobre outras vontades. Contudo, se está sob a mão de Deus, nossa vontade certamente não pode ser imune a ela. Sobre esse assunto há uma admirável opinião de Agostinho: "A Escritura, se cuidadosamente examinada, demonstrará não apenas que a boa vontade dos homens se torna boa por Deus, a partir da

João Calvino

própria maldade; e quando assim se faz, passam a ser direcionadas a boas ações até a vida eterna. Mas aqueles que conservam os elementos do mundo estão em poder de Deus para os voltar para onde lhe aprouver, e quando lhe aprouver, seja para executar atos de bondade ou, por um julgamento oculto e, entretanto, justo, infligir castigo".

UMA DISTRAÇÃO MALCHEIROSA

...Senhor, já cheira mal...
—JOÃO 11:39

Não havendo nada mais inconsistente com a vida do que putrefação e odor repugnante, Marta deduz que não se pode encontrar solução alguma. Portanto, quando nossa mente está preocupada com pensamentos tolos, banimos Deus de nossa companhia, se nos é permitido assim dizer, de modo que Ele não possa cumprir em nós Sua obra. Certamente, Marta não tinha consciência de que seu irmão não jazia permanentemente na sepultura, pois ela elimina a expectativa de que ele viva e, ao mesmo tempo, se esforça para impedir Cristo de ressuscitá-lo; e, contudo, sua intenção era completamente outra. Isso surge da fraqueza da fé. Distraídos de várias maneiras, lutamos conosco mesmos e, enquanto estendemos uma das mãos pedindo auxílio de Deus, repelimos, com a outra, esse auxílio assim que nos é oferecido. De fato, Marta não falou erradamente ao declarar: "Mas também sei que, mesmo agora, tudo quanto pedires a Deus, Deus to concederá"; mas uma fé confusa é pouco vantajosa, a menos que seja colocada em ação quando chegamos em um caso prático.

Podemos também perceber em Marta como são variados os efeitos da fé, até mesmo nas pessoas mais espetaculares. Ela foi a primeira a vir ao encontro de Cristo — o que não foi prova comum de piedade — e, contudo, ela não deixa de lançar dificuldades em Seu caminho. Aprendamos, para que a graça de Deus tenha acesso a nós, a atribuir a ela poder muito maior do que nossos sentidos conseguem compreender; e, se a primeira e única promessa de Deus não tiver peso suficiente para nós, que ao menos sigamos o exemplo de Marta dando a Ele nossa anuência quando Ele a confirmar uma segunda ou terceira vez.

João Calvino

INCONVENIÊNCIAS

*Se o deixarmos assim, todos crerão nele;
depois, virão os romanos e tomarão não só o nosso lugar,
mas a própria nação.* —JOÃO 11:48

Ora, é malicioso deliberar sobre preservar-se de perigos que não podemos evitar, a menos que o façamos escolhendo abandonar o caminho correto. Nosso primeiro questionamento deve ser: o que Deus ordena e escolhe que seja feito? Por meio disso devemos viver, qualquer que seja a consequência para nós.

Aqueles homens, por outro lado, determinam que Cristo deve ser removido do meio deles, para que não surja inconveniência alguma ao permitir-lhe que proceda como começou. Mas, e se Ele tiver sido enviado por Deus? Deverão banir de seu meio um profeta de Deus para comprar paz com os romanos? Tais são os esquemas daqueles que não temem a Deus verdadeira e sinceramente. O que é correto e lícito não lhes interessa, pois toda a sua atenção é direcionada às consequências.

Porém, a única maneira de deliberar de modo adequado e santo é esta: primeiro devemos questionar qual é a vontade de Deus. Depois devemos seguir ousadamente o que quer que Ele imponha e não nos desencorajarmos por medo algum ainda que sejamos cercados por mil mortes; pois nossas ações não devem ser movidas por nenhuma rajada de vento, mas devem ser constantemente reguladas somente pela vontade de Deus. Aquele que com ousadia despreza os perigos — ou, ao menos, elevando-se acima do medo desses perigos, obedece sinceramente a Deus — terá, a longo prazo, um resultado próspero. Pois, ao contrário da expectativa de todos, Deus abençoa essa solidez que é encontrada na obediência à Sua Palavra.

"Primeiro, devemos questionar qual é a vontade de Deus".

João Calvino

REUNIÃO DO EVANGELHO

*Ora, ele não disse isto de si mesmo; mas,
sendo sumo sacerdote naquele ano, profetizou que Jesus
estava para morrer pela nação e não somente
pela nação, mas também para reunir em um só corpo
os filhos de Deus, que andam dispersos.*

—JOÃO 11:51,52

Ao dizer que Jesus morreria, o evangelista primeiro mostra que o todo de nossa salvação consiste no fato de que Cristo deveria nos unir em um, pois, desta forma, Ele nos reconcilia com o Pai em quem está a fonte da vida (SALMO 36:9). Consequentemente, também, deduzimos que a raça humana está dispersa e afastada de Deus até que os Seus filhos sejam reunidos sob Cristo, seu cabeça.

Portanto, a comunhão dos santos é uma preparação para a vida eterna, pois todos aqueles que Cristo não reúne ao Pai permanecem na morte, como veremos novamente no capítulo 17 de João. Pela mesma razão, Paulo também ensina que Cristo foi enviado para que pudesse reunir todas as coisas que estão no Céu e na Terra (EFÉSIOS 1:10).

Por conseguinte, para que possamos desfrutar da salvação trazida por Cristo, a discórdia deve ser removida, e nós devemos ser feitos um com Deus, com anjos e uns com os outros. O motivo e penhor dessa unidade foi a morte de Cristo, pela qual Ele atraiu todas as coisas a si; mas nós somos diariamente reunidos pelo evangelho no aprisco de Cristo.

> *"A comunhão dos santos
> é a preparação para a vida eterna."*

João Calvino

ORAÇÃO CORAJOSA

*…venha o teu reino; faça-se a tua vontade,
assim na terra como no céu.*
—MATEUS 6:10

Devemos auferir destes versículos uma admoestação proveitosa. Pois, se somos membros da Igreja, o Senhor nos chama para apreciarmos os mesmos desejos que Ele gostaria que os que criam sob a Lei apreciassem; ou seja, que desejássemos de todo o nosso coração que o reino de Cristo florescesse e prosperasse, e que também o demonstrássemos por meio de nossas orações.

Para nos dar maior coragem em oração, devemos observar que Ele nos prescreve as palavras. Ai de nossa preguiça, se extinguirmos por nossa frieza, ou apagarmos pela indiferença, o ardor que Deus desperta. Contudo, saibamos que as orações que oferecemos pela direção e autoridade de Deus não serão vãs. Dado que não venhamos a ser indolentes ou não nos desgastemos na oração, Ele será um guardião fiel do Seu reino para defendê-lo por Seu poder e proteção invencíveis.

É de fato verdade que, embora permaneçamos sonolentos e inativos, a majestade de Seu reino será firme e certa. Mas, quando é menos próspero, o que é frequentemente o caso, do que deve ser, ou antes entra em declínio, como percebemos ocorrer nos dias atuais, temerosamente disperso e devastado, isso ocorre unicamente por nossa culpa. E quando uma pequena restauração, ou quase que nenhuma, for vista, ou ao menos quando avançar lentamente, atribuamos isso à nossa indiferença. Diariamente pedimos a Deus "que o Seu reino venha" (MATEUS 6:10), mas dificilmente um homem em cem o deseja sinceramente. De forma justa, então, ficamos desprovidos da bênção de Deus, pela qual clamamos até a exaustão.

João Calvino

O PECADO ORIGINAL

Portanto, assim como por um só homem entrou o pecado no mundo, e pelo pecado, a morte, assim também a morte passou a todos os homens, porque todos pecaram.
—ROMANOS 5:12

O pecado original pode ser definido como uma corrupção e depravação hereditária de nossa natureza, estendendo-se a todas as partes da alma, o que primeiro nos torna atrevidos com a ira de Deus e depois produz em nós obras que nas Escrituras são conhecidas como obras da carne. Essa corrupção é repetidamente classificada por Paulo pelo termo "pecado" (GÁLATAS 5:19). As obras procedentes dele — tais como adultério, fornicação, roubo, ódio, assassinato, injúria — ele classifica, da mesma forma, como frutos do pecado, ainda que em várias passagens das Escrituras, e até mesmo pelo próprio Paulo, sejam também classificadas como pecado.

As duas coisas, portanto, devem ser observadas distintivamente. O fato de sermos assim pervertidos e corrompidos em todas as partes de nossa natureza, ocorre meramente em razão de tal corrupção, merecidamente condenada por Deus a quem nada é aceitável senão justiça, inocência e pureza. Isso não se trata de responsabilidade pelo pecado de outro, pois, quando é dito que o pecado de Adão nos tornou antipáticos à justiça de Deus, o significado não é o de que nós, que somos inocentes e inculpáveis, estamos carregando a culpa de Adão, mas, considerando que, pela transgressão de Adão, estamos todos sob a maldição, diz-se que ele nos colocou sob esta responsabilidade. Por meio dele, no entanto, não decorreu apenas o castigo, mas a poluição foi instilada, para o que o castigo seja justamente devido.

João Calvino

Em seguida vem o outro ponto: o fato de que essa perversidade em nós nunca se interrompe, mas produz constantemente novos frutos. Em outras palavras, essas obras da carne que descrevemos antes são como uma fornalha acesa que dissipa centelhas e chamas, ou uma fonte que jorra água sem cessar. Nossa natureza não é apenas inteiramente desprovida de bondade, mas tão prolífica em todos os tipos de mal, que nunca poder ser inativa.

NATURALMENTE VICIOSO

Eis o que tão somente achei: que Deus fez o homem reto, mas ele se meteu em muitas astúcias. —ECLESIASTES 7:29

Acabemos com os argumentos daqueles que ousam insculpir o nome de Deus em seus vícios porque nós declaramos que os homens nascem viciosos. A arte divina, que devem procurar na natureza de Adão enquanto ele ainda era íntegro e incorruptível, eles esperam, absurdamente, encontrar em sua depravação. A culpa de nossa ruína está em nossa própria carnalidade, não em Deus; sua única causa sendo a degenerescência de nossa condição original. E que ninguém aqui alegue que Deus poderia ter fornecido algo melhor para nossa segurança prevenindo a queda de Adão. Essa objeção que, pela audaz pretensão nela sugerida, é hedionda para toda mente piedosa relaciona-se ao mistério da predestinação que será posteriormente considerada em seu lugar adequado. Entretanto lembremo-nos de que nossa ruína é imputável à nossa própria depravação para que não insinuemos uma acusação contra o próprio Deus, Autor da natureza. É verdade que a natureza recebeu uma ferida mortal, mas há uma grande diferença entre uma ferida por fator externo e aquela inerente à nossa condição primeva. Está claro que essa ferida foi provocada pelo pecado, portanto não temos fundamento para queixa, exceto contra nós mesmos.

Dizemos, então, que o homem é corrompido por uma viciosidade natural, mas que não procede de sua natureza. Ao dizer que não procede de sua natureza, trata-se de que foi antes um evento exterior que assolou o homem e não uma propriedade inerente designada a ele desde o princípio. Nós, todavia, a chamamos de natural para evitar que qualquer um presuma que cada indivíduo a contrai por hábito depravado, ao passo que todos a recebemos por

João Calvino

uma lei hereditária. E temos autoridade para assim chamá-la; pois sobre o mesmo fundamento o apóstolo diz que somos por natureza "...filhos da desobediência" (EFÉSIOS 2:3). Como poderia Deus, que tem prazer na mais ínfima de Suas obras, se ofender com a mais nobre de todas? A ofensa não é com a obra em si, mas com a corrupção da obra. Pelo que, se não é inadequado dizer que, em consequência da corrupção da natureza humana, o homem é naturalmente detestável a Deus, não é também inadequado dizer que ele é natural e inerentemente vicioso e depravado.

ORAÇÃO ESPERANÇOSA

De manhã, Senhor, ouves a minha voz; de manhã te apresento a minha oração e fico esperando. —SALMO 5:3

Ao orar devemos verdadeiramente sentir nossas carências e — considerando seriamente que precisamos de todas as coisas que pedimos — acompanhar a oração de um desejo sincero; na verdade, de um desejo ardente de obter essas coisas. Muitos repetem orações de um modo perfunctório partindo de uma forma programada, como se estivessem executando uma tarefa para a Deus. E, ainda que confessem que essa é uma solução necessária para os males de sua condição — porque seria fatal ser deixado sem o auxílio divino pelo qual imploram — ainda parece que executam um dever que lhes é habitual; porque suas mentes estão, nesse ínterim, frias e não ponderam o que pedem. Um sentimento geral e confuso sobre sua necessidade os leva a orar, mas não os torna solícitos em termos de consequências presentes para que venham a obter a provisão de que precisam. Ademais, podemos imaginar algo mais detestável a Deus do que a ficção em que se pede perdão dos pecados, mas aquele que o faz não acredita ser pecador ou, ao menos, não está pensando ser pecador? Em outras palavras, uma ficção em que Deus é claramente considerado com escárnio? Mas a humanidade é repleta de depravação, de modo que no serviço perfunctório geralmente se pede muitas coisas a Deus que se acredita serem concedidas sem a Sua beneficência, ou virem de uma outra origem, ou até mesmo, certamente, os homens já estão em posse delas.

Há ainda outro engano que parece ser menos hediondo, mas não deve ser tolerado. Alguns murmuram oração sem meditação, sendo seu único princípio o fato de que Deus deve se tornar favorável pela oração. Os cristãos devem estar especialmente alertas

João Calvino

para nunca se colocarem na presença de Deus com a intenção de apresentar um pedido, a menos que tenham sentimento profundo em relação a isso e estejam, ao mesmo tempo, desejosos de obter o que pedem. Na verdade, ainda que naquelas coisas que pedimos para a glória de Deus, pareçamos, à primeira vista, não consultar nossa necessidade, não devemos pedir com menos fervor e veemência de desejo. Por exemplo, quando oramos dizendo que Seu nome seja santificado, devemos ter sede e fome sincera por essa santificação.

ORAÇÃO EM TODO O TEMPO

...com toda oração e súplica, orando em todo tempo no Espírito e para isto vigiando com toda perseverança e súplica por todos os santos. —EFÉSIOS 6:18

Concordo com a alegação de que a necessidade que nos instiga a orar não é sempre igual. Tiago nos ensinou, adequadamente, esta distinção: "Está alguém entre vós sofrendo? Faça oração. Está alguém alegre? Cante louvores" (TIAGO 5:13).

Portanto, o senso comum em si dita que, como somos preguiçosos demais, precisamos ser estimulados por Deus a orar seriamente sempre que a ocasião assim exige. Logo, Davi o nomeia como tempo oportuno, o tempo que Deus "pode ser encontrado"; porque, como ele declara em muitas outras passagens, quanto mais fortemente as aflições, os aborrecimentos e medos nos pressionarem, mais livre é nosso acesso a Deus, como se Ele estivesse nos convidando a si. Ainda assim, não é menos verdadeira a imposição de Paulo a orar "...em todo o tempo..." (EFÉSIOS 6:18); porque, ainda que, aos nossos olhos, as coisas procedam prosperamente e, não obstante estejamos cercados de motivos para alegria, não há um instante do tempo durante o qual nossa necessidade não nos exorte a orar. Um homem tem abundância de trigo e vinho, mas, assim como não pode desfrutar de um bocado de pão a menos pela contínua generosidade de Deus, seus celeiros e adegas não o impedirão de pedir o pão diário. Então, se considerarmos quantos perigos são iminentes a todo momento, o medo em si nos ensinará que momento algum deve passar sem oração.

Isso, contudo, pode ser melhor conhecido em questões espirituais. Pois quando os muitos pecados de que somos conscientes nos permitirão nos sentar seguros sem pedirmos libertação da culpa e do castigo? Quando a tentação nos dará trégua, fazendo

João Calvino

desnecessário nos apressarmos em busca de socorro? Ademais, o zelo pelo reino e pela glória de Deus deve simplesmente se apoderar de nós, mas nos impulsionar sem interrupção, de modo que todos os momentos deveriam ser oportunos. Deus promete que estará perto daqueles que clamam a Ele em verdade e declara que aqueles que o buscam de todo o coração o encontrarão. Aqueles, portanto, que se deleitam em sua própria contaminação não podem, certamente, anelar por Ele.

ORAÇÃO DE ARREPENDIMENTO

Pelo que, quando estendeis as mãos, escondo de vós os olhos; sim, quando multiplicais as vossas orações, não as ouço, porque as vossas mãos estão cheias de sangue.
—ISAÍAS 1:15

Um dos requisitos para a oração legítima é o arrependimento. Daí, então, a declaração comum das Escrituras: Deus não ouve o perverso; suas orações, assim como seus sacrifícios, são uma abominação para Ele. Pois é certo que aqueles que lacram seus corações encontrarão fechados os ouvidos de Deus para eles; que aqueles que, por sua dureza de coração, provocam Sua austeridade, o encontrarão inflexível. Em Isaías Ele, então, ameaça: "...quando multiplicais as vossas orações, não as ouço, porque as vossas mãos estão cheias de sangue" (ISAÍAS 1:15). Da mesma maneira, Ele diz em Jeremias: "...clamarão a mim, porém não os ouvirei" (JEREMIAS 11:7,8,11), porque Ele considera como o mais elevado insulto o fato de que os perversos se vangloriam de Sua aliança enquanto profanam Seu sagrado nome com sua vida como um todo. Logo Deus se queixa em Isaías: "...Visto que este povo se aproxima de mim e com a sua boca e com os seus lábios me honra, mas o seu coração está longe de mim..." (ISAÍAS 29:13).

De fato, Ele não restringe isso apenas a orações, mas declara que abomina o fingimento em todas as partes do serviço a Ele. Consequentemente, as palavras de Tiago: "pedis e não recebeis, porque pedis mal, para esbanjardes em vossos prazeres" (TIAGO 4:3). É verdade, de fato (como em breve veremos novamente), que os piedosos, nas orações que proferem, não confiam em seu valor pessoal. Por isso, a admoestação de João não é supérflua: "...aquilo que pedimos dele recebemos, porque guardamos os seus mandamentos..." (1 JOÃO 3:22). Uma consciência maligna fecha a porta

João Calvino

diante de nós, daí segue que ninguém, exceto os sinceros adoradores de Deus, ora corretamente, ou tem suas orações ouvidas. Que todos, portanto, que se preparam para orar sintam-se insatisfeitos com o que está incorreto em sua condição e assumam o caráter e os sentimentos de um pobre pedinte, o que não pode ser feito sem arrependimento.

CONFIANÇA CRESCENTE

Não temas, filha de Sião, eis que o teu Rei aí vem, montado em um filho de jumenta. —JOÃO 12:15

Nestas palavras do profeta, citadas pelo evangelista, devemos observar primeiro que a tranquilidade nunca é restaurada à nossa mente, ou o medo e o tremor banidos dela, exceto ao sabermos que Cristo reina entre nós. As palavras do profeta, de fato, são diferentes, pois ele exorta os cristãos à alegria e ao regozijo. Porém, aqui o evangelista descreveu o modo pelo qual nossos corações exultam com alegria verdadeira: é quando esse medo é removido, medo com o qual todos são atormentados até serem reconciliados com Deus, que se obtém a paz que jorra da fé (ROMANOS 5:1).

Esse benefício, portanto, vem a nós por meio de Cristo — que liberta da tirania de Satanás, espedaça o jugo do pecado, cancela a culpa e revoga a morte — e nós nos vangloriamos livremente, confiando na proteção de nosso Rei, considerando que aqueles que são colocados sob Sua tutela não devem temer perigo algum. Isto, não porque estamos livres do medo enquanto vivemos no mundo, mas porque a confiança, fundamentada em Cristo, eleva-se superior a tudo.

Embora Cristo ainda estivesse a distância, o profeta, contudo, exortou homens piedosos daquela era a se alegrarem e regozijarem porque Cristo viria. Ele disse: "Eis que o teu Rei vem, portanto não tema". Agora que Ele veio, para que nós possamos desfrutar de Sua presença, devemos lutar mais vigorosamente contra o medo, de modo que, libertos de nossos inimigos, possamos pacífica e alegremente honrar nosso Rei.

> *"...a confiança, fundamentada em Cristo, eleva-se superior a tudo".*

João Calvino

APRENDIZADO GRADUAL

Seus discípulos a princípio não compreenderam isto; quando, porém, Jesus foi glorificado, então, eles se lembraram de que estas coisas estavam escritas a respeito dele e também de que isso lhe fizeram.
—JOÃO 12:16

Quando é dito que eles se lembraram depois de certo tempo destas coisas que haviam sido escritas sobre Ele, o evangelista aponta a causa de tal ignorância crassa, pela qual seu conhecimento foi precedido: naquela época eles não tinham as Escrituras como guia e instrutor para direcionar sua mente a visões justas e precisas. Pois somos cegos a menos que a Palavra de Deus vá adiante de nossos passos; e ainda não é suficiente que ela resplandeça em nós se o Espírito também não iluminar nossos olhos que, caso contrário, seriam cegos mesmo em claríssima luz. Essa graça, Cristo concedeu aos Seus discípulos após Sua ressurreição porque a plenitude do tempo em que o Espírito concederia Suas riquezas em grande abundância não viria até que Ele fosse recebido na glória celestial, como vemos em João 7:39.

Ensinados por esse exemplo, aprendamos a formar nosso julgamento de todas as coisas que estão relacionadas a Cristo, não por nossos sentimentos carnais, mas pelas Escrituras. Além disso, lembremos que é um favor especial do Espírito Santo nos instruir de maneira gradual, para que não sejamos tolos ao considerarmos as obras de Deus.

> *"...somos cegos a menos que a Palavra de Deus vá adiante de nossos passos".*

João Calvino

O PRIMEIRO MANDAMENTO: NENHUM OUTRO DEUS

Então, falou Deus todas estas palavras: Eu sou o Senhor, teu Deus, que te tirei da terra do Egito, da casa da servidão. Não terás outros deuses diante de mim.
—ÊXODO 20:1-3

Quando entrares na terra que o Senhor, teu Deus, te der, não aprenderás a fazer conforme as abominações daqueles povos.
—DEUTERONÔMIO 18:9

Por experiência, é bem conhecido o quão avidamente a raça humana apreende maus exemplos e o quão propensos somos a imitá-los; especialmente no caso daqueles que chegam a uma terra estrangeira e se adaptam prontamente aos modos e costumes do lugar. Essa é a razão pela qual Deus ordena claramente aos israelitas que tenham cautela ao chegarem à terra de Canaã e não se contaminem com seus habitantes. Ademais, Moisés explica abertamente nesta passagem o que significa ter outros deuses: misturar a adoração a Deus com coisas profanas, já que a pureza do ato só é mantida ao banirmos dele todas as superstições incompatíveis. No geral, Deus gostaria de dissuadir os Seus adoradores das falácias com as quais, desde o princípio, Satanás tem iludido e fascinado a miserável humanidade.

Os seres humanos têm desejo natural por conhecimento e até mesmo em pessoas supersticiosas tal desejo sempre procede de um bom princípio, uma vez que Deus o implantou na mente de todos ao distinguir a nossa raça das dos animais inferiores. Nem nisto há qualquer censura: no fato de que os seres humanos, cientes de sua própria ignorância, julgaram que não deveriam obter

João Calvino

conhecimento de nenhuma outra maneira, senão consultando a Deus. E esse foi o único propósito dos gentios quando pediram aos feiticeiros e bruxos que buscassem do céu o conhecimento de que se viam destituídos. Ao fazerem isso, eles indubitavelmente confessaram estar dominados por trevas e que a luz do entendimento era dom especial de Deus.

Mas, uma vez que por suas artimanhas o diabo perverte o que é em si correto, esses princípios implantados em nós por natureza foram corrompidos por dois erros: um desejo inadequado de saber mais do que é lícito arrastou-se furtivamente para dentro de nossa mente e recorremos a meios proibidos de conhecimento. Dessas fontes, da curiosidade tola e do atrevimento desenfreado, todas as superstições e erros fluíram e por eles o mundo foi assolado.

João Calvino

O ZELO DE DEUS

Não farás para ti imagem de escultura, nem semelhança alguma do que há em cima nos céus, nem embaixo na terra, nem nas águas debaixo da terra. Não as adorarás, nem lhes darás culto; porque eu sou o Senhor, teu Deus, Deus zeloso, que visito a iniquidade dos pais nos filhos até à terceira e quarta geração daqueles que me aborrecem e faço misericórdia até mil gerações daqueles que me amam e guardam os meus mandamentos.

—ÊXODO 20:4-6

Como no primeiro mandamento, o Senhor declara que Ele é o único e que além dele nenhum deus deve ser adorado ou concebido. Ele também declara mais evidentemente qual é Sua natureza e com que tipo de adoração Ele deve ser honrado, para que não cogitemos formar nenhuma ideia carnal sobre Ele.

O propósito do mandamento, portanto, é que Ele não aceitará que Sua adoração legítima seja profanada por ritos supersticiosos. Em geral, Ele nos chama a abandonar por completo as observâncias frívolas e carnais que nossas mentes, por inclinação, idealizam após construírem uma ideia grosseira da natureza divina. Ao mesmo tempo, Ele nos instrui na adoração que é legítima, ou seja, a adoração espiritual que Ele próprio designou.

O vício mais brutal aqui proibido é a idolatria externa. Para nos impelir àquilo que designa, Ele proclama Sua autoridade, que não permitirá ser afetada ou vilipendiada impunemente. Deus se autointitula de zeloso porque não há como outro competir com Ele. O Senhor declara que vindicará Sua majestade e glória — se alguém as transferir a criaturas ou imagens esculpidas —, e não por um simples castigo de breve duração, mas um castigo que se estende à terceira e quarta gerações daqueles que imitarem a

João Calvino

impiedade de seus progenitores. Da mesma maneira, declara Sua misericórdia e bondade constantes à remota posteridade daqueles que o amam e guardam Sua lei.

O SEGUNDO MANDAMENTO: NENHUMA IMAGEM ESCULPIDA

Não farás para ti imagem de escultura, nem semelhança alguma do que há em cima nos céus, nem embaixo na terra, nem nas águas debaixo da terra. Não as adorarás, nem lhes darás culto; porque eu sou o Senhor, teu Deus, Deus zeloso, que visito a iniquidade dos pais nos filhos até à terceira e quarta geração daqueles que me aborrecem e faço misericórdia até mil gerações daqueles que me amam e guardam os meus mandamentos.

—ÊXODO 20:4-6

O objeto e a totalidade do segundo mandamento é que Deus é insultado quando revestido de uma imagem corpórea. Além disso, o nome de Deus é transferido a ídolos, segundo o discurso comum e a opinião deturpada dos pagãos — não que os incrédulos pensassem que a divindade estivesse incluída no material corruptível, mas imaginavam que seu deus estaria mais próximo deles caso algum símbolo terreno de sua presença estivesse diante de seus olhos. Nesse sentido, eles consideravam as imagens dos deuses como os próprios deuses, porque pensavam não poder ascender às alturas em que a Divindade habita a menos que se equipassem destas assistências terrenas. O ponto de Moisés é, portanto, refrear a precipitação das pessoas, de modo que não parodiem a glória de Deus por meio da imaginação; pois outra cláusula é acrescentada imediatamente: "...eu sou o Senhor, o teu Deus..." em que Deus os lembra de que Ele fica despojado de Sua honra devida sempre que os humanos desenvolvem algo terreno ou carnal para o representar. Nenhuma outra estátua é condenada aqui, exceto aquelas que são erigidas como representações de Deus.

João Calvino

Moisés ensina à raça humana que, no momento em que imaginam qualquer coisa grosseira ou terrena na Divindade, eles se afastam por completo do Deus verdadeiro. Está claro que as representações falsas, que parodiam Deus, são assim chamadas para marcá-las com desgraça e vergonha. Seja o que for que nos afaste de Seu serviço espiritual, ou qualquer coisa que seres humanos apresentem e que seja alheio à Sua natureza, é repudiado por Ele.

DANDO A DEUS TODA A GLÓRIA

Não terá outros deuses diante de mim.
—ÊXODO 20:3

O propósito deste mandamento é que o Senhor seja, Ele exclusivamente, exaltado em Seu povo e reivindique a posse completa desse povo como Seu. Ele nos ordena a nos abstermos da impiedade e de todo tipo de superstição pelas quais a glória de Sua divindade é diminuída ou obscurecida; e exige que o adoremos e veneremos com zelo verdadeiramente devoto. Não é suficiente abster-nos de outros deuses. Devemos, ao mesmo tempo, devotar-nos inteiramente a Ele; não agindo como certos ímpios contemptores que consideram esse como o método mais abreviado de manter todas a observâncias religiosas em desprezo. Mas aqui deve ser concedida precedência à verdadeira religião que direcionará nossas mentes ao Deus vivo. Quando devidamente imbuídos de conhecimento sobre Ele, todo o objetivo de nossa vida será reverenciar, temer e adorar Sua majestade; desfrutar de uma porção de Suas bênçãos, poder recorrer a Ele em todas as dificuldades, reconhecer, louvar e celebrar a magnificência de Suas obras; torná-lo, digamos, o único objetivo de nossas ações.

Além disso, devemos ter cautela com a superstição, pela qual nossas mentes são desviadas do Deus verdadeiro e levadas de um lado para outro em busca de uma multiplicidade de deuses. Portanto, se estamos satisfeitos com um Deus, tragamos à mente o que foi anteriormente observado: todos os deuses fictícios devem ser levados para longe, e a adoração que Ele reivindica para si não deve mutilada. Nenhuma partícula deve ser suprimida; tudo o que pertence a Ele deve ser reservado a Deus inteiramente.

Portanto, tendo declarado por Seu presente poder e graça que tinha apreço pelas pessoas a quem escolheu, Deus agora (de modo

João Calvino

a dissuadi-los da perversidade da rebelião) os alerta sobre não poderem adotar deuses estranhos sem que Ele seja testemunha e espectador deste sacrilégio. Logo, nossa consciência deve manter-se alheia ao mais distante pensamento de rebelião se desejamos ter nossa adoração aprovada pelo Senhor. A glória de Sua deidade deve ser mantida integral e incorrupta, não meramente por profissão externa, mas como se sob os Seus olhos, que penetram os confins mais recônditos do coração.

O TERCEIRO MANDAMENTO: O NOME DE DEUS

*Não tomarás o nome do Senhor,
teu Deus, em vão, porque o Senhor não terá por
inocente o que tomar o seu nome em vão.*
—Êxodo 20:7

Para que Deus obtenha a reverência devida a Seu nome, Ele proíbe que este seja tomado em vão, especialmente em juramentos. Disto pressupomos que todo juramento deveria ser um testemunho da verdadeira piedade, por meio da qual a majestade do próprio Deus deveria obter sua glória adequada. Ademais, está claro que não somente quando juramos pelo nome de Deus, mas sempre que o mencionamos, Seu nome deve ser honrado com reverência.

Jurar em nome de Deus é uma espécie ou parte da adoração religiosa e isto fica óbvio também nas palavras de Isaías 45:23, pois quando ele prediz que todas as nações se devotarão à religião pura, ele diz: "Por mim mesmo tenho jurado; da minha boca saiu o que é justo, e a minha palavra não tornará atrás. Diante de mim se dobrará todo joelho, e jurará toda língua". Agora se o dobrar os joelhos é um gesto de adoração, esse jurar que está conectado a ele é equivalente a um reconhecimento de que Deus é Deus.

Considerando que a essência de Deus é invisível, Seu nome é posto diante de nós como uma imagem, na medida em que Deus se manifesta a nós e se faz, distintivamente, conhecido de nós por Suas próprias marcas, assim como humanos são conhecidos por nomes. Consequentemente, o nome de Deus é profanado sempre que qualquer detração ocorre em Sua sabedoria suprema, Seu poder infinito, justiça, verdade, misericórdia e retidão.

João Calvino

O nome de Deus, então, é tomado em vão, não apenas quando qualquer pessoa o insulta ao mentir, mas quando é superficial e desrespeitosamente citado como prova em questões frívolas e insignificantes. Aqui falo de juramentos. Nisto, entretanto, a ingratidão humana é muito brutal; quando Deus outorga-nos Seu nome, como se por nossa solicitação, para dar fim a nossas aflições e ser uma garantia de que são verdadeiros, ainda assim voa promiscuamente de nossos lábios com desrespeito manifesto. Deveríamos apenas falar de Deus religiosamente, de modo que a adequada veneração a Ele seja mantida entre nós.

FALANDO COM REVERÊNCIA

*Não tomarás o nome do SENHOR,
teu Deus, em vão, porque o SENHOR não terá por
inocente o que tomar o seu nome em vão.*
—ÊXODO 20:7

O propósito deste mandamento é que a majestade do nome de Deus seja mantida sagrada. Em suma, portanto, significa que devemos não profaná-lo utilizando-o irreverentemente ou com desdém. Essa proibição sugere um preceito correspondente: deveria ser nossa reflexão e esmero tratar Seu nome com veneração religiosa. Pelo que nos é conveniente regular nossas mente e língua de modo que nunca pensemos em Deus e em Seus mistérios, ou deles falemos, sem reverência e grande humildade e nunca tenhamos nenhum sentimento por Ele que não seja o de profunda veneração.

Devemos observar firmemente os três pontos seguintes: primeiro, tudo o que nossa mente conceba sobre Ele, tudo o que nossa língua profere, deve evidenciar Sua excelência e corresponder à sublimidade de Seu sagrado nome. Resumidamente, deve ser adequado para exaltar Sua grandiosidade. Segundo, não devemos perverter precipitada e ilogicamente Sua sagrada Palavra e Seus adoráveis mistérios com propósito ambiciosos, egoístas ou para entretenimento; mas (como carregam a impressão de Sua dignidade) devemos sempre mantê-los em devida honra e estima. Finalmente, não devemos diminuir Suas obras ou lançar infâmia contra elas, como homens miseráveis têm o costume de fazê-lo ofensivamente, mas devemos aclamar todas as ações que a Ele atribuímos como sábias, justas e boas. Isto é santificar o nome de Deus. Quando agimos de maneira diversa, Seu nome é profanado com abuso vão e perverso, pois é

João Calvino

aplicado a um propósito alheio àquilo a que foi consagrado. Ao ser desprovido de sua dignidade, é gradualmente deixado ao descaso.

O mandamento se refere especialmente ao caso de juramentos e assim o faz mais efetivamente para nos dissuadir de toda espécie de profanação. O fato de que o que aqui foi ordenado está relacionado à adoração a Deus e à reverência devida a Seu nome e não à equidade que os homens devem cultivar entre si, fica aparente nisto: Deus vindica Seu próprio direito e defende Seu nome sagrado, mas não ensina os deveres que os homens têm uns com os outros.

João Calvino

O QUARTO MANDAMENTO, PARTE 1: O SÁBADO [*SHABAT*]

*Lembra-te do dia de sábado, para o santificar. Seis dias trabalharás e farás toda a tua obra. Mas o sétimo dia é o sábado do S*ENHOR*, teu Deus...* —ÊXODO 20:8-10

O objeto deste mandamento é que cristãos deveriam se exercitar na adoração a Deus, pois sabemos o quão suscetíveis os humanos são a cair na indiferença, a menos que tenham alguns adereços nos quais se apoiarem ou alguns estímulos para despertá-los a manter o cuidado e o zelo pela religião.

Deus colocou isso diante dos olhos deles, como sendo a perfeição da santidade, a ordenança de que todos deveriam interromper seu trabalho. Certamente Deus não se deleita na ociosidade e na preguiça, e, portanto, não havia importância em simplesmente interromper a labuta de suas mãos e seus pés. Seria uma superstição infantilista descansar por alguma outra razão que não fosse investir o tempo de descanso em adoração a Deus. Logo, para que não cometamos erro algum com relação ao significado desse mandamento, é bom lembrar aquilo que está em seu significado: o fato de que os judeus saberiam que suas vidas não poderiam ser aprovadas por Deus a menos que, ao interromper seu trabalho, se livrassem de sua razão, seus conselhos e todos os sentimentos e afeições da carne. Pois não lhes era proibido executar todos os trabalhos sem exceção alguma, considerando que lhes era exigido circuncidar seus filhos e levar os animais ao Templo e oferecê-los em sacrifício no mesmo dia. Antes, eram chamados apenas para se afastarem de seus trabalhos individuais, para que, como se mortos para si mesmos e para o mundo, se devotassem inteiramente a Deus.

"Os cristãos deveriam se exercitar na adoração a Deus."

João Calvino

O QUARTO MANDAMENTO, PARTE 2: O SÁBADO [SHABAT]

Lembra-te do dia de sábado, para o santificar.
Seis dias trabalharás e farás toda a tua obra.
*Mas o sétimo dia é o sábado do S*ENHOR*, teu Deus...*
—ÊXODO 20:8-10

Nós precisamos enxergar qual é a totalidade desta santificação: a morte da carne quando humanos negam-se a si mesmos e renunciam sua natureza terrena, de modo que possam ser governados e guiados pelo Espírito de Deus. Sem dúvidas, deve ser reunido de muitas passagens, o fato de que guardar o Sábado era uma questão séria, uma vez que Deus não repete nenhum outro mandamento mais frequentemente, nem exige obediência mais severamente a nenhum outro.

O uso legítimo do Sábado deve ser, supostamente, a autorrenúncia, visto que se considera que alguém "cesse o seu trabalho" quando não é direcionado por sua própria vontade nem satisfaz seus próprios desejos, mas se permite ser guiado pelo Espírito de Deus. E este esvaziar do ser deve ser levado adiante, inclusive ao ponto em que o Sábado poderia ser violado mesmo por boas obras, se as considerássemos como sendo nossas.

> *"O uso legítimo do Sábado deve ser,*
> *supostamente, a autorrenúncia...".*

João Calvino

DESCANSANDO EM DEUS

*Lembra-te do dia de sábado, para o santificar.
Seis dias trabalharás e farás toda
a tua obra. Mas o sétimo dia é o sábado do S*ENHOR*,
teu Deus; não farás nenhum trabalho,
nem tu, nem o teu filho, nem a tua filha, nem o
teu servo, nem a tua serva, nem o teu
animal, nem o forasteiro das tuas portas para dentro;
porque, em seis dias, fez o S*ENHOR *os céus
e a terra, o mar e tudo o que neles há e, ao sétimo dia,
descansou; por isso, o S*ENHOR
abençoou o dia de sábado e o santificou.

—ÊXODO 20:8-11

O propósito do mandamento é que ao estarmos mortos para nossas próprias afeições e obras nós meditamos no reino de Deus. Sob o descanso do sétimo dia, o divino Doador da Lei pretendia equipar o povo de Israel com um tipo de descanso espiritual pelo qual cristãos deveriam suspender seus trabalhos e permitir que Deus trabalhasse neles. Além disso, Ele pretendia que houvesse um dia declarado em que deveriam se reunir para ouvir a Lei e executar ritos religiosos, ou que, ao menos, deveriam empregar especialmente na meditação sobre suas obras e serem, por meio disso, treinados na piedade. Além disso, Deus pretendia que servos ou aqueles que vivam sob uma autoridade recebessem um dia de descanso e assim tivessem algum intervalo do labor.

Esse prenúncio de descanso espiritual tinha um lugar primário no Sábado. De fato, não há mandamento cuja observância o Todo-Poderoso reforce mais severamente. Em Neemias, os levitas, na reunião pública, assim falam: "O teu santo sábado lhes fizeste conhecer; preceitos, estatutos e lei, por intermédio de Moisés, teu

João Calvino

servo, lhes mandaste". Veja a honra singular que esse mandamento tem entre todos os preceitos da Lei. O Sábado é um sinal pelo qual Israel pode saber que Deus é seu santificador. Consistindo nossa santificação da mortificação de nossa própria vontade, a analogia entre o sinal externo e aquilo que significa é deveras conveniente. Nós devemos descansar integralmente para que Deus possa trabalhar em nós; devemos renunciar à nossa vontade, render o nosso coração e abandonar todas as luxúrias da carne. Em suma, devemos desistir de todos os atos de nossa própria mente de modo que, Deus trabalhando em nós, descansemos nele — como o apóstolo também ensina (HEBREUS 3:13; 4:3,9).

O QUINTO MANDAMENTO: HONRAR OS PAIS

*Honra teu pai e tua mãe,
para que se prolonguem os teus dias na terra
que o SENHOR, teu Deus, te dá.*
—ÊXODO 20:12

A sociedade humana não pode ser mantida em sua integridade a não ser que as crianças se submetam modestamente a seus pais e a menos que aqueles que têm autoridade sobre outros pela ordenança de Deus sejam igualmente honrados.

Certamente, uma vez que Deus não deseja que Seus servos simplesmente cumpram cerimônias exteriores, não se pode duvidar de que todos os deveres da piedade relacionados aos pais estão aqui incluídos, e que são colocados diante das crianças como dever pela própria razão natural. Estes deveres podem ser reduzidos a três frentes: que os considerem com reverência, que cumpram obedientemente suas ordens e se deixem orientar por eles; e devem esforçar-se para reembolsar o que lhes devem e, assim, devotarem-se amavelmente a eles e a servi-los. Visto que, portanto, o nome do Pai é sagrado e é transferido aos humanos pela peculiar bondade de Deus, o desonrar os pais reverte-se em desonra ao próprio Deus; não se pode também desprezar um pai sem ser culpado de uma ofensa contra Deus. Portanto, independentemente de quão indigno de honra um pai possa ser, ele, por ser pai, ainda preserva seu direito com relação a seus filhos, dado que de forma alguma contradiga o julgamento de Deus. Em condenar, portanto, os vícios de um pai, um filho verdadeiramente piedoso aderirá à Lei de Deus, e ainda assim, seja o que for este pai, o filho reconhecerá que ele deve ser honrado, por ser o pai concedido por Deus.

João Calvino

A obediência vem a seguir, que é também circunscrita de alguns limites. A honra, portanto, inclui obediência — de modo que alguém que rejeita o jugo de um pai e não aceita ser orientado pela autoridade dele, pode, de modo justo, ser considerado como alguém que despreza o pai. Todavia, o poder paternal é limitado na medida em que Deus, de quem todos os relacionamentos dependem, deveria ter o domínio sobre pais assim como sobre filhos; pois os pais governam seus filhos somente sob a suprema autoridade de Deus. A terceira frente da honra é o fato de que os filhos deveriam tomar conta de seus pais e estarem prontos e ser diligentes em todos os seus deveres para com eles.

HONRA DEVIDA

*Honra teu pai e tua mãe, para que se prolonguem
os teus dias na terra que o Senhor, teu Deus, te dá.*
—ÊXODO 20:12

O intuito desse mandamento é: visto que o Senhor se agrada no preservar do Seu próprio decreto, os graus de honra designados por Ele devem ser mantidos invioláveis. A totalidade do mandamento, portanto, será de que devemos nos inspirar naqueles que o Senhor colocou como autoridade sobre nós, concedendo-lhes honra, gratidão e obediência. Logo, segue-se de que tudo aquilo que fica no percurso do desprezo, ingratidão ou desobediência é proibido — pois o termo "honra" tem esta dimensão de significado nas Escrituras.

Àqueles a quem Deus eleva, colocando-lhes em proeminência, Ele comunica Sua autoridade, de acordo com a necessidade, para manter o posto concedido. Os títulos de Pai, Deus e Senhor encontram-se todos somente nele; logo sempre que qualquer um deles é mencionado, nossa mente deveria ficar marcada com o mesmo sentimento de reverência. Desta forma, aqueles a quem o Senhor transmite tais títulos, Ele distingue por alguma pequena fagulha do Seu esplendor, de modo a lhes conferir direito de honra, cada um em seu próprio lugar. Desta forma, devemos considerar que nosso pai terreno possui algo de natureza divina — pois há alguma razão para carregar um título divino — e que a ele, que é nosso príncipe e governante, é concebida certa comunhão de honra com Deus.

Pelo que não devemos ter dúvida de que o Senhor aqui estabelece esta regra universal: sabendo que todos os indivíduos são constituídos autoridades sob Sua designação, deveríamos dar a nossos pais gratidão, obediência e prestar-lhes todos os serviços

João Calvino

que estiverem a nosso alcance. Não há diferença alguma se aqueles a quem a honra é conferida são merecedores ou não. Sejam eles o que forem, o Todo-Poderoso, ao conferir-lhes o posto, demonstra que deseja que sejam honrados.

O mandamento especifica a reverência devida àqueles a quem devemos nossa existência. Essa natureza em si deveria em alguma medida nos ensinar. Pois são monstros, e não homens, aqueles que petulante e injuriosamente violam a autoridade paternal. Logo, o Senhor ordena a todos os que se rebelam contra seus pais que sejam mortos, pois são indignos da luz ao não conceder deferência àqueles com quem estão endividados com relação à observância do mandamento.

O SEXTO MANDAMENTO: RENUNCIAR À VIOLÊNCIA

Não matarás.
—ÊXODO 20:13

A síntese deste mandamento é que não deveríamos cometer violência injustamente contra ninguém. Entretanto, para que Deus possa, de modo mais completo, nos impedir de causar todo tipo de danos aos outros, Ele especifica uma forma particular de violência que é abominável à compreensão humana; pois todos nós execramos o assassinato a ponto de nos afastarmos daqueles cujas mãos estão impregnadas de sangue como se tivessem uma doença. Indubitavelmente Deus desejou que vestígios de Sua imagem, que ainda resplandece nos humanos, permanecessem em algum sentido, de modo que todos sentissem que todo homicídio é uma ofensa contra Deus.

Há, consequentemente, duas partes no mandamento: primeiro, não deveríamos perturbar, ou ofender ou estar em desavença com ninguém; segundo, não deveríamos viver apenas em paz com os outros, sem iniciar discussões, mas também deveríamos auxiliar, como pudermos, os miseráveis que são injustamente oprimidos além de nos esforçarmos para resistir aos perversos, de modo que não firam humanos quando o impulso lhes ocorrer. Cristo, portanto, ao explicar o verdadeiro sentido da Lei, não apenas declara como pecadores aqueles que cometeram assassinato, mas também que "...todo aquele que [sem motivo] se irar contra seu irmão estará sujeito a julgamento; e quem proferir um insulto a seu irmão estará sujeito a julgamento do tribunal; e quem lhe chamar: Tolo, estará sujeito ao inferno de fogo" (MATEUS 5:22). Pois Jesus aqui, ao contrário do que alguns ignorantemente supõem,

João Calvino

não cria uma nova lei, mas demonstra o desvario e perversidade daqueles intérpretes da Lei que insistiam apenas na aparência exterior, na casca das coisas.

Por essa lei, Deus exorta o Seu povo a exercitar também os deveres da humanidade para com os animais, para que estivessem mais preparados para auxiliar seus irmãos. Aqui Deus tinha outra intenção: cristãos deveriam comprovar seu perdão aos inimigos sendo misericordiosos com seus animais. Tivesse sido simplesmente dito que devemos auxiliar nossos inimigos e que devemos lidar com eles com atos de bondade para vencer sua animosidade, toda a crueldade já teria sido suficientemente reprovada; mas quando Deus nos ordena a não apenas auxiliarmos nossos inimigos, mas também a exercitar essas bondades com seus animais, Ele, mais forte e enfaticamente, expressa como deseja que Seus filhos estejam distantes do ódio e do desejo de vingança.

PROTEGENDO O CORPO E A ALMA

Não matarás.
—ÊXODO 20:13

O propósito desse mandamento é: considerando que o Senhor vinculou toda a raça humana por uma espécie de unidade, a segurança de todos deve ser considerada e confiada a cada um. Em geral, portanto, toda violência e injustiça e todo tipo de malefício que o corpo de nosso próximo possa sofrer, é proibido. Assim, é exigido que façamos fielmente o que pudermos para defender a vida de nosso próximo — para promover o que quer que seja que se relacione a sua tranquilidade, a estarmos atentos para protegê-lo do perigo e auxiliá-lo em remover a ameaça quando esta surge.

Lembrando que o divino Doador da Lei assim fala, considere que Ele exige que você aplique a mesma regra para regular sua mente. Seria ridículo que Deus, que vê os pensamentos do coração e tem especial apreço por eles, treinasse o corpo somente na equidade. Portanto, esse mandamento proíbe o assassinato no coração e exige sincero desejo de preservar a vida de nosso irmão. De fato, a mão comete assassinato, mas a mente, sob influência da ira e ódio, o concebe. Como você pode se indignar com seu irmão sem ansiar ardentemente poder causar-lhe mal? Logo, se você não deve se irar contra ele, não deve também odiá-lo — visto que o ódio nada mais é do que a ira de longa data.

O homem é tanto a imagem de Deus quanto nossa carne. Pelo que, se não cogitamos violar a imagem de Deus, devemos considerar o homem sagrado.

João Calvino

Para se purificar do crime de assassinato, não é suficiente abster-se de derramar sangue humano. Ao empenhar-se para tramar, se em desejo e elaboração você concebe o que é adverso à segurança de outro, você tem a culpa de assassinato. Por outro lado, se você, de acordo com seus meios e oportunidades, não investiga para defender a segurança de outro, por essa desumanidade você viola a lei. E se a segurança do corpo é provida tão cuidadosamente, podemos, consequentemente, inferir quanto cuidado e esforço são devidos à segurança da alma, que é de valor imensuravelmente mais elevado aos olhos de Deus.

O SÉTIMO MANDAMENTO: PRUDÊNCIA X ADULTÉRIO

Não adulterarás.
—ÊXODO 20:14

*...mas revesti-vos do Senhor Jesus Cristo
e nada disponhais para a carne
no tocante às suas concupiscências.*
—ROMANOS 13:14

Ainda que somente um tipo de impureza seja mencionado, está suficientemente claro, a partir do princípio estabelecido, que, em geral, os cristãos são orientados à castidade. Além disso, é indiscutível que Deus jamais aprovará ou justificará o que o senso comum da humanidade declara ser obsceno. Pois, ainda que a lascívia tem sido desenfreada em todas as eras, não se poderia jamais extinguir totalmente a opinião de que fornicação é um escândalo e um pecado. Nós sabemos como era desmedida a libertinagem dos pagãos; pois, ainda que Deus nunca tenha permitido que toda a vergonha fosse extinta pela pureza, o respeito pelo que é correto foi suprimido e se evitou enfrentar a repugnância do pecado escolhendo a vulgaridade e as piadas indecentes.

Visto que a mente dos seres humanos emburreceu pela complacência, foi necessário elevá-la declarando a atrocidade do pecado, para que aprendesse a ser cautelosa com toda poluição. Não é somente a condenação de luxúrias desenfreadas o que é visto aqui, Deus também instrui Seu povo a estimar a modéstia e a castidade. A essência é: aqueles que desejam ser aprovados por Deus deveriam purificar-se "...de toda impureza..." (2 CORÍNTIOS 7:1).

Enquanto carregarmos nossa carne, não podemos rejeitar todas as preocupações inerentes a ela; pois embora nossos pensamentos

João Calvino

estejam no Céu, permanecemos na Terra. Aquilo, então, que pertence ao corpo deve ser zelado, mas apenas até o ponto em que nos auxilia em nossa peregrinação e não para que nos faça esquecer do nosso verdadeiro país. Até mesmo pagãos disseram que algumas poucas coisas são suficientes para satisfazer a natureza, mas os apetites do corpo humano são insaciáveis. Todos, então, que desejam satisfazer os desejos da carne, necessariamente, não apenas cairão, mas imergirão em um vasto e profundo abismo.

GUARDANDO A PUREZA

Não adulterarás.
—ÊXODO 20:14

O propósito desse mandamento é que, como Deus ama a castidade e a pureza devemos nos guardar de toda impureza. Portanto, a substância do mandamento é que não devemos nos aviltar com qualquer impureza ou excesso libidinoso. A isto corresponde a afirmativa de que devemos regular todas as partes de nossa conduta com castidade e abstinência. O adultério, ao qual a luxúria naturalmente se inclina, é expressamente proibido, pois sua imundície deve nos levar a abominar todas as formas de luxúria. A lei sob a qual o homem foi criado não é para que se viva de forma isolada, mas, antes, para que se desfrute de auxílio; e desde que o homem caiu sob a maldição, a necessidade desse modo de vida é intensificada. Logo, pela instituição do casamento o Senhor nos trouxe a provisão necessária neste aspecto, pois quando escolhido sob a Sua autoridade, Ele também santifica com Sua bênção. Consequentemente, é evidente que qualquer modo de coabitação diferente do casamento é amaldiçoado aos olhos de Deus, pois a relação conjugal foi ordenada como um meio necessário para nos impedir de ceder à luxúria desenfreada. Sendo assim, fiquemos atentos à possibilidade de ceder à indulgência, vendo que temos a garantia de que a maldição de Deus está sobre todo homem e mulher que coabitam sem estarem casados.

A virgindade, eu admito, é uma virtude a não ser desprezada. Mas como é negada a alguns (e a outros concedida somente por um período), aqueles que são assaltados pela impudicícia e incapazes de guerrear, com êxito, contra ela, deveriam retomar para si a solução do casamento e assim cultivar a castidade de acordo com o chamado individual. Aqueles incapazes de autodomínio, se não

João Calvino

recorrerem à solução permitida e provida para a intemperança, guerreiam com Deus e resistem à Sua ordenança. E que nenhum homem diga-me (como muitos no dias atuais o fazem) que pode todas as coisas com a ajuda de Deus! O auxílio de Deus é presente somente para aqueles que andam em Seus caminhos (SALMO 91:14), ou seja, em Seu chamado — do qual todos se retiram e, omitindo as soluções providas por Deus, fútil e presunçosamente lutam contra e superam seus sentimentos. Nosso Senhor afirma que a castidade é um dom especial de Deus e está na categoria daqueles que não são concedidos indiscriminadamente a todo o corpo da Igreja, mas apenas a alguns poucos de seus membros (MATEUS 19:12).

O OITAVO MANDAMENTO: GENEROSIDADE X ROUBO

Não furtarás.
—ÊXODO 20:15

Visto que a bondade é o alvo da Lei, devemos buscar a definição de roubo na própria Lei. Esta, então, é a regra da caridade: os direitos de todos deveriam ser seguramente preservados e ninguém deveria fazer ao outro o que não faria a si mesmo. Segue, portanto, que não são ladrões apenas aqueles que roubam secretamente a propriedade de outros, mas aqueles que também buscam ganho a partir da perda de outros, que acumulam riquezas por práticas ilícitas e que são mais devotos à sua vantagem pessoal do que à equidade. Não há diferença entre a pessoa que rouba seu próximo por fraude ou por força. Mas para que Deus possa guardar Seu povo de toda injustiça fraudulenta, Ele usa a palavra "furto", que todos naturalmente odeiam como algo ignóbil. Pois sabemos quantos revestimentos as pessoas utilizam para soterrar seus delitos, e não apenas isso, mas também como convertem seus delitos em enaltecimento por falsos pretextos. A astúcia e a sagacidade são chamadas de "prudência"; e alguém é considerado sábio e cauteloso por habilmente ultrapassar outros, por devorar o mais simples e sutilmente oprimir o pobre. Portanto, visto que o mundo se vangloria de vícios como se fossem virtudes e, assim, todos se justificam livremente no pecado, Deus apaga todo esse brilho declarando como roubo todos os meios injustos de ganho.

Devemos ter em mente também que uma lei afirmativa está conectada à proibição, porque, mesmo que nos abstenhamos da infração não satisfazemos a Deus que colocou humanos em obrigação mútua uns com os outros para que busquem beneficiar seu próximo, ter cuidado com ele e auxiliá-lo. Assim Deus certamente estabelece solidariedade e bondade além de outros deveres que mantêm a sociedade humana; e, consequentemente, para que não sejamos condenados como ladrões por Deus, devemos nos esforçar ao máximo para que as vantagens de nosso próximo jamais sejam promovidas em menor valor do que as nossas próprias.

DÊ A TODOS O QUE LHES É DEVIDO

Não furtarás.
—ÊXODO 20:15

O propósito desse mandamento é de que, sendo a injustiça uma abominação para Deus, devemos entregar a todos os homens o que lhes é devido. Em essência, então, o mandamento nos proíbe de ansiar pelas posses de outros homens e, em concordância, exige que todos os homens se esforcem honestamente para preservar seus bens. Pois devemos considerar que aquilo que cada indivíduo possui não lhe caiu no colo por coincidência, mas pela distribuição do soberano Senhor de todas as coisas, de modo que ninguém possa perverter os Seus meios a maus propósitos sem cometer uma fraude em uma dispensação divina. Sabemos que todos as formas pelas quais obtemos os bens e o dinheiro de nosso próximo utilizando malefício ou engano devem ser consideradas roubo. Ainda que possam ser obtidos por uma ação na lei, uma decisão diferente é dada por Deus. Ele vê a longa sucessão de enganos pela qual o homem habilidoso começa a lançar redes para seu próximo que é mais simples, até que o emaranha em suas malhas. Deus vê as duras e cruéis leis pelas quais os mais poderosos oprimem e esmagam os mais frágeis. E Ele vê os engodos pelos quais os mais astutos jogam a isca para o menos atentos — ainda que todos estes escapem do julgamento dos homens e não se dê atenção alguma a eles. A violação desse mandamento não é também restrita ao dinheiro, ou mercadorias, ou terras, mas estende-se a todo tipo de direito; pois nós defraudamos nosso próximo até feri-los caso rejeitemos qualquer um dos deveres que deveríamos executar por eles.

João Calvino

Portanto, devemos obedecer adequadamente esse mandamento. Estudemos para adquirir nada além do ganho honesto e lícito; ansiemos enriquecer, mas não pela injustiça nem saqueando os bens de nosso próximo, mas que nossos próprios bens sejam assim redobrados. E que não nos apressemos para acumular riquezas cruelmente torcidas do sangue de outros. Que cada um de nós considere o quanto está obrigado ao próximo e de boa fé pague o que deve. Da mesma forma, que as pessoas prestem honra devida a todos os seus governantes, submetam-se pacientemente às suas autoridades, obedeçam suas leis e ordens e não rejeitem nada que possam carregar sem sacrificar o favor de Deus.

O NONO MANDAMENTO: HONESTIDADE

Não dirás falso testemunho contra o teu próximo.
—ÊXODO 20:16

Ainda que Deus pareça prescrever apenas que ninguém deva ir aos tribunais e mentir publicamente para ferir o inocente, fica claro, contudo, que aos fiéis é proibido a falsa acusação; e não apenas as que circulam pelas ruas, mas também aquelas que são estimuladas nas casas e esquinas secretas. Pois seria absurdo, visto que Deus já demonstrou que se importa com o destino dos seres humanos, que Ele negligenciasse suas reputações, uma vez que são muito mais preciosas. Portanto, independentemente de como firamos nosso próximo ao difamá-lo, seremos considerados falsas testemunhas diante de Deus.

Devemos agora ir adiante da lei proibitiva para a lei afirmativa. Pois não será suficiente restringirmos nossa língua do falar mal, a menos que sejamos também amáveis e justos com nosso próximo, intérpretes transparentes de seus atos e palavras e não permitamos, conforme pudermos ajudar, que sejam sobrecarregados com falsas acusações. Além disso, Deus não apenas nos proíbe de inventar acusações contra o inocente, mas também nos proíbe de dar credibilidade a repreensões ou maus relatos sobre outros, motivados por malevolência ou ódio. Algumas pessoas podem, quiçá, merecer suas más reputações e podemos, genuinamente, acusá-las disto ou daquilo; mas, se a repreensão for resultado de ira, ou se a acusação procede de animosidade, será vão para nós nos justificarmos dizendo que não relatamos nada além da verdade.

Em suma, devemos concluir que essas palavras estabelecem uma restrição em toda mesquinhez de linguagem que tende a trazer

João Calvino

desgraça a nossos irmãos e também em todo aborrecimento que traz prejuízo ao seu bom nome, além de todas as acusações que fluem do ódio, ou inveja, ou rivalidade ou qualquer outro sentimento indecoroso. Devemos também ir além e não sermos desconfiados ou curiosos demais ao observarmos os defeitos de outros, pois essa curiosidade ávida revela más intenções ou, de qualquer forma, más inclinações. Pois, se o amor não desconfia, aquele que condena falsamente seu próximo, ou conjectura levianamente, ou o subestima, indubitavelmente peca contra esse mandamento.

CULTIVE A VERDADE

Não dirás falso testemunho contra o teu próximo.
—ÊXODO 20:16

O propósito do mandamento é cultivar a verdade genuína uns com os outros visto que Deus, que é verdade, abomina a falsidade. A essência, portanto, será que não devemos, por acusações maliciosas e falsas, prejudicar o nome de nosso próximo, ou pela falsidade afetar sua sorte. Em suma, que não devemos ferir ninguém por petulância ou por amor ao falar mal. A esta proibição corresponde a ordenança de que devemos, fielmente, auxiliar todos, segundo nossas habilidades, em afirmar a verdade para a manutenção de seu bom nome e seu legado. De fato, não pode haver dúvida de que assim como o Senhor proibiu, nos mandamentos anteriores, a crueldade, a imoralidade e a avareza, aqui Ele proíbe a falsidade. Por oposição maligna ou perniciosa, pecamos contra o bom nome de nosso próximo. Ao mentirmos, algumas vezes até mesmo por lançarmos suspeitas contra ele, prejudicamos seu legado.

Não faz diferença alguma se você pressupõe que o testemunho formal e judicial é o alvo aqui, ou o testemunho comum que é dado em uma conversa pessoal. Pois a falsidade num tribunal de justiça é sempre acompanhada de perjúrio. Mas, contra o perjúrio, na medida em que profane e viole o nome de Deus, há um dispositivo suficiente no terceiro mandamento. Logo, a observância legítima desse preceito consiste em usar a língua para manutenção da verdade, de modo a promover tanto o bom nome quanto a prosperidade de nosso próximo. A equidade que há nisto é perfeitamente clara. Pois se um bom nome é mais precioso do que riquezas, um homem que teve seu bom nome roubado não é menos prejudicado do que se tivesse seus bens roubados; embora no último caso o

João Calvino

falso testemunho é algumas vezes não menos prejudicial do que o roubo cometido pelas mãos.

É, entretanto, insólito como os homens em todo lugar pecam neste aspecto e com segurança indolente. De fato, muito poucos são encontrados que não agem notoriamente sob esta enfermidade — tal é o deleite envenenado que nos toma quando bisbilhotamos as falhas de nosso próximo e as expomos. Aquele que nos proíbe de difamar a reputação de nosso próximo por meio da falsidade, deseja que nos mantenhamos imaculados até o ponto permitido pela verdade.

O DÉCIMO MANDAMENTO: COBIÇAR

*Não cobiçarás a mulher do teu próximo.
Não desejarás a casa do teu próximo, nem o seu campo,
nem o seu servo, nem a sua serva, nem o seu boi,
nem o seu jumento, nem coisa alguma do teu próximo.*
—DEUTERONÔMIO 5:21

Deus já havia nos proibido o suficiente de colocar o nosso coração na propriedade de outros, cogitar a sedução de seus cônjuges, ou buscar ganho pela perda ou inconveniência de outros. Agora, ao listar bois e jumentos e todas as outras coisas assim como esposas e servos, fica muito claro que Sua Lei é direcionada às mesmas coisas, mas de uma forma diferente: refrear todos os desejos ímpios sejam de fornicação ou de roubo. Por que Deus agora proíbe em Seu povo a cobiça por roubo e por fornicação? Pois parece ser uma repetição supérflua. Entretanto, por outro lado, deve ser lembrado que, enquanto era plano de Deus suscitar no povo, por meio da Lei, sentimentos sinceros de obediência a ela, tais eram a hipocrisia e indiferença do povo que foi necessário estimulá-los mais contundentemente e impeli-los firmemente, para que não procurassem brechas. Não foi, então, em vão que Deus, tendo lidado com piedade e justiça, apresentou um alerta separado: eles não deviam apenas abster-se do mal proceder, mas também deveriam executar com afeto sincero de coração aquilo que Ele havia ordenado. Consequentemente, Paulo presume deste mandamento que toda "...a lei é espiritual..." (ROMANOS 7:7-14), porque Deus, ao condenar a luxúria, demonstrou suficientemente que Ele não apenas pede obediência de nossas mãos e pés, mas também coloca restrição em nossa mente, para que não deseje fazer o que é ilícito.

João Calvino

Portanto, vemos agora que não há nada inadequado na condenação geral da inveja em um mandamento distinto. Pois, após Deus ter estabelecido ampla e comumente regras para integridade moral, finalmente Deus vai à própria fonte, e ao mesmo tempo aponta o dedo, de certo modo, para a raiz da qual brotam frutos maus e corruptos. Eu admito, de fato, que os pensamentos corruptos que surgem espontaneamente e também desaparecem antes de afetarem a mente não são levados em conta por Deus; entretanto, ainda que não corroboremos com o desejo maligno, se ele nos afeta prazerosamente, é suficiente para nos tornar culpados.

DEIXE A CARIDADE REGULAR SEUS PENSAMENTOS

*Não cobiçarás a casa do teu próximo.
Não cobiçarás a mulher do teu próximo, nem o seu servo,
nem a sua serva, nem o seu boi, nem o seu
jumento, nem coisa alguma que pertença ao teu próximo.*
—ÊXODO 20:17

O propósito do mandamento é este: visto que o Senhor deseja que a alma, como um todo, seja impregnada de amor, qualquer sentimento de natureza adversa deve ser banido de nossa mente. A essência, portanto, será que nenhum pensamento terá permissão para se insinuar em nossa mente e sorvê-la de um desejo nocivo que se destina a perdas para nosso próximo. A isso corresponde o preceito contrário de que tudo o que concebemos, deliberamos, desejamos ou planejamos deve confluir com o bem e o proveito de nosso próximo.

Porém, aqui parece que encontramos uma grande e desconcertante dificuldade. Pois foi dito corretamente em algum outro lugar que (sob as palavras "adultério" e "roubo") a luxúria e a intenção de prejudicar e ludibriar são proibidas, portanto pode parecer supérfluo empregar posteriormente uma ordenança separada para proibir um desejo cobiçoso pelos bens de nosso próximo. A dificuldade será facilmente removida ao distinguirmos entre concepção e cobiça. O conceber, ou projetar, tal como falamos nos mandamentos anteriores, é um aval deliberado da vontade, após a paixão ter tomado posse da mente. A cobiça pode existir sem tal deliberação e consentimento, quando a mente é apenas estimulada e atiçada por objetos vãos e perversos.

João Calvino

Como o Senhor ordenou previamente que a caridade deveria regular nossos desejos, estudos e ações, agora Ele nos ordena a regular os pensamentos da mente da mesma forma, de modo que nenhum deles seja pervertido e deturpado a ponto de dar à mente uma inclinação contrária. Tendo nos proibido de nos voltar e inclinar nossa mente à ira, ao ódio, ao adultério, ao roubo e à falsidade, Ele agora nos proíbe de dar a nossos pensamentos a mesma direção. Ele exige uma mente organizada de modo tão admirável a ponto de não ser induzida ao menor grau que seja de contrariedade à lei do amor.

O CARÁTER DA LEI

Eis que vos tenho ensinado estatutos e juízos, como me mandou o Senhor*, meu Deus, para que assim façais no meio da terra que passais a possuir. Guardai-os, pois, e cumpri-os, porque isto será a vossa sabedoria e o vosso entendimento perante os olhos dos povos que, ouvindo todos estes estatutos, dirão: Certamente, este grande povo é gente sábia e inteligente.*
—Deuteronômio 4:5,6

Na Lei, o ser humano é instruído não somente à decência exterior, mas também à retidão espiritual interior. Embora ninguém possa negar isso, pouquíssimos aderem a essa instrução, pois não consideram o Doador da Lei, por cujo caráter se deve determinar também o caráter da Lei. Deus, de cujo olhar nada escapa e que não considera a aparência exterior tanto quanto a pureza de coração, inclui à proibição de assassinato, adultério e roubos, a ira, o ódio, a luxúria, a cobiça e todas as outras coisas de natureza similar. Sendo o Doador da Lei que é espiritual, Ele fala à alma não menos que ao corpo. O assassinato que a alma comete é ira e ódio; o roubo é a cobiça e a avareza; e o adultério é a luxúria.

Pode ser alegado que as leis humanas dizem respeito a intenções e desejos e não a eventos fortuitos. Elas consideram a animosidade com que o ato foi executado, mas não investigam os pensamentos secretos. Assim, sua demanda é satisfeita quando a mão meramente abstém-se da transgressão.

A lei do Céu, pelo contrário, sendo decretada para nossa mente, exige como a primeira ação necessária a observância adequada, o colocar da mente em contenção. Mas a maioria dos homens, mesmo quando muito desejosos de omitir seu desprezo à Lei,

João Calvino

enquadram mãos, pés e outras partes do corpo a apenas alguns tipos de observância, porém, entrementes, mantêm o coração completamente alienado de tudo o que se assemelha à obediência. Com toda a sua alma expiram mortandade, fervem de luxúria, lançam olhares gananciosos à propriedade de seu próximo e a devoram pelo desejo. Aqui, o principal exigido pela Lei fica em falta, assim protesta Paulo tenazmente, quando declara "...a lei é espiritual" (ROMANOS 7:14) — insinuando que não apenas exige o respeito à alma, mente e vontade, mas também exige uma pureza angelical que, purificada de toda imundície da carne, aprecia somente o Espírito.

UM ÚNICO INTERCESSOR

*Isto é bom e aceitável diante de Deus, nosso Salvador,
o qual deseja que todos os homens sejam
salvos e cheguem ao pleno conhecimento da verdade.
Porquanto há um só Deus e um só Mediador
entre Deus e os homens, Cristo Jesus, homem, o qual
a si mesmo se deu em resgate por todos...*
—1 TIMÓTEO 2:3-6

Caso atribuamos a oração aos santos que morreram no corpo, mas vivem em Cristo, não imaginemos que eles têm outra forma de apelar a Deus senão por meio de Cristo, que é o único caminho; não imaginemos também que suas orações são aceitas por Deus se feitas em nome de qualquer outro. Portanto, considerando que as Escrituras nos chamam à aproximação de Cristo e ao afastamento de todos os outros, uma vez que o nosso Pai celestial se agrada em reunir em si todas as coisas, seria o extremo da estupidez, com exceção da insanidade, tentar obter acesso por meio de outros e, assim, afastar-se daquele sem quem não se pode obter acesso.

E se apelarmos à consciências de todos que se agradam da intercessão dos santos, descobriremos que sua única razão é o fato de que estão repletos de ansiedade, como se presumissem que Cristo é insuficiente ou rigoroso demais. Por essa ansiedade desonram Cristo e roubam-lhe o Seu título de único Mediador — título que, tendo sido lhe dado pelo Pai como Seu privilégio especial, não deve ser transferido a nenhum outro. Em agir assim, eles obscurecem a glória do Seu nascimento e anulam a Sua cruz; em suma, espoliam e defraudam o louvor devido a Ele por tudo pelo qual Ele morreu ou sofreu, visto que tudo o que Ele fez e sofreu

João Calvino

serve para demonstrar que Ele é e deve ser considerado o único Mediador.

Ao mesmo tempo, eles rejeitam a bondade de Deus ao se manifestar a eles como Pai, pois Ele não é seu pai se eles não reconhecem Cristo como seu irmão. Eles se recusam abertamente a fazer Isso se não acreditam que Ele sente afeição de irmão — afeição, então, daquele que é o mais gentil e terno. Portanto as Escrituras apresentam somente Ele, envia-nos a Ele e nos estabelece nele. "Ele", diz Ambrósio, "é nossa boca com a qual falamos ao Pai; nossos olhos, com os quais vemos o Pai; nossa mão direita com a qual nos oferecemos ao Pai. E se Ele não intercedesse, nem nós e nenhum de todos os santos teríamos acesso a Deus" (Ambros. Lib. De Isaac et Anima).

LOUVOR E AÇÃO DE GRAÇAS

*Salva-nos, Senhor, nosso Deus, e congrega-nos
de entre as nações, para que demos graças
ao teu santo nome e nos gloriemos no teu louvor.*
—SALMO 106:47

Ainda que a oração esteja adequadamente restrita a votos e súplicas, é tão forte a afinidade entre petição e ação de graças, que ambas podem ser convenientemente compreendidas pelo mesmo nome. Pela oração e súplica nós derramamos nossos desejos diante de Deus pedindo também aquilo que tende a promover Sua glória e manifestar Seu nome, assim como os favores que contribuem para nosso benefício. Pela ação de graças, nós celebramos devidamente Sua bondade para conosco, atribuindo à Sua generosidade todas as bênçãos inscritas em nosso destino. Nós já descrevemos a magnitude de nossa necessidade, à medida que a experiência em si proclama serem tão numerosas e imensas as dificuldades que nos pressionam por todos os lados a ponto de que todos nós temos motivos para enviar suspiros e gemidos a Deus ininterruptamente. Pois ainda que haja isenção da adversidade para os mais santos, eles ainda devem ser estimulados — primeiro por seu pecado e, depois, pelos inúmeros assaltos de tentação — a ansiar por retificação. O sacrifício de louvor e ação de graças não pode jamais ser interrompido sem culpa, visto que Deus nunca deixa de nos carregar de favor em favor, de modo a nos forçar à gratidão, independentemente do quão lentos e letárgicos sejamos. Em suma, tão larga e amplamente difundidas são as riquezas de Sua caridade para conosco, tão extraordinários e admiráveis os milagres que contemplamos por todos os lados de modo que nunca temos falta de tema ou elementos para louvor e ação de graças.

João Calvino

Considerando que todas as nossas esperanças e recursos estão em Deus, nem nosso ser, nem nossos interesses podem prosperar sem a bênção dele; devemos submeter constantemente todo o nosso ser e tudo o que temos a Ele. Então, tudo o que deliberarmos, falarmos ou fizermos deveria ser deliberado, falado ou feito sob a Sua mão e vontade — essencialmente, sob a esperança de Seu apoio. E dado que Ele recebe a honra devida quando é reconhecido como autor de todo o bem, segue que devemos continuamente expressar a nossa gratidão e que não temos direito de utilizar os benefícios que procedem da Sua caridade se não proclamarmos diligentemente o Seu louvor e dermos graças a Ele.

ORAÇÃO EM PÚBLICO E EM PARTICULAR

Mas vem a hora e já chegou, em que os verdadeiros adoradores adorarão o Pai em espírito e em verdade; porque são estes que o Pai procura para seus adoradores.
—JOÃO 4:23

Aquele que negligencia a oração a sós e em particular, independentemente do quão cuidadoso seja em frequentar reuniões públicas, lança ali suas orações ao vento porque favorece a opinião do homem em detrimento do julgamento secreto de Deus. Contudo, para que as orações em público não fossem consideradas com desprezo, o Senhor há muito lhes outorgou a mais honrosa designação, especialmente quando chamou o Templo de "casa de oração" (ISAÍAS 56:7). Pois por essa expressão Ele demonstrou tanto que o dever da oração é uma parte principal da adoração a Ele, quanto que permitir que cristãos se dediquem a ela em um grupo unido em Seu templo são questões estabelecidas diante deles como um tipo de estandarte. Uma promessa nobre foi também acrescentada: "A ti, ó Deus, confiança e louvor em Sião! E a ti se pagará o voto" (SALMO 65:1). Com essas palavras o salmista nos lembra de que as orações da Igreja nunca são vãs, pois Deus sempre guarnece Seu povo com elementos para uma canção de alegria. Não pode haver dúvida de que a mesma promessa pertence a nós — uma promessa que Cristo sancionou com Seus próprios lábios e que Paulo declara estar perpetuamente em vigor.

Considerando que Deus em Sua Palavra ordena a oração coletiva, os templos públicos são os lugares destinados à sua execução; logo, aqueles que se recusam a se unir ao povo de Deus nessa observância não têm fundamento para a desculpa de que entram

João Calvino

em seu quarto para que possam obedecer a ordenança do Senhor. Pois aquele que promete conceder o que quer que seja que dois ou três reunidos em Seu nome pedirem (MATEUS 18:20) declara que de forma alguma despreza as orações que são oferecidas publicamente — contanto que não haja fingimento ou satisfação com aplausos humanos e que haja afeição verdadeira e sincera nos nichos secretos do coração. Vendo que somos os verdadeiros templos de Deus, devemos nós mesmos orar em solitude se desejamos invocar Deus em Seu santo templo.

DO ANTEGOZO À FRUIÇÃO

*Mas para vós outros que temeis o meu nome nascerá
o sol da justiça, trazendo salvação nas suas asas;
saireis e saltareis como bezerros soltos da estrebaria.*
—MALAQUIAS 4:2

Visto que Deus se agradou em testificar em tempos antigos por meios de reparação e sacrifícios que Ele era Pai e de separar para si um povo escolhido, Ele foi indubitavelmente conhecido desde então pelo mesmo caráter que é agora plenamente revelado a nós. Da mesma forma, Malaquias tendo ordenado aos judeus a seguir a Lei de Moisés (porque após sua morte haveria uma interrupção no ofício profético), imediatamente depois declara que o sol da justiça nascerá (MALAQUIAS 4:2); assim insinuando que embora a Lei tivesse o efeito de manter o piedoso na expectativa da vinda do Messias, havia fundamento para esperar uma luz muito mais grandiosa em Seu advento. Por essa razão, Pedro, falando dos antigos profetas, diz: "A eles foi revelado que, não para si mesmos, mas para vós outros, ministravam as coisas que, agora, vos foram anunciadas por aqueles que, pelo Espírito Santo enviado do céu, vos pregaram o evangelho..." (1 PEDRO 1:12).

Não que a doutrina profética fosse inútil ao povo antigo, ou ineficaz para os próprios profetas, mas eles não tinham posse do tesouro que Deus transmitiu a nós por Suas mãos. A graça que testemunharam é agora ligada intimamente diante de nossos olhos. Eles tiveram apenas um leve antegozo; a nós é dada uma fruição mais plena. Nosso Salvador, então, enquanto declara que Moisés testificou dele, exalta admiravelmente a medida da graça outorgada a nós (JOÃO 5:46). Dirigindo-se aos Seus discípulos, Ele diz: "Bem-aventurados, porém, os vossos olhos, porque veem; e os vossos ouvidos, porque ouvem. Pois em verdade vos digo que muitos

João Calvino

profetas e justos desejaram ver o que vedes e não viram; e ouvir o que ouvis e não ouviram" (MATEUS 13:16; LUCAS 10:23). Não é pequena a aclamação da revelação do evangelho de que Deus nos preferiu aos santos homens da antiguidade, tão distintos pela piedade.

1.º DE MARÇO

O EVANGELHO E A DOUTRINA DA FÉ

...participa comigo dos sofrimentos, a favor do evangelho, segundo o poder de Deus, que nos salvou e nos chamou com santa vocação; [...] conforme a sua própria determinação e graça que nos foi dada em Cristo Jesus, antes dos tempos eternos, e manifestada, agora, pelo aparecimento de nosso Salvador Cristo Jesus, o qual não só destruiu a morte, como trouxe à luz a vida e a imortalidade, mediante o evangelho...
—2 TIMÓTEO 1:8-10

Eu compreendo o evangelho como a clara manifestação do mistério de Cristo. De fato, confesso que considerando o termo evangelho como aplicado por Paulo à doutrina da fé (2 TIMÓTEO 4:10), ele compreende também todas as promessas por meio das quais Deus reconcilia os homens consigo e que aparecem ao longo da Lei. Paulo aqui opõe a fé àqueles terrores que atormentam e torturam a consciência quando se busca a salvação por meio de obras. Daí segue que evangelho, considerado em um sentido amplo, compreende os indícios da misericórdia e do favor paterno que Deus concedeu aos patriarcas.

Entretanto, a título de excelência, é aplicado à promulgação da graça manifesta em Cristo. Isso não é apenas fundamentado no uso geral, mas tem a sanção de nosso Salvador e Seus apóstolos. Portanto, descreve-se como uma de Suas características peculiares o fato de que Ele pregava o evangelho do reino (MATEUS 4:3; 9:35; MARCOS 1:14). Marcos, em seu prefácio ao evangelho, o chama de "Princípio do evangelho de Jesus Cristo". Não há utilidade em coletar passagens para provar o que já é perfeitamente conhecido. Cristo em Seu advento "...trouxe à luz a vida e a imortalidade, mediante o evangelho" (2 TIMÓTEO 1:10).

João Calvino

Paulo, por estas palavras, não quer dizer que os patriarcas foram submersos na escuridão da morte antes do Filho de Deus se tornar homem encarnado; mas reivindica para o evangelho a honrável distinção de ser um novo e extraordinário tipo de embaixada, pela qual Deus cumpriu o que havia prometido; promessas essas que foram cumpridas na pessoa do Filho. Pois ainda que cristãos tenham, ao longo de todos os períodos, vivenciado a veracidade da declaração de Paulo de que "...as promessas de Deus, tantas têm nele o sim; porquanto também por ele é o amém..." (na medida em que tais promessas foram seladas no coração deles), contudo porque Ele, em Sua carne, completou todas as partes de nossa salvação, essa vívida manifestação de realidades foi adequadamente designada a essa nova e especial distinção.

A LEI E O EVANGELHO

Ora, àquele que é poderoso para vos confirmar segundo o meu evangelho e a pregação de Jesus Cristo, conforme a revelação do mistério guardado em silêncio nos tempos eternos, e que, agora, se tornou manifesto e foi dado a conhecer por meio das Escrituras proféticas, segundo o mandamento do Deus eterno, para a obediência por fé, entre todas as nações.
—ROMANOS 16:25,26

Nós vemos o erro daqueles que, ao comparar a Lei ao evangelho, representam-na meramente como uma comparação entre o mérito de obras e a graciosa atribuição de justiça. O contraste feito, portanto, não é de forma alguma rejeitado, porque pelo termo "Lei" Paulo frequentemente compreende a regra do viver santo em que Deus reivindica o que lhe é devido — não dando esperança de vida a menos que o obedeçamos em todos os aspectos e, por outro lado, denunciando uma maldição pela mais ínfima falha. Paulo faz isso quando demonstra que somos gratuitamente aceitos por Deus e considerados justos por termos sido perdoados, visto que a obediência à Lei, que teria uma promessa de recompensa, não se encontra em lugar algum. Logo ele representa adequadamente a justiça da Lei e o evangelho como opostos entre si. Mas o evangelho não substituiu toda a Lei de forma a apresentar um método de salvação que seja diferente. Antes, confirma a Lei e prova que tudo o que é prometido é cumprido. O que era sombra foi transformado em substância.

Quando Cristo diz que a Lei e os profetas existiram até João, Ele não alude aos patriarcas a maldição de que eles, como escravos da Lei, não poderiam escapar. Antes, insinua que estavam apenas marcados com os rudimentos e permaneciam muito abaixo da

João Calvino

altura da doutrina do evangelho. Da mesma forma, Paulo, após chamar o evangelho de "...o poder de Deus para a salvação de todo aquele que crê...", acrescenta que foi "...testemunhado pela lei e pelos profetas..." (ROMANOS 1:16; 3:21). Ainda que descreva "...a pregação de Jesus Cristo..." como "a revelação do mistério guardado em silêncio nos tempos eternos", ele modifica a expressão ao acrescentar que "...agora, se tornou manifesto [...] por meio das Escrituras proféticas..." (ROMANOS 16:25,26). Logo inferimos que, quando se fala de toda a Lei, o evangelho difere-se dela apenas com respeito à clareza de manifestação.

O MELHOR MODELO DE FÉ

*Ora, disse o Senhor a Abrão: Sai da tua terra,
da tua parentela e da casa de
teu pai e vai para a terra que te mostrarei.*
—GÊNESIS 12:1

Para nós, Abraão, por si só, deveria igualar-se a dezenas de milhares, caso consideremos sua fé, que é colocada diante de nós como o melhor modelo de crer; e devemos ser considerados como pertencentes a essa linhagem para que sejamos filhos de Deus. O que seria mais absurdo do que Abraão ser o pai de todos os fiéis e nem mesmo ocupar o mais ínfimo espaço entre eles? Não se pode negar a ele um lugar na lista; não, a ele não se pode negar um dos lugares mais honráveis nessa lista sem que toda a Igreja seja destruída.

Agora, com relação à sua experiência em vida, no momento em que é chamado pelo comando de Deus, ele é separado de seus amigos, pais e artigos de sua terra natal, todos esses considerados como aspectos que constituem a felicidade capital da vida; como se fora o propósito determinado do Senhor privá-lo de todas as fontes de deleite. Tão logo entra na terra em que lhe fora ordenado que habitasse, é dela afastado pela fome. Qual é a felicidade de habitar numa terra onde se precisa com frequência sofrer de fome? Ou melhor, perecer pela fome a menos que se fuja dela? Onde quer que fosse, encontrava-se com vizinhos de coração feroz que nem mesmo lhe permitiam beber dos poços que ele mesmo, com grande trabalho, havia cavado. Eventualmente Isaque nasce, mas, por outro lado, o primogênito, Ismael, é desalojado e quase que hostilmente expulso e abandonado. Isaque permanece sozinho, e o bom homem, Abraão, agora desgastado pela idade, tem seu coração dilacerado quando pouco depois lhe é pedido que ofereça seu

João Calvino

filho em sacrifício. O que a mente humana pode conceber de mais pavoroso do que um pai ser o assassino do próprio filho? Tivesse ele sido morto por algum estranho, seria, de fato, muito pior que a morte natural; mas todas essas calamidades são pequenas se comparadas ao assassinato de um filho pelas mãos do próprio pai.

Seja dito que Abraão não chegou a ficar profundamente transtornado porque, enfim, ele escapou de todas essas tempestades.

PROMESSAS CUMPRIDAS

Eu, porém, na justiça contemplarei a tua face;
quando acordar, eu me satisfarei com a tua semelhança.
—SALMO 17:15

Aprendamos que os santos pais da Igreja sob o Antigo Testamento não eram ignorantes ao fato de que neste mundo Deus raramente, ou nunca, concede a Seus servos o cumprimento daquilo que lhes é prometido e, portanto, direcionou a mente deles ao Seu santuário onde as bênçãos, não exibidas na presente e obscura vida, estão armazenadas para eles. Esse santuário era o julgamento final de Deus, que (como nem todos podiam discernir com os olhos) se contentavam em apreender por fé. Inspirados por essa segurança, não duvidaram que, independentemente do que acontecesse no mundo, chegaria finalmente um tempo quando as promessas divinas seriam cumpridas.

Isso é atestado por expressões tais como estas: "Eu, porém, na justiça contemplarei a tua face; quando acordar, eu me satisfarei com a tua semelhança" (SALMO 17:15). "Quanto a mim, porém, sou como a oliveira verdejante, na Casa de Deus" (SALMO 52:8). E "O justo florescerá como a palmeira, crescerá como o cedro no Líbano. Plantados na Casa do SENHOR, florescerão nos átrios do nosso Deus. Na velhice darão ainda frutos, serão cheios de seiva e de verdor" (SALMO 92:12-14). Ele havia exclamado logo antes: "Quão grandes, SENHOR, são as tuas obras! Os teus pensamentos, que profundos!". "Ainda que os ímpios brotam como a erva, e florescem todos os que praticam a iniquidade, nada obstante, serão destruídos para sempre".

Onde estavam esse esplendor e essa beleza do justo, exceto quando a aparência deste mundo foi transformada pela manifestação do reino celestial? Levantando seus olhos para o mundo eterno,

João Calvino

eles desprezaram as momentâneas dificuldades e calamidades da vida presente e confiantemente irromperam nestas exclamações: "...jamais permitirá que o justo seja abalado. Tu, porém, ó Deus, os precipitarás à cova profunda; homens sanguinários e fraudulentos não chegarão à metade dos seus dias..." (SALMO 55:22,23).

DEUS CONOSCO

*Tendo, pois, a Jesus, o Filho de Deus,
como grande sumo sacerdote que penetrou os céus,
conservemos firmes a nossa confissão. Porque
não temos sumo sacerdote que não possa compadecer-se
das nossas fraquezas; antes, foi ele tentado em
todas as coisas, à nossa semelhança, mas sem pecado.*
—HEBREUS 4:14,15

Foi de nosso profundo interesse que aquele que viria a ser nosso Mediador fosse plenamente Deus e plenamente homem. Nossas iniquidades — como uma nuvem interpondo-se entre o Senhor e nós — alienaram-nos totalmente do reino do Céu; e ninguém, exceto uma pessoa que pudesse ir até Ele, poderia ser o meio de restauração da paz. Mas quem poderia ir até Deus? Algum dos filhos de Adão? Todos eles, com seus pais, estremeceram perante o Senhor. Seria algum dos anjos? Eles necessitavam de um cabeça por cuja conexão poderiam juntar-se plena e inseparavelmente a seu Deus. O que fazer então? A situação era certamente desesperadora caso a própria Trindade não descesse até nós, já que para nós é impossível ascender.

Assim o Filho de Deus, convenientemente, tornou-se nosso Emanuel, o Deus conosco — e de tal forma que, por meio de união mútua, Sua divindade e nossa natureza pudessem ser combinadas. Caso contrário, nem a proximidade era perto o suficiente, nem a afinidade forte o suficiente para dar-nos esperança de que Deus habitaria conosco, dada a tão grande repugnância entre nossa imundícia e a pureza imaculada de Deus. Tivesse o homem permanecido livre de toda mácula, estaria em condição humilde demais para se embrenhar em Deus sem um Mediador. Como, então, deve ter sido quando, por ruína fatal, o homem foi precipitado na morte

João Calvino

e no inferno, desonrado por tantas máculas, repugnante devido à corrupção; em suma, esmagado por todas as maldições?

Desta forma, não é sem fundamento que Paulo, quando apresenta Cristo como o Mediador, declara nitidamente que Ele é o homem, o único "...Mediador entre Deus e os homens, Cristo Jesus, homem" (1 TIMÓTEO 2:5). Ele poderia tê-lo chamado de Deus, ou ao menos, ao deixar de chamá-lo de Deus, poderia também ter deixado de chamá-lo de homem. Mas, visto que o Espírito, falando por sua boca, conhecia nossa debilidade, Ele provê oportunamente o remédio mais conveniente: estabelece o Filho de Deus de modo familiar diante de nós como um de nós. Portanto, que ninguém se sinta confuso sobre onde buscar o Mediador ou por quais meios alcançá-lo; o Espírito nos lembra de que Ele está próximo; não, Ele está ao nosso lado pelo fato de ser nossa carne.

João Calvino

O FILHO DE DEUS
E O FILHO DO HOMEM

*Ora, se somos filhos, somos também herdeiros,
herdeiros de Deus e coerdeiros com Cristo; se com ele
sofremos, também com ele seremos glorificados.*
—ROMANOS 8:17

A obra executada pelo Mediador não foi de comum designação. Trata-se disto: restaurar-nos ao favor divino, de modo a nos tornar filhos de Deus e não mais filhos dos homens; em lugar de herdeiros do inferno, herdeiros do reino celestial. Quem poderia fazer isso a menos que o Filho de Deus se tornasse também Filho do homem e, assim, recebesse o que é nosso de modo a transferir a nós o que é Seu, fazendo aquilo que é Seu, por natureza, tornar-se nosso pela graça? Apoiando-nos seriamente nisso, confiamos que somos os filhos de Deus, pois o Filho natural de Deus adotou para si um corpo como o nosso, carne como a nossa, ossos como os nossos, para que pudesse ser um de nós. Ele não se recusou a tomar para si o que nos era peculiar, para que pudesse, em troca, estender a nós o que lhe era peculiar e, assim, ser conosco tanto Filho de Deus quanto Filho do homem. Daí a santa irmandade que Ele enaltece com Seus próprios lábios quando diz: "Subo para meu Pai e vosso Pai, para meu Deus e vosso Deus" (JOÃO 20:17).

Dessa forma, temos uma herança garantida no reino celestial, porque o único Filho de Deus, a quem este reino pertencia por completo, adotou-nos como Seus irmãos; e se irmãos, então coerdeiros com Ele na herança (ROMANOS 8:17). Ademais, foi também especialmente necessário para essa causa que Ele, que viria a ser nosso Redentor, fosse verdadeiramente Deus e homem. Dele era o dever de tragar a morte; quem, se não a Vida, poderia fazê-lo? Dele

João Calvino

era o dever de anular o pecado; quem poderia fazê-lo se não a própria Justiça? Dele era o dever de afugentar as potestades do ar e do mundo; quem poderia fazê-lo se não o Onipotente, Aquele superior a ambos? Mas quem possui vida e justiça, domínio e governo do Céu, senão apenas Deus? Portanto Deus, em Sua misericórdia infinita, tendo determinado que nos redimiria, tornou-se, Ele próprio, o nosso Redentor na pessoa de Seu Filho unigênito.

OLHE PARA O CÉU

Quem ama a sua vida perde-a; mas aquele que odeia a sua vida neste mundo preservá-la-á para a vida eterna.
—JOÃO 12:25

Essa expressão é utilizada de modo comparativo, pois devemos desprezar a vida na medida em que nos impede de viver para Deus, pois, se o meditar na vida celestial fosse o sentimento predominante em nosso coração, o mundo não teria influência para nos deter. Consequentemente, também, temos uma resposta a uma objeção que deve ser instada. "Muitas pessoas, por desespero, ou por outras razões e, sobretudo, pelo cansaço da vida, tiram a própria vida. Contudo não diremos que tais pessoas cuidam de sua própria segurança, enquanto outras tantas se apressam para a morte pela ambição e também pela ruína."

No entanto, aqui Cristo fala explicitamente do ódio ou desprezo por esta vida decadente, o qual os cristãos desenvolvem por contemplar uma vida melhor. Consequentemente, quem não olha para o Céu ainda não aprendeu de que modo a vida deve ser preservada. Além disso, essa cláusula posterior foi acrescentada por Cristo, para afligir com terror aqueles que são muito desejosos pela vida terrena; pois, se somos completamente dominados pelo amor ao mundo, de modo que não conseguimos facilmente nos esquecer dele, é impossível chegarmos ao Céu. Mas, uma vez que o Filho de Deus nos provoca tão violentamente, seria o pináculo da loucura cair no sono mortal.

> *"Quem não olha para o Céu ainda não aprendeu
> de que modo a vida deve ser preservada."*

João Calvino

A VONTADE DE DEUS REINA

Agora, está angustiada a minha alma, e que direi eu?
Pai, salva-me desta hora? Mas precisamente
com este propósito vim para esta hora. —JOÃO 12:27

Agora, se os sentimentos de Cristo, que eram livres de todo o pecado, precisaram ser contidos nessa questão, devemos colocar em prática esse elemento com seriedade, uma vez que as inúmeras afeições que brotam de nossa carne são, muitas delas, inimigas de Deus em nós! Que os piedosos, portanto, perseverem em constranger-se até que tenham negado a si mesmos.

Deve também ser observado que precisamos restringir não apenas aquelas afeições que são diretamente contrárias à vontade de Deus, mas aquelas que impedem o progresso de nossa vocação, ainda que, em outros aspectos, não sejam perversas ou pecaminosas. Para deixar isso mais plenamente óbvio, devemos colocar em primeiro lugar a vontade de Deus e, em segundo, a vontade pura e integral do homem, assim como Deus deu a Adão e assim como era em Cristo; e, finalmente, nossa própria, que é infectada pela propagação do pecado. A vontade de Deus é a regra à qual tudo o que é inferior deve ser submetido. Agora, a vontade pura da natureza, em si mesma, não se rebelará contra Deus; mas o homem, ainda que tenha sido integralmente criado para a justiça, encontraria muitos entraves, a menos que sujeite suas afeições a Deus.

Cristo, portanto, tinha uma única batalha na qual lutar: deixar de temer o que Ele naturalmente temia assim que percebesse que o prazer de Deus era que o oposto acontecesse. Nós, por outro lado, temos uma batalha ambivalente, pois temos que lutar contra a obstinação da carne. A consequência é que os combatentes mais valentes nunca vencem sem que sejam feridos.

"Devemos colocar a vontade de Deus em primeiro lugar."
João Calvino

O EVANGELHO PROVEITOSO

E Jesus clamou, dizendo: Quem crê em mim crê, não em mim, mas naquele que me enviou.
—JOÃO 12:44

O objetivo de Cristo com essa declaração é o de encorajar Seus seguidores a uma oportuna e inabalável perseverança da fé. Mas também compreende uma reprovação implícita, pela qual Ele pretendia corrigir esse medo pernicioso. O clamor é expressivo e de forte convicção, pois não é uma simples doutrina, antes é uma exortação visando despertá-los mais contundentemente. A declaração equivale ao seguinte: a fé em Cristo não depende de homem mortal algum, mas de Deus, pois encontra em Cristo nada exceto o que é divino, ou antes, contempla Deus em Sua face. Logo Ele pressupõe ser insensato e irracional que a fé seja hesitante ou duvidosa, pois é impossível oferecer maior insulto a Deus do que não confiar em Sua verdade.

Quem então foi devidamente beneficiado pelo evangelho? Foi aquele que, contando com essa certeza, não acredita em homens, mas em Deus; que silenciosa e firmemente contende contra todas as maquinações de Satanás. Caso, então, concedamos a Deus a honra a Ele devida, devemos aprender a permanecer firmes na fé, não apenas caso o mundo seja abalado, mas até mesmo caso Satanás perturbe e derrube tudo o que está sob o Céu.

Diz-se que cristãos "não creem em Cristo" quando não fixam toda a sua atenção em Seu semblante humano. Comparando-se ao Pai, Ele nos ordena a olhar para o poder de Deus, pois a fraqueza da carne não tem firmeza alguma em si mesma.

"A fé em Cristo não depende de homem mortal algum!"

João Calvino

CONVERSÃO DA VONTADE

*Dar-vos-ei coração novo e porei dentro
de vós espírito novo; tirarei de vós o coração de pedra
e vos darei coração de carne. Porei dentro de vós
o meu Espírito e farei que andeis nos meus estatutos,
guardeis os meus juízos e os observeis.*

—EZEQUIEL 36:26,27

Considerando que o Senhor, ao nos trazer auxílio, supre-nos com o que nos falta, a natureza desse auxílio imediatamente manifestará o seu oposto: nossa pobreza extrema. Quando o apóstolo diz aos filipenses: "Estou plenamente certo de que aquele que começou boa obra em vós há de completá-la até ao Dia de Cristo Jesus" (FILIPENSES 1:6), não pode haver qualquer dúvida de que, pela boa obra então iniciada, ele fala do próprio início da conversão da vontade. Deus, portanto, começa a boa obra em nós suscitando em nosso coração o desejo, o amor e o zelo pela justiça, ou (para falar mais corretamente) ao transformar, treinar e guiar o nosso coração em direção à justiça; e Ele completa essa boa obra nos confirmando com perseverança.

Mas, havendo quem se queixe de que a boa obra iniciada pelo Senhor consiste em auxiliar a vontade, que em si mesma é fraca, o Espírito declara alhures o que a vontade, abandonada a si mesma, é capaz de fazer. Suas palavras são: "Dar-vos-ei coração novo e porei dentro de vós espírito novo; tirarei de vós o coração de pedra e vos darei coração de carne. Porei dentro de vós o meu Espírito e farei que andeis nos meus estatutos, guardeis os meus juízos e os observeis" (EZEQUIEL 36:26,27).

Como pode ser dito que a fraqueza da vontade humana é auxiliada de modo a capacitá-la a aspirar à escolha do bem, quando, na verdade, ela deve ser totalmente transformada e renovada? E

João Calvino

se transformar uma pedra em carne equivale àquilo que Deus faz quando nos inclina à aprendizagem da retidão, tudo o que é próprio de nossa vontade é abolido e aquilo que é colocado em seu lugar é inteiramente de Deus. Eu digo que a vontade é abolida, mas não na medida em que é desejável, pois na conversão tudo o que é essencial à nossa natureza original permanece. Eu também digo que ela é recriada, não porque a vontade começa a existir, mas porque é dissuadida do mal para o bem.

DEPENDENTE DA GRAÇA DE DEUS

*Cria em mim, ó Deus, um coração puro
e renova dentro de mim um espírito inabalável.*
—SALMO 51:10

Salomão ora para que o Senhor possa inclinar o "...nosso coração, para andarmos em todos os seus caminhos e guardarmos os seus mandamentos" (1 REIS 8:58), sugerindo que o nosso coração é perverso e naturalmente aquiesce à rebelião contra a Lei divina até que seja transformado. É dito nos Salmos: "Inclina-me o coração aos teus testemunhos..." (119:36). Impressionado com a época em que foi privado da graça diretiva, Davi ora: "Cria em mim, ó Deus, um coração puro e renova dentro de mim um espírito inabalável" (SALMO 51:10). Falando como um homem alienado de Deus, ele ora adequadamente pelas bênçãos que Deus concede aos Seus eleitos na regeneração. Assim, como morto, ele deseja ser recriado de modo a se tornar, em vez de escravo de Satanás, um instrumento do Espírito Santo. Insólitos e hediondos são os anseios de nosso orgulho.

Caso a arrogância não se colocasse no caminho, não conseguiríamos negligenciar o claro testemunho dado por Cristo da produção de Sua graça. Ele, pois, disse: "Eu sou a videira verdadeira, e meu Pai é o agricultor. [...] Como não pode o ramo produzir fruto de si mesmo, se não permanecer na videira, assim, nem vós o podeis dar, se não permanecerdes em mim" (JOÃO 15:1-4). E se não mais podemos dar fruto de nós mesmos como uma videira não pode brotar quando arrancada do solo e privada de hidratação, já não há mais espaço para questionar qual é a aptidão de nossa natureza para o bem. Não há ambiguidade na conclusão: "...sem mim nada podeis fazer". Ele não diz que somos fracos demais para sermos suficientes para nós mesmos; mas, ao

João Calvino

nos reduzir a nada, Ele exclui a ideia de que possuímos qualquer habilidade ainda que seja a menor delas. Caso, quando conectados a Cristo, dermos fruto como a videira, que extrai seu poder vegetativo da umidade do solo, do orvalho do céu e do calor acolhedor do sol, nada vejo em uma boa obra que poderíamos alegar como nosso, sem que nos firmemos em algo que é devido a Deus.

GRAÇA EFICAZ

*Está escrito nos profetas: E serão todos ensinados
por Deus. Portanto, todo aquele que
da parte do Pai tem ouvido e aprendido, esse vem a mim.*
—JOÃO 6:45

O movimento da vontade não é o da designação que por muitas eras foi ensinado e em que se creu; um movimento que, em seguida, nos deixa a escolha de obedecê-lo ou resisti-lo. Antes, se trata de um movimento que nos afeta eficazmente. Devemos, portanto, desaprovar fortemente o comumente repetido sentimento de Crisóstomo: "Aquele a quem ele atrai, o faz voluntariamente", insinuando que o Senhor apenas estende Sua mão e espera para ver se nos alegraremos em aceitar Seu auxílio. Nós consentimos que, como o homem foi originalmente constituído, ele poderia inclinar-se para qualquer lado. Mas, considerando que Ele nos ensinou pelo exemplo que miserável coisa é o livre-arbítrio se em nós não estiverem as obras de Deus, de que serve para nós a graça conferida em tal medida tão escassa? Não, por nossa própria ingratidão nós obscurecemos e deterioramos a graça divina.

A doutrina do apóstolo não é a de que a graça de uma boa vontade é oferecida a nós caso a aceitemos, mas de que o próprio Deus se agrada de agir em nós de modo a guiar, transformar e governar nosso coração por Seu Espírito e nele reinar como sendo propriedade Sua. Ezequiel promete que um novo espírito será concedido aos eleitos, não para que sejam meramente capazes de vaguear em Seus preceitos, mas para que possam verdadeiramente caminhar neles (EZEQUIEL 11:19; 36:27). E o único significado que se pode dar às palavras de nosso Salvador é: "...todo aquele que da parte do Pai tem ouvido e aprendido, esse vem a mim" (JOÃO 6:45), pois a graça

João Calvino

de Deus é eficaz em si mesma. Os homens devem, de fato, ser ensinados que o favor de Deus é oferecido, sem exceção, a todos que o pedem; contudo, considerando que só começam a pedir aqueles a quem o Céu inspira pela graça, até mesmo esta ínfima porção de louvor não deve ser negada a Ele. É privilégio dos eleitos serem regenerados pelo Espírito de Deus e então serem colocados sob Sua orientação e Seu governo.

FAVORECIDO POR DEUS

*Então, virou Ezequias o rosto para a parede
e orou ao Senhor. E disse: Lembra-te,
Senhor, peço-te, de que andei diante de ti com
fidelidade, com inteireza de coração e fiz
o que era reto aos teus olhos; e chorou muitíssimo.*
—ISAÍAS 38:2,3

Algumas vezes os santos — em humilde súplica a Deus — parecem apelar à sua própria justiça, como quando Davi diz: "Preserva a minha alma, pois eu sou piedoso..." (SALMO 86:2). Ezequias também: "...Lembra-te, Senhor, peço-te, de que andei diante de ti com fidelidade, com inteireza de coração e fiz o que era reto aos teus olhos..." (ISAÍAS 38:3). Tudo o que querem dizer com tais expressões é que a regeneração declara que eles estão entre os servos e filhos aos quais Deus declara que demonstrará o Seu favor.

Nós já vimos como Ele declara por meio do salmista que "Os olhos do Senhor repousam sobre os justos, e os seus ouvidos estão abertos ao seu clamor" (SALMO 34:15) e declara novamente pelo apóstolo que "...aquilo que pedimos dele recebemos, porque guardamos os seus mandamentos..." (1 JOÃO 3:22). Nessas passagens Ele não fixa um valor à oração como uma obra meritória, mas procura estabelecer a confiança daqueles que são conscientes de uma integridade e inocência resolutas, tal como todos os cristãos deveriam possuir.

Esses apelos em que os santos fazem alusão à sua pureza e integridade correspondem as tais promessas que eles possam ter, em sua experiência individual, uma manifestação daquilo que todos os servos de Deus foram criados para esperar ansiosamente. Logo, eles quase sempre usam esse modo de oração quando diante de

João Calvino

Deus se comparam com seus inimigos, de cuja injustiça anseiam ser libertos pela mão do Senhor.

Quando se fazem tais comparações, não há surpresa em que eles aleguem sua integridade e simplicidade de coração e que, pela justiça de sua causa, o Senhor possa ficar mais disposto a lhes conceder alívio. Não roubamos do seio piedoso o privilégio de desfrutar da consciência de pureza diante do Senhor e assim se sentir convicto das promessas com que Ele consola e ampara Seus verdadeiros adoradores. Contudo, aconselhamos que coloquem de lado todos os pensamentos relacionados aos seus próprios méritos e encontrem exclusivamente na misericórdia divina a sua confiança na bem-sucedida oração.

TEMOR E FAVOR

*...porém eu, pela riqueza da tua misericórdia,
entrarei na tua casa e me prostrarei
diante do teu santo templo, no teu temor.*
—SALMO 5:7

A despeito de sermos diminuídos e verdadeiramente contritos, deveríamos nos motivar a orar com a esperança de que obteremos êxito. Há, de fato, uma aparência de contradição entre duas coisas: uma percepção da justa vingança de Deus e a firme confiança em Seu favor. E, contudo, ambas estão em perfeito acordo ainda que seja a mera bondade de Deus que reergue aqueles que estão sobrecarregados por seus próprios pecados.

Pois o arrependimento e a fé andam de mãos dadas, estando unidos por um vínculo indissolúvel — o primeiro causando terror e o segundo, alegria. Então na oração, ambos devem estar presentes. Davi expressa essa conjunção em poucas palavras: "porém eu, pela riqueza da tua misericórdia, entrarei na tua casa e me prostrarei diante do teu santo templo, no teu temor" (SALMO 5:7). Sob a vontade de Deus, Davi compreende a fé e ao mesmo tempo não exclui o temor; pois não apenas a majestade divina estimula nossa reverência, mas também nossa própria indignidade nos livra de todo orgulho e autoconfiança e nos mantém em temor. A confiança da qual falo não é aquela que liberta a mente de toda ansiedade e a acalma com o descanso doce e perfeito; tal descanso é peculiar àqueles que, enquanto todos os seus assuntos correm segundo o planejado, não são aborrecidos por preocupação alguma, atormentados por remorso algum, agitados por medo algum.

Mas o melhor estímulo que os santos têm para orar é quando, em consequência de suas próprias necessidades, sentem a mais grandiosa falta de paz e são quase conduzidos ao desespero, até

João Calvino

que a fé, em momento oportuno, vem em seu auxílio; pois em tais apuros a bondade de Deus brilha tanto sobre eles a ponto de, enquanto lamentam, oprimidos pelo peso das calamidades presentes e atormentados pelo medo de ainda outras maiores, ainda confiarem nessa bondade e, desta forma, aliviam a dificuldade de persistir e consolam-se na esperança da libertação definitiva.

É necessário que a oração do cristão seja o resultado de ambos os sentimentos e exiba a influência de ambos. Enquanto ele lamenta sob males presentes e teme ansiosamente os novos, deveria, ao mesmo tempo, recorrer a Deus sem dúvida alguma de que o Senhor está pronto para estender a ele Sua mão auxiliadora.

SEGURANÇA E ORAÇÃO

Seja sobre nós, Senhor,
a tua misericórdia, como de ti esperamos.
—SALMO 33:22

Quando dizemos que os cristãos devem se sentir firmemente seguros, os nossos adversários pensam que estamos afirmando o que há de mais absurdo no mundo. Contudo, se tivessem alguma experiência na verdadeira oração, certamente compreenderiam que Deus não pode ser devidamente invocado sem essa percepção da benevolência divina. Mas como homem algum pode compreender bem o poder da fé, sem que ao mesmo tempo o sinta em seu coração, qual o benefício em porfiar com homens desse caráter, que demonstram claramente nunca terem tido algo mais que uma imaginação infrutífera? O valor e a necessidade dessa segurança pela qual argumentamos são assimilados, sobretudo, na oração. Todos os que não enxergam isso dão prova de uma consciência bastante obtusa.

Portanto, deixando aqueles que são, assim, cegos, fixemos nossos pensamentos nas palavras de Paulo, que diz que Deus pode ser invocado somente por aqueles que obtiveram conhecimento de Sua misericórdia a partir do evangelho e se sentem firmemente seguros de que a misericórdia divina está pronta para lhes ser concedida. A única oração aceitável a Deus é aquela que irrompe (se assim posso me expressar) desta pressuposição de fé e está alicerçada na plena certeza da esperança. Paulo pode ter se agradado de utilizar o simples nome fé, mas ele não apenas acrescenta a confiança como também liberdade ou ousadia e com essa marca ele poderá nos distinguir dos incrédulos — que de fato, como nós, oram a Deus, mas oram aleatoriamente. Logo, toda a Igreja ora assim: "Seja sobre nós, Senhor, a tua misericórdia, como de

João Calvino

ti esperamos" (SALMO 33:22). A mesma condição é estabelecida pelo salmista em outra passagem: "No dia em que eu te invocar, baterão em retirada os meus inimigos; bem sei isto: que Deus é por mim" (SALMO 56:9). Novamente: "...de manhã te apresento a minha oração e fico esperando" (SALMO 5:3). Por essas palavras percebemos que as orações são, em vão, vertidas no ar a menos que acompanhadas de fé, na qual, como se fosse uma torre de vigia, podemos esperar tranquilamente em Deus.

O PRECEITO E A PROMESSA

*Pedi, e dar-se-vos-á; buscai e achareis; batei,
e abrir-se-vos-á. Pois todo o que pede recebe; o que
busca encontra; e, a quem bate, abrir-se-lhe-á.*
—MATEUS 7:7,8

Ao nos ordenar a orar, Deus nos condena por rebelião impiedosa caso não obedeçamos. Ele não poderia ter dado um comando mais preciso do que esse contido nos Salmos: "Invoca-me no dia da angústia..." (50:15). Mas como não há um ofício da piedade mais frequentemente ordenado pelas Escrituras, não há motivo para permanecermos longamente nisto.

"Pedi...", diz nosso Mestre divino, "...e dar-se-vos-á; buscai e achareis; batei, e abrir-se-vos-á..." (MATEUS 7:7). Aqui, de fato, uma promessa é acrescentada ao preceito e é necessário que assim seja. Pois ainda que todos confessem que devemos obedecer ao preceito, mesmo assim a maior parte rejeitaria o convite de Deus, caso Ele não prometesse que ouviria e estaria pronto a responder.

Sendo essas duas posições estabelecidas, certo é que todos os que trivialmente alegam que não devem ir diretamente a Deus, não são apenas rebeldes e desobedientes, mas são também condenados por incredulidade, na medida em que não confiam nas promessas. Hipócritas, sob pretensa humildade e modéstia, orgulhosamente condenam o preceito, assim como negam qualquer crédito ao gracioso convite de Deus; não, roubam-lhe a principal parte de Sua adoração. Pois, quando Ele rejeitou sacrifícios, de que toda santidade parecia consistir, Ele declarou que o principal, que acima de todo o resto é precioso aos Seus olhos é ser invocado no dia da necessidade.

Portanto, quando Deus exige o que é Seu e nos exorta à prontidão na obediência, nenhum subterfúgio para dúvida

João Calvino

(independentemente de quão especioso seja) pode nos desculpar. Logo, todas as passagens no decorrer das Escrituras em que somos ordenados a orar são colocadas diante de nossos olhos como tantos emblemas o são: para nos inspirar com confiança.

AS ENCANTADORAS PROMESSAS DE DEUS

E será que, antes que clamem, eu responderei; estando eles ainda falando, eu os ouvirei.
—ISAÍAS 65:24

É estranho que as encantadoras promessas de Deus nos afetem friamente ou praticamente nada de modo que os homens prefiram vaguear por todos os lados — abandonando a fonte de águas vivas — e cavar para si novas cisternas em lugar de abraçar voluntariamente a divina generosidade a eles oferecida (JEREMIAS 2:13). Salomão diz: "Torre forte é o nome do SENHOR, à qual o justo se acolhe e está seguro" (PROVÉRBIOS 18:10). Após prever o temeroso desastre que estava prestes a acontecer, Joel acrescenta a memorável frase a seguir: "E acontecerá que todo aquele que invocar o nome do SENHOR será salvo..." (JOEL 2:32). Isso sabemos que se refere adequadamente ao percurso do evangelho.

Apenas um em cem é movido a ir à presença de Deus ainda que Ele próprio exclame em Isaías: "E será que, antes que clamem, eu responderei; estando eles ainda falando, eu os ouvirei" (ISAÍAS 65:24). Essa honra Ele concede alhures a toda a Igreja em geral, como pertencente a todos os membros de Cristo: "Ele me invocará, e eu lhe responderei; na sua angústia eu estarei com ele, livrá-lo-ei e o glorificarei" (SALMO 91:15).

Contudo, como já observei, minha intenção não é enumerá-las todas, mas apenas selecionar algumas passagens admiráveis como espécimes do quão gentilmente Deus nos atrai para si e de quão extrema deve ser nossa ingratidão quando, com causas tão poderosas, nossa morosidade ainda nos retarda. Deixemos, então, que estas palavras sempre ressoem em nossos ouvidos: "Perto está o

João Calvino

Senhor de todos os que o invocam, de todos os que o invocam em verdade" (SALMO 145:18). Igualmente, aquelas passagens que citamos em Isaías e Joel — em que Deus declara que Seu ouvido está aberto para nossas orações e que Ele se deleita como em um sacrifício de aroma suave quando lançamos nossas preocupações sobre Ele — deveriam continuar a ressoar.

João Calvino

JUSTIFICAÇÃO

*E aos que predestinou, a esses também chamou;
e aos que chamou, a esses também justificou; e aos
que justificou, a esses também glorificou.*
—ROMANOS 8:30

Alguns dizem que, a menos que virtude e vício procedam da livre escolha, é absurdo punir ou recompensar o homem. Com relação à punição, respondo que é adequadamente infligida àqueles que contraem a culpa. O que importa é se você peca com um juízo livre ou escravizado, contanto que você peque voluntariamente, sobretudo quando está provado que o homem é pecador porque está sob a escravidão do pecado? Com relação às recompensas da justiça, há alguma grande insensatez em reconhecer que dependem da bondade de Deus e não de nossos próprios méritos? Com que frequência encontramos em Agostinho a seguinte expressão: "Deus não coroa nossos méritos, mas Seus próprios dons; e o nome de recompensa é dado não àquilo que é devido a nossos méritos, senão à recompensa da graça previamente concedida"?

Alguns parecem pensar que há perspicácia na observação de que não há lugar algum para a mente se as boas obras não fluem do livre-arbítrio como sua fonte devida; mas em assim pensar tão despropositadamente estão largamente equivocados. Agostinho não hesita igualmente em descrever como necessário exatamente aquilo que consideram deplorável reconhecer. Consequentemente, ele pergunta: "O que é o mérito humano? Aquele que veio para conceder uma recompensa que não é devida, mas, sim, a graça livre, ainda que Ele mesmo seja livre de pecado e doador de liberdade, considerou pecadores todos os homens" (Agostinho em Ps.31). Novamente: "Em si mesmo, o homem não é nada. O

João Calvino

pecado é vosso, o mérito, de Deus. A punição é vosso direito; e quando vier a recompensa, Deus coroará Seus próprios dons, não os vossos méritos".

Com que fundamento, então, são os cristãos coroados? Pela misericórdia de Deus, não seus próprios esforços, são predestinados, chamados e justificados. Então, que acabe o medo vão que nos diz: a menos que o livre-arbítrio esteja presente, não mais haverá mérito algum! "...E, se o recebeste, por que te vanglorias, como se o não tiveras recebido?" (1 CORÍNTIOS 4:7). Tudo é negado ao livre-arbítrio pelo exato propósito de não deixar espaço algum para o mérito. E, contudo, como o benfazer e a generosidade de Deus são múltiplos e inexauríveis, a graça que Ele confere a nós é compensadora de tal forma que é como se as ações virtuosas fossem nossas.

João Calvino

CONSELHO DIVINO

*Dar-lhes-ei um só coração, espírito novo
porei dentro deles; tirarei da sua carne o coração de
pedra e lhes darei coração de carne; para que
andem nos meus estatutos, e guardem os meus juízos...*
—EZEQUIEL 11:19,20

Ainda que se esquivem de bom grado do conselho divino, os impiedosos são forçados, quer queiram quer não, a sentir o seu poder. Mas sua utilidade principal deve ser vista no caso dos cristãos, em quem o Senhor, ainda que sempre aja por Seu Espírito, também não omite a instrumentalidade de Sua Palavra, todavia a emprega e não sem efeito. Que isto, então, seja a verdade permanente: toda a força do piedoso consiste na graça de Deus, conforme as palavras do profeta — "Dar-lhes-ei um só coração, espírito novo porei dentro deles; tirarei da sua carne o coração de pedra e lhes darei coração de carne; para que andem nos meus estatutos, e guardem os meus juízos..." (EZEQUIEL 11:19,20). Caso Deus, para nos preparar para a graça que nos capacita a obedecer ao conselho divino, busque empregar Seu conselho divino, o que há em tal esquema que seja motivo para você cavilar e zombar? Tivesse o conselho e o alerta divinos nenhum outro proveito para o piedoso que não o de convencê-lo do pecado, não poderiam ser considerados completamente inúteis. Agora, quando, pelo Espírito de Deus agindo interiormente, eles têm o efeito de inflamar o desejo pelo bem, despertar da letargia, destruir o prazer e a melífera doçura do pecado (tornando-o odioso e repugnante), quem pressuporá sofismas afirmando serem supérfluos?

Deus age em Seus eleitos de duas maneiras: interiormente por Seu Espírito e externamente por Sua Palavra. Por Seu Espírito, Ele o faz iluminando suas mentes e treinando seus corações na

João Calvino

prática da justiça, fazendo deles novas criaturas; enquanto que, por Sua Palavra, Ele os estimula a ansiar por essa renovação e a buscá-la. Em ambos Ele exerce o poder de Sua mão na proporção em que os dispensa. A Palavra incita suas consciências agora e os tornará indesculpáveis no dia do julgamento. Assim, ainda que declare que ninguém pode vir a Ele exceto aqueles a quem o Pai atrai e que os eleitos vêm após terem ouvido sobre o Pai e dele tomarem conhecimento (JOÃO 6:44,45), nosso Salvador não coloca de lado o ofício de Mestre; antes convida cuidadosamente aqueles que precisam ser ensinados intimamente pelo Espírito antes que tenham algum benefício.

A PROGRESSÃO DA ELEIÇÃO

*Não falo a respeito de todos vós, pois eu conheço
aqueles que escolhi; é, antes, para que
se cumpra a Escritura: Aquele que come do meu
pão levantou contra mim seu calcanhar.*
—JOÃO 13:18

Esta exata circunstância — de que perseverarão — Ele atribui à sua eleição; pois a virtude dos homens, sendo frágil, tremeria diante de qualquer brisa e seria derrubada pelo golpe mais débil, se o Senhor não a mantivesse por Sua mão. Mas, conforme Ele governa aqueles a quem elegeu, todos os mecanismos que Satanás possa empregar não os impedirão de perseverar até o fim com firmeza indefectível. E Ele atribui à eleição não apenas a perseverança, mas igualmente a instauração de sua piedade.

De onde surge que um homem especificamente, em lugar de outro, devota-se à Palavra de Deus? É devido à sua eleição. Novamente, de onde surge que este homem progride e continua a manter uma vida adequada e santa, se não devido ao propósito de Deus que é imutável e que completa a obra que foi iniciada por Sua mão? Em suma, esta é a fonte da distinção entre os filhos de Deus e os incrédulos: os primeiros são atraídos à salvação pelo Espírito de adoção, enquanto que os últimos são precipitados na destruição por sua carne que não está sob contenção alguma. Caso contrário, Cristo poderia ter dito: "Saibam que tipo de pessoas vocês serão". Mas, para que não possam reivindicar nada para si, ao contrário, possam reconhecer que, somente pela graça de Deus e não por virtude própria, diferem-se de Judas, o Senhor coloca diante deles essa eleição pela graça livre em que são constituídos. Que nós, portanto, aprendamos que todas as partes de nossa salvação dependem da eleição.

João Calvino

FÉ INABALÁVEL

Não se turbe o vosso coração;
credes em Deus, crede também em mim.
—JOÃO 14:1

Todos reconhecem que devemos crer em Deus e esse é um princípio admitido com o qual todos concordam sem contradição; e, contudo, mal há um entre cem que realmente crê nesse princípio, não apenas porque a majestade desnuda de Deus está a tão grande distância de nós, mas também porque Satanás interpõe nuvens de todo tipo de descrição para nos impedir de contemplar a Deus. A consequência é que nossa fé, buscando Deus em Sua glória celestial e luz inacessível, é derrotada; e até mesmo a carne, por iniciativa própria, sugere milhares de fantasias para desviar nossos olhos da contemplação de Deus de maneira adequada.

O Filho de Deus, então, que é Jesus Cristo, apresenta-se como o objeto ao qual nossa fé deve ser direcionada e pelo meio do qual descobrirá facilmente que nele pode repousar; pois Ele é o verdadeiro Emanuel, que nos responde interiormente, assim que o buscamos pela fé. É um dos artigos principais de nossa fé o fato de que deve ser direcionada somente a Cristo, de que não pode vaguear por longas sinuosidades e que deve ser fixa nele para que não vacile em meio às tentações. E esta é a verdadeira prova da fé: quando jamais permitimos sermos arrancados de Cristo e das promessas que, nele, nos foram feitas.

"Que jamais permitamos ser arrancados de Cristo."

João Calvino

UMA GARANTIA SEGURA

Como o Pai me amou, também eu vos amei;
permanecei no meu amor.
—JOÃO 15:9

Foi o plano de Cristo, de certo modo, colocar em nosso peito uma garantia segura do amor de Deus por nós. O amor que aqui é mencionado deve ser compreendido como referente a nós, porque Cristo testifica que o Pai o ama e que Ele é o Cabeça da Igreja. E isso é altamente necessário para nós, pois aquele que, sem um Mediador, questiona como é amado por Deus adentra em um labirinto em que não descobrirá a saída nem os meios de desembaraçar-se.

Nós, portanto, devemos voltar nossos olhos para Cristo, em quem serão encontrados o testemunho e a garantia do amor de Deus; pois o amor divino foi totalmente derramado nele, para que dele possa fluir para Seus membros. Ele é distinto por Seu título: o Filho amado, em quem a vontade do Pai é satisfeita (MATEUS 3:17). Mas devemos observar o fim, que é: Deus nos aceitará em Cristo. Logo, então, podemos contemplar nele, como em um espelho, o amor paternal de Deus por todos nós; pois Ele não é amado separadamente ou por Sua própria vantagem particular, mas o é para que possa nos unir com Ele ao Pai.

> *"Podemos contemplar nele [...]*
> *o amor paternal de Deus por todos nós."*

João Calvino

UM EXEMPLO CRISTÃO

Morava em Cesareia um homem de nome Cornélio, centurião da corte chamada Italiana, piedoso e temente a Deus com toda a sua casa e que fazia muitas esmolas ao povo e, de contínuo, orava a Deus.
—ATOS 10:1,2

Lucas diz que Cornélio era um homem piedoso, que temia a Deus e que, como bom senhor, tinha o cuidado de instruir as famílias que estavam sob sua responsabilidade. Lucas, então, o elogia pelos ofícios do amor, porque era caridoso com todas as pessoas e, finalmente, porque orava continuamente a Deus. E como a Lei está contida em duas tábuas, Lucas congratula, em uma parte, a piedade de Cornélio e vai, então, para a segunda parte. Cornélio exercitou os ofícios do amor para com as pessoas. É muito benéfico observar isso, pois temos na pessoa um modo de viver bem descrito. Consequentemente, ao ordenar adequadamente a vida, permite que a fé e a religião sejam a fundação que, caso seja retirada, torna todas as outras virtudes nada mais do que fumaça. Lucas considera o temor a Deus e a oração como frutos e testemunhos da piedade e da adoração a Ele. Pois a religião não pode ser separada do temor e da reverência a Deus; ninguém também pode ser considerado piedoso exceto aqueles que, reconhecendo Deus Pai e Senhor, dependam completamente dele. Que todos nós exortemo-nos a perseverar em oração pelo exemplo de Cornélio.

Como Cornélio, nossa piedade deve assim figurar para outros, de modo que declaremos que tememos a Deus ao usar a generosidade e a justiça. Pois dessa fonte irrompe a verdadeira e ordenada generosidade: se as lutas e os sofrimentos de nossos irmãos nos movem à compaixão, se, considerando a unidade que está entre nós, os recebemos e apreciamos como apreciaríamos os nossos e

João Calvino

se somos diligentes em ajudá-los como ajudaríamos nossos próprios membros; e se for verdade que ele foi tão excelente reflexo de piedade e santidade até mesmo quando não tinha nada além de uma pequena noção de fé, não deveríamos nos envergonhar, nós que parecemos instruídos na fé e, contudo, somos tão frios nos exercícios da piedade? E se uma pequena faísca de fé tanto prevaleceu nele, o que deverá fazer em nós o pleno resplendor de conhecimento?

O HUMILDE DE ESPÍRITO

*Bem-aventurados os humildes de espírito,
porque deles é o reino dos céus.*
—MATEUS 5:3

Agora vejamos, em primeiro lugar, porque Cristo falou a Seus discípulos sobre a verdadeira bem-aventurança. Nós sabemos que não apenas a maioria das pessoas, mas até mesmo os instruídos cometem este erro: conceber que alguém livre de aborrecimentos alcança todos os seus desejos e leva uma vida prazerosa e tranquila. Portanto, para que Seu povo pudesse se acostumar a carregar a cruz, Cristo expõe a equivocada opinião de que aqueles que levam uma vida tranquila e próspera de acordo com a carne são felizes. A única consolação que abranda e até mesmo adoça a amargura da cruz e das aflições é a convicção de que somos felizes em meio às misérias; pois nossa paciência é abençoada pelo Senhor e será em breve seguida de um feliz resultado. Essa doutrina, admito, é amplamente suprimida da opinião geral. Mas os discípulos de Cristo devem aprender a filosofia de colocar sua felicidade além do mundo e acima das afeições da carne. Ainda que a razão nunca admita o que é aqui ensinado por Cristo, Ele não apresenta algo imaginário. Lembremo-nos, portanto, que o objetivo principal do discurso de Cristo é demonstrar que aqueles que são oprimidos pelas reprovações dos perversos e são vítimas de várias calamidades não são infelizes.

Muitos são espremidos por tribulações e, no entanto, continuam a inchar interiormente com orgulho e crueldade. Mas Cristo afirma que são felizes aqueles que, castigados e subjugados por seus problemas, submetem-se integralmente a Deus e, com humildade interior, apresentam-se a Ele pedindo proteção.

João Calvino

Vemos que Cristo não dilata a mente daqueles que pertencem ao Seu povo com alguma crença falsa ou os endurece até o ponto de implacável obstinação, mas os guia para manterem a esperança de vida eterna e os estimula à paciência garantindo-lhes que desta forma serão aprovados no reino celestial de Deus. Merece nossa atenção o fato de que somente aqueles que são reduzidos a nada em si mesmos e apoiam-se na misericórdia de Deus são humildes de espírito; pois aqueles que são abatidos ou sobrecarregados pelo desespero queixam-se de Deus e isso prova que são de espírito orgulhoso e soberbo.

O MANSO

*Bem-aventurados os mansos,
porque herdarão a terra.*
—MATEUS 5:5

Por "mansos" Ele quer dizer pessoas de disposições amenas e gentis, que não se iram facilmente com agressões, que não estão prontas a se ofender, mas preparadas para suportar qualquer coisa antes de executar as mesmas tarefas que os perversos. Quando Cristo promete a herança da Terra aos mansos, nós podemos considerar como algo tolo. Aqueles que rechaçam raivosamente qualquer ataque e cujas mãos estão sempre prontas para se vingar de danos causados são as pessoas que mais reivindicam para si o domínio da Terra. E a experiência certamente demonstra que, quanto mais amavelmente alguém suporta a perversidade deles, mais ousada e insolente a torna. Daí surge o provérbio maligno: "Devemos uivar com os lobos, porque os lobos imediatamente devorarão todos os que são ovelhas". Mas Cristo dá a Sua própria proteção e a proteção do Pai, em contraste com a fúria e violência dos perversos e declara, com razão, que os mansos serão senhores e herdeiros da Terra. Os filhos deste mundo nunca acreditam estar seguros e se vingam ferozmente dos danos que lhe são causados e defendem sua vida "...com as suas próprias armas de guerra..." (EZEQUIEL 32:27). Mas como devemos crer que somente Cristo é o guardião de nossa vida, tudo o que nos resta é nos esconder "...à sombra das tuas asas" (SALMO 17:8). Devemos ser ovelhas se desejamos ser reconhecidos como parte de Seu rebanho.

Primeiro sugiro que seja considerado como as pessoas ferinas são perturbadas por sua inquietação. Ainda que levem uma vida tão agitada, ainda que sejam cem vezes senhores da Terra, ainda que possuam tudo, certamente não possuem nada. Para os filhos

João Calvino

de Deus, por outro lado, digo que, embora não se firmem naquilo que é seu, desfrutam de tranquila moradia na Terra. E esta não é posse imaginária, pois eles sabem que a terra em que habitam lhes foi conferida por Deus. Ademais, a mão de Deus é interposta para protegê-los da violência e fúria dos perversos. Ainda que expostos a todo tipo de ataque, sujeitos à malícia de pessoas más, cercados por todo tipo de perigo, estão seguros sob a proteção divina.

FOME DE JUSTIÇA

*Bem-aventurados os que têm fome e
sede de justiça, porque serão fartos.
Bem-aventurados os misericordiosos,
porque alcançarão misericórdia.*
—MATEUS 5:6,7

Para "fome e sede" aqui, creio eu haver o uso de uma expressão figurada e significa sofrer de pobreza, ter falta do necessário para a vida e até mesmo ser defraudado em seus direitos. Pode ser parafraseado como: "Felizes são aqueles que, ainda que seus desejos sejam tão moderados a ponto de não desejarem nada que não seja o razoável, estão, contudo, definhando como pessoas que estão famintas". Ainda que sua penosa angústia os exponha a serem ridicularizados, contudo trata-se de certa preparação para a felicidade, pois finalmente serão satisfeitos. Deus um dia ouvirá seus gemidos e satisfará seus desejos. Pois a Ele, como aprendemos com o cântico de Maria, pertence a tarefa de suprir o faminto de bens (LUCAS 1:53).

Quando Cristo diz: "...bem-aventurados os misericordiosos...", esse paradoxo também contradiz o julgamento humano. O mundo considera pessoas como felizes quando não têm interesse pelas angústias de outros, mas preocupam-se com sua própria comodidade. Cristo diz que felizes são aqueles que não apenas estão preparados para suportar suas próprias dificuldades, mas também para compartilhar das dificuldades de outros que auxiliam os miseráveis, que voluntariamente participam da angústia que veste outros, de certo modo com as mesmas emoções conturbadas, para que estejam mais prontos a dar assistência a outros. Ele acrescenta: "...porque alcançarão misericórdia" — não apenas com Deus, mas também entre as pessoas, cuja mente Deus

João Calvino

influenciará na direção do exercício da humanidade. Ainda que todo o mundo possa algumas vezes ser ingrato e possa conceder a pior recompensa àqueles que exerceram atos de bondade, deve-se reconhecer suficientemente que a graça está estocada com Deus para os misericordiosos e humanos — de modo que, a seu tempo, o verão ser gracioso e misericordioso.

PUREZA E PAZ

*Bem-aventurados os limpos de coração,
porque verão a Deus. Bem-aventurados os pacificadores,
porque serão chamados filhos de Deus.*
—MATEUS 5:8,9

Quando Cristo diz: "Bem-aventurados os limpos de coração…", podemos apropriadamente pensar que está de acordo com o julgamento de todos. A pureza de coração é universalmente reconhecida como a mãe de todas as virtudes. E, contudo, dificilmente há uma pessoa em cem que não coloque a malícia no lugar dessa grande virtude. Logo, as pessoas que são comumente consideradas como felizes são aquelas cuja perspicácia é exercitada na bem-sucedida prática do engano, que ganham vantagens ardilosas, por meios indiretos, passando por cima daqueles com quem têm contato. Cristo, de forma alguma, concorda com o raciocínio humano quando pronuncia como felizes aqueles que não se deleitam na astúcia, mas que lidam honestamente com os homens e nada expressam, por palavra ou aparência, que não sintam em seu coração. Pessoas simples são ridicularizadas pela falta de cautela e por não pensarem o suficiente em si mesmas. Mas Cristo as direciona a visões elevadas e lhes propõe considerar que se lhes falta sabedoria neste mundo para ludibriar, eles, no Céu, contemplarão a Deus.

Quando fala de pacificadores, Ele fala daqueles que não apenas buscam a paz e evitam contendas, de acordo com o que lhes é possível fazer, mas que também trabalham para acabar com diferenças entre outros, que aconselham todos a viverem em paz e removem toda circunstância de ódio e conflito. Há bons fundamentos para essa afirmação. Sendo dura e exasperante a tarefa de reconciliar aqueles que estão em desacordo, pessoas que têm

João Calvino

uma disposição branda, que estudam para promover a paz, são compelidas a suportar a indecência de ouvir reprovações, queixas e contestações de todos os lados. A razão é: todos querem advogados que defenderão somente sua causa. Para que não dependamos do favor das pessoas, Cristo nos propõe olharmos para o alto, para o julgamento de Seu Pai, que é o Deus da paz (ROMANOS 15:33) e que nos considera Seus filhos quando cultivamos paz — ainda que nossos esforços possam não ser aceitos por outras pessoas —, pois sermos chamados significa sermos considerados filhos de Deus.

PERSEGUIÇÃO

*Bem-aventurados os perseguidos por causa da justiça,
porque deles é o reino dos céus.
Bem-aventurados sois quando, por minha causa,
vos injuriarem, e vos perseguirem,
e, mentindo, disserem todo mal contra vós.
Regozijai-vos e exultai, porque é grande
o vosso galardão nos céus; pois assim perseguiram
aos profetas que viveram antes de vós.*
—MATEUS 5:10-12

Os discípulos de Cristo têm enorme necessidade dessa instrução e quanto mais dura e desagradável é para a carne admitir, mais seriamente devemos fazer dela o tema de nossa meditação. Não podemos ser soldados de Cristo em nenhuma outra condição salvo tendo a maior parte do mundo levantando-se em hostilidade contra nós e nos perseguindo até a morte. O estado da questão é este: Satanás, o príncipe do mundo, jamais deixará de encher seus seguidores de fúria para prosseguir com hostilidades contra os membros de Cristo. É, sem dúvida, monstruoso e anormal que pessoas dedicadas a viver de forma íntegra sejam atacadas e atormentadas de um modo que não merecem. Entretanto, devido à perversidade desenfreada do mundo, com muita frequência acontece que pessoas boas, por meio do zelo pela justiça, despertam contra si mesmas os ressentimentos dos impiedosos. É, acima de tudo, como se pode dizer, o destino comum dos cristãos serem odiados pela maioria da humanidade. Pois a carne não pode suportar a doutrina do evangelho; ninguém suporta quando seus vícios são reprovados.

"Justiça" descreve aqueles que inflamam o ódio e provocam a fúria dos perversos contra si porque, por meio de um sincero

João Calvino

desejo de fazer o que é bom e correto, opõem-se a causas más e defendem as boas conforme lhes é possível. Agora, a respeito disso, a verdade de Deus, merecidamente, está em primeiro lugar. Mas, se a qualquer momento o Senhor nos poupa por nossa fraqueza e não permite que o impiedoso nos atormente como desejaria, é, contudo, adequado, durante o período de descanso e ócio, que meditemos nessa doutrina para que estejamos prontos quando for necessário entrar em campo e não entremos na disputa até que tenhamos sido bem preparados.

AI DOS RICOS

*Mas ai de vós, os ricos! Porque tendes a
vossa consolação. Ai de vós, os que estais agora fartos!
Porque vireis a ter fome. Ai de vós,
os que agora rides! Porque haveis de lamentar e chorar.
Ai de vós, quando todos vos louvarem!
Porque assim procederam seus pais com os falsos profetas.*
—LUCAS 6:24-26

Como Lucas não relacionou mais de quatro tipos de bênçãos, ele agora contrasta com elas quatro maldições para que as cláusulas sejam correspondentes. Esse contraste não apenas tende a atingir com terror os impiedosos, mas também desperta cristãos para que não sejam ninados pelas vãs e enganosas seduções do mundo. Sabemos o quanto são inclinadas as pessoas a serem intoxicadas pelo conforto material ou enredadas por adulação; e neste aspecto os filhos de Deus frequentemente invejam incrédulos quando veem tudo caminhar tão próspera e suavemente para eles.

Jesus profere uma maldição aos ricos. Não a todos os ricos, mas àqueles que recebem seu consolo do mundo; ou seja, que estão tão completamente ocupados com suas posses mundanas que se esquecem da vida vindoura. O significado é: riquezas estão tão distantes de fazer alguém feliz que geralmente se tornam o meio de destruição de uma pessoa. Em qualquer outro ponto de vista, os ricos não estão excluídos do reino do Céu, contanto que não se tornem ciladas para si mesmos ou fixem sua esperança na Terra de modo a fechar diante de si o reino do Céu. Agostinho ilustra belamente este ponto quando, a fim de demonstrar que as riquezas não são em si mesmas um impedimento aos filhos de

João Calvino

Deus, relembra seus leitores que o pobre Lázaro foi recebido no seio do rico Abraão.

No mesmo sentido, Jesus profere uma maldição àqueles que estão saciados e cheios, porque são elevados pela confiança nas bênçãos da vida presente e rejeitam aquelas bênçãos que são de natureza celestial. Uma visão similar deve ser adotada com relação ao que Ele diz sobre a risada. Pois, por aqueles que riem, Ele se refere àqueles que estão imersos em prazeres carnais e desdenham de todo tipo de aflição que seria considerada necessária para manter a glória de Deus.

O último "ai" é destinado à correção da ambição. Pois nada é mais comum do que buscar os aplausos das pessoas, ou, ao menos, buscar ser carregado por elas; e a fim de guardar Seus discípulos de tal trajetória, Jesus ressalta para eles que o favor dos homens provaria ser sua ruína.

A LUZ DO MUNDO

*Vós sois a luz do mundo. Não se pode esconder
a cidade edificada sobre um monte; nem se acende uma
candeia para colocá-la debaixo do alqueire,
mas no velador, e alumia a todos os que se encontram
na casa. Assim brilhe também a vossa luz
diante dos homens, para que vejam as vossas boas obras
e glorifiquem a vosso Pai que está nos céus.*

—MATEUS 5:14-16

Somos todos filhos da luz após termos sido iluminados por fé e nos é comandado carregar em nossas mãos "candeias acesas" (para que não perambulemos na escuridão) e até mesmo apontar a outros o caminho da vida (LUCAS 12:35). Mas, assim como o pregar do evangelho foi dever destinado aos apóstolos mais do que a outros e é agora destinado aos pastores da Igreja, essa designação é dada a eles em particular por Cristo. Eles são colocados nessa posição na condição de que deverão resplandecer, como se em uma conjuntura elevada, em todos os outros.

Ele associa duas comparações: uma cidade sobre um monte não pode ser ocultada e uma vela, quando acesa, não é geralmente ocultada. Isso significa que devem viver como se os olhos de todos estivessem focados neles. E, certamente quanto mais eminente uma pessoa é, mais danos ela causa com um mau exemplo caso aja inadequadamente. Portanto, Cristo informa aos apóstolos de que devem ser cuidadosos e viver uma vida mais devota e santa do que pessoas desconhecidas de posições mais comuns, porque os olhos de todos estão direcionados a eles como a velas acesas; e eles não devem ser tolerados se sua devoção e integridade de conduta não correspondem à doutrina da qual são ministros.

João Calvino

Após ter ensinado aos apóstolos que, em consequência da posição em que são colocados, tanto seus vícios quanto virtudes são mais bem conhecidos por um bom ou mau exemplo, Ele agora lhes diz que devem regular sua vida de modo a despertar todos a glorificarem a Deus declarando: "...brilhe também a vossa luz diante dos homens..." (2 CORÍNTIOS 8:21).

HARMONIA ENTRE IRMÃOS EM CRISTO

*Se, pois, ao trazeres ao altar a tua oferta,
ali te lembrares de que teu irmão tem
alguma coisa contra ti, deixa perante o altar a tua oferta,
vai primeiro reconciliar-te com
teu irmão; e, então, voltando, faze a tua oferta.*
—MATEUS 5:23,24

O preceito da Lei que proíbe o assassinato (ÊXODO 20:13) é obedecido quando mantemos concordância e amabilidade familiar com nosso próximo. Para nos marcar mais fortemente, Cristo declara que até mesmo os deveres da religião são desagradáveis a Deus e rejeitados por Ele se estamos em divergência uns com os outros. Quando Ele ordena aqueles que ofenderam algum dos irmãos a se reconciliarem com ele antes de fazerem suas ofertas, o significado é: enquanto uma diferença com nosso próximo for mantida por nossa culpa, não teremos acesso a Deus. Mas, se a adoração que os homens prestam a Deus é poluída e corrompida por seus ressentimentos, isso nos permite ver o quão seriamente Ele considera o acordo comum entre nós.

As palavras de Cristo nada significam além disso. É profissão falsa e vazia de adoração a Deus quando é feita por aqueles que, após agirem injustamente com seus irmãos, tratam-nos com desprezo altivo. Os exercícios exteriores da adoração divina são, em muitas pessoas, fingimentos antes de expressões verdadeiras de piedade. O que quer que ofereçamos a Deus estará poluído a menos que, conforme nos seja possível (ROMANOS 12:18), estejamos em paz com nossos irmãos.

João Calvino

Finalmente, Deus não recebe ou reconhece como Seus filhos aqueles que, por sua vez, não demonstrem irmandade entre si. Ainda que essas palavras sejam direcionadas apenas àqueles que feriram seus irmãos, dizendo-lhes que façam o melhor para se reconciliarem com eles, o Senhor, contudo, indica quão altamente estimada por Deus é a harmonia entre irmãos.

OS ÓRGÃOS DO ESPÍRITO

*...e vós também testemunhareis,
porque estais comigo desde o princípio.*
—JOÃO 15:27

Vemos agora de que forma a fé é pelo ouvir (ROMANOS 10:17) e, contudo, aufere seu rigor do selo e da seriedade do Espírito (EFÉSIOS 1:13,14). Aqueles que não conhecem suficientemente as trevas da mente humana imaginam que a fé é formada naturalmente apenas pelo ouvir e o pregar; e há muitos fanáticos que desprezam a pregação externa e falam em termos solenes sobre revelações secretas e inspirações. Mas nós vemos como Cristo une estas duas coisas e, portanto, ainda que não haja fé até que o Espírito Santo sele nossa mente e coração, não devemos buscar visões ou oráculos nas nuvens, ao contrário, a Palavra, que está próxima a nós, em nossa boca e coração (ROMANOS 10:8), deve manter nossos sentidos sujeitos a ela e nela firmados, como Isaías diz lindamente: "...o meu Espírito, que está sobre ti, e as minhas palavras, que pus na tua boca, não se apartarão dela, nem da de teus filhos, nem da dos filhos de teus filhos, não se apartarão desde agora e para todo o sempre, diz o SENHOR" (ISAÍAS 59:21).

"[A fé] aufere seu rigor do selo e da seriedade do Espírito".

João Calvino

TROCANDO O PIOR PELO MELHOR

Em verdade, em verdade vos digo: quem ouve a minha palavra e crê naquele que me enviou tem a vida eterna, não entra em juízo, mas passou da morte para a vida.
—JOÃO 5:24

Não há impropriedade em dizer que nós já passamos da morte para a vida. Pois a semente incorruptível da vida (1 PEDRO 1:23) reside nos filhos de Deus, eles já estão sentados na glória celestial com Cristo pela esperança (COLOSSENSES 3:3) e têm o reino de Deus já estabelecido em seu interior (LUCAS 17:21). Pois ainda que sua vida esteja escondida, eles não deixam, com base nisso, de possuí-la por fé. E ainda que estejam cercados por todos os lados, não deixam, pela fé, de manter a tranquilidade com relação a isto, pois sabem que estão em perfeita segurança por meio da proteção de Cristo.

Todavia, lembremo-nos de que os cristãos estão agora vivendo de tal forma que sempre carregam consigo o motivo da morte. Mas o Espírito, que habita em nós, é vida, que, no fim das contas, destruirá os resquícios da morte; pois é verdadeira a afirmação de Paulo de que a morte é o último inimigo que será destruído (1 CORÍNTIOS 15:26). E, de fato, essa passagem nada contém que se relacione à completa destruição da morte, ou à total manifestação da vida. Mas ainda que a vida seja apenas iniciada em nós, Cristo declara que os cristãos estão tão certos de sua obtenção que não deveriam temer a morte. E não precisamos nos surpreender com isto, uma vez que eles estão unidos a Cristo, que é a fonte inesgotável da vida.

"...a semente incorruptível da vida reside nos filhos de Deus".

João Calvino

O SIGNIFICADO DO EVANGELHO EM CRISTO

Pois não me envergonho do evangelho, porque é o poder de Deus para a salvação de todo aquele que crê, primeiro do judeu e também do grego.
—ROMANOS 1:16

O significado da palavra "evangelho" é bem conhecido. Nas Escrituras ela significa, como um tipo de excelência, a contente e maravilhosa mensagem da graça exibida a nós em Cristo — para nos instruir, desprezando o mundo, seus prazeres e riquezas débeis, a desejar de todo o nosso coração e a abraçar quando oferecida a nós, essa inestimável bênção. Deus concede deliberadamente o nome evangelho à mensagem que Ele ordena ser proclamada concernente a Cristo; pois assim Ele nos lembra de que em nenhum outro lugar podemos obter felicidade verdadeira e sólida e que nele temos tudo o que é necessário para uma vida feliz.

Alguns consideram que a palavra "evangelho" significa todas as graciosas promessas de Deus que estão espalhadas até mesmo na Lei e nos Profetas. Mas como a declaração simples do Espírito Santo é de que o evangelho foi inicialmente proclamado quando Cristo veio, mantenhamo-nos nessa definição do evangelho que forneci; pois é uma solene publicação da graça revelada em Cristo. Com relação a isso, o evangelho é chamado de poder de Deus para salvação para todo aquele que crer (ROMANOS 1:16), porque nele Deus demonstra Sua justiça. Como Cristo é o penhor da misericórdia de Deus e de Seu amor paternal por nós, assim Ele é, de maneira peculiar, o tema do evangelho.

"...o evangelho é uma solene publicação da graça revelada em Cristo".

João Calvino

VIDA E MORTE

Mas a justiça decorrente da fé assim diz: Não perguntes em teu coração: Quem subirá ao céu?, isto é, para trazer do alto a Cristo; ou: Quem descerá ao abismo?, isto é, para levantar Cristo dentre os mortos.
—ROMANOS 10:6,7

Nas passagens que Paulo está citando, Moisés menciona o céu e o mar, lugares remotos e de difícil acesso às pessoas. Mas Paulo, como se houvesse algum mistério espiritual oculto nestas palavras, as aplica à morte e à ressurreição de Cristo. Ele, portanto, não repete verbalmente o que Moisés disse, antes faz mudanças, acomodando o testemunho de Moisés a seu próprio propósito. Moisés falou de lugares inacessíveis; Paulo se refere àqueles que estão de fato escondidos da visão de todos nós, mas que podem ser vistos por fé.

Expliquemos, agora, de maneira simples, as palavras de Paulo. A garantia de nossa salvação está sobre duas fundações: quando compreendemos que a vida foi obtida para nós e que a morte foi derrotada por nós. Paulo nos ensina que a fé por meio da palavra do evangelho é mantida por Cristo em ambos os aspectos: ao morrer, destruiu a morte e, ao ressuscitar, obteve vida por Seu próprio poder. O benefício da morte e da ressurreição de Cristo é agora comunicado a nós pelo evangelho. Não há razão para buscarmos nada além disso. O significado das palavras: "…Quem subirá ao céu?…", seria o mesmo se ele dissesse: "Quem sabe se a herança da vida eterna e celeste é nossa?". E as palavras "…Quem descerá ao abismo?…", significam: "Quem sabe se a perene destruição da alma segue a morte do corpo?". Paulo nos ensina que a dúvida sobre estes dois pontos é removida pela justiça da fé; pois a primeira dúvida derrubaria Cristo do Céu e a segunda o traria de volta da

João Calvino

morte. A ascensão de Cristo ao Céu deve de fato confirmar plenamente nossa fé para a vida eterna. Pois qualquer um que duvida se a herança do Céu está preparada para os fiéis, em cujo nome e em cujo favor Jesus adentrou esse lugar, de certa forma remove o próprio Cristo da posse do Céu. Considerando que da mesma forma Jesus submeteu-se aos horrores do inferno para deles nos libertar, duvidar se os fiéis estão ainda expostos a essa miséria é considerar nula e, de certa forma, negar Sua morte.

A VIDA ETERNA

O que era desde o princípio, o que temos ouvido, o que temos visto com os nossos próprios olhos, o que contemplamos, e as nossas mãos apalpam, com respeito ao Verbo da vida (e a vida se manifestou, e nós a temos visto, e dela damos testemunho, e vo-la anunciamos, a vida eterna, a qual estava com o Pai e nos foi manifestada).

—1 JOÃO 1:1,2

Quando João diz "a qual estava com o Pai...", isso é verdade não apenas desde o momento em que o mundo foi formado, mas também desde a eternidade, pois Jesus sempre foi Deus — a fonte da vida. E o poder de criar vida era detido por Sua sabedoria eterna, mas Ele não o utilizou efetivamente antes da criação do mundo. E a partir do momento em que Deus começou a exibir a Palavra, esse poder, que Ele antes ocultava, se difundiu por todas as coisas criadas.

A vida foi, então, finalmente manifesta em Cristo, quando Ele em nossa carne completou a obra da redenção. Pois ainda que os pais da fé anteriores a Cristo fossem, mesmo que sob a Lei, colaboradores e participantes da mesma vida, sabemos que ficaram calados sob a esperança que viria a ser revelada. Foi necessário que eles buscassem vida na morte e ressurreição de Cristo, mas o evento não estava apenas extremamente distante de seus olhos, estava também oculto para suas mentes. Eles dependiam, então, da esperança de revelação que, finalmente, em tempo oportuno ocorreu. Eles não podiam, de fato, ter obtido vida, a menos que esta fosse de alguma forma manifesta a eles. Porém, a diferença entre nós e eles é que nós já o temos como revelado, de certo modo, em

João Calvino

nossas mãos aquele a quem buscavam, obscuramente prometido a eles em letras.

A ideia de João aqui é remover a noção de que o evangelho é completamente novo, o que poderia reduzir sua dignidade. Ele, portanto, diz que a vida, finalmente, não havia apenas começado ali a existir, tendo, mais tarde, aparecido; pois ela sempre esteve com o Pai.

ANDE NA LUZ

Se, porém, andarmos na luz, como ele está na luz, mantemos comunhão uns com os outros, e o sangue de Jesus, seu Filho, nos purifica de todo pecado.
—1 JOÃO 1:7

João diz que a prova de nossa união com Deus é certa se estamos confortáveis com Ele. João não está dizendo que a pureza de vida nos reconcilia com Deus como causa primária, mas quer dizer que nossa união com Ele se torna evidente pelo efeito; ou seja, quando a pureza de Deus resplandece em nós. E, indubitavelmente, tal é o fato: aonde quer que Deus vá, todas as coisas ficam tão imbuídas com a Sua santidade a ponto de que Ele lava toda a imundície; pois sem Ele nada temos além de imundície e trevas. É, consequentemente, notório que não há quem leve uma vida santa, exceto aquele que está unido a Deus. Pode-se, entretanto, perguntar: "Quem entre nós pode, desta forma, exibir a luz de Deus em sua vida de modo que essa semelhança de que João fala possa existir? Isso significaria ser completamente puro e livre das trevas". A isso respondo que ditos como o de João são acomodados às nossas capacidades humanas. Logo, diz-se haver semelhança com Deus em qualquer um que aspira à semelhança com Deus, independentemente do quão distante dela esteja. Caminham nas trevas aqueles que não são governados pelo temor de Deus e que não se devotam, com consciência pura, integralmente a Ele e não buscam promover a Sua glória. Consequentemente, por outro lado, aqueles que em sinceridade de coração empreendem sua vida no temor e no serviço de Deus e fielmente adoram a Deus, caminham na luz; pois essas pessoas guardam o caminho correto, ainda que em muitos aspectos possam ofender e murmurar sob o fardo da carne.

João Calvino

Após ter ensinado o que é o laço de nossa união com Deus, João agora demonstra qual fruto flui dela: nossos pecados são gratuitamente remidos pelo sangue de Jesus. Essa passagem é notável. Dela primeiro aprendemos que a expiação de Cristo, executada por Sua morte, pertence a nós devidamente quando, em probidade de coração, fazemos o que é correto e justo; pois Cristo não é redentor exceto para aqueles que se voltam contra a iniquidade e vivem uma vida nova. Caso, então, desejemos que Deus seja favorável a nós, de modo que perdoe nossos pecados, não devemos perdoar a nós mesmos. Em suma, a remissão de pecados não pode ser separada do arrependimento, nem pode a paz de Deus estar presente nos corações em que o temor de Deus não prevalece. Aprendemos também que o perdão gratuito dos pecados nos é dado não apenas uma vez, mas é um benefício que reside perpetuamente na igreja e é oferecido diariamente aos fiéis.

ESPERANDO CONTRA A ESPERANÇA

*Então, Josué, filho de Num, chamou os sacerdotes
e disse-lhes: Levai a arca da Aliança;
e sete sacerdotes levem sete trombetas de chifre de
carneiro adiante da arca do Senhor.
E disse ao povo: Passai e rodeai a cidade; e quem estiver
armado passe adiante da arca do Senhor.*

—JOSUÉ 6:6,7

A promessa de Deus era, de fato, suficiente em si mesma para dar a esperança de vitória aos israelitas, mas o método de ação era tão estranho a ponto de quase destruir a credibilidade da promessa. Deus ordena que façam um circuito ao redor da cidade diariamente até o sétimo dia em que lhes é dito que rodeiem a cidade sete vezes, soando trombetas e bradando. A coisa toda parecia nada mais que uma brincadeira de criança e, no entanto, foi um teste adequado de sua fé, uma vez que provou sua disposição de aquiescer à mensagem divina mesmo quando viam no ato em si nada além de dissabor. Com a mesma intenção, o Senhor frequentemente, por certo tempo, oculta Seu próprio poder na fraqueza e parece manejar meros brinquedos, de modo que Sua fraqueza finalmente parecerá mais forte que toda a força humana e Sua loucura superior a toda sabedoria.

Conforme os israelitas abandonam a razão e dependem completamente das palavras do Senhor, ganham muito mais com ações insignificantes do que ganhariam com um ataque completo. Bom foi que bancassem os tolos por um curto período de tempo e não demonstrassem muita acuidade em perguntas cautelosas e investigativas sobre como seria sua vitória contra a cidade. Pois isso teria sido, de certa forma, obstruir o curso da onipotência divina.

João Calvino

Havia outra razão para dúvida que pode ter rastejado para suas mentes. Caso os habitantes da cidade tivessem, repentinamente, avançado adiante, os israelitas facilmente teriam perdido por seguirem ao redor da cidade em filas longas e dispersas sem nenhuma disposição militar regular que lhes capacitasse rechaçar um ataque hostil. Mas aqui também, independentemente da ansiedade que possam ter sentido, decidiram lançá-la em Deus; pois sagrada é a segurança que descansa na providência divina.

SENDO TESTADO

*Depois dessas coisas, pôs Deus Abraão à prova
e lhe disse: Abraão! Este lhe respondeu: Eis-me aqui!*
—GÊNESIS 22:1

Pelas palavras "depois dessas coisas", o autor de Gênesis pretendia compreender em uma sentença os variados acontecimentos nos quais Abraão havia sido atirado de um lado para outro e o estado de vida, ligeiramente mais calmo que, em sua idade avançada, ele havia começado a obter. Abraão havia passado uma vida conturbada em exílio contínuo até seus 80 anos; assediado por muitas avarias, havia suportado com dificuldade uma existência miserável e aflita, em permanente tribulação. A fome o havia afastado da terra à qual havia ido segundo a ordenança de Deus, indo para o Egito. Duas vezes sua esposa fora tirada dele. Tinha sido separado de seu sobrinho. Havia salvado o sobrinho quando este fora capturado durante a guerra, correndo risco de perder a própria vida. Vivera sem filhos com sua esposa, quando todas as suas esperanças de ter um descendente foram suspensas. Depois de, finalmente, ter um filho, foi forçado a repudiá-lo e afastá-lo de casa. Somente Isaque permaneceu — a especial, e única, consolação de Abraão. Ele estava desfrutando de paz em seu lar, mas agora Deus repentinamente brama do Céu instituindo a sentença de morte do seu filho. O significado, portanto, da passagem é que por sua tentação, como se por um último ato, a fé que Abraão professava foi mais severamente testada do que antes.

O autor de Gênesis nos relata brevemente como Deus provaria Abraão, ou seja, que Deus estremeceria a fé que o homem santo colocara na própria palavra de Deus com um contra-ataque desta própria palavra. Deus, entretanto, se dirige a Abraão pelo nome para que não houvesse dúvida com relação à identidade do Autor

João Calvino

da ordenança. Pois a menos que Abraão fosse completamente convencido de que se tratava da voz de Deus ordenando-lhe que matasse Isaque, ele facilmente teria sido liberto da angústia. Amparando-se na promessa segura de Deus de que Isaque manteria sua semente, Abraão teria rejeitado a sugestão como sendo falácia de Satanás e, assim, sem dificuldade alguma, teria se livrado da tentação. Mas agora todo motivo para dúvida fora removido, de modo que, sem argumentação, Abraão reconhece o oráculo como vindo de Deus.

FÉ DEFINITIVA (PARTE UM)

*Acrescentou Deus: Toma teu filho, teu único filho,
Isaque, a quem amas, e vai-te à terra
de Moriá; oferece-o ali em holocausto, sobre um dos
montes, que eu te mostrarei.* —GÊNESIS 22:2

Foi difícil e doloroso para Abraão esquecer que era pai e marido; livrar-se de todas as afeições humanas e suportar, diante do mundo, a desgraça da vergonhosa crueldade de se tornar o executor de seu filho. Mas um outro aspecto era muito mais severo e atroz, a saber, que ele parece ver Deus se contradizendo e à Sua própria palavra e então supõe que a esperança da bênção prometida foi suspendida quando Isaque é arrancado de seus braços. Pois o que mais teria ele com Deus quando o único penhor da graça lhe é retirado? Mas como antes — quando ele esperava a semente de Isaque de seu próprio corpo ressequido — Abraão, por esperança, colocou-se acima daquilo pelo que parecia possível esperar; então agora, na morte de seu filho, ele crê de tal forma no poder divino doador de vida como se prometesse a si mesmo uma bênção vinda das cinzas de seu filho; e assim ele emerge do labirinto da provação.

Resta para todos nós aplicarmos esse exemplo a nossa vida. O Senhor, de fato, é tão clemente com nossa enfermidade que não testa severa ou duramente nossa fé; todavia Ele quis oferecer um exemplo pelo qual Ele possa nos chamar a uma provação geral de fé por meio de Abraão, o pai de todos os fiéis. Pois a fé, que é mais preciosa do que o ouro e prata, não deveria ser ociosa, sem provação; e a experiência ensina que todos serão testados por Deus de acordo com a medida de sua fé. Ao mesmo tempo, podemos também observar que Deus prova Seus servos, não apenas a vencer as afeições naturais da carne, mas ao reduzir todos os seus sentidos a nada de modo que Ele possa guiá-los a uma completa renúncia de si mesmos.

João Calvino

FÉ DEFINITIVA (PARTE DOIS)

*Acrescentou Deus: Toma teu filho, teu único filho,
Isaque, a quem amas, e vai-te à terra
de Moriá; oferece-o ali em holocausto, sobre um
dos montes, que eu te mostrarei.*
—GÊNESIS 22:2

Como se não fosse suficiente ordenar em uma palavra o sacrifício de seu filho, Deus transpassa, como se com golpes frios, a mente do homem santo. Ao declarar sobre Isaque: "teu único filho", Deus novamente mexe na ferida adquirida recentemente pelo banimento do outro filho. Ele então olha para o futuro, porque nenhuma esperança de prole permaneceria. Se a morte de um primogênito é algo terrível, como deve ser o luto de Abraão? Cada palavra seguinte enfatiza e agrava o sofrimento de Abraão. "Mata", Deus diz, "a quem amas". E Deus aqui não se refere meramente ao amor paterno, mas àquele que nascia da fé. Abraão amava seu filho — não apenas como dita a natureza e como os pais comumente amam, deleitando-se em seus filhos, mas porque Abraão vira o amor paternal de Deus em seu filho. A partir disto, Deus não parece atacar tanto o amor paternal de Abraão quanto parece pisotear Sua própria benevolência. Era como se Deus condenasse Abraão ao tormento eterno.

Ao lhe dizer que fosse à região do Moriá, a amargura do luto é mais do que levemente elevada. Pois Deus não exige que Abraão coloque imediatamente um fim à vida de seu filho, mas faz ele passar essa execução em sua mente uma vez após a outra durante três dias inteiros — de modo que o se preparar para sacrificar seu filho, torturaria seus sentidos ainda mais severamente.

Antes, quando Deus ordenou a Abraão que deixasse seu país, Ele deixou a mente de Abraão em incerteza com relação ao local

João Calvino

para o qual se mudaria. Mas nesse caso, o atraso que muito mais cruelmente atormentava o homem santo, como se estivesse sendo torturado, era insuportável. Deus, contudo, tinha um propósito em mente com esse suspense. Pois não há nada a que sejamos mais propensos do que sermos sábios além de nossa capacidade. Portanto, a fim de que nos tornemos dóceis e obedientes a Deus, é bom que sejamos privados de nossa própria sabedoria e que nada nos reste exceto nos resignarmos a sermos guiados segundo a vontade de Deus.

OBEDIÊNCIA IMEDIATA

*Levantou-se, pois, Abraão de madrugada e,
tendo preparado o seu jumento, tomou consigo dois dos
seus servos e a Isaque, seu filho; rachou lenha
para o holocausto e foi para o lugar que Deus lhe havia
indicado. Ao terceiro dia, erguendo Abraão os olhos,
viu o lugar de longe. Então, disse a seus servos: Esperai
aqui, com o jumento; eu e o rapaz iremos
até lá e, havendo adorado, voltaremos para junto de vós.*

—GÊNESIS 22:3-5

O autor de Gênesis diz: "Levantou-se, pois, Abraão de madrugada e, tendo preparado o seu jumento…". Essa prontidão demonstra a grandiosidade da fé de Abraão. Inúmeros pensamentos devem ter oprimido a mente desse homem santo e certamente qualquer um deles teria sido suficiente para oprimir seu espírito, a menos que o tivesse fortalecido pela fé. E não há dúvida de que Satanás, durante a escuridão da noite, acumulava sobre Abraão uma enorme carga de preocupações e inquietações. Apenas a coragem de um herói poderia ter permitido que Abraão vencesse cada preocupação gradualmente, lutando com elas e desgastando-as. Mas as tendo derrotado, logo em seguida se coloca diante da tarefa de cumprir a ordenança de Deus, a ponto de levantar-se de madrugada para fazê-lo, o que foi um esforço notável. Outros homens, quebrantados por uma mensagem tão grave e terrível, teriam desfalecido e se lançado prostrados como se privados de vida. Mas o primeiro alvorecer da manhã dificilmente seria cedo demais para a pressa de Abraão. Portanto, em poucas palavras, o autor de Gênesis exalta imensamente a fé de Abraão quando declara que essa fé superou, em tão curto espaço de tempo, uma tentação tão gigantesca e labiríntica.

João Calvino

No terceiro dia, Abraão viu, de fato, com seus olhos, o lugar que antes lhe fora mostrado em visão secreta. Mas quando é dito que ele "...viu o lugar de longe...", o autor de Gênesis parece estar nos dizendo que Abraão estivera muito ansioso durante os três dias inteiros. E aqui sua grandiosidade surge, no fato de que tem seus pensamentos tão bem constituídos e tranquilos a ponto de que nada faz de modo agitado. Quando, entretanto, ele diz que retornará com o menino, ele parece mentir. Mas considerando ser certo que ele jamais perdeu de vista aquilo que lhe fora prometido sobre sua semente em Isaque, pode ser que Abraão, confiando na providência de Deus, tenha crido que seu filho sobreviveria até mesmo na própria morte.

DA TRISTEZA PARA ALEGRIA

Mas do céu lhe bradou o Anjo do Senhor:
Abraão! Abraão! Ele respondeu: Eis-me aqui!
—GÊNESIS 22:11

As tentações interiores de Abraão já haviam sido vencidas no momento em que ele intrepidamente ergue sua mão para matar seu filho. E foi pela graça especial de Deus que ele obteve tal vitória. Mas Moisés agora nos diz que repentinamente, além de toda esperança, a tristeza de Abraão se transforma em alegria.

É atividade concernente a nós, considerar com mentes sinceras o quão maravilhosamente Deus, no exato momento da morte, retirou Isaque da morte para a vida e restaurou a Abraão o seu filho como alguém que ressuscita da sepultura. O autor de Gênesis também descreve a voz do Anjo vinda dos Céus, para Abraão ter certeza que a voz tinha vindo de Deus, a fim de que ele retirasse sua mão sob a mesma fé pela qual a estendeu. Porque, em uma causa de tal magnitude, não lhe era lícito iniciar ou interromper coisa alguma, exceto sob a autoridade de Deus. Aprendamos, portanto, com esse exemplo: não persigamos o que nosso sentido carnal pode declarar como sendo o curso correto, ao contrário, deixemos Deus, exclusivamente por Sua vontade, determinar nosso modo de ação e de interrupção de ação. E verdadeiramente Abraão não acusa Deus de inconstância, porque considera ter sido uma justa causa para o exercício de sua fé.

"...deixemos Deus, exclusivamente por Sua vontade,
determinar nosso modo de ação".

João Calvino

A SEGURANÇA DE DEUS

Por isso, Deus, quando quis mostrar mais firmemente aos herdeiros da promessa a imutabilidade do seu propósito, se interpôs com juramento.
—HEBREUS 6:17

Veja com que bondade Deus, como Pai gracioso, ajusta-se à nossa lentidão para crer; visto que Ele vê que não descansamos em Sua simples palavra, para que possa imprimi-la mais plenamente em nosso coração, Ele acrescenta um juramento.

Logo fica aparente o quanto nos é concernente saber que há tal segurança com relação à Sua boa vontade para conosco, de modo que já não há motivo algum para hesitar ou estremecer. Pois quando Deus proíbe que Seu nome seja tomando em vão ou em ocasiões insignificantes e denuncia a vingança mais severa contra todos que imprudentemente abusarem dele, quando Ele ordena reverência a ser proferida à Sua majestade, ensina, assim, que tem Seu nome na mais alta estima e honra.

A certeza da salvação é, então, algo necessário; pois Aquele que proíbe o juramento sem razão alguma se agradou de jurar para que a salvação seja considerada algo certo. E nós podemos, então, também concluir que grande relato Ele faz de nossa salvação; porque, a fim de garanti-la, Ele não apenas perdoa nossa incredulidade, mas abrindo mão de Seus próprios direitos e cedendo a nós muito mais do que poderíamos requerer, Ele gentilmente provê uma reparação para ela.

*"Procuro as lágrimas derramadas,
não para exposição, mas em arrependimento."*

João Calvino

O FUNDAMENTO DA FÉ

*Guardemos firme a confissão da esperança,
sem vacilar, pois quem fez a promessa é fiel.*
—HEBREUS 10:23

Como o autor aqui exorta os judeus a perseverarem, ele menciona esperança e não fé; pois como a esperança é nascida da fé, assim também é alimentada e sustentada por ela até o fim. Ele exige também profissão ou confissão, pois não é fé verdadeira a menos que seja demonstrada diante dos homens. E ele parece indiretamente tocar na dissimulação daqueles que, a fim de agradar sua própria nação, prestavam atenção demais às cerimônias da Lei. Portanto, lhes propõe que não apenas creiam com o coração, mas que também demonstrem e professem o quanto honravam a Cristo.

Nós, porém, devemos cuidadosamente observar a justificativa que ele acrescenta: é fiel aquele que fez a promessa. Nós, consequentemente, aprendemos que a nossa fé está sobre o fundamento de que Deus é verdadeiro, ou seja, fiel à Sua promessa que está contida em Sua Palavra. Afinal, a voz ou palavra de Deus deve vir primeiro para que possamos crer. No entanto, não é todo tipo de palavra que é capaz de produzir fé; somente a partir de uma promessa é que a fé pode se desenvolver. Então desta passagem podemos aprender sobre a relação mútua entre a fé humana e a promessa de Deus — pois a menos que Deus prometa, ninguém pode crer.

*"...como a esperança é nascida da fé, assim também
é alimentada e sustentada por ela até o fim".*

João Calvino

A PUREZA SIMPLES

*Ele me glorificará, porque há de receber
do que é meu e vo-lo há de anunciar.*
—JOÃO 16:14

Cristo agora os lembra de que o Espírito não virá para erigir nenhum novo reino, mas antes, para confirmar a glória que foi dada a Ele pelo Pai. Muitos imaginam tolamente que Cristo ensinou desta forma apenas para estabelecer as primeiras lições e então enviar os discípulos a uma formação mais elevada. Desta forma fazem o evangelho não ter valor maior do que a Lei, sobre a qual diz-se ter sido um aio do povo antigo (GÁLATAS 3:24). Com o falso subterfúgio de que se trata do Espírito, o mundo foi enfeitiçado a se afastar da pureza simples de Cristo; pois, assim que o Espírito é separado da palavra de Cristo, a porta se abre a todos os tipos de enganos e embustes.

Vemos agora que a informação dada por Cristo, de que Ele seria glorificado pelo Espírito a quem Ele enviaria, está longe de ser supérflua. Ela pretendia nos informar que o ofício do Espírito Santo não era nada mais do que estabelecer o reino de Cristo e manter e confirmar para sempre tudo o que lhe fora dado pelo Pai. Por que, então, Ele fala do ensino do Espírito? Não para nos retirar da escola de Cristo, mas para ratificar essa palavra pela qual somos ordenados a ouvi-lo, caso contrário o Espírito diminuiria a glória de Cristo.

> *"...o mundo foi enfeitiçado a se
> afastar da pureza simples de Cristo".*

João Calvino

O FRUTO DA PERSEVERANÇA

*Permaneça em vós o que ouvistes desde o princípio.
Se em vós permanecer o que desde o princípio ouvistes,
também permanecereis vós no Filho e no Pai.*
—1 JOÃO 2:24

Aqui está o fruto da perseverança: aqueles em quem a verdade de Deus permanece são os que permanecem em Deus. Nós, consequentemente, aprendemos o que devemos buscar em toda verdade pertinente à religião. Fazem o melhor em suas vidas aqueles, portanto, que progridem mantendo-se firme e completamente em Deus. Contudo, aqueles em quem o Pai não habita por meio de Seu Filho são inteiramente vãos e vazios, independentemente do conhecimento que possuam. Ademais, este é o mais elevado elogio para a sã doutrina: o fato de que nos une a Deus e é encontrada em qualquer aspecto relacionado à plenitude de Deus. Por último, João nos lembra de que a verdadeira felicidade ocorre quando Deus habita em nós.

A totalidade do que é dito é: não podemos viver a menos que nutramos até o fim a semente da vida cultivada em nosso coração. João insiste muito neste ponto: não apenas o início de uma vida abençoada deve ser encontrado em Cristo, mas também o seu ideal. Não há repetição desta verdade que possa ser excessiva, uma vez que é bem conhecido o fato de que sempre foi causa da ruína de todos os povos, que não estando satisfeitos com Cristo, tiveram aspirações de vaguear além da simples doutrina do evangelho.

*"Aqueles em quem a verdade de Deus permanece
são os que permanecem em Deus."*

João Calvino

UM TESTE DE OBEDIÊNCIA

*Vendo a mulher que a árvore era boa para se comer,
agradável aos olhos e árvore desejável
para dar entendimento, tomou-lhe do fruto e comeu
e deu também ao marido, e ele comeu.*
—GÊNESIS 3:6

Como o ato que Deus puniu tão severamente não deve ter sido uma falha trivial, mas um crime hediondo, será necessário observar a natureza peculiar do pecado que produziu a queda de Adão e incitou Deus a infligir tal vingança aterradora sobre a raça humana. A ideia comum de intemperança dos sentidos é pueril. A soma e essência de todas as virtudes não poderia consistir da abstinência de um único fruto entre uma abundância geral de todas as iguarias que poderiam ser desejadas, considerando que o solo, com feliz fertilidade, não produz apenas abundância, mas também variedade interminável. Nós devemos, portanto, olhar mais a fundo, além da intemperança dos sentidos.

A proibição de tocar a árvore do conhecimento do bem e do mal era um teste de obediência — de que Adão, em observar essa proibição, poderia provar sua submissão voluntária à ordem de Deus. Pois o próprio termo demonstra o fim do preceito como tendo sido o de mantê-lo satisfeito com sua porção e não permitir que arrogantemente aspirasse algo além dela. A promessa — que lhe concedia a esperança de vida eterna contanto que comesse da árvore da vida e, por outro lado, a temerosa denúncia de morte no momento em que provasse da árvore do conhecimento do bem e do mal — foi destinada a provar e exercitar sua fé.

Certamente, quando a Palavra de Deus é desprezada, desaparece toda reverência que deveria ser dada a Ele. Sua majestade não pode ser devidamente honrada entre nós, nem Sua adoração

João Calvino

mantida em sua integridade, a menos que dependamos do que emana de Seus lábios. Logo a infidelidade estava na raiz da rebelião. Da infidelidade, novamente, nasceu ambição e orgulho junto à ingratidão; porque Adão, ao ansiar por mais do que lhe fora concedido, manifestou desprezo pela grande generosidade com que Deus o havia enriquecido. O homem, quando carregado pelas blasfêmias de Satanás, fez o seu máximo para aniquilar toda a glória de Deus.

O CONTÁGIO DO PECADO

*Eu nasci na iniquidade, e em pecado
me concebeu minha mãe.*
—SALMO 51:5

Como a vida espiritual de Adão teria consistido em permanecer unido e vinculado a seu Criador, a morte de sua alma lhe era distante. Também não é estranho que aquele que perverteu toda a ordem da natureza no céu e na Terra tenha deteriorado sua raça por sua rebelião. "…Toda criação […] geme…", diz Paulo, "…está sujeita à vaidade, não voluntariamente…" (ROMANOS 8:20,22).

Se o motivo é questionado, não pode haver dúvida de que a criação carrega parte do castigo merecido pelo homem, para cujo uso todas as outras criaturas foram criadas. Portanto, considerando que por meio da culpa do homem uma maldição foi estendida acima e abaixo, sobre todas as regiões do mundo, não há nada desproposital em sua extensão a toda a sua descendência. Após a imagem celestial ter sido apagada no homem, ele não apenas foi punido com uma retirada dos adornos com que fora vestido: sabedoria, virtude, justiça, verdade e santidade; e com a substituição destes pelas terríveis pestes: cegueira, impotência, futilidade, impureza e iniquidade; mas ele também envolveu sua posteridade e os imergiu na mesma desventura.

Certamente não há ambiguidade na confissão de Davi: "Eu nasci na iniquidade, e em pecado me concebeu minha mãe" (SALMO 51:5). Seu objetivo na passagem não é lançar culpa em seus pais, mas para melhor enaltecer a bondade de Deus para consigo mesmo, Davi reitera adequadamente a confissão de impureza desde o nascimento.

Como está claro não haver peculiaridade no caso de Davi, segue que se trata apenas de um caso na comum porção de toda a raça humana. Todos nós, portanto, descendentes de uma semente

João Calvino

impura, viemos ao mundo maculados pelo contágio do pecado. Não antes que contemplemos a luz do sol estamos, aos olhos de Deus, desonrados e poluídos. "Quem da imundícia poderá tirar coisa pura? Ninguém!", diz o livro de Jó (14:4).

PERDIDOS EM ADÃO, RECEBIDOS EM CRISTO

Porque, como, pela desobediência de um só homem, muitos se tornaram pecadores, assim também, por meio da obediência de um só, muitos se tornarão justos.
—ROMANOS 5:19

A impureza dos pais é transmitida a seus filhos, de modo que todos, sem exceção, são originalmente pervertidos. O início dessa perversão não será encontrado até que ascendamos ao primeiro pai de todos, como o cabeça da fonte. Nós devemos, portanto, ter como certo que, com relação à natureza humana, Adão não foi meramente um progenitor, mas também uma raiz e por sua corrupção toda a raça humana foi merecidamente comprometida. Isso fica claro no contraste que o apóstolo esboça entre Adão e Cristo: "Porque, como, pela desobediência de um só homem, muitos se tornaram pecadores [...] a fim de que, como o pecado reinou pela morte, assim também reinasse a graça pela justiça para a vida eterna, mediante Jesus Cristo, nosso Senhor" (ROMANOS 5:19,21).

Fora de toda a controvérsia, a justiça de Cristo e, assim, a vida, são nossas unicamente como dom de Deus; segue que ambas foram perdidas em Adão para serem recuperadas em Cristo, ao passo que o pecado e a morte foram trazidos por Adão para serem abolidos em Cristo. Não há obscuridade nas palavras: "Porque, como, pela desobediência de um só homem, muitos se tornaram pecadores, assim também, por meio da obediência de um só, muitos se tornarão justos".

Assim, a relação remanescente entre os dois é: como Adão, por sua ruína, nos envolveu e arruinou, assim Cristo, por Sua graça,

João Calvino

restaurou-nos para salvação. Adão, quando se corrompeu, contagiou toda a sua posteridade. Um Juiz celestial, nosso próprio Salvador, declara que todos são, por nascimento, viciosos e pervertidos, quando Ele diz que "O que é nascido da carne é carne..." (JOÃO 3:6) e que, portanto, o portão da vida está fechado diante de todos até que sejam regenerados.

ORAÇÃO HUMILDE

Mas todos nós somos como o imundo, e todas as nossas justiças, como trapo da imundícia; todos nós murchamos como a folha, e as nossas iniquidades, como um vento, nos arrebatam. Já ninguém há que invoque o teu nome, que se desperte e te detenha; porque escondes de nós o rosto e nos consomes por causa das nossas iniquidades. Mas agora, ó Senhor, tu és nosso Pai, nós somos o barro, e tu, o nosso oleiro; e todos nós, obra das tuas mãos. Não te enfureças tanto, ó Senhor, nem perpetuamente te lembres da nossa iniquidade; olha, pois, nós te pedimos: todos nós somos o teu povo.

—ISAÍAS 64:6-9

Aquele que vai à presença de Deus para orar deve despojar-se de todos os pensamentos jactanciosos, colocar de lado qualquer ideia de mérito; em suma, deve abandonar toda autoconfiança, dando humildemente a Deus toda a glória para que, ao reivindicar qualquer direito ou poder, o orgulho vão não o faça afastar-se de Sua face. Dessa submissão, que abate toda prepotência, temos inúmeros exemplos nos servos de Deus.

Deste modo Daniel, a quem o próprio Senhor outorgou tal elevada condecoração, diz: "Inclina, ó Deus meu, os ouvidos e ouve; abre os olhos e olha para a nossa desolação e para a cidade que é chamada pelo teu nome, porque não lançamos as nossas súplicas perante a tua face fiados em nossas justiças, mas em tuas muitas misericórdias. Ó Senhor, ouve; ó Senhor, perdoa; ó Senhor, atende-nos e age; não te retardes, por amor de ti mesmo, ó Deus meu; porque a tua cidade e o teu povo são chamados pelo teu nome". Isto ele não faz indiretamente da maneira comum, como se fosse um dos indivíduos em uma multidão. Antes, ele confessa sua

João Calvino

culpa à parte e como um mendigo se compromete com o asilo do perdão; ele declara nitidamente que estava confessando seu próprio pecado e o pecado do seu povo Israel (DANIEL 9:18-20).

Davi também estabelece para nós um exemplo dessa humildade: "Não entres em juízo com o teu servo, porque à tua vista não há justo nenhum vivente" (SALMO 143:2). Veja como eles não colocam confiança alguma em nada exceto isto: considerando que pertencem ao Senhor, não se desesperam por serem objeto de Seu cuidado.

Da mesma forma, Jeremias diz: "Posto que as nossas maldades testificam contra nós, ó Senhor, age por amor do teu nome..." (JEREMIAS 14:7).

ANTES DE TUDO, PERDOADO

*Não te lembres dos meus pecados da mocidade,
nem das minhas transgressões.
Lembra-te de mim, segundo a tua misericórdia,
por causa da tua bondade, ó Senhor.*

—Salmo 25:7

A súplica por perdão, com confissão humilde e sincera, forma tanto a preparação quanto o início da oração ideal. Pois o mais santo dos homens não pode esperar obter qualquer coisa de Deus até que tenha sido gratuitamente reconciliado com Ele. Deus não pode ser amigo de ninguém exceto daqueles a quem Ele perdoa. Consequentemente não é insólito que essa é a chave com a qual os cristãos abrem a porta da oração, como aprendemos em muitas passagens nos Salmos. Davi, quando apresenta um pedido sobre uma questão diferente, diz: "Não te lembres dos meus pecados da mocidade, nem das minhas transgressões. Lembra-te de mim, segundo a tua misericórdia, por causa da tua bondade, ó Senhor" (Salmo 25:7).

Aqui vemos também que não é suficiente chamarmos uns aos outros para relatar os pecados de cada dia que passa; devemos também nos recordar daqueles que parecem ter caído no esquecimento. Ainda que os santos nem sempre em termos diretos peçam perdão de pecados, todavia se ponderarmos cuidadosamente essas orações como fornecidas nas Escrituras, a verdade do que digo aparecerá prontamente: a saber, que sua coragem de orar era derivada unicamente da misericórdia de Deus e que eles sempre iniciaram apaziguando-se com Ele. Pois quando um homem interroga sua consciência, ele está longe de cogitar lançar suas preocupações de modo tão informal diante de Deus; caso não confiasse na misericórdia e no perdão, tremeria com o pensamento de abordá-lo.

João Calvino

Há, de fato, outra confissão especial. Quando cristãos anseiam por libertação do castigo, eles ao mesmo tempo oram para que seus pecados sejam perdoados; pois seria absurdo desejar que os efeitos fossem retirados enquanto a causa permanece. Precisamos estar conscientes dos pacientes simuladores e tolos que, ansiosos apenas pela cura de sintomas acidentais, negligenciam a raiz da doença. Não, nosso esforço deve ser ter amizade com Deus antes mesmo que Ele ateste Seu favor com sinais exteriores, porque essa é a ordem que Ele mesmo escolhe. Seria de pouco proveito vivenciar a Sua bondade, se a consciência não sentisse que Ele está apaziguado e, assim, nos capacitasse a considerá-lo inteiramente amável.

A ORIGEM DA FÉ

*É por eles que eu rogo; não rogo pelo mundo,
mas por aqueles que me deste, porque são teus.*
—JOÃO 17:9

Destas palavras aprendemos que Deus escolhe, no mundo, aqueles que considera adequados para serem herdeiros da vida; e que essa distinção não é feita de acordo com os méritos dos homens, mas depende de Sua mera boa vontade. Pois aqueles que acreditam que a causa da eleição está nos homens devem começar com a fé. Agora, Cristo declara explicitamente que aqueles que são dados a Ele pertencem ao Pai; e é certo que eles são dados para que creiam e que a fé flui desse ato de entrega. Se a origem da fé é esse ato de entrega e se a eleição vem antes desse ato em ordem e tempo, o que sobra senão reconhecermos que aqueles que Deus deseja que sejam salvos do mundo são eleitos por gratuita graça?

Agora, uma vez que Cristo ora somente pelos eleitos, é necessário que creiamos na doutrina da eleição se desejamos que Ele pleiteie com o Pai a nossa salvação. Um penoso dano, portanto, é provocado nos cristãos pelas pessoas que se esforçam para escamotear do coração dos cristãos o conhecimento da eleição, pois os privam do pleitear e interceder do Filho de Deus. Essas palavras servem também para expor a tolice daqueles que, sob o pretexto da eleição, entregam-se à indolência — quando esta deveria nos despertar à seriedade em oração, como Cristo nos ensina por Seu exemplo.

*"Deus escolhe, no mundo,
aqueles que considera adequados."*

João Calvino

ABASTECIDO DE FORÇA

...para se cumprir a palavra que dissera:
Não perdi nenhum dos que me deste.
—JOÃO 18:9

Cristo não manteve os apóstolos seguros até o fim, mas isto Ele cumpriu: em meio a incessantes perigos e até mesmo em meio à morte, ainda assim a salvação eterna deles estava segura. Minha réplica é: o evangelista não fala meramente de sua vida corpórea, antes sugere que Cristo, poupando-os por certo tempo, lhes proveu sua salvação eterna. Consideremos quão grande era a fraqueza desses homens. O que achamos que eles teriam feito se tivessem sido testados? Ainda que Cristo, portanto, não tenha escolhido que eles fossem tentados além da força que lhes fora dada, Ele os resgatou da destruição eterna.

E, consequentemente, devemos extrair a seguinte doutrina geral: embora Ele teste nossa fé com muitas provações, ainda assim Ele nunca permitirá que cheguemos a perigo extremo sem nos suprir também de força para vencer. E, de fato, vemos o quão continuamente Ele é paciente com nossa fraqueza quando se coloca à frente para rechaçar tantos ataques de Satanás e de homens perversos, pois Ele vê que não somos ainda capazes ou não estamos ainda preparados para eles. Em suma, Ele nunca leva o Seu povo ao campo de batalha até que tenham sido totalmente treinados, para que mesmo perecendo não pereçam, porque terão ganho tanto na morte quanto na vida.

> *"Em meio a incessantes perigos*
> *e até mesmo em meio à morte, ainda assim*
> *a salvação eterna deles estava segura."*

João Calvino

FALAR ALTIVO

Então, a criada, encarregada da porta, perguntou a Pedro: Não és tu também um dos discípulos deste homem? Não sou, respondeu ele. —JOÃO 18:17

Pedro é levado para dentro do pátio do sumo sacerdote; mas custou-lhe muito caro, pois, assim que coloca os pés ali dentro, é coagido a negar Cristo. Quando ele tropeça tão vergonhosamente no primeiro passo, a insensatez de sua presunção é exposta. Ele havia alardeado que provaria ser um defensor valente e capaz de enfrentar a morte com firmeza; e agora, diante da voz de uma única criada, e essa voz desacompanhada de ameaça, ele fica confundido e larga suas armas.

Tal é a demonstração de poder do homem. Certamente, toda a força que parece estar no homem é fumaça que um sopro pode imediatamente dissipar. Quando estamos fora da batalha, somos demasiado corajosos, mas a experiência mostra que nosso falar altivo é insensato e infundado. E até mesmo quando Satanás não ataca, idealizamos alertas inúteis que nos perturbam antes do tempo.

A voz de uma mulher frágil aterrorizou Pedro. E qual é o caso conosco? Não trememos continuamente ao agitar das folhas pelo vento ou em sua queda? Uma falsa aparência de perigo, ainda que distante, fez Pedro tremer. E nós não somos, todos os dias, afastados de Cristo por absurdos infantis? Em suma, nossa coragem é de tal natureza que, por iniciativa própria, cede quando não há inimigo, e assim Deus vinga a arrogância dos homens reduzindo mentes vorazes a um estado de fraqueza. Um homem, não sendo repleto de fortitude, mas de vento, promete que obterá uma vitória cômoda contra todo o mundo; e contudo, assim que vê a sombra de um cardo imediatamente treme. Aprendamos, portanto, a sermos corajosos no Senhor e em ninguém mais.

João Calvino

FAVOR DIVINO

*Feliz a nação cujo Deus é o Senhor,
e o povo que ele escolheu para sua herança.*
—SALMO 33:12

O favor divino sobre o qual se diz estar relacionado à fé, entendemos ter incluso em si a posse da salvação e da vida eterna. Pois se, quando Deus é favorável, nada de bom pode nos faltar, temos segurança ampla de nossa salvação quando certificados de Seu amor. "Restaura-nos, ó Deus; faze resplandecer o teu rosto...", diz o salmista, "...e seremos salvos" (SALMO 80:3). As Escrituras, portanto, fazem a totalidade de nossa salvação consistir da remoção de toda inimizade e de nossa admissão no favor, insinuando assim que, quando há reconciliação com Deus, todo perigo fica no passado e tudo o que é bom incidirá sobre nós. Pelo que, a fé, aprendendo o amor de Deus, tem a promessa tanto da vida presente quanto da futura e a segurança ampla para todas as bênçãos (EFÉSIOS 2:14).

A natureza disso deve ser apurada a partir da Palavra. A fé não nos promete longevidade de dias, riquezas e honras (o Senhor não se agradou que nenhum destes fosse designado a nós); mas é satisfeita com a certeza de que, independentemente de quão pobres sejamos em relação a confortos presentes, Deus nunca falhará conosco. A principal segurança está na expectativa da vida futura, que é instalada, sem dúvida, pela Palavra de Deus. Quaisquer que sejam as misérias e calamidades que esperam os filhos de Deus neste mundo, não podem fazer Seu favor deixar de ser a felicidade absoluta. Logo, estando desejosos de expressar a totalidade da bem-aventurança, a designamos como favor de Deus, do qual, como sua fonte, todos os tipos de bem-aventuranças fluem. E podemos observar através das Escrituras que elas nos evidenciam

João Calvino

o amor de Deus, não apenas quando tratam de nossa salvação eterna, mas de qualquer bênção que seja — razão pela qual Davi canta que a benignidade de Deus vivenciada pelo coração piedoso é mais doce e mais desejada do que a própria vida (SALMO 63:3).

Em suma, se temos todo o conforto terreno que desejamos, mas estamos incertos sobre termos ou não o amor ou a ira de Deus, nossa felicidade será amaldiçoada e, portanto, miserável. Mas, se Deus eleva sobre nós a luz de Seu semblante paterno, nossas misérias serão abençoadas, à medida em que se tornam auxílios para nossa salvação.

PROMESSA GRATUITA

Porém que se diz? A palavra está perto de ti, na tua boca e no teu coração; isto é, a palavra da fé que pregamos.
—ROMANOS 10:8

Fazemos da promessa gratuita a fundação da fé, porque nela consiste convenientemente a fé. Por meio dela vigora que Deus é sempre verdadeiro, seja em ordem ou em proibição, prometendo ou ameaçando; ainda que ela receba obedientemente Seus comandos, observe Suas proibições e dê atenção às Suas ameaças; contudo, começa devidamente com a promessa, continua e finda com ela. A promessa busca vida em Deus, vida que não é encontrada em ordenanças ou denúncias de punição, mas na promessa de misericórdia. E essa promessa deve ser gratuita, pois uma promessa condicional, que nos lança de volta às nossas obras, garante vida apenas à medida em que a encontramos existente em nós mesmos.

Logo, se não temos fé para vacilar e tremer, devemos suportar a vida com a promessa de salvação, que é oferecida pelo Senhor espontânea e livremente, por consideração à nossa miséria e não a nosso valor. Logo o apóstolo dá esse testemunho do evangelho que é a palavra de fé (ROMANOS 10:8). Isso ele reconhece não nos preceitos ou promessas da Lei, pois não há nada neles que possa estabelecer nossa fé, mas na gratuita mensagem pela qual Deus reconcilia o mundo a si. Ele, portanto, frequentemente usa a fé e o evangelho como termos correlatos, como quando Ele diz que o ministério do evangelho foi designado a ele "...para a obediência por fé..."; que "...é o poder de Deus para a salvação de todo aquele que crê..."; e "visto que a justiça de Deus se revela no evangelho, de fé em fé..." (ROMANOS 1:5,16,17).

João Calvino

Portanto, quando dizemos que a fé deve repousar na gratuita promessa, não negamos que cristãos aceitem e abracem a Palavra de Deus em todas as suas partes, mas destacamos a promessa de misericórdia como seu elemento especial. Os cristãos, de fato, devem reconhecer Deus como o juiz e vingador da perversidade, contudo a misericórdia é o elemento para o qual, apropriadamente, olham uma vez que Ele é exibido para que o contemplem como "...bom e compassivo; abundante em benignidade...", "tardio em irar-se", "bom para todos" e cujas "ternas misericórdias permeiam todas as suas obras" (SALMOS 86:5; 103:8; 145:8,9).

TODAS AS PROMESSAS

*Porque ele é a nossa paz, o qual de ambos
fez um; e, tendo derribado a parede da separação
que estava no meio, a inimizade, aboliu,
na sua carne, a lei dos mandamentos na forma de
ordenanças, para que dos dois criasse,
em si mesmo, um novo homem, fazendo a paz.*
—EFÉSIOS 2:14,15

Temos bom fundamento para compreender todas as promessas em Cristo sendo que o apóstolo compreende todo o evangelho sob o conhecimento de Cristo e declara que todas as promessas de Deus são nele sim e amém. A razão para isso é óbvia. Toda promessa que Deus faz é indício de Sua boa vontade. Isso é invariavelmente verdade e não é inconsistente com o fato de que os grandes benefícios que a generosidade divina está constantemente concedendo aos perversos estão preparando-os para o julgamento mais severo. Como eles não pensam que estas procedem da mão do Senhor e nem as reconhecem como Suas (ou se reconhecem, nunca as consideram como provas de Seu favor), eles, de forma alguma, são mais instruídos assim em Sua misericórdia do que animais selvagens que, segundo sua condição, desfrutam da mesma generosidade e, no entanto, nunca olham além dela. Ainda assim é verdade que ao rejeitarem as promessas comumente oferecidas a eles, sujeitam-se a punição mais severa. Pois é apenas quando as promessas são recebidas em fé que sua eficácia é manifesta, contudo sua realidade e seu poder jamais são extintos por nossa infidelidade ou ingratidão.

Desse modo, quando o Senhor, por Suas promessas, convida-nos a não apenas usufruir dos frutos de Sua bondade, mas também a meditar neles, Ele, ao mesmo tempo, declara Seu amor.

João Calvino

Não há controvérsia, Deus não ama homem algum fora de Cristo. Ele é o Filho amado em quem o amor do Pai habita e de quem, posteriormente, estende-se para nós. Logo, Paulo diz: "para louvor da glória de sua graça, que ele nos concedeu gratuitamente no Amado" (EFÉSIOS 1:6). É por Sua intervenção, portanto, que o amor é difundido de modo a nos alcançar. Da mesma forma, em outra passagem o apóstolo chama Cristo de "nossa paz" (EFÉSIOS 2:14) e também representa-o como o vínculo pelo qual o Pai é unido a nós em afeição paterna (ROMANOS 8:3). Segue que, sempre que qualquer promessa é feita a nós, devemos voltar nossos olhos para Cristo. Logo, com boas razões Paulo declara que em Jesus todas as promessas de Deus são confirmadas e concluídas (ROMANOS 15:8).

AQUELES A QUEM É DADO

> *Quero apenas saber isto de vós: recebestes*
> *o Espírito pelas obras da lei ou pela pregação da fé?*
> —GÁLATAS 3:2

Uma simples manifestação exterior da palavra deveria ser largamente satisfatória para produzir fé, não fosse nossa cegueira e perversidade a causa de impedimento. Mas tal é a suscetibilidade de nossa mente à vaidade, que jamais consegue aderir à verdade de Deus, e tal é seu embotamento, que está sempre cega mesmo em Sua luz. Logo, sem a iluminação do Espírito, a Palavra não tem efeito algum e, consequentemente, também é óbvio que a fé é algo mais elevado que o entendimento humano. Também não seria suficiente para a mente humana ser iluminada pelo Espírito de Deus a menos que o coração também fosse fortalecido e apoiado por Seu poder. Aqui os eruditos desviam-se completamente, residindo exclusivamente, em sua consideração sobre a fé, sobre a mera e simples anuência do conhecimento e negligenciando inteiramente a convicção e a segurança do coração.

A fé é o dom especial de Deus em ambos os modos: na purificação da mente, de modo a dar-lhe satisfação na verdade divina, e, posteriormente, no estabelecer dessa verdade na mente. Pois o Espírito não simplesmente origina a fé, mas gradualmente a aumenta até que por seus meios Ele nos conduz ao reino celestial. "Guarda o bom depósito...", diz Paulo, "...mediante o Espírito Santo que habita em nós" (2 TIMÓTEO 1:14).

O sentido em que Paulo diz (GÁLATAS 3:2) que o Espírito é dado pela pregação da fé, pode ser facilmente explicado. Caso houvesse somente um único dom do Espírito, Ele, que é o autor e a causa da fé, não poderia, sem absurdidade, ser considerado como seu efeito. Porém, após celebrar os dons com os quais Deus adorna Sua Igreja

João Calvino

e por sucessivas adições de fé com que a conduz à perfeição, não há nada insólito no fato de Paulo atribuir à fé os exatos dons que a fé nos prepara para receber.

Para alguns parece paradoxal quando é dito que ninguém pode crer em Cristo, exceto aqueles a quem a fé é concedida. Isso ocorre, em parte, porque não observam o quão nebulosa e sublime a sabedoria celestial é, ou o quão embotada é a mente do homem no discernir dos mistérios divinos; e em parte porque não levam em conta essa constância de coração, firme e estável, que é a parte principal da fé.

SELADO COM O ESPÍRITO

*...em quem também vós, depois que ouvistes
a palavra da verdade, o evangelho da vossa salvação,
tendo nele também crido, fostes selados
com o Santo Espírito da promessa; o qual é o penhor
da nossa herança, até ao resgate
da sua propriedade, em louvor da sua glória.*
—EFÉSIOS 1:13,14

A Palavra não é recebida em fé quando meneia no cérebro, mas quando cria raiz profunda no coração e se torna baluarte para resistir e rechaçar todos os ataques da tentação. Mas se a iluminação do Espírito é a fonte verdadeira de entendimento no intelecto, muito mais manifesta é Sua atividade na confirmação do coração — na medida em que há mais desconfiança no coração do que cegueira na mente — e é mais difícil inspirar a alma com segurança do que a imbuir de conhecimento. Logo o Espírito exerce o papel de selo, selando nosso coração com as exatas promessas cuja certeza fora previamente gravada em nossa mente. Isso também serve como um esforço diligente para estabelecer e confirmar essas promessas. Desta forma, o apóstolo diz: "...em quem também vós, depois que ouvistes a palavra da verdade, o evangelho da vossa salvação, tendo nele também crido, fostes selados com o Santo Espírito da promessa; o qual é o penhor da nossa herança..." (EFÉSIOS 1:13,14). Veja como ele ensina que o coração dos cristãos são selados com o selo do Espírito e o chama de Espírito da promessa, porque ratifica o evangelho para nós.

Contudo, sei que a fé é objeto de várias dúvidas, de modo que a mente dos cristãos raramente está em repouso, ou, ao menos, não está sempre serena. Entretanto, independentemente de quais os motores pelos quais a mente é agitada, suas opções são escapar

João Calvino

do redemoinho da tentação ou permanecer firme em seu lugar. A fé encontra segurança e proteção nas palavras do salmista: "Deus é o nosso refúgio e fortaleza, socorro bem-presente nas tribulações. Portanto, não temeremos ainda que a terra se transtorne e os montes se abalem no seio dos mares" (SALMO 46:1,2). Essa encantadora tranquilidade é descrita em outro lugar: "Deito-me e pego no sono; acordo, porque o SENHOR me sustenta" (SALMO 3:5). Não se trata de Davi estar constantemente nesse quadro jubiloso; mas conforme a medida de sua fé o tornava sensível ao favor divino, ele gloria-se intrepidamente desprezando tudo que poderia perturbar sua paz interior.

João Calvino

A ESPERANÇA DE VIDA ETERNA

Porque, na esperança, fomos salvos.
Ora, esperança que se vê não é esperança;
pois o que alguém vê, como o espera?
—ROMANOS 8:24

Onde quer que exista a fé viva, ali ela deve ter a esperança de vida eterna como sua companheira inseparável, ou antes, deve de si mesma gerar e manifestá-la; onde há carência de esperança, independentemente de quão clara e elegantemente possamos discursar sobre a fé, é certo que não a temos. Pois se a fé é (como foi dito) uma firme persuasão da verdade de Deus — uma persuasão que nunca pode ser falsa, nunca engana, nunca é em vão — aqueles que receberam essa garantia devem, ao mesmo tempo, esperar que Deus cumprirá Suas promessas que, na convicção que têm, são completamente verdadeiras. De modo que, em uma palavra, a esperança nada mais é do que a expectativa das coisas que a fé previamente crê terem sido verdadeiramente prometidas por Deus. Logo, a fé crê que Deus é verdadeiro; a esperança anseia que no momento devido Ele manifestará Sua verdade. A fé crê que Ele é nosso Pai, a esperança tem a expectativa de que Ele sempre exerça o papel de um Pai para conosco. A fé crê que a vida eterna nos foi dada, a esperança anela que um dia ela será revelada. A fé é a fundação sobre a qual a esperança repousa; a esperança nutre e sustém a fé.

Pois como nenhum homem pode esperar nada de Deus sem previamente crer em Suas promessas, da mesma forma, por outro lado, a fraqueza de nossa fé, que pode ficar desgastada e desmoronar, deve ser amparada e estimada pela esperança e expectativa pacientes. Por essa razão Paulo diz de modo justo: "Porque, na esperança, fomos salvos..." (ROMANOS 8:24). Pois enquanto a

João Calvino

esperança aguarda silenciosamente o Senhor, ela impede que a fé se apresse com precipitação excessiva, confirma a fé quando esta pode vacilar em relação às promessas de Deus ou começar a duvidar de sua verdade, revigora-a quando pode estar fatigada, estende sua visão até o objetivo final, de modo que não permita que a fé desista no meio do percurso ou até mesmo no início. Em suma, por constantemente renová-la e vivificá-la, a esperança está ocasionalmente provendo mais vigor e perseverança.

PERFEITAMENTE SALVO

*Quando, pois, Jesus tomou o vinagre,
disse: Está consumado!
E, inclinando a cabeça, rendeu o espírito.*
—JOÃO 19:30

Essa expressão que Cristo emprega muito merece nossa atenção, agora, pois demonstra que a nossa salvação foi plenamente executada e todas as suas partes estão contidas em Sua morte. A ressurreição de Cristo não está separada de Sua morte, mas Cristo pretende apenas manter nossa fé fixa somente nele e não permitir que se volte para nenhuma outra direção. O significado, portanto, é que tudo o que contribui para a salvação dos homens é encontrado em Cristo e não deve ser procurado em nenhum outro lugar; ou (o que seria a mesma coisa) que a perfeição da salvação está contida nele. Há também um contraste implícito, pois Cristo contrasta a Sua morte com os antigos sacrifícios e com todos os formatos. É como se Ele tivesse dito: "De tudo o que foi praticado sob a Lei, nada houve que tivesse poder algum em si mesmo para fazer propiciação por pecados, para aplacar a ira de Deus e para obter justificação; mas agora a verdadeira salvação é exibida e manifesta ao mundo". Desta doutrina depende a abolição de todas as cerimônias da Lei, pois seria absurdo seguir sombras uma vez que temos o corpo em Cristo. Caso aprovemos essa expressão que Cristo pronunciou, devemos nos satisfazer apenas com Sua morte para salvação, sem termos liberdade para solicitar auxílio em qualquer outro canto.

"...a perfeição da salvação está contida nele".

João Calvino

O ÚNICO LIBERTADOR

*Ele, Jesus, nos dias da sua carne, tendo oferecido,
com forte clamor e lágrimas, orações
e súplicas a quem o podia livrar da morte e tendo
sido ouvido por causa da sua piedade.*
—HEBREUS 5:7

É, de fato, certo que Ele foi reduzido a grandes apuros e estando sobrecarregado com angústias genuínas, Jesus orou fervorosamente pedindo a Seu Pai que lhe trouxesse auxílio. E que aplicação deve ser feita disso? Aqui está: sempre que nossos males nos pressionam e nos sobrecarregam, podemos trazer à mente o Filho de Deus que lutou sob as mesmas condições; e desde que Ele esteve nisso antes de nós, não há razão para desfalecermos.

Somos ao mesmo tempo lembrados que a libertação dos males não pode ser encontrada em nenhum outro senão somente em Deus; e que melhor orientação podemos obter sobre oração do que o exemplo de Cristo? Ele dirigiu-se imediatamente ao Pai. E assim o apóstolo indica o que deve ser feito por nós quando diz que ofereceu orações a Ele que era capaz de libertá-lo da morte. Por essas palavras ele sugere que orou corretamente, pois correu para Deus, o único Libertador. Suas lágrimas e clamor nos aconselham ao fervor e à seriedade na oração, pois não devemos orar a Deus formalmente, mas com desejos fervorosos.

*"...a libertação dos males não pode ser encontrada
em nenhum outro senão somente em Deus".*

João Calvino

ACESSO AO CÉU

Por isso, também pode salvar totalmente os que por ele se chegam a Deus, vivendo sempre para interceder por eles.
—HEBREUS 7:25

Embora o sumo sacerdote carregasse os nomes das doze tribos em seus ombros e emblemas em seu peito, somente ele entrava no santuário enquanto o povo permanecia no pátio. Mas agora, por dependermos de Cristo, o Mediador, nós entramos por fé no Céu; pois não há mais nenhum véu intermediando, mas Deus o revela a nós abertamente e com amor nos convida a uma aproximação familiar.

Cristo vive constantemente para interceder. Que tipo de compromisso é esse? Quão grande é? E por amor a nós! Cristo vive para nós, não para si! O fato de que foi recebido em uma bendita imortalidade para reinar no Céu, ocorreu, o apóstolo declara, por amor a nós. Então a vida, o reino e a glória de Cristo são todos destinados à nossa salvação como seu objeto — Cristo também não possui qualquer coisa que não possa ser aplicado em nosso benefício. Pois Ele nos foi concedido pelo Pai de uma vez por todas sob esta condição: tudo o que pertence a Ele deve ser nosso.

Ele, ao mesmo tempo, nos ensina, por meio do que Cristo está fazendo, que Ele está executando Seu ofício como sacerdote, pois é concernente a um sacerdote interceder pelo povo para que obtenham favor de Deus. Isso é o que Cristo faz constantemente, pois para esse propósito Ele ressuscitou dos mortos. Então por direito, em Sua contínua intercessão, Ele requer para si o ofício do sacerdócio.

"...por dependermos de Cristo, o Mediador,
nós entramos por fé no Céu".

João Calvino

ATRELADO AO PECADO

*Bem ouvi que Efraim se queixava, dizendo:
Castigaste-me, e fui castigado como novilho ainda não
domado; converte-me, e serei convertido,
porque tu és o Senhor, meu Deus. Na verdade, depois
que me converti, arrependi-me; depois que fui
instruído, bati no peito; fiquei envergonhado, confuso,
porque levei o opróbrio da minha mocidade.*

—JEREMIAS 31:18,19

Quando a vontade está acorrentada como escrava do pecado, não pode mover-se em direção à bondade, menos ainda buscá-la consistentemente. Todo movimento como esse é o primeiro passo nessa conversão a Deus, que nas Escrituras é inteiramente imputado à graça divina. Assim Jeremias ora: "... converte-me, e serei convertido..." (JEREMIAS 31:18). Logo, também, no mesmo capítulo, descrevendo a redenção espiritual dos que creem, o profeta diz: "Porque o Senhor redimiu a Jacó e o livrou da mão do que era mais forte do que ele" (JEREMIAS 31:11); ele insinua sobre como são cerrados os grilhões com os quais o pecador é restringido, contanto que seja abandonado pelo Senhor e aja sob o jugo do diabo.

Não obstante, aí permanece uma vontade que se inclina e precipita-se, com a mais forte afeição, para o pecado. O homem, quando colocado sob essa escravidão, não é privado da vontade, mas da robustez da vontade. Consequentemente, o simples desejar é a parte do homem; o desejar nocivo, parte da natureza corrupta; o desejar sadio, parte da graça.

Ademais, quando digo que a vontade, privada de liberdade, é levada ou arrastada, por necessidade, até o mal, é estranho que alguém julgue a expressão severa, visto que não há nela absurdo

João Calvino

algum e que não é inconsistente com o uso piedoso. Não estando obstruído o livre-arbítrio de Deus em fazer o bem, por que Ele necessariamente deve fazê-lo? E se o diabo, que nada pode fazer exceto o mal, peca, todavia voluntariamente, pode ser dito que o homem peca menos voluntariamente visto que está sob uma necessidade de pecar?

Desde que foi corrompido pela queda, o homem peca — não forçada ou renitentemente — mas voluntariamente —, por uma predisposição muito avançada da mente, não por compulsão violenta ou força exterior, mas pelo movimento de sua própria paixão. E, contudo, tal é a depravação de sua natureza a ponto de que não consegue se mover e agir a menos que o faça na direção do mal. Se isso é verdade, o que fica não obscuramente expresso é que o homem está sob uma necessidade de pecar.

PODER PARA OBEDECER

*Ora, o nosso mesmo Deus e Pai, e Jesus, nosso Senhor,
dirijam-nos o caminho até vós, e o Senhor vos
faça crescer e aumentar no amor uns para com os outros
e para com todos, como também nós para
convosco, a fim de que seja o vosso coração confirmado
em santidade, isento de culpa, na presença
de nosso Deus e Pai, na vinda de nosso Senhor Jesus,
com todos os seus santos.*

—1 TESSALONICENSES 3:11-13

As Escrituras ensinam mais sobre esse assunto do que sobre a Lei ser uma regra de vida pela qual devemos regular nossas buscas; explicam cuidadosa e claramente que o uso da Lei é multiforme, que o curso adequado é aprender qual é o poder da Lei no homem. Explicam qual é nosso dever e ensinam que o poder de obedecer é derivado da bondade de Deus e, em concordância, nos incitam a orar para que este poder nos seja dado. Houvesse meramente uma ordenança e nenhuma promessa, seria necessário testar se nossa força seria suficiente para cumprir a ordenança. Mas, considerando que promessas são anexadas e que proclamam não apenas esse auxílio, mas também que todo o nosso poder é derivado da graça divina, elas, ao mesmo tempo testificam abundantemente que não apenas estamos em falta com relação à observância da Lei, mas também somos meros parvos com respeito a ela. Portanto, não mais ouçamos sobre uma proporção entre nossa habilidade e os preceitos divinos, como se o Senhor tivesse acomodado às nossas débeis capacidades o padrão de justiça que Ele tem que conceder à Lei.

Mas alguns dizem: "Quem acreditará que o Senhor projetou Sua Lei para blocos e pedras?". Não há desejo algum de que se

João Calvino

faça alguém crer nisso. Os impiedosos não são blocos ou pedras quando, ensinados pela Lei que suas concupiscências são ofensivas a Deus, são comprovadamente culpados por sua própria confissão; nem são os piedosos blocos ou pedras quando, exortados sobre sua impotência, refugiam-se na graça. Nesse sentido os dizeres de Agostinho são poderosos: "Deus ordena o que não podemos executar, para que saibamos o que devemos pedir a Ele. Grande é a utilidade dos preceitos, se tudo o que é concedido ao livre-arbítrio é render maior honra à graça divina. A fé adquire o que a Lei requer; não, a Lei requer para que a fé adquira o que é então requerido; não, mais ainda, Deus exige de nós a fé em si e não encontra o que Ele exige até que, ao concedê-la, Ele torne possível encontrá-lo".

GOVERNADO POR DEUS

*O Senhor, teu Deus, circuncidará o teu coração
e o coração de tua descendência,
para amares o Senhor, teu Deus, de todo o coração
e de toda a tua alma, para que vivas.*

—DEUTERONÔMIO 30:6

Aparentemente a graça de Deus é a regra do Espírito no direcionar e governar a vontade humana. O Espírito não pode governar sem corrigir, reformar e renovar (consequentemente dizemos que o início da regeneração consiste da abolição do que é nosso). Da mesma maneira, Ele não pode governar sem mover, impelir, incitar e restringir. Assim, todas as ações que são posteriormente executadas são ditas, verdadeiramente, como sendo dele.

Entretanto, não negamos a verdade da doutrina de Agostinho de que a vontade não é destruída, mas antes reparada pela graça — ambas as coisas sendo perfeitamente compatíveis. Pode-se dizer que a vontade humana é renovada quando é conformada ao verdadeiro padrão da justiça e, ao mesmo tempo, pode-se dizer que se apresenta nova, sendo assim invalidada e corrompida de modo que sua natureza deve ser inteiramente transformada. Não há nada, então, que nos impeça de dizer que nossa vontade faz o que o Espírito faz em nós, embora a vontade em nada contribua de si mesma independentemente da graça.

Nós devemos, portanto, lembrar a citação de Agostinho que afirma que alguns homens trabalham em vão para encontrar na vontade humana alguma boa qualidade que a ela pertença devidamente. Qualquer amálgama que os homens tentem criar ao confluir o esforço de sua própria vontade com a graça divina é corrupção, assim como quando água insalubre e barrenta é usada para

João Calvino

diluir vinho. Mas, embora tudo o que é bom na vontade seja inteiramente derivado da influência do Espírito, contudo, visto que temos naturalmente um poder interior do querer, não é inadequado dizer que fazemos as coisas pelas quais Deus requer para si todo o louvor. Primeiro porque tudo o que Sua bondade produz em nós é propriamente nosso (nós apenas precisamos compreender que não vem de nós); e em segundo, pois nossa mente, nossa vontade e nosso refletir são guiados por Ele àquilo que é bom.

O PROPÓSITO DA PREGAÇÃO

*Se de alguns perdoardes os pecados,
são-lhes perdoados; se lhos retiverdes, são retidos.*
—JOÃO 20:23

O principal propósito do pregar do evangelho é que os homens sejam reconciliados com Deus e isto é alcançado pelo perdão incondicional de pecados, como Paulo também nos informa, quando ele em seu relato chama o evangelho de "…ministério da reconciliação…" (2 CORÍNTIOS 5:18). Muitas outras coisas, indubitavelmente, estão contidas no evangelho, mas o principal objetivo que Deus pretende alcançar por ele é receber homens no favor sem imputar-lhes seus pecados.

Caso, portanto, desejemos demonstrar que somos fiéis ministros do evangelho, devemos voltar nossa mais sincera atenção a esse tema. Pois o ponto principal de diferença entre o evangelho e a filosofia pagã está nisto: que o evangelho faz a salvação do homem consistir do perdão de pecados por meio da graça gratuita. Essa é a fonte das outras bênçãos que Deus concede — tais como o fato de que Deus nos ilumina e regenera por Seu Espírito, de que Ele nos torna novos e semelhantes à Sua imagem, de que Ele nos arma com firmeza inabalável contra o mundo e Satanás. Portanto toda a doutrina da piedade e a formação espiritual da Igreja estão sobre esta fundação: Deus, tendo-nos absolvido de todos os pecados, nos adota para sermos Seus filhos pela livre graça.

Enquanto Cristo ordena os apóstolos a "perdoar pecados", Ele não lhes transmite o que é peculiar a Ele. É inerente a Ele o "perdoar pecados". Essa honra, na medida em que pertence peculiarmente a Ele próprio, Ele não entrega aos apóstolos, mas ordena, em Seu nome, que proclamem "o perdão de pecados", para que por meio de sua atuação Ele possa reconciliar os homens com Deus.

João Calvino

Em suma, falando adequadamente, é somente Ele que "perdoa pecados" por meio de Seus apóstolos e ministros.

VOCÊ OUVE OS SINOS SOAREM?

*Em verdade, em verdade vos digo que vem a hora
e já chegou, em que os mortos ouvirão
a voz do Filho de Deus; e os que a ouvirem viverão.*
—JOÃO 5:25

Quando o evangelista representa o Filho de Deus assegurando-nos tão frequentemente de nossa salvação, podemos perceber: primeiro, como ardentemente Ele deseja nosso bem-estar e, depois, de quão grande importância é que a fé do evangelho seja profundamente enraizada e inteiramente confirmada. A afirmação, de fato, aparenta ser inacreditável quando nos é dito que esse é o efeito da fé da qual Cristo fala; e, portanto, Ele confirma por um juramento que a voz de Seu evangelho tem tal poder de doar vida a ponto de ser poderosa para ressuscitar os mortos.

Eu prontamente reconheço que na alma do homem permanecem remanescentes de vida — pois entendimento, discernimento, vontade e todos os nossos sentidos são muitas partes da vida —, mas como não há parte que se eleve ao desejo da vida celestial, não precisamos nos espantar se o homem por inteiro, em termos de relacionamento com o reino de Deus, seja considerado morto. E essa morte, Paulo explica mais plenamente quando diz que estamos alienados da pura e sã razão do entendimento, que somos inimigos de Deus e adversários de Sua justiça em toda afeição de coração e que vagueamos nas trevas como pessoas cegas e somos entregues a paixões perversas (EFÉSIOS 2:1; 4:17). E se uma natureza tão corrompida não tem poder para desejar a justiça, segue que a vida de Deus fica extinta em nós. Por conseguinte, a graça de Cristo é uma verdadeira ressurreição dos mortos.

João Calvino

OS INDÍCIOS FALAM

*Examinais as Escrituras, porque julgais ter nelas
a vida eterna, e são elas mesmas que testificam de mim.*
—JOÃO 5:39

Novamente, somos ensinados por esta passagem que se desejamos obter o conhecimento de Cristo, devemos buscá-lo nas Escrituras; pois qualquer que seja a imaginação escolhida pelo homem em relação a Cristo não lhe trará qualquer coisa de Jesus, além de uma sombra fantasmagórica.

Primeiro, então, devemos crer que Cristo não pode ser adequadamente conhecido de nenhuma outra maneira a não ser por meio das Escrituras e, sendo assim, segue que devemos lê-las com a intenção específica de nelas encontrar Cristo. Quem quer que se aparte desse objetivo, ainda que se desgaste ao longo de toda a sua vida no aprendizado, jamais obterá o conhecimento da verdade. Pois que sabedoria podemos ter sem a sabedoria de Deus?

Segundo, ao sermos ordenados a buscar Cristo nas Escrituras, Ele declara nessa passagem que nossos esforços não serão infrutíferos, pois o Pai testifica nelas a respeito de Seu Filho de tal forma que o manifestará a nós sem sombra de dúvida. Mas o que impede a maior parte dos homens de se beneficiar é o fato de não darem ao assunto nada mais do que um vislumbre sumário e superficial. Contudo, isso exige máxima atenção e, portanto, Cristo nos ordena a buscar diligentemente esse tesouro oculto.

"Que sabedoria podemos ter sem a sabedoria de Deus?"

João Calvino

CONFESSANDO PECADOS

*...temos pecado e cometido iniquidades,
procedemos perversamente e fomos rebeldes,
apartando-nos dos teus mandamentos e dos teus juízos.*
—DANIEL 9:5

Há, de fato, apenas um método prescrito de confissão de pecados. Como é o Senhor quem perdoa, esquece e limpa os pecados, confessemo-los a Ele para que obtenhamos perdão. Ele é o médico, portanto mostremos a Ele nossas feridas. Ele é o ferido e o aflito, peçamos a Ele paz. O Senhor é quem discerne o coração e conhece todos os pensamentos do homem, apressemo-nos a derramar nosso coração diante dele. É Ele, de fato, que convida pecadores, não nos demoremos a nos aproximarmos dele. "Confessei-te o meu pecado...", Davi diz, "...e minha iniquidade não mais ocultei. Disse: confessarei ao SENHOR as minhas transgressões; e tu perdoaste a iniquidade do meu pecado" (SALMO 32:5). A confissão de Daniel é a seguinte: "...temos pecado e cometido iniquidades, procedemos perversamente e fomos rebeldes, apartando-nos dos teus mandamentos e dos teus juízos" (DANIEL 9:5). A quem devemos confessar? Devemos confessar ao Senhor. Certamente devemos nos prostrar diante dele com coração contrito e humilhado e sinceramente denunciar e nos condenar, buscando o perdão em Sua bondade e misericórdia.

Aquele que adotou essa confissão do coração na presença de Deus indubitavelmente terá a língua pronta a confessar sempre que houver ocasião entre homens para divulgar a misericórdia de Deus. Ele não ficará satisfeito sussurrando o segredo de seu coração de uma única vez nos ouvidos de um indivíduo, mas frequente e abertamente fará menção ingenuamente, aos ouvidos de todo o mundo, tanto de sua própria ignomínia quanto da grandiosidade do

João Calvino

Senhor. Dessa maneira Davi, após ser acusado por Natã, sendo atormentado por sua consciência, confessa seu pecado diante de Deus e dos homens. "...Pequei contra o Senhor...", ele diz (2 SAMUEL 12:13); ou seja, agora não tenho desculpa, nenhuma fuga, todos devem me julgar pecador; e aquilo que desejo manter em segredo com o Senhor deve também ser manifesto aos homens. E é adequado que, pela confissão de nossa miséria, devamos manifestar a misericórdia de nosso Deus entre nós e diante de todo o mundo.

AS ESCRITURAS E A VIDA VIRTUOSA

*E não somente isto, mas também nos gloriamos
nas próprias tribulações, sabendo que
a tribulação produz perseverança; e a perseverança,
experiência; e a experiência, esperança.*
—ROMANOS 5:3,4

Nós dissemos que o objetivo da regeneração é levar a vida dos cristãos à concordância e harmonia com a justiça de Deus e, assim, confirmar a adoção pela qual foram recebidos como filhos. Mas, embora a Lei compreenda em si essa nova vida pela qual a imagem de Deus é restaurada em nós, contudo, conforme nossa morosidade se coloca em grande necessidade de auxílio e incentivos, será útil coletar nas Escrituras um relato verdadeiro dessa reforma para que, qualquer que tenha desejo profundo de arrependimento, não se desvie por causa de seu zelo. Vemos a extensão a que os pais da Igreja vão com suas exortações, ao tratar de virtudes individuais. Isso fazem, não por mera loquacidade, pois qualquer que seja a virtude por cuja recomendação você se responsabilize, sua pena é espontaneamente guiada pela abundância da questão de modo a amplificar o fato de que aparentemente você não a discutiu adequadamente se não o fez em profundidade.

Minha intenção, porém, no plano de vida que agora me proponho a dar, não é estendê-la com tanta abrangência de modo a tratar cada virtude de modo singular exortando de modo prolixo. Para mim será suficiente destacar o método pelo qual um homem piedoso pode ser ensinado a estruturar sua vida acertadamente e estabelecer brevemente alguma regra universal pela qual ele

João Calvino

não possa regular inadequadamente sua conduta. Como filósofos têm certas definições de retidão e honestidade, das quais derivam deveres particulares e toda a série de virtudes; assim a este respeito as Escrituras não são desordenadas, mas apresentam uma bela disposição, que também é de todas as formas muito mais acertada do que a de filósofos. A única diferença é que eles, sob a influência da ambição, atingem constantemente uma eloquência primorosa de estruturação, que pode servir para demonstrar sua genialidade; ao passo que o Espírito de Deus, ensinando sem artificialidade, não é tão perpetuamente atento a métodos exatos e, no entanto, observá-lo em certos momentos nos sugere suficientemente que não deve ser negligenciado.

A VIRTUDE CRISTÃ

...pelo contrário, segundo é santo aquele que vos chamou, tornai-vos santos também vós mesmos em todo o vosso procedimento, porque escrito está: Sede santos, porque eu sou santo.
—1 PEDRO 1:15,16

O amor pela justiça, ao qual não somos de modo algum naturalmente inclinados, pode ser instilado e implantado em nossa mente por meio do sistema bíblico. Ademais, estabelecerá uma regra que nos impedirá, enquanto buscamos a justiça, de nos desviarmos. Esse sistema possui inúmeros métodos admiráveis de recomendação da justiça. Muitos já foram apontados em diferentes partes desta obra, mas aqui também consideraremos brevemente alguns deles.

Com que melhor fundação podemos começar do que nos lembrando de que devemos ser santos, visto que Deus é santo (LEVÍTICO 19:1; 1 PEDRO 1:16)? Pois quando fomos espalhados como ovelhas perdidas, vagueando pelo labirinto deste mundo, Ele nos trouxe de volta ao Seu próprio aprisco. Quando é feita menção à nossa união com Deus, lembremo-nos de que a santidade deve ser a amarra. Não pensemos que pelo mérito da santidade temos comunhão com Ele (devemos antes nos apegar firmemente a Ele, para que, impregnados de Sua santidade, possamos seguir para onde Ele chama), mas porque é altamente inerente à Sua glória não ter comunhão alguma com perversidade e impureza. Pelo que Ele nos diz que essa é a finalidade de nosso chamado, a finalidade pela qual devemos constantemente ter respeito se desejamos responder ao chamado de Deus. Pois para que fim fomos resgatados da iniquidade e da poluição do mundo em que fomos submersos se nos permitirmos, durante toda a vida, neles chafurdar?

João Calvino

Nós, também, ao mesmo tempo, somos admoestados que, se desejamos ser considerados povo do Senhor, devemos habitar a cidade santa de Jerusalém que, como Ele consagrou para si, seria impiedoso que seus habitantes a profanassem pela impureza. Por isso, as expressões: "Quem, Senhor, habitará no teu tabernáculo? Quem há de morar no teu santo monte? O que vive com integridade, e pratica a justiça..." (SALMOS 15:1,2; 24:3,4); visto que o santuário em que Ele habita certamente não será como um estábulo imundo.

A CERTEZA DO EVANGELHO

*...no sentido de que, quanto ao trato passado,
vos despojeis do velho homem, que se
corrompe segundo as concupiscências do engano.*
—EFÉSIOS 4:22

Esta é a passagem para dirigir-se àqueles que, nada tendo de Cristo exceto o nome e a marca, desejam, contudo, ser chamados de cristãos. Como ousam vangloriar-se desse nome sagrado? Nenhum deles está certo de Cristo exceto aqueles que adquiriram verdadeiro conhecimento dele no evangelho. O apóstolo nega que qualquer homem aprendeu verdadeiramente sobre Cristo se não aprendeu a despojar-se "...do velho homem, que se corrompe segundo as concupiscências do engano" (EFÉSIOS 4:22). Eles estão condenados, portanto, por fingir falsa e injustamente um conhecimento de Cristo, seja qual for a verborreia e eloquência com que possam falar do evangelho. A doutrina não é matéria da língua, mas da vida, não é apreendida meramente pelo intelecto e memória, como outros ramos do aprendizado, mas é recebida somente quando possui toda a alma e encontra seu assento e habitação nos mais íntimos recônditos do coração.

Permita-os, portanto, ou deixar de insultar a Deus (por vangloriar-se de que são o que não são) ou que demonstrem que não são indignos de serem discípulos do Mestre divino. Temos dado o primeiro lugar à doutrina em que nossa religião está contida, pois por ela nossa salvação se inicia; mas deve estar inscrita no peito e passar para a conduta e assim nos transformar nela, para não se provar infrutífera. E se filósofos ficam, merecidamente, ofendidos e banem de sua companhia, com desgraça, aqueles que, enquanto professam uma arte que deve ser a concubina de sua conduta, a convertem em mero dialeto deambulatório, com que melhor razão

João Calvino

deveremos nós detestar esses débeis filósofos que se contentam em deixar o evangelho passar por seus lábios quando, por sua eficácia, deveria adentrar as mais íntimas afeições do coração, fixar seu assento na alma e permear o homem em seu todo cem vezes mais do que os discursos frígidos de filósofos?

João Calvino

O OBJETIVO DA VIDA

*De sorte que somos embaixadores
em nome de Cristo, como se Deus exortasse por
nosso intermédio. Em nome de Cristo, pois,
rogamos que vos reconcilieis com Deus. Aquele que não
conheceu pecado, ele o fez pecado por nós;
para que, nele, fôssemos feitos justiça de Deus.*
—2 CORÍNTIOS 5:20,21

Eu não insisto que a vida do cristão nada deve respirar exceto o perfeito evangelho, embora isso deva ser desejado e deva ser buscado. Não insisto tão severamente na perfeição evangélica, a ponto de me recusar a reconhecer como cristão qualquer homem que não a tenha obtido. Dessa forma, todos seriam excluídos da Igreja, uma vez que que não há homem que não esteja extremamente removido dessa perfeição, enquanto muitos, que fizeram pequeno progresso, seriam imerecidamente removidos. O que fazer então?

Coloquemos isso diante de nossos olhos como o objetivo no qual devemos constantemente mirar. Seja esse considerado o alvo em direção ao qual devemos correr. Primeiro, Deus recomenda a integridade como parte principal da Sua adoração, integridade essa que significa a verdadeira atenção exclusiva, desprovida de polimento e ficção, a unicidade de ideias; e a isto se opõe uma dubiedade de ideias — como se tivesse sido dito que o início de uma boa vida ocorre quando as afeições interiores são sinceramente dedicadas a Deus, no cultivo da santidade e justiça.

Mas, vendo que nesta prisão terrena do corpo, nenhum homem é suprido de força suficiente para apressar-se em seu percurso com a prontidão devida, enquanto a grande maioria é tão oprimida com fraqueza que hesitando, vacilando e até mesmo rastejando

João Calvino

pelo chão tem pouco progresso. Que cada um de nós vá adiante de acordo com sua humilde habilidade e continue a jornada uma vez iniciada. Ninguém que viaja diariamente o fará tão erroneamente, a ponto de não ter algum grau de progresso.

Portanto, nunca deixemos de fazer isso para que avancemos diariamente no caminho do Senhor; e não nos desesperemos com a delgada medida de sucesso. Ainda que o sucesso seja muito pequeno se comparado ao nosso desejo, nosso trabalho não é perdido quando o dia de hoje é melhor que o de ontem — contanto que, com verdadeira unicidade de ideias, mantenhamos nosso alvo e aspiremos ao objetivo, não falando uns aos outros com lisonja, nem satisfazendo nossos vícios, mas, tendo como constante empenho tornarmo-nos melhores, até que alcancemos a bondade em si.

NÃO É PROPRIEDADE NOSSA

...logo, já não sou eu quem vive,
mas Cristo vive em mim; e esse viver que, agora,
tenho na carne, vivo pela fé no Filho de Deus,
que me amou e a si mesmo se entregou por mim.
—GÁLATAS 2:20

A grande questão é que somos consagrados e dedicados a Deus e, portanto, não deveríamos pensar, falar, planejar ou agir sem uma perspectiva de Sua glória. O que Ele fez sagrado não pode, sem insultá-lo, ser colocado em uso maléfico. Mas, se não nos pertencemos, e sim ao Senhor, está claro qual erro deve ser evitado e a qual fim as ações de nossa vida devem ser direcionadas. Não somos donos de nós mesmos, portanto também não nos pertencem nossa razão ou vontade para governar nossos atos e ensinamentos. Não somos donos de nós mesmos, portanto não busquemos o que pode ser satisfatório à nossa natureza carnal. Nós não somos donos de nós mesmos, portanto dentro do possível, esqueçamo-nos de nós mesmos e das coisas que nos pertencem. Por outro lado, pertencemos a Deus; vivamos e morramos, portanto, para Ele (ROMANOS 14:8). Pertencemos a Deus, sendo assim deixemos que Sua sabedoria e vontade governem todas as nossas ações. Pertencemos a Deus; a Ele, então, como único fim legítimo, sejam direcionadas todas as partes de nossa vida.

Ó como é grandiosa a proficiência daquele que, ensinado que não é dono de si, revoga o domínio e governo de si por escolha própria para entregá-los a Deus! Pois, assim como a mais certa fonte de destruição dos homens é obedecerem a si mesmos, da mesma forma o único refúgio de segurança é não ter outra vontade, outra sabedoria, exceto seguir o Senhor aonde quer que Ele nos guie. Que este, então, seja o primeiro passo: abandonarmo-nos

João Calvino

e devotarmos toda a energia de nossa mente ao serviço a Deus. Por serviço, digo não apenas aquilo que consiste em obediência verbal, mas aquilo pelo que a mente, desvinculada de seus próprios sentimentos carnais, obedece tacitamente ao chamado do Espírito de Deus. Essa transformação, embora seja a primeira entrada para a vida, era desconhecida de todos os filósofos. Eles entregam o governo do homem somente à razão, acreditando que somente a ela se deve ouvir. Em suma, eles designam exclusivamente a ela a direção da conduta. Mas a filosofia cristã ordena a ela que abra espaço e renda submissão completa ao Espírito Santo para que o próprio homem não mais viva, mas Cristo viva e reine nele (GÁLATAS 2:20).

A DESGRAÇA DA VANGLÓRIA

*Então, disse Jesus a seus discípulos:
Se alguém quer vir após mim, a si mesmo se negue,
tome a sua cruz e siga-me.*
—MATEUS 16:24

De fato, não devemos buscar nossa própria vontade, mas a do Senhor e agir com a perspectiva de promover a Sua glória. Grande é nossa proficiência quando, quase nos esquecendo de nós mesmos e certamente adiando nosso arrazoar, decidimos fielmente focar-nos em obedecer a Deus e a Seus mandamentos. Pois quando as Escrituras nos ordenam a abandonar a consideração por nós mesmos, não apenas despojam nossa mente de um excessivo anseio por riqueza ou poder ou favor humano, mas erradicam toda ambição e sede de glória terrena e outras pragas mais secretas. O cristão deve ser tão treinado e disposto a ponto de considerar que durante toda a sua vida ele está relacionado a Deus.

Por essa razão, à medida que ele descartar todas as coisas e as levar à apreciação de Deus, assim, direcionará religiosamente toda a sua mente a Ele. Pois aquele que aprendeu a voltar-se para Deus em tudo o que faz é ao mesmo tempo desviado de todos os pensamentos vãos. Isso é aquela autonegação que Cristo tão fortemente impõe a Seus discípulos desde o início (MATEUS 16:24). Assim que toma conta da mente, não deixa espaço para orgulho, exibicionismo e ostentação, ou para avareza, cobiça, luxúria, afeminação ou outros vícios que são determinados pelo amor a si mesmo. Por outro lado, onde quer que ela não reine, os vícios mais terríveis são satisfeitos sem vergonha alguma ou, em havendo alguma aparência de virtude, esta é distorcida por um anseio depravado por aplauso.

João Calvino

Mostre-me, caso possa, um indivíduo que, a menos que tenha renunciado a si mesmo em obediência ao mandamento do Senhor, esteja disposto a fazer o bem por si só. Aqueles que dessa forma não se renunciaram, seguiram a virtude ao menos por amor à exaltação. Os filósofos que contenderam tão fortemente que a virtude deve ser desejada como um fim em si mesmo, eram tão inflados de arrogância a ponto de deixarem aparente que buscavam virtude por nenhuma outra razão que não um fundamento para satisfazer seu orgulho. Tão distante, portanto, está Deus de deleitar-se com esses caçadores de aplauso popular com seus peitos inflados, a ponto de declarar que estes receberam sua recompensa neste mundo (MATEUS 6:2).

O PRIMEIRO PLANO DE DEUS PARA NOSSA VIDA

Respondeu-lhes Jesus: A obra de Deus é esta:
que creiais naquele que por ele foi enviado. —JOÃO 6:29

Eles haviam falado de obras. Cristo os lembra de uma obra: a fé. Com isso Ele sugere que tudo o que os homens levam a cabo sem fé é vão e inútil, mas que somente a fé é suficiente, visto que Deus exige somente isto de nós: que creiamos. Há aqui um contraste implícito entre a fé e as obras e esforços dos homens. É como se Ele tivesse dito: "Os homens labutam sem propósito algum quando se esforçam para agradar a Deus sem fé, porque ao correrem, por assim dizer, fora do percurso não avançam em direção ao alvo".

Essa é uma passagem notável, demonstrando que, embora os homens atormentem-se miseravelmente ao longo de sua vida, eles contudo sucumbem às suas dores se não têm fé em Cristo como a regra de sua vida.

Mas nós podemos considerar insólito que Deus nada aprove exceto a fé exclusivamente, pois não devemos desprezar o amor ao próximo e os outros exercícios da religião não perdem seu lugar e honra. Então, embora a fé possa ocupar a posição mais elevada, outras obras não se tornam supérfluas. A resposta é fácil: a fé não exclui o amor ao próximo ou qualquer outra boa obra, mas as contém todas em si. A fé é chamada de única obra de Deus, pois por seus meios possuímos Cristo e assim nos tornamos filhos de Deus para que Ele nos governe por Seu Espírito. Logo, porque Cristo não separa a fé de seus frutos, não precisamos nos surpreender se Ele faz dela a primeira e a última obra.

"...tudo o que os homens levam a cabo sem fé
é vão e inútil".

João Calvino

VIVENDO TOTALMENTE EM CASA

*De fato, a vontade de meu Pai é que todo
homem que vir o Filho e nele crer tenha a vida eterna;
e eu o ressuscitarei no último dia.* —JOÃO 6:40

Jesus havia dito que o Pai havia designado a Ele a proteção de nossa salvação e agora, do mesmo modo, Ele descreve a maneira pela qual ela será alcançada. O modo para obter salvação, portanto, é obedecer ao evangelho de Cristo. Esse ponto Ele havia, de fato, olhado de relance pouco antes, mas agora expressa mais plenamente o que havia falado um tanto nebulosamente. E se é a vontade de Deus que aqueles a quem Ele elegeu sejam salvos e se dessa maneira Ele ratifica e executa Seu decreto eterno, qualquer um que não esteja satisfeito com Cristo, mas deixar-se levar por averiguações curiosas sobre predestinação eterna, tal pessoa (dentro daquilo que tem poder para fazer) deseja ser salva contrariamente ao propósito de Deus. A eleição proveniente de Deus é em si mesma oculta e secreta; o Senhor a manifesta pelo chamado, ou seja, quando outorga a nós essa bênção de nos chamar.

São loucos os homens, portanto, que buscam sua própria salvação ou a de outros no redemoinho da predestinação, sem guardar o caminho da salvação que lhes é exibido. Não, ainda mais, por essa insensata especulação, eles empenham-se para revogar a força e o efeito da predestinação. Pois se Deus nos elegeu para este fim — para que creiamos —, tire a fé, e a eleição será imperfeita. Mas nós não temos direito de infringir a ordem e a sucessão do princípio e do fim, desde que Deus, por Seu propósito, decretou e determinou que ela deve avançar intacta.

*"O modo para obter salvação, portanto,
é obedecer ao evangelho de Cristo."*

João Calvino

COMO ENCONTRAR JESUS

Está escrito nos profetas: E serão todos ensinados por Deus. Portanto, todo aquele que da parte do Pai tem ouvido e aprendido, esse vem a mim. —JOÃO 6:45

Novamente, como Cristo anteriormente afirmou que os homens não são equipados para crer até que tenham sido atraídos, então agora declara que a graça de Cristo, pela qual são atraídos, é eficaz, de modo que eles necessariamente creem.

Essas duas sentenças revogam totalmente todo o poder do livre-arbítrio. Pois, sendo somente quando o Pai nos atrai que começamos a vir a Cristo, não há em nós nenhum início de fé ou nenhuma preparação para ela. Por outro lado, se todos que vêm são aqueles a quem o Pai ensinou, Ele lhes dá não apenas a escolha de crer, mas a própria fé. Portanto, quando nos rendemos voluntariamente à liderança do Espírito, essa é uma parte e, de certo modo, um selar da graça; porque Deus não nos atrairia se Ele apenas estendesse Sua mão e deixasse nossa vontade em estado de incerteza. Mas, em rigorosa propriedade de linguagem, diz-se que Ele nos atrai quando estende o poder de Seu Espírito ao efeito integral da fé. Diz-se que ouvem a Deus aqueles que voluntariamente reconhecem Deus falando consigo interiormente, porque o Espírito Santo reina em seus corações.

Quando Ele diz: "...esse vem a mim", Ele demonstra a inseparável conexão que existe entre Ele e o Pai. O significado é que é impossível que quem quer que seja discípulo de Deus não obedeça a Cristo; e aqueles que rejeitam a Cristo, recusam-se a ser ensinados por Deus — porque a única sabedoria que todos os eleitos aprendem na escola de Deus é vir a Cristo, pois o Pai, que o enviou, não pode negar-se.

"...o que todos os eleitos aprendem na escola de Deus é vir a Cristo".

João Calvino

QUEM É DEUS?

*E, passando o Senhor por diante dele, clamou: Senhor,
Senhor Deus compassivo, clemente e
longânimo e grande em misericórdia e fidelidade;
que guarda a misericórdia em mil gerações,
que perdoa a iniquidade, a transgressão e o pecado,
ainda que não inocenta o culpado, e visita
a iniquidade dos pais nos filhos e nos filhos dos filhos,
até à terceira e quarta geração!*
—ÊXODO 34:6,7

Há certas passagens que contêm descrições especialmente vívidas do caráter de Deus, estabelecendo-o diante de nós como se Sua verdadeira face fosse visivelmente retratada. O autor de Êxodo, de fato, parece ter pretendido compreender brevemente tudo o quanto pode ser conhecido de Deus pelos humanos quando escreveu esses versículos. Disso podemos observar primeiro, que a eternidade e a autossuficiência de Deus são declaradas por Seu magnificente nome repetido duas vezes. Segundo, que, na lista de perfeições de Deus, Ele é descrito não como é em si mesmo, mas como Ele é em relação a nós, para que dessa forma o nosso reconhecimento dele possa ser uma impressão mais vívida, efetiva, e não especulação visionária e vazia. Ademais, as perfeições listadas são exatamente aquelas que vemos resplandecendo nos Céus e na Terra: compaixão, bondade, misericórdia, justiça, julgamento e verdade. Ainda assim, contudo, toda perfeição listada na Bíblia pode ser vista na criação.

A forma como sentimos que Deus é quando a experiência é o nosso guia, é a forma como Ele declara ser por Sua Palavra. Certamente, os atributos que mais necessariamente devemos conhecer são estes três: benignidade, da qual depende

João Calvino

exclusivamente nossa salvação completa; julgamento, que é exercido diariamente sobre os ímpios e os aguarda de uma forma mais severa; justiça, pela qual os fiéis são preservados e tão cuidadosamente apreciados. O profeta declara que quando você compreende esses atributos, você tem tudo o que precisa para se gloriar em Deus. Também não há omissão alguma dessa verdade, ou poder, ou santidade, ou bondade. Pois como poderia esse conhecimento da Sua benignidade, de Seu julgamento e justiça existir se não fosse fundamentado em Sua inviolável verdade? Como se poderia crer que Ele governa a Terra com julgamento e justiça sem pressupor o Seu grandioso poder? De onde, também, origina-se a Sua benignidade, senão de Sua bondade?

Em suma, se todos os Seus caminhos são benignidade, julgamento e justiça, Sua santidade também é evidente.

CONTEMPLANDO A OBRA DE DEUS

*Meditarei no glorioso esplendor da tua majestade
e nas tuas maravilhas.*
—SALMO 145:5

Indubitavelmente, aquele que ensaia aplicar palavras adequadas aos inestimáveis poder, sabedoria, justiça e bondade de Deus na criação do mundo, não encontra graça ou esplendor de fluência que possa se igualar à grandiosidade do assunto. Ainda assim, não pode haver dúvida de que o Senhor nos quer constantemente ocupados com a santa meditação nele, de modo que, conforme contemplamos os imensos tesouros de sabedoria e bondade exibidos nas criaturas de Deus, como se fossem tantos espelhos, não passamos simplesmente nossos olhos por eles com um relance intempestivo e efêmero, mas ali permanecemos, revolvendo-os séria e fielmente em nossa mente e vez ou outra nos recordando deles.

Saiba que você compreende genuinamente o caráter de Deus como o Criador do mundo se você faz duas coisas: primeiro, se você segue a regra geral de Deus no cosmos — nunca preterir irrefletida e inadvertidamente as gloriosas perfeições que Deus exibe em Suas criaturas. Segundo, se você aplica a si mesmo o que vê, para fixá-lo profundamente em seu coração. Fazemos isso por primeiro quando consideramos quão grande deve ser o Arquiteto que definiu e ordenou a multidão de estrelas de modo tão admirável, tornando impossível imaginar uma cena mais gloriosa. Posicionando-as de tal forma, fixando-as em pontos específicos de modo que não podem se mover, concedendo trajetória livre a outras, estabelecendo, entretanto, limites para suas deambulações e assim moderando o movimento do todo para dimensionar dia e noite, meses, anos e estações e, ao mesmo tempo, regulando a desigual extensão dos dias para evitar tudo o que possa causar caos.

João Calvino

Também o fazemos quando presenciamos o poder de Deus que mantém a vasta massa e guia as céleres órbitas de corpos celestiais. Caso tentássemos examinar todo o tópico, jamais chegaríamos a uma conclusão, pois há tantos milagres de poder divino, tantos indícios espantosos de sabedoria e bondade quanto existem classes de coisas existentes, quanto existem elementos isolados, grandes ou pequenos, por todo o Universo.

João Calvino

LOUVANDO A OBRA DE DEUS

Profira a minha boca louvores ao Senhor,
e toda carne louve o seu santo nome, para todo o sempre.
—SALMO 145:21

Enquanto observamos como Deus destinou todas as coisas para o nosso bem e salvação, nós, ao mesmo tempo, sentimos Seu poder e graça tanto em nós quanto nas grandes bênçãos que Ele nos concedeu. Isso nos incita a colocar nossa confiança nele, a invocar, a louvá-lo e a amá-lo. O próprio Senhor, justamente pela ordem da criação, demonstrou que criou todas as coisas por amor ao homem.

Cabe ressaltar que Deus dividiu a formação do mundo em seis dias, embora não teria tido mais dificuldade em completar toda a obra, em todas as suas partes, em um único momento e não em progressão gradual. Mas Deus se agradou de demonstrar Sua providência e Seu cuidado paterno por nós nisto: antes de criar a humanidade, Ele proveu tudo quanto antecipou ser proveitoso e sadio a Seus olhos. Que ingratidão seria, então, duvidar do fato de que somos atendidos por esse tão magnífico Pai que se importou conosco antes mesmo que nascêssemos! Que impiedade tremer em desconfiança temendo sermos um dia abandonados em necessidade por essa bondade que, anterior à nossa existência, desvelou-se em provisão completa de tudo o que é bom!

Ademais, o autor de Gênesis nos diz que tudo o que o mundo contém é generosamente colocado à nossa disposição. Na mesma medida em que chamamos Deus de Criador do céu e da Terra, assim lembremo-nos de que a distribuição de todas as coisas que Ele criou está em Suas mãos e em Seu poder, mas que somos Seus filhos por cuja nutrição e formação Ele se responsabilizou em fidelidade a Ele mesmo. Lembremo-nos disso para que possamos

João Calvino

esperar somente dele a substância de tudo o que é bom e tenhamos plena esperança de que Ele jamais nos deixará carentes do que é necessário para a salvação de modo que fiquemos dependentes de alguma outra fonte. Lembremo-nos disso para que, em tudo que desejamos, possamos dirigir nossas orações a Ele e, em todos os favores que recebermos, reconhecer a Sua mão e ser-lhe agradecido. E, lembremo-nos disso para que assim, atraídos por Sua grande bondade e beneficência, possamos nos dedicar de todo o coração a amá-lo e a servir-lhe.

João Calvino

RESISTINDO AO DIABO

Sede sóbrios e vigilantes. O diabo, vosso adversário,
anda em derredor, como leão que ruge
procurando alguém para devorar; resisti-lhe firmes na fé,
certos de que sofrimentos iguais aos vossos estão-se
cumprindo na vossa irmandade espalhada pelo mundo.
—1 PEDRO 5:8,9

A tendência de tudo o que as Escrituras ensinam concernente a demônios é de ali estar para nos manter alertas contra suas trapaças e manipulações, para que possamos nos abastecer de armas fortes o suficiente para afugentar os adversários mais assombrosos. Pois, quando Satanás é chamado de deus e dominador deste mundo, o homem forte armado, o príncipe da potestade do ar, o leão que ruge, o objetivo de todas essas descrições é nos tornar mais vigilantes e mais preparados para a batalha. Algumas vezes isso é afirmado em termos distintos. Pedro, após descrever o demônio como leão que ruge procurando alguém para devorar, imediatamente acrescenta a exortação: "resisti-lhe firme na fé…". E Paulo, após nos lembrar de que não lutamos contra carne e sangue, mas contra principados, contra poderes, contra os dominadores das trevas deste mundo e contra as forças espirituais do mal nas regiões celestes, imediatamente nos ordena a colocarmos a armadura como em um importante e arriscado confronto (EFÉSIOS 6:12).

Deixemos, então, que esse seja o uso para o qual todos nós voltamos essas afirmações. Estando avisados da constante presença de um inimigo tão audaz, tão poderoso, tão astuto, tão incansável, altamente armado, tão perito em guerra, não nos permitamos ser sobrepujados por preguiça ou covardia, mas, pelo contrário, com mente desperta e sempre em alerta, posicionemo-nos prontos para

João Calvino

resistir. E, sabendo que essa batalha se encerra somente pela morte, aprendamos a perseverar. Acima de tudo, plenamente conscientes de nossa fraqueza e falta de habilidade, invoquemos o auxílio de Deus e nada tentemos sem confiar nele, considerando que somente Ele pode suprir conselho, força, coragem e armas.

CONFIANDO QUE DEUS CUIDARÁ DO FUTURO

Então, os que estavam reunidos lhe perguntaram: Senhor, será este o tempo em que restaures o reino a Israel? Respondeu-lhes: Não vos compete conhecer tempos ou épocas que o Pai reservou pela sua exclusiva autoridade.
—ATOS 1:6,7

A resposta de Jesus é uma rejeição geral de toda a questão, pois eles estavam curiosos demais, desejando saber por que seu Mestre os queria ignorantes. Mas este é o verdadeiro caminho para tornar-se sábio: progredir no aprendizado, na mesma medida em que o Mestre Cristo progride no ensino e ser voluntariamente ignorante em relação às coisas que Ele encobre de nós. Mas, como há em nós, naturalmente produzida, uma certa curiosidade insensata e vã e também certo tipo de ousadia temerária, devemos observar diligentemente essa admoestação de Cristo em que Ele corrige ambos os vícios. Devemos ver isso como um preceito universal: estando satisfeitos com a revelação de Deus, é crime hediondo inquirir mais detalhadamente. Portanto, sempre que formos atormentados pelo desejo insensato de querer saber mais do que devemos, lembremo-nos de trazer à mente esta máxima de Cristo: "Não vos compete conhecer...".

Trata-se da própria verdade o fato de que Deus tem inverno e verão em Seu poder e o restante das estações do ano, frio e calor, clima razoável e desagradável. Mas nós devemos ser ignorantes com relação aos eventos secretos das coisas, àquilo que acontecerá em tempos vindouros; pois nada há que possa nos tornar mais frouxos em relação a nossos deveres do que especular tão

João Calvino

sutilmente sobre isso, pois sempre aceitamos receber conselhos de acordo com eventos futuros; mas o Senhor, ao ocultar exatamente isso de nós, determina o que devemos fazer. Um conflito surge aqui, porque não suportamos, voluntariamente, que Deus tenha aquilo que já é Seu, a saber, o governo e a direção exclusivos dos dias que virão.

VIVENDO NO PRESENTE

*...mas recebereis poder, ao descer sobre vós
o Espírito Santo, e sereis minhas testemunhas tanto
em Jerusalém como em toda a Judeia e
Samaria e até aos confins da terra. Ditas estas palavras,
foi Jesus elevado às alturas,
à vista deles, e uma nuvem o encobriu dos seus olhos.*
—ATOS 1:8,9

Jesus corrige dois erros dos discípulos nesta única sentença: "...sereis minhas testemunhas...". Primeiro, Ele demonstra que precisam lutar antes que possam triunfar, e, segundo, que a natureza do reino de Cristo era de variedade diferente da que julgavam ser. Portanto, Ele diz: "...sereis minhas testemunhas...", ou seja, o agricultor deve primeiro trabalhar antes que possa colher seus frutos. Consequentemente, aprendamos que devemos primeiro estudar sobre como podemos entrar no reino de Deus antes que comecemos a contestar o estado da vida vindoura.

Há muitos que inquirem curiosamente sobre o tipo de bem-aventurança de que desfrutarão quando recebidos no eterno reino do Céu, embora não tenham cuidado algum com o modo como poderão a vir desfrutar dela. Eles conjecturam sobre a qualidade da vida vindoura que terão com Cristo, mas nunca consideram que precisam ser participantes de Sua morte para com Ele viver (2 TIMÓTEO 2:11). Apliquemo-nos cada um à obra à frente, lutemos resolutamente sob a bandeira de Cristo. Vamos adiante madura e corajosamente em nossas vocações. E Deus dará o fruto no devido tempo.

> *"Vamos adiante [...] em nossas vocações.
> E Deus dará o fruto no devido tempo."*
>
> *João Calvino*

ORANDO FIELMENTE

*Todos estes perseveravam unânimes
em oração, com as mulheres, com Maria,
mãe de Jesus, e com os irmãos dele.*
—ATOS 1:14

Lucas nos mostra que os discípulos aguardavam diligentemente a vinda do Espírito Santo. Mais adiante, Lucas expressa duas coisas próprias dos verdadeiros intercessores, a saber, o fato de que eram persistentes e de que eram todos unânimes. Isso era um exercício de sua paciência, no fato de que Cristo os fez esperar por certo tempo quando poderia imediatamente ter enviado o Espírito Santo. Deus, então, muitas vezes se afasta e, por assim dizer, permite-nos definir para que possa nos treinar a perseverar. Deus nos treina para sermos constantes em oração. Portanto, se não desejamos orar em vão, não desfaleçamos com o atraso do tempo.

Com relação à sua unidade de pensamento, "...unânimes em oração...", isso é contrastado com a dispersão para o exterior causada posteriormente pelo medo, quando os discípulos se espalharam após a crucificação de Jesus. Mas podemos facilmente perceber, mesmo nisso, o quão importante é orar de forma geral, no fato de que Cristo ordena a todos que orem por todo o Corpo de Cristo e em geral por todas as pessoas: "Pai nosso, dá-nos hoje" (MATEUS 6:9). De onde vem essa unidade de suas línguas senão de um Espírito? E verdadeiramente é necessário que sejamos como irmãos e concordemos juntos como irmãos, de modo que com razão possamos chamar Deus de Pai.

*"...se não desejamos orar em vão,
não desfaleçamos com o atraso do tempo".*

João Calvino

DÚVIDA E DISCIPLINA

*Então, perguntou Jesus aos doze:
Porventura, quereis também vós outros retirar-vos?*
—JOÃO 6:67

Como a fé dos apóstolos pudesse estar grandemente abalada ao perceberem que eram apenas um pequeno remanescente de uma grande multidão, Cristo lhes direciona o Seu discurso e demonstra não haver razão para que eles se ausentassem precipitadamente por causa da ligeireza e instabilidade de outros. Quando Ele lhes pergunta se também desejam retirar-se, Ele o faz para confirmar a fé que tinham; pois, ao revelar-se a eles, a fim de que permanecessem com Ele, Cristo do mesmo modo os exorta a não se tornarem companheiros de apóstatas. E, de fato, se a fé está fundamentada em Cristo, não dependerá de homens e nunca vacilará, embora deva ver Céu e Terra amalgamando-se.

Devemos observar esta circunstância: Cristo, quando privado de quase todos os Seus discípulos, mantém somente os doze, da mesma forma como Isaías previamente fora ordenado a resguardar o testemunho e selar a Lei entre os discípulos (ISAÍAS 8:16).

Por tais exemplos, todos os cristãos são ensinados a seguir Deus ainda que não tenham companheiro algum.

"...todos os cristãos são ensinados a seguir Deus".

João Calvino

PARA ONDE MAIS IREMOS?

Respondeu-lhe Simão Pedro: Senhor, para quem iremos?
Tu tens as palavras da vida eterna.
—JOÃO 6:68

É uma notável honra concedida ao evangelho o fato de nos ministrar a vida eterna, como Paulo testifica que esse é o poder de Deus para salvação de todos os que creem (ROMANOS 1:16).

É verdade, a Lei também contém vida, mas, porque condena todos os transgressores à morte eterna, nada pode fazer exceto matar. Amplamente diferente é a maneira como a vida nos é oferecida no evangelho, ou seja, quando Deus nos reconcilia consigo por meio da graça gratuita, ao não nos imputar nossos pecados (2 CORÍNTIOS 5:19). Não é comum a alegação que Pedro faz concernente a Cristo quando diz que Ele tem as palavras de vida eterna; mas ele atribui isso ao Mestre como sendo algo que pertence somente a Ele. Logo segue a segunda afirmação que vislumbrei há pouco tempo: assim que se afastassem de Cristo, nada restaria para eles em qualquer canto, exceto a morte. Portanto, a destruição inquestionável aguarda todos os que, não satisfeitos com esse Mestre, voam para as invenções dos homens.

> *"Amplamente diferente é a maneira como a vida*
> *nos é oferecida no evangelho."*

João Calvino

FALANDO A VERDADE

*...e nós temos crido e conhecido
que tu és o Santo de Deus.*
—JOÃO 6:69

Nessas palavras, Pedro dá uma breve síntese da fé. Mas a confissão nada parece estar relacionada com o ponto em questão, pois a pergunta que havia sido colocada era sobre comer a carne de Cristo. Eu respondo: embora os doze não tenham compreendido imediatamente tudo o que Cristo havia ensinado, é, contudo, suficiente que, segundo a capacidade de sua fé, o reconheçam como o Autor da salvação e submetam-se a Ele em todas as coisas.

A palavra "crido" é colocada primeiro porque a obediência da fé é o início do correto entendimento, ou antes, porque a fé em si é verdadeiramente o olho do entendimento. Mas imediatamente após isso, o conhecimento é acrescentado; o que distingue a fé de opiniões errôneas e falsas. O conhecimento é conectado à fé porque temos certeza e estamos plenamente convencidos da verdade de Deus, não da mesma forma como as ciências humanas são aprendidas, mas convencemo-nos quando o Espírito sela essa verdade em nosso coração.

*"...temos certeza e estamos plenamente convencidos
da verdade de Deus".*

João Calvino

O CONHECIMENTO DE DEUS

Ora, sabemos que o temos conhecido por isto: se guardamos os seus mandamentos. —1 JOÃO 2:3

Tendo discutido o gratuito perdão de pecados, João chega às exortações que pertencem a essa doutrina e que dela dependem. E primeiro, de fato, ele nos lembra de que o conhecimento de Deus derivado do evangelho não é ineficaz, mas que a obediência dele procede. Ele então demonstra o que Deus exige especialmente de nós, qual é o aspecto principal da vida: amor a Deus.

As Escrituras têm motivo para repetir em todo lugar o que lemos aqui sobre o conhecimento vivo de Deus, pois nada é mais comum no mundo do que transformar a doutrina da religião em gélida especulação. Dessa maneira a teologia foi adulterada por certos tipos de filósofos, de modo que, em todo o corpo de sua obra, nem mesmo uma centelha de religião verdadeira resplandece. E pessoas curiosas aprendem em todo lugar o mínimo necessário sobre a Palavra de Deus para capacitar-lhes a tagarelar apenas para se exibir. Em suma, nenhum mal tem sido mais comum em todas as eras do que professar em vão o nome de Deus. João então toma este princípio como dado: o conhecimento de Deus é eficaz. Ele então conclui que de modo algum conhecem a Deus aqueles que não guardam Seus preceitos ou mandamentos.

Ao mesmo tempo, o conhecimento de Deus nos leva a temê-lo e a amá-lo. Não podemos conhecê-lo como Senhor e Pai, como Ele se apresenta, sem sermos filhos zelosos e servos obedientes. Em suma, a doutrina do evangelho é um espelho vívido no qual contemplamos a imagem de Deus e somos transformados nessa imagem, como Paulo nos ensina em 2 Coríntios 3:18. Portanto, onde não há consciência pura, nada pode haver ali, exceto um vazio fantasmagórico de conhecimento.

João Calvino

DEUS AMOROSO

Aquele, entretanto, que guarda a sua palavra,
nele, verdadeiramente, tem sido aperfeiçoado o amor de
Deus. Nisto sabemos que estamos nele:
aquele que diz que permanece nele, esse deve também
andar assim como ele andou.
—1 JOÃO 2:5,6

João agora define o que é o verdadeiro guardar da Lei de Deus: amar a Deus. Tome isto como significado do que está sendo dito: "amar a Deus com sinceridade de coração, é guardar Seus mandamentos". Pois João pretendia demonstrar brevemente o que Ele exige de nós e o que é a santidade do fiel. Moisés também disse a mesma coisa quando afirmou a totalidade da Lei: "Agora, pois, ó Israel, que é que o Senhor requer de ti? Não é que temas o Senhor, teu Deus, e andes em todos os seus caminhos, e o ames...?" (DEUTERONÔMIO 10:12). Pois a Lei, que é espiritual, não comanda apenas obras exteriores, mas pede especialmente isto: amar a Deus de todo o coração. O fato de que aqui não há menção daquilo que devemos às pessoas não deve ser visto como um despropósito, pois o amor fraterno flui imediatamente do amor de Deus.

Quem quer que deseje que sua vida seja aprovada por Deus deve ter todos os seus atos direcionados para esse objetivo. Caso alguém conteste e diga que jamais foi encontrado alguém que amasse a Deus tão perfeitamente, eu respondo que é suficiente que todos aspirem a essa perfeição de acordo com a mensagem da graça concedida a eles. Entretanto, a definição é que o perfeito amor a Deus é o completo guardar de Sua Lei. Progredir nisso, assim como no conhecimento, é o que devemos fazer. E por meio disso saber que estamos em Deus. João refere-se a esse fruto do evangelho e o qual ele já havia mencionado: comunhão com o Pai

João Calvino

e o Filho; e ele assim confirma a sentença anterior afirmando que a sua sequência é a consequência. Pois, se isso é o significado do evangelho, manter comunhão com Deus, então ninguém tem progresso real na fé exceto aquele que se une ao coração de Deus.

UM "NOVO" MANDAMENTO

*Amados, não vos escrevo mandamento novo,
senão mandamento antigo, o qual, desde o princípio,
tivestes. Esse mandamento antigo é a palavra
que ouvistes. Todavia, vos escrevo novo mandamento,
aquilo que é verdadeiro nele e em vós, porque
as trevas se vão dissipando, e a verdadeira luz já brilha.*
—1 JOÃO 2:7,8

Outros intérpretes, em minha opinião, não compreendem a intenção de João aqui. Ele diz "novo" porque Deus, de certo modo, renova o "novo mandamento" ao sugeri-lo diariamente, de modo que os fiéis possam praticá-lo ao longo de toda a sua vida, pois nada mais excelente pode ser almejado por eles. Quando as crianças aprendem na escola, no devido tempo cada lição dá seu lugar àquilo que é mais elevado e mais sólido. Contudo João nega que a doutrina do amor fraternal seja desse tipo (do tipo de coisas que envelhecem com o tempo) e diz que está perpetuamente em vigor, de modo que é nada menos do que a mais elevada perfeição assim como é o próprio início.

Entretanto, foi necessário que isso fosse acrescentado, pois como as pessoas são sempre mais curiosas do que deveriam ser, há muitos que sempre buscam algo novo. Consequentemente, há uma fadiga entre os cristãos com relação às simples doutrinas e isso produz inúmeros portentos de erros, quando todas as pessoas se embasbacam continuamente atrás de novos mistérios. Agora, quando é sabido que o Senhor prossegue imutável da mesma forma estável, para que assim possa nos manter todos ao longo da vida na doutrina que aprendemos, uma rédea precisa ser

João Calvino

colocada em desejos desse tipo. Portanto, que todos que desejam alcançar o objetivo da sabedoria com relação ao modo correto de viver sejam proficientes no amor.

"...que todos [...] sejam proficientes no amor".

A REGRA DA VIDA

*Aquele que diz estar na luz
e odeia a seu irmão,
até agora, está nas trevas.*
—1 JOÃO 2:9

João explora aqui a mesma metáfora do último versículo. Ele já havia dito que o amor é a única regra verdadeira a constituir o todo de nossa vida; ele disse que essa regra ou lei é apresentada a nós no evangelho e disse, finalmente, que ela está presente ali como luz guia que deve ser continuamente acompanhada. Agora, por outro lado, ele conclui que todos os que são estranhos ao amor andam nas trevas. Mas o fato de ele mencionar o amor de Deus e então o amor aos outros não envolve mais contradição do que há entre o efeito e sua causa. Estes estão tão conectados que não podem ser separados. João diz no terceiro capítulo que nos vangloriamos falsamente do amor a Deus a menos que amemos nossos irmãos, e isso é a mais pura verdade. Mas ele agora toma o amor aos outros como um testemunho pelo qual provamos que amamos a Deus.

Em suma, visto que o amor tanto admira Deus a ponto de que em Deus abarca todas as pessoas, deveria referir-se em um momento a Ele e em outro às pessoas; e isso é o que é comumente feito nas Escrituras. Sobre a vida perfeita, diz-se frequentemente consistir do amor a Deus. Novamente, Paulo nos ensina que toda a Lei é cumprida por aqueles que amam o seu próximo (ROMANOS 13:8), e Cristo declara que os pontos principais da Lei são justiça, julgamento e verdade (MATEUS 23:23). Ambas as coisas são verdade e estão de acordo entre si. Pois o amor a Deus nos ensina a amar pessoas, e nós também na verdade provamos o nosso amor a Ele amando outras pessoas ao Seu comando.

João Calvino

Independentemente de como venha a ser, permanece certo que o amor é a regra da vida.

> *"Sobre a vida perfeita, diz-se frequentemente consistir do amor a Deus."*

João Calvino

ENGANOSO
É O CORAÇÃO

*Enganoso é o coração, mais do que todas as coisas,
e desesperadamente corrupto;
quem o conhecerá? Eu, o S*ENHOR*, esquadrinho
o coração, eu provo os pensamentos;
e isto para dar a cada um segundo o seu proceder,
segundo o fruto das suas ações.*
—JEREMIAS 17:9,10

O que é ensinado aqui depende do que é dito anteriormente nesse capítulo e, portanto, ambos devem ser lidos juntos. A declaração de Jeremias de que todos os que confiam na carne são amaldiçoados, de que não podemos esperar bênção alguma a menos que dependamos de Deus, deveria ser suficiente para mover seus ouvintes. Mas, quando ele viu que isso não fora suficiente, acrescentou: "Eu compreendo a situação — enganoso é o coração, mais do que todas as coisas — então a vocês que acreditam ser tão astutos a ponto de conseguirem ludibriar Deus e Seus ministros, diz o Senhor: 'Eu esquadrinharei e provarei a mente, pois meu é o ofício de examinar o coração dos homens'".

Concede-nos, Senhor Todo-Poderoso, que, por sermos inteiramente nada ou menos que nada, conheçamos nosso vazio. E tendo lançado toda confiança no mundo assim como em nós mesmos, possamos aprender a irmos suplicantes a ti e confiarmos ao Senhor a nossa vida presente e a nossa salvação eterna, para que somente tu sejas glorificado. E que te sejamos devotos ao longo de todo o curso de nossa vida e assim perseveremos em humildade e no clamor ao Teu nome de modo que, não apenas de uma vez por todas nos tragas auxílio, mas que nós saibamos que estás sempre

João Calvino

presente ao lado daqueles que verdadeiramente e de coração clamam a ti — até que sejamos amplamente cheios da plenitude de todas as bênçãos que estão estocadas para nós no Céu por Cristo nosso Senhor. Amém.

> *"...e que te sejamos devotos*
> *ao longo de todo o curso de nossa vida".*

PROVIDÊNCIA DIVINA

*Então, na sua angústia, clamaram ao S*ENHOR*,
e ele os livrou das suas tribulações.*
—SALMO 107:6

O salmista menciona como Deus, de modo admirável, frequentemente traz alívio repentino e inesperado ao miserável quando quase à iminência do desespero; seja em protegê-los quando vagueiam em desertos e extensivamente guiá-los novamente ao caminho correto, ou suprindo-os de alimento quando famintos, ou libertando-os quando cativos de grilhões de ferro e calabouços imundos, ou conduzindo-os em segurança ao ancoradouro após o naufrágio, ou trazendo-os de volta dos portões da morte ao curar suas enfermidades, ou (após incendiar os campos com fogo e seca), fertilizando-os com o rio de Sua graça, ou exaltando a menor das pessoas e abatendo os poderosos de seus assentos imponentes. O salmista, após trazer exemplos dessa descrição, sugere que aquilo que frequentemente chamamos de "sorte" são variadas provas da providência divina — e mais especialmente da misericórdia paternal — fornecendo ao justo base para alegria e, ao mesmo tempo, calando a boca dos impiedosos.

Mas, como a maior parte da humanidade, escravizada pelo erro, caminha vendada nesse glorioso teatro, o salmista exclama que é rara e singular a sabedoria de meditar cuidadosamente nessas obras de Deus, que muitos aparentemente inteligentes contemplam sem benefício. Todavia, nem o poder nem a sabedoria de Deus estão envoltos em trevas. Seu poder é demonstrado contundentemente quando a ira do perverso, aparentemente irresistível, é esmagada em um único momento, quando sua arrogância é subjugada, sua mais forte fortaleza subvertida, sua armadura desfeita em pedaços, sua força destroçada, seus esquemas derrotados sem

João Calvino

esforços e a petulância que se coloca acima dos Céus é precipitada às mais recuadas profundezas da Terra. Por outro lado, os pobres são elevados da poeira e os necessitados retirados do monturo, os oprimidos e afligidos são resgatados da miséria, os desesperados são animados com esperança, os desarmados derrotam os armados, os poucos derrotam os muitos e o fraco derrota o forte.

João Calvino

A ALMA

*...antes que se rompa o fio de prata, e se despedace o
copo de ouro, e se quebre o cântaro junto à fonte,
e se desfaça a roda junto ao poço, e o pó volte à terra,
como o era, e o espírito volte a Deus, que o deu.*
—ECLESIASTES 12:6,7

Não pode haver dúvida sobre o fato de que todas as pessoas consistem de um corpo e uma alma, compreendendo como "alma" uma essência imortal, ainda que criada, que é a parte mais nobre. Certas vezes ela é chamada de espírito — como quando Salomão, falando de morte, diz que o espírito retorna a Deus que o concedeu. E Cristo, ao entregar o Seu espírito ao Pai, e Estêvão, ao entregar o seu a Cristo, simplesmente sugerem que, quando a alma é liberta da prisão do corpo, Deus se torna seu guardião perpétuo.

É verdade, de fato, que pessoas que se apegam demais à Terra são insensíveis à apreensão; não, sendo alienadas do Pai das Luzes, estão tão imersas nas trevas a ponto de imaginarem que sobreviverão à sepultura. Todavia a luz não é tão completamente extinta nas trevas a ponto de toda a compreensão de imortalidade ser perdida. A consciência, ao distinguir o bem do mal, responde ao julgamento de Deus, o que é um sinal incontestável de um espírito imortal. O corpo não pode ser afetado por nenhum medo de punição espiritual. Isso compete somente à alma, que deve, portanto, ser dotada de essência.

Então, o mero conhecer a Deus prova suficientemente que almas que se elevam acima do mundo devem ser imortais, uma vez que é impossível que qualquer outra coisa alcance a exata fonte de vida. Em suma, enquanto as muitas nobres aptidões concedidas à mente humana proclamam que algo divino está gravado

João Calvino

nela, elas são variadas provas de uma essência imortal. Os sentidos que os animais inferiores possuem não vão além do corpo ou, ao menos, não vão além dos objetos de fato a eles apresentados. Mas a celeridade com que a mente humana contempla do céu à Terra, examina os segredos da natureza e, após ter sondado todas as eras, usa o intelecto e a memória para digerir cada um em sua ordem adequada (e lê o futuro no passado) claramente demonstra que ali se esconde em um homem algo separado do corpo.

DEUS ESTÁ ATIVO

*Os céus por sua palavra se fizeram,
e, pelo sopro de sua boca, o exército deles.*
—SALMO 33:6

*O Senhor olha dos céus;
vê todos os filhos dos homens.*
—SALMO 33:13

É frio e inerte representar Deus como um Criador momentâneo que completou Sua obra uma única vez e então a abandonou. Aqui, especialmente, devemos divergir dos irreligiosos e manter a postura de que a presença de poder divino é evidente tanto na condição presente do mundo quanto no momento em que ele foi criado. Sem apelar à providência divina, não conseguimos compreender a força plena do que Deus pretende quando se coloca como Criador, independentemente do quanto aparentemente a compreendamos com nossa mente e a confessemos com nossa língua. A fé deve penetrar mais fundo. Após descobrir que há um Criador, a fé deve pressupor que Ele é também um Comandante e Preservador — que não utiliza um tipo de movimento genérico na máquina do globo e suas partes, mas utiliza uma providência especial que mantém, aprecia, supervisiona todas as coisas que Ele criou, até a mais ínfima; mesmo um pardal.

Logo o salmista, tendo presumido que o mundo foi criado por Deus, imediatamente admite o movimento contínuo dessa providência — "Os céus por Sua palavra se fizeram, e, pelo sopro de Sua boca, o exército deles"; acrescentando imediatamente: "O Senhor olha dos céus; vê todos os filhos dos homens". Ele associa outras coisas ao mesmo efeito. Pois, ainda que nem todos arrazoem tão precisamente, não é crível que as questões humanas pudessem ser supervisionadas por Deus a menos que Ele tivesse criado o

João Calvino

mundo; e ninguém poderia crer seriamente que Deus é Criador sem sentir-se convencido de que Ele cuida de Suas obras. Logo, o salmista, com bom raciocínio e em ordem admirável, nos guia de um até o outro.

AS ESCRITURAS NOS ANCORAM

*Assim, já não sois estrangeiros e peregrinos,
mas concidadãos dos santos, e sois da família de Deus,
edificados sobre o fundamento dos apóstolos e
profetas, sendo ele mesmo, Cristo Jesus, a pedra angular;
no qual todo o edifício, bem-ajustado, cresce
para santuário dedicado ao Senhor, no qual também vós
juntamente estais sendo edificados
para habitação de Deus no Espírito.* —EFÉSIOS 2:19-22

Paulo testifica que a Igreja é edificada "...sobre o fundamento dos apóstolos e dos profetas...". Sendo a doutrina dos apóstolos e profetas a fundação da Igreja, os primeiros devem ter tido sua convicção antes que essa última viesse a existir. Pois, se a Igreja Cristã foi fundada primeiramente com base nos escritos dos profetas e na pregação dos apóstolos, essa doutrina (onde quer que esteja) foi certamente prévia à Igreja, visto que, não fosse isso, a Igreja em si nunca poderia ter existido. Quando a Igreja recebe tal doutrina e a esta concede o selo de sua autoridade, ela não exerce algo autêntico que, de outro modo, seria duvidoso; mas, em reconhecê-la como a verdade de Deus, ela, por dever, demonstra sua reverência por aval resoluto. Com relação à questão de como devemos ser persuadidos pelo fato de que veio de Deus sem recorrer a um decreto de Igreja: trata-se da mesma situação caso fôssemos questionados sobre como aprendemos a distinguir a luz das trevas, o branco do preto, o doce do amargo. As Escrituras estampam em sua própria face como indício claro de sua verdade, como o branco e o preto o fazem de sua cor, como o doce e o amargo o fazem de seu sabor.

*"As Escrituras estampam em sua própria face
como indício claro de sua verdade."*

João Calvino

O EVANGELHO DEFINITIVO

Havendo Deus, outrora, falado, muitas vezes e de muitas maneiras, aos pais, pelos profetas, nestes últimos dias, nos falou pelo Filho, a quem constituiu herdeiro de todas as coisas, pelo qual também fez o universo.
—HEBREUS 1:1,2

Quando o autor fala dos últimos tempos, insinua que já não há mais motivo algum para esperar nenhuma nova revelação, pois Cristo não trouxe uma palavra em parte, mas a conclusão final. É nesse sentido que os apóstolos tomam os últimos tempos e os últimos dias. E Paulo sugere a mesma coisa quando diz: "...sobre quem os fins dos séculos têm chegado" (1 CORÍNTIOS 10:11). Tendo Deus, então, falado agora pela última vez, certo é avançar até esse ponto; então também quando você vem a Cristo, não deve ir adiante dele. E é muito necessário que saibamos essas duas coisas, pois foi grande impedimento aos judeus não considerarem que Deus havia adiado uma revelação mais plena para outro tempo. Logo, estando satisfeitos com sua própria Lei, não se apressaram em direção ao alvo.

Mas, assim que Cristo surgiu, um mal oposto começou a prevalecer no mundo, pois os homens desejaram avançar além de Cristo. Como, então, o Espírito de Deus nessa passagem convida todos a irem até Cristo, assim os proíbe de irem além dos últimos dias que o autor menciona. Em resumo, o limite de nossa sabedoria é estabelecido aqui como sendo o evangelho.

> *"...o limite de nossa sabedoria é estabelecido aqui como sendo o evangelho".*

João Calvino

VALORIZE O DOM

*Se, pois, se tornou firme a palavra falada
por meio de anjos, e toda transgressão ou desobediência
recebeu justo castigo, como escaparemos nós, se
negligenciarmos tão grande salvação? A qual, tendo sido
anunciada inicialmente pelo Senhor, foi-nos
depois confirmada pelos que a ouviram.* —HEBREUS 2:2,3

Não apenas a rejeição do evangelho, mas o também negligenciá-lo merece a mais pesada punição, e isso devido à grandiosidade da graça que ele oferece; assim sendo, ele fala em tão grande salvação. Deus, de fato, deixaria Seus dons serem estimados por nós de acordo com seu valor. Então quanto mais preciosos forem, mais fundamental é nossa ingratidão quando não os valorizamos. Em suma: em proporção à grandiosidade de Cristo será a severidade da vingança de Deus com todos os que desprezam Seu evangelho.

Observe que a palavra "salvação" aqui é utilizada para referir-se à doutrina da salvação. Pois, como Deus não aceitaria os homens salvos de outro modo senão pelo evangelho, assim quando ele é negligenciado, toda a salvação oferecida por Deus também é rejeitada, pois "é o poder de Deus para a salvação" daqueles que creem (ROMANOS 1:16). Logo, aquele que busca salvação de qualquer outra forma busca obtê-la por outro poder que não é o de Deus — o que é evidência de extrema insanidade.

Mas esse elevado tributo não é apenas um elogio ao evangelho; é também um maravilhoso encorajamento à nossa fé. Pois é um testemunho de que a Palavra não é de modo algum imprófica, mas de que a segura salvação é veiculada por ela.

*"...quando [o evangelho] é negligenciado,
toda a salvação oferecida por Deus também é rejeitada".*

João Calvino

QUEM DE FATO ESTÁ NO COMANDO?

Então, procuravam prendê-lo; mas ninguém lhe pôs a mão, porque ainda não era chegada a sua hora. —JOÃO 7:30

Eles não tinham falta de vontade para causar-lhe mal; eles até tentaram e tinham força para fazê-lo. Por que, então, em meio a tanto ardor caíram em torpor como se suas mãos e pés estivessem atados? O evangelista responde: porque a hora de Cristo ainda não era chegada; pelo que ele sugere que, contra toda a violência e ataques furiosos, Cristo estava guardado pela proteção de Deus. E, ao mesmo tempo, Ele encontra a ofensa da cruz. Pois não temos motivo para ficarmos apreensivos quando descobrimos que Cristo foi arrastado para a morte, não pelo capricho dos homens, mas porque Ele foi destinado para tal sacrifício pelo decreto do Pai.

E, consequentemente, devemos deduzir uma doutrina geral; pois, mesmo que vivamos um dia após o outro, ainda assim o tempo da morte de todos os homens foi fixado por Deus. É difícil crer que, enquanto estamos sujeitos a tantos acidentes, expostos a tantos ataques abertos e sigilosos, tanto de homens quanto de feras, e suscetíveis a tantas enfermidades, estamos salvos de todo risco até que Deus se agrade em nos chamar.

Mas devemos lutar contra nossa própria desconfiança. E devemos zelar primeiro pela doutrina em si que aqui é ensinada, e, depois, pelo objeto que é seu alvo e a exortação que dela é extraída, a saber, que cada um de nós lance todas as suas preocupações em Deus (SALMO 55:22, 1 PEDRO 5:7), siga seu próprio chamado e não se afaste da execução de seu dever por qualquer medo. Contudo, não permita que nenhum homem vá além de seus próprios limites, porque a confiança na providência divina não deve ir além dos mandamentos do próprio Deus.

João Calvino

RIOS DE VIDA

*Quem crer em mim, como diz a Escritura,
do seu interior fluirão rios de água viva.*
—JOÃO 7:38

Ele agora ressalta o modo de nos aproximarmos: devemos nos achegar a Ele não pelos pés, mas pela fé; antes, aproximar-se nada mais é do que crer — pelo menos se você define com precisão a palavra crer. Como já dissemos, cremos em Cristo quando o recebemos como Ele é manifesto a nós no evangelho: repleto de poder, sabedoria, justiça, pureza, vida e todos os dons do Espírito Santo. Ademais, Cristo agora confirma mais evidente e plenamente a promessa que nós recentemente mencionamos, pois demonstra ter rica abundância para satisfazer-nos à plenitude.

A metáfora aparenta, sem dúvida, ser algo severo quando Ele diz que rios de água viva fluirão do interior dos cristãos, mas não pode haver dúvida com relação ao significado de que aqueles que creem não sofrerão carência de bênçãos espirituais. Ele chama de água viva a fonte que nunca seca, nem deixa de fluir continuamente. Com relação à palavra "rios" estar no plural, eu a interpreto como designando as diversificadas graças do Espírito que são necessárias para a vida espiritual da alma. Em suma, a perpetuidade, assim como a abundância dos dons e graças do Espírito Santo estão aqui prometidas a nós.

> *"...a abundância dos dons e graças do Espírito Santo
> estão aqui prometidas a nós".*

João Calvino

ADMINISTRANDO TEMPOS DE PAZ

*A igreja, na verdade, tinha paz por toda a Judeia,
Galileia e Samaria, edificando-se e
caminhando no temor do Senhor, e, no conforto
do Espírito Santo, crescia em número.
Passando Pedro por toda parte, desceu também
aos santos que habitavam em Lida.
Encontrou ali certo homem, chamado Eneias, que havia
oito anos jazia de cama, pois era paralítico.
Disse-lhe Pedro: Eneias, Jesus Cristo te cura! Levanta-te
e arruma o teu leito. Ele, imediatamente,
se levantou. Viram-no todos os habitantes de Lida e
Sarona, os quais se converteram ao Senhor.*

—ATOS 9:31-35

As igrejas eram edificadas, eles caminhavam no temor de Deus e eram cheios da consolação do Espírito Santo. Pois, como é mais provável que nos rebelemos e nos comportemos abusivamente em tempos de paz, as igrejas estão em melhor situação, na maioria das vezes, em meio a tumultos de guerra do que quando desfrutam do descanso que tanto desejam. Mas, se a conversa santa com outros e a consolação do Espírito, que permite que a situação da igreja floresça, forem retiradas, a igreja perde não apenas sua felicidade, mas finalmente desfaz-se ao nada.

Portanto, aprendamos a não abusar da paz exterior com festejos e comodismo convicto, mas quanto mais descanso de nossos inimigos nos for concedido, mais nos encorajemos a ir ainda mais adiante em piedade enquanto pudermos. E se a qualquer momento o Senhor afrouxar as rédeas dos perversos para nos afligirem,

João Calvino

deixemos que a consolação interior do Espírito seja suficiente para nós. Finalmente, na paz como na guerra, continuemos sempre jubilosamente adiante, em direção a Deus que tem uma recompensa para nós.

> *"...não aprendamos a abusar da paz externa com festejos e comodismo convicto".*

João Calvino

A VERDADEIRA FELICIDADE

*Ora, o mundo passa, bem como
a sua concupiscência; aquele,
porém, que faz a vontade de Deus
permanece eternamente.*
—1 JOÃO 2:17

Visto que não há nada no mundo exceto o que é evanescente e momentâneo, João, consequentemente, conclui que aqueles que buscam sua felicidade no mundo tomam uma medida malfadada e miserável para si, especialmente quando Deus nos chama à inconcebível glória da vida eterna. É como se João tivesse dito: "A verdadeira felicidade que Deus oferece a Seus filhos é eterna; é, então, vergonhoso que sejamos enredados pelo mundo, cujos benefícios em breve desaparecerão com ele".

Eu interpreto "concupiscência" aqui como qualquer coisa desejada ou cobiçada, ou o que cativa os desejos dos homens. O significado é que o que é mais precioso no mundo e considerado especialmente desejável nada é senão um fantasma sombrio.

Ao dizer que aqueles que fazem a vontade de Deus permanecem eternamente, ou perpetuamente, João sugere que aqueles que buscam Deus serão perpetuamente abençoados. Fosse alguém contestar e dizer que ninguém faz o que Deus ordena, a resposta óbvia é que aquilo de que se fala aqui não é o perfeito guardar da Lei, mas a obediência de fé — que por mais imperfeita que seja, é, contudo, aprovada por Deus. A vontade de Deus é primeiramente conhecida por nós na Lei, mas, como ninguém satisfaz a Lei, dela não se pode esperar felicidade alguma. Mas Cristo vem encontrar os aflitos com novo auxílio; e Cristo não apenas nos regenera por

João Calvino

Seu Espírito para que possamos obedecer a Deus, mas também age de tal forma que nossas tentativas, tal como são, deveriam obter o louvor de justiça perfeita.

> *"...aqueles que buscam a Deus*
> *serão perpetuamente abençoados".*

João Calvino

A ÚLTIMA HORA

Filhinhos, já é a última hora; e, como ouvistes que vem o anticristo, também, agora, muitos anticristos têm surgido; pelo que conhecemos que é a última hora.
—1 JOÃO 2:18

Nesse versículo João fortalece os fiéis contra os ataques pelos quais possam vir a ser abalados. Muitas seitas já haviam surgido que despedaçaram a unidade da fé e causaram transtorno às igrejas. Mas João não apenas encoraja os fiéis caso viessem a fraquejar, como volta o todo para um propósito contrário. Com isso, João lembra-lhes de que a última hora havia chegado e, portanto, exorta-os a um cuidado maior. É como se ele tivesse dito: "Enquanto vários erros surgem, é bom que vocês estejam alertas e não sobrecarregados, pois devemos concluir disso que Cristo não está distante. Procuremos, então, atentamente por Ele, para que Ele não surja diante de nós repentinamente". Da mesma forma, é bom que nos consolemos naquele dia e vejamos pela fé o vindouro advento de Cristo — enquanto Satanás está causando confusão para transtornar a Igreja —, pois esses são os sinais da última hora.

Todavia, tantas eras já passaram desde a morte de João como se aparentemente provando que essa profecia não seja verdadeira. A isso respondo que João, conforme o modo comum adotado nas Escrituras, declara ao fiel que agora nada mais permaneceu, mas que Cristo deve surgir para a redenção do mundo. No entanto, como ele não estabelece um momento, não persuadiu o povo daquela era por uma esperança vã, nem pretendia encurtar o futuro do curso da Igreja e as muitas sucessões de anos durante as quais a Igreja até o momento permaneceu no mundo. E indubitavelmente, se a eternidade do reino de Deus é mantida em mente, de

João Calvino

modo que uma hora seja para nós como um momento, devemos compreender a intenção do apóstolo. Ele chama de "última hora" o momento durante o qual todas as coisas serão tão completas a ponto de que nada persistirá, exceto a última revelação de Cristo.

SUBMETENDO
O INTELECTO A DEUS

*Então, Josué e todo o Israel com ele tomaram Acã,
filho de Zera, e a prata, e a capa,
e a barra de ouro, e seus filhos, e suas filhas, e seus bois, e
seus jumentos, e suas ovelhas, e sua tenda,
e tudo quanto tinha e levaram-nos ao vale de Acor.
Disse Josué: Por que nos conturbaste?
O Senhor, hoje, te conturbará. E todo o Israel o apedrejou;
e, depois de apedrejá-los, queimou-os.*
—JOSUÉ 7:24,25

Se somos abalados e ofendidos com a severidade da punição a Acã, devemos sempre ser levados de volta a este ponto: embora nossa razão divirja dos julgamentos de Deus, devemos investigar nossos pressupostos utilizando modéstia piedosa e sobriedade para não condenar qualquer coisa que não nos agrade. Parece austero — não, parece bárbaro e desumano — que jovens crianças, sem culpa, sejam levadas apressadamente a uma cruel execução, para serem apedrejadas e queimadas. O fato de que animais toscos sejam tratados da mesma maneira não é de todo insólito, tendo sido criados para o bem do homem e assim seguem merecidamente a sorte de seus donos. Tudo, portanto, que Acã possuía, incluindo seus filhos, pereceu com ele como um acessório. Mas ainda parece ser uma vingança cruel apedrejar e queimar crianças pelo crime de seu pai, e aqui Deus inflige publicamente a punição às crianças por causa de seus pais.

Entretanto, se considerarmos quão mais profundamente o conhecimento divino penetra em contraste com o quanto o intelecto humano pode possivelmente executar, antes corroboraremos

João Calvino

o decreto de Deus em lugar de nos apressarmos em direção a um precipício abrindo caminho para a presunção e o orgulho extravagante. Certamente não foi devido a algum tipo de ódio desenfreado da parte de Deus que os filhos de Acã foram impiedosamente mortos. Não apenas eram eles criaturas das mãos de Deus, mas a circuncisão, o símbolo infalível da adoção de Deus, estava inscrita em sua carne, e, contudo, Ele os sujeita à morte. O que aqui resta para nós exceto reconhecer nossa fraqueza e nos submetermos ao incompreensível conselho de Deus?

CRISTO NOSSO MEDIADOR

*Partiu Jacó de Berseba e seguiu para Harã.
Tendo chegado a certo lugar, ali passou a noite, pois
já era sol-posto; tomou uma das pedras
do lugar, fê-la seu travesseiro e se deitou ali mesmo para
dormir. E sonhou: Eis posta na terra
uma escada cujo topo atingia o céu; e os anjos de Deus
subiam e desciam por ela.*

—GÊNESIS 28:10-12

O autor de Gênesis ensina como foi oportuno e, pode-se dizer, no momento crítico, o auxílio do Senhor ao Seu servo. Pois quem não diria que o santo Jacó fora negligenciado por Deus, visto que ele fora exposto aos animais selvagens e a todo o tipo de injúria da Terra e do céu e em lugar algum encontrou qualquer socorro ou consolo? Mas, quando Jacó foi reduzido à necessidade máxima, o Senhor repentinamente lhe estende a Sua mão e formidavelmente toma conta de sua aflição com uma notável revelação. Então, agora, o Senhor dá um exemplo memorável de Seu cuidado paternal para com os fiéis.

A forma da visão está relatada e tem conexão muito pertinente com seu assunto: Deus manifestou-se sentado em uma escada cujas extremidades tocavam o Céu e a Terra e era o veículo dos anjos que desciam do Céu até a Terra. Mas para nós, que nos apegamos ao princípio de que a aliança de Deus foi constituída em Cristo e que o próprio Cristo era a imagem eterna do Pai, não há nada nessa visão que seja difícil ou ambígüo. Pois dado que os homens são alienados de Deus pelo pecado, ainda que Ele complete e sustente todas coisas por Seu poder, nós, contudo, não percebemos a comunicação pela qual Ele quer nos atrair para si; mas, por outro lado, estamos em tão grandiosa divergência com Ele,

João Calvino

que nós, por nossa vez, evadimo-nos dele, considerando-o nosso opositor. É somente Cristo, portanto, que conecta o Céu e a Terra. Ele é o único Mediador que alcança das alturas do Céu a Terra. Ele é o meio pelo qual a plenitude de todas as bênçãos celestiais flui até nós por meio da qual nós, por sua vez, ascendemos a Deus.

João Calvino

FORÇA POR MEIO DA FRAQUEZA

*...ficando ele só; e lutava com ele um homem,
até ao romper do dia. Vendo este que não podia com ele,
tocou-lhe na articulação da coxa; deslocou-se
a junta da coxa de Jacó, na luta com o homem.
Disse este: Deixa-me ir, pois já rompeu o dia.
Respondeu Jacó: Não te deixarei ir se me não abençoares.*
—GÊNESIS 32:24-26

Aqui é descrita a vitória de Jacó, que, contudo, não foi conquistada sem um ferimento. Ao dizer que o anjo guerreiro, ou Deus, desejava abandonar a luta, visto que viu que perderia, o autor de Gênesis fala no modo do povo. Pois sabemos que Deus, quando descende de Sua majestade até nós, com frequência transfere as propriedades da natureza humana para si mesmo.

Embora Jacó obtenha a vitória, o anjo, entretanto, o atinge na coxa, deixando Jacó manco até o fim de sua vida. E ainda que a visão tenha ocorrido à noite, o Senhor, contudo, projetou um lembrete que permaneceria ao longo de todos os dias de Jacó para que não figurasse como tendo sido um sonho vão. Ademais, por esse sinal, fica manifesto a todos os fiéis que podem vencer em suas tentações somente sendo lesionados e feridos no conflito. Pois sabemos que a força de Deus é aperfeiçoada em nossa fraqueza, para que nossa exaltação seja associada à humildade. Caso nossa força permanecesse completa e não houvesse lesão ou deslocamento algum produzido em nós, a carne, imediatamente, se tornaria orgulhosa e nós esqueceríamos que vencemos somente pelo auxílio de Deus. Mas a lesão recebida e a fraqueza que a segue nos compelem a sermos modestos.

João Calvino

Além disso, essa passagem, inclusive, ensina-nos a sempre esperarmos a bênção de Deus, ainda que tenhamos vivenciado Sua presença como severa e dolorosa a ponto de quebrar nossos ossos. Pois é muito melhor que os filhos de Deus sejam abençoados, ainda que mutilados e em parte destruídos, do que desejem aquela paz em que cairão no sono, ou que se retirem da presença de Deus para abandonar Sua ordenança e poder se rebelar com os perversos.

CONSTÂNCIA NA FÉ

A tua salvação espero, ó Senhor!
—Gênesis 49:18

Pode ser questionado, primeiro, por que Jacó interrompe essa bênção sobre seus filhos e repentinamente irrompe com essa manifestação. Acho, de fato, que, quando ele viu, como se de uma torre alta, o modo como seus filhos viveriam continuamente em mudanças, sendo inclusive fustigados por tempestades que ameaçariam arrasá-los, ele foi movido por preocupação e medo. Prevendo, portanto, tantas dificuldades, tantos perigos, tantos ataques e até mesmo tantas mortes que ameaçavam seus filhos com igualmente tantas destruições, não pôde evitar senão se compadecer deles e, como homem, perturbar-se com tal perspectiva. Quando essa triste confusão de coisas se apresenta a ele — o que não era apenas suficiente para abalar sua fé, mas era mais do que suficiente para sobrecarregar sua mente —, seu melhor remédio foi resistir com esse escudo. Além disso, porque não podia ser o elaborador de sua própria salvação, era necessário que ele descansasse na promessa de Deus.

Da mesma maneira também devemos nós, neste dia, esperar pela salvação da Igreja. Pois, embora seja lançada em um mar turbulento sendo quase imersa pelas ondas, e tempestades ainda maiores devam ser temidas no futuro, contudo, em meio a muitas destruições, a salvação deve ser esperada nessa libertação que o Senhor prometeu. Inclusive é possível que Jacó, prevendo por meio do Espírito a grandiosidade da ingratidão, deslealdade e perversidade de seus filhos — pelas quais a graça de Deus pode ser sufocada —, estivesse lutando contra essas tentações. Mas, embora ele esperasse salvação não somente para si, mas para todos os seus filhos, isto, contudo, merece ser especialmente observado: ele exibe

João Calvino

a aliança doadora de vida de Deus a muitas gerações, para mostrar sua própria confiança de que, após sua morte, o Senhor seria fiel à Sua promessa. De onde também segue que, com seu último fôlego e em meio à morte, ele lança mão da vida eterna. Mas, se Jacó — em meio a sombras obscuras, confiando em uma redenção vista de longe — fisicamente foi adiante ao encontro da morte, o que podemos nós fazer? Nós, sobre quem o claro dia brilhou?

CONFIANDO EM DEUS, NÃO NA CARNE

*Assim diz o Senhor: Maldito o homem
que confia no homem, faz da carne mortal o seu braço
e aparta o seu coração do Senhor!*
—JEREMIAS 17:5

Deveremos compreender a intenção do profeta se tivermos em mente a condição dos judeus e as dificuldades que o profeta teve que enfrentar ao adverti-los diariamente e o quanto precisou trabalhar para restituí-los a Deus. Mas nenhum progresso ocorria. E por quê? Porque todas as promessas de Deus eram recebidas friamente por eles, pois achavam que estavam salvos e seguros para sempre. As advertências de Jeremias também foram recebidas friamente visto que os judeus criam que o auxílio que esperavam dos egípcios seria seu escudo e mais forte fortaleza. Logo o profeta foi forçado a bradar, não apenas uma ou dez vezes, mas cem vezes: "...Maldito o homem que confia no homem, faz da carne mortal o seu braço...".

Essa é, porém, uma verdade geral. Nós também, ainda hoje, falamos de verdades gerais que aplicamos a casos individuais. O Espírito declara aqui, de modo geral, que aqueles que confiam em humanos são todos malditos. Nós sabemos, de fato, que a raça humana é de várias maneiras ludibriada quando humanos confiam em si mesmos. Eles começam consigo mesmos e buscam segurança nisso ou naquilo. Pois todos são insuflados de confiança vã e falsa em sua própria prudência, ou destreza, ou poder. Não há, então, ninguém que não confie em si mesmo antes que confie em outros; eu falo inclusive do mais desventurado. É disso, de fato, que devemos nos envergonhar, mas não há ninguém que, embora

João Calvino

altamente desprezível, não se dilate com certo orgulho secreto, estimando algo em si mesmo e até atribuindo a si certa dignidade superior. Mas, quando as pessoas olham para trás e adiante de si, elas coletam auxílio para si mesmas de todas as partes do mundo. Entretanto, suas perambulações são inúteis e mostram ser sua própria destruição; pois Deus não apenas zomba da insensatez daqueles que confiam na carne, como declara que são malditos. Essa maldição proveniente de Deus deve nos atingir com terror, pois daí aprendemos que Ele fica altamente descontente com todos aqueles que buscam sua própria salvação no mundo e nas criaturas.

PROGRESSO

*Porque nos temos tornado participantes de Cristo,
se, de fato, guardarmos firme,
até ao fim, a confiança que, desde o princípio, tivemos.*
—HEBREUS 3:14

O autor de Hebreus os saúda por terem começado bem, mas por fim, sob o pretexto da graça que haviam obtido, eles se permitiram a segurança carnal, e lhes diz que havia necessidade de perseverança. Pois muitos, tendo apenas provado o evangelho, não pensam em progresso algum, como se já houvessem chegado ao topo. Logo, não se trata apenas dos que pararam no meio de sua corrida, sim, próximos à linha de largada, mas dos que se voltaram para o lado oposto.

Plausível, de fato, é esta objeção: "O que mais podemos desejar após termos encontrado Cristo?". Mas, se nos apossamos dele pela fé, devemos perseverar nela, para que Ele seja nossa propriedade perpetuamente. Cristo então se entregou para ser desfrutado por nós sob esta condição: que pela mesma fé pela qual fomos admitidos no participar dele, devemos preservar tão grande bênção até a morte. Logo ele menciona "princípio" insinuando que sua fé havia apenas iniciado.

Nós estaremos seguramente firmes e acima do perigo de vacilar, contanto que a fé seja a nossa fundação. A soma do todo, então, é que essa fé, cujos princípios aparecem somente em nós, deve progredir constante e firmemente até o fim.

"A soma do todo, então, é essa fé."

João Calvino

EXERCÍCIO ESPIRITUAL

*Perto está o Senhor de todos os que o invocam,
de todos os que o invocam em verdade.*
—SALMO 145:18

O fim para o qual o Senhor nos ensinou a orar não é tanto por Ele, mas para nosso bem. Ele deseja, de fato, que a devida honra seja a Ele concedida por reconhecer que tudo o que as pessoas desejam ou sentem ser útil e oram para obter é derivado de Deus. Mas mesmo o benefício da honra que a Ele concedemos retorna a nós.

Embora seja verdade que, enquanto estamos indiferentes ou insensíveis à nossa miséria, Ele está alerta e vigilante para aplicações dessas orações e certas vezes até mesmo nos auxilia sem mesmo havermos pedido, é muitíssimo de nosso interesse estarmos constantemente suplicando a Ele. Primeiro, para que nosso coração possa sempre estar inflamado com o sério e fervoroso desejo de o buscar, amar e servir enquanto nos habituamos a ter nele recurso como uma âncora sagrada em todas as necessidades. Segundo, para que nenhum desejo que, por vergonha, ansiemos que Ele não testemunhe adentre nossa mente enquanto aprendemos a deixar nossas vontades para que Ele as observe e assim derramemos nosso coração diante dele e, finalmente, para que estejamos preparados para receber todos os Seus benefícios com verdadeira gratidão e ação de graças, enquanto nossas orações nos lembram de que tudo procede da Sua mão. Além disso, tendo obtido aquilo que pedimos, estando convencidos de que Ele respondeu nossas orações, somos levados a ansiar mais sinceramente por Seu favor e ao mesmo tempo a ter maior prazer em receber as bênçãos obtidas por nossas orações.

João Calvino

Por fim, o uso e a experiência confirmam a ideia da Sua providência em nossa mente de certo modo adaptada à nossa fraqueza quando compreendemos que Ele não somente promete que nunca falhará conosco, mas, espontaneamente, nos dá acesso para nos aproximarmos dele em todo momento de necessidade. Sua mão está sempre estendida para auxiliar Seu povo sem distraí-los com palavras, provando que é o socorro presente. Embora nosso Pai tão misericordioso nunca dormite ou durma, Ele muito frequentemente parece fazê-lo, para que assim possa nos exercitar quando nós, de outra forma, poderíamos estar apáticos e preguiçosos no pedir, na súplica e em sinceramente implorar a Ele por nosso bem.

CONHECENDO-SE

O temor do SENHOR consiste em aborrecer o mal;
a soberba, a arrogância, o mau caminho
e a boca perversa, eu os aborreço.
—PROVÉRBIOS 8:13

Não era sem motivo que o antigo provérbio tão fortemente recomendava ao homem o conhecimento de si mesmo. Pois, se é considerado vergonhoso ser ignorante com relação às coisas próprias das questões da vida, muito mais vergonhosa é a autoignorância cuja consequência é nos ludibriarmos miseravelmente em questões de fases supremas e assim caminharmos vendados. Mas, quanto mais útil o preceito é, mais cuidadosos devemos ser para não utilizá-lo despropositadamente, como vemos que certos filósofos fizeram. Porque eles, ao exortarem o homem a conhecer-se, afirmam que o motivo é para que ele não seja ignorante com relação à sua própria excelência e dignidade. Eles desejam que o homem nada veja em si mesmo exceto o que o preencherá com confiança vã e o inflará de orgulho.

Mas o autoconhecimento consiste disto: primeiro, ao refletirmos sobre o que Deus nos concedeu em nossa criação e ainda continua a dar graciosamente, percebemos o quão grande a excelência de nossa natureza teria sido se sua integridade tivesse permanecido e, ao mesmo tempo, lembramos que nada temos que seja de nós mesmos, mas dependemos inteiramente de Deus de quem recebemos com prazer qualquer coisa que Ele considere necessário nos conceder. Segundo, ao considerar nossa miserável condição desde a queda de Adão, toda a confiança e vanglória são derrocadas, enrubescemo-nos de vergonha e nos sentimos verdadeiramente pequenos.

João Calvino

Pois, como Deus inicialmente nos formou à Sua imagem para que pudesse elevar a nossa mente à busca da virtude e à contemplação da vida eterna, de modo a evitar que enterrássemos impiedosamente essas nobres qualidades que nos distinguem dos animais inferiores, é importante saber que fomos dotados de razão e inteligência para que possamos cultivar uma vida honrável e santa e considerar a bendita imortalidade como nosso alvo previamente determinado. Ao mesmo tempo, é impossível pensar em nossa dignidade primeva sem sermos imediatamente lembrados do triste espetáculo de nossa desgraça e corrupção, desde que caímos de nossa posição original na pessoa de nosso primeiro pai.

SEM ESPAÇO PARA VANGLÓRIA

Onde, pois, a jactância? Foi de todo excluída.
Por que lei? Das obras?
Não; pelo contrário, pela lei da fé.
—ROMANOS 3:27

Ao nos examinarmos — a procura que a verdade divina ordena e cujo conhecimento ela demanda — somos privados de todos os meios de vanglória e assim inclinados à submissão. Esse é o curso que devemos seguir se desejamos alcançar o verdadeiro objetivo, tanto em especulação quanto em prática.

Saber o quanto mais plausível é a visão que nos convida a ponderar sobre nossas boas qualidades em lugar de contemplar o que nos oprime com vergonha — nossa miserável destituição e ignomínia. Não há nada mais aceitável para a mente humana do que a lisonja e, consequentemente, quando lhe é dito que seus dotes são de elevada ordem, é capaz de ser excessivamente crédula. Logo não é insólito que a maior parte da humanidade tenha errado tão flagrante e nocivamente nessa questão. Por responsabilidade do amor próprio inato pelo qual todos são cegados, nós muito voluntariamente nos convencemos de que não possuímos uma única qualidade que seja merecedora de ódio e, portanto, independentemente de qualquer aprovação exterior, é concedido mérito generalizado à ideia tão insensata de que o homem é perfeitamente suficiente em si mesmo para todos os propósitos de uma vida boa e feliz.

Se uma pessoa se dispõe a pensar mais modestamente e de certa forma ceder a Deus, ainda assim, ao fazer a divisão, ela distribui as questões de modo que o fundamento principal de confiança e vanglória sempre permanece com ela mesma. Então, se um discurso é proferido bajulando o orgulho que pulula espontaneamente

João Calvino

no mais íntimo do coração do homem, nada parece mais satisfatório. Por conseguinte, em todas as eras, aquele que é mais disposto a louvar a excelência da natureza humana é recebido com os mais altos aplausos.

Mas, seja o que for essa proclamação da excelência humana, ao ensinar o homem a descansar em si mesmo, nada faz além de fascinar por sua doçura e, ao mesmo tempo, assim ilude como se afogando em perdição todos os que a aprovam. Qualquer um, portanto, que dá atenção a esses mestres, que meramente nos recrutam para contemplarmos nossas boas qualidades, ao contrário de progredir em algum autoconhecimento, será imerso na mais nefasta e destrutiva ignorância.

UM FAROL PARA A COSTA DISTANTE

De novo, lhes falava Jesus, dizendo:
Eu sou a luz do mundo; quem me segue não andará
nas trevas; pelo contrário, terá a luz da vida.
—JOÃO 8:12

É um belo enaltecimento a Cristo quando Ele é chamado de Luz do mundo, pois, dado que somos todos cegos por natureza, uma reparação é oferecida pela qual podemos ser libertos e resgatados das trevas e transformados em participantes da verdadeira luz. Não é também apenas a uma pessoa ou outra que esse benefício é oferecido, pois Cristo declara que Ele é a luz de todo o mundo. Por essa declaração universal Ele pretendia remover a distinção, não apenas entre judeus e gentios, mas entre cultos e ignorantes, entre pessoas nobres e pessoas comuns.

Deve também ser observado que o poder e o ofício de iluminação não estão limitados à presença pessoal de Cristo, pois, embora Ele tenha sido, com relação a Seu corpo, retirado para longe de nós, Ele, contudo verte diariamente Sua luz sobre nós — pela doutrina do evangelho e pelo poder secreto de Seu Espírito. Entretanto, não temos uma definição plena dessa luz, a menos que aprendamos que somos iluminados pelo evangelho e pelo Espírito de Cristo, para que saibamos que a fonte de todo conhecimento e sabedoria está escondida nele.

"Ele verte diariamente a Sua luz sobre nós."

João Calvino

ADMIRAR O PODER DE DEUS

*Não te admires de eu te dizer:
importa-vos nascer de novo. O vento sopra onde quer,
ouves a sua voz, mas não sabes donde vem,
nem para onde vai; assim é todo o que é nascido do Espírito.*
—JOÃO 3:7,8

Nicodemos reconheceu que o que ouvira sobre regeneração e uma nova vida era inacreditável, pois o modo dessa regeneração superava sua capacidade. Para evitar que ele mantivesse alguma hesitação de consciência como essa, Cristo demonstra que mesmo na vida corpórea é exibido um incrível poder de Deus, cuja razão é omitida. Pois todos extraem do ar o fôlego vital; nós percebemos a agitação do ar, mas não sabemos de onde vem até nós ou para onde se retira. Se nessa vida frágil e transitória Deus age tão poderosamente a ponto de sermos constrangidos a admirar o Seu poder, que insensatez é tentar mensurar pela percepção de nossa mente Sua obra secreta na vida celestial e sobrenatural, de modo que não cremos em nada mais além daquilo que vemos?

Quando Cristo diz a Nicodemos que ele não deveria se admirar, não devemos compreender isso de tal modo como se o Senhor sugerisse que devemos desprezar uma obra de Deus, que é tão ilustre e digna da mais elevada admiração. Ele sugere que não devemos nos admirar com aquele tipo de admiração que prejudica nossa fé, pois muitos rejeitam como sendo algo formidável o que acreditam ser elevado e complexo demais. Em suma, não duvidemos de que pelo Espírito de Deus somos gerados novamente e feitos homens novos, embora Seu modo de execução seja oculto para nós.

*"...muitos rejeitam como formidável o que acreditam
ser elevado e complexo demais".*

João Calvino

CRISTO PROPÕE UMA SOLUÇÃO

*Ora, ninguém subiu ao céu, senão aquele que de
lá desceu, a saber, o Filho do Homem [que está no céu].*
—JOÃO 3:13

Nós devemos zelar pelas palavras que afirmam que somente Cristo, que é celestial, ascende ao Céu e que a entrada está fechada para todos os outros. Pois, na disposição anterior Ele nos humilha quando exclui todo o mundo do Céu. Paulo ordena àqueles que estão desejosos de serem sábios com Deus a serem tolos consigo mesmos (1 CORÍNTIOS 3:18), e não há nada que façamos com maior relutância. Para esse propósito devemos lembrar que todos os nossos sentidos falham e abrem caminho quando chegamos a Deus, mas, após nos ter expulsado do Céu, Cristo rapidamente propõe uma solução quando acrescenta que o que foi negado a todos os outros é concedido ao Filho de Deus.

E essa também é a razão pela qual Ele se chama de Filho do Homem, para que não duvidemos de que temos entrada no Céu em comum com Ele, que se vestiu de nossa carne para que pudesse nos transformar em participantes de todas as bênçãos. Visto que, portanto, Ele é o único Conselheiro do Pai (ISAÍAS 9:6), Ele admite nosso acesso a esses segredos que, caso contrário, teriam permanecido em sigilo. Sendo assim, Cristo, que está no Céu, vestiu-se com nossa carne, para que, estendendo Sua mão fraternal a nós, Ele possa nos elevar ao Céu com Ele.

*"...temos entrada no Céu em comum com Ele,
que se vestiu de nossa carne".*

João Calvino

NOSSA NATUREZA PERVERSA

Porque Deus amou ao mundo de tal maneira que deu o seu Filho unigênito, para que todo o que nele crê não pereça, mas tenha a vida eterna.
—JOÃO 3:16

Cristo abre a primeira causa e, de certo modo, a fonte de nossa salvação. Isso Ele faz para que nenhuma dúvida permaneça, pois nossa mente não consegue encontrar repouso sereno até que cheguemos ao imerecido amor de Deus. Como toda a questão de nossa salvação não deve ser almejada em lugar algum senão em Cristo, assim devemos ver de onde Cristo veio a nós e o porquê de Ele ter sido oferecido para ser o nosso Salvador.

Ambos os pontos são distintivamente declarados a nós, a saber, que a fé em Cristo traz vida a todos e que Cristo trouxe vida porque o Pai celestial ama a raça humana e deseja que não pereça. E essa ordem deve ser cuidadosamente observada, pois tal é ambição perversa pertencente à nossa natureza que, quando a questão está relacionada à origem de nossa salvação, nós rapidamente formamos imaginações diabólicas sobre nossos próprios méritos. Consequentemente, imaginamos que Deus se reconcilia conosco visto que nos considerou dignos de sermos apreciados por Ele.

Porém, as Escrituras em toda sua extensão exaltam Sua misericórdia pura e imaculada, que ignora todos os méritos. E as palavras de Cristo nada mais que isso significam, quando Ele declara que a causa está no amor de Deus. Pois, se desejamos ascender ainda mais alto, o Espírito cerra a porta pela boca de Paulo quando ele nos informa que esse amor foi constituído no propósito de Sua vontade (EFÉSIOS 1:5). E, de fato, é muito evidente que Cristo falou

João Calvino

dessa maneira para afastar os homens da contemplação de si mesmos a fim de olharem somente para a misericórdia de Deus.

> *"...Paulo nos informa que esse amor foi constituído no propósito de Sua vontade".*

A MARAVILHA DA SALVAÇÃO

*Saulo, respirando ainda ameaças e morte
contra os discípulos do Senhor, dirigiu-se ao sumo sacerdote
e lhe pediu cartas para as sinagogas
de Damasco, a fim de que, caso achasse alguns
que eram do Caminho, assim homens
como mulheres, os levasse presos para Jerusalém.
Seguindo ele estrada fora, ao aproximar-se
de Damasco, subitamente uma luz do céu brilhou
ao seu redor, e, caindo por terra, ouviu uma
voz que lhe dizia: Saulo, Saulo, por que me persegues?
Ele perguntou: Quem és tu, Senhor?
E a resposta foi: Eu sou Jesus, a quem tu persegues.*

—ATOS 9:1-5

Nessa história, temos uma figura universal dessa graça que o Senhor manifesta diariamente ao nos chamar. Todas as pessoas não se veem tão violentamente contra o evangelho, contudo, apesar disso, o orgulho e a rebelião contra Deus são naturalmente engendrados em todos. Todos nós somos perversos e cruéis naturalmente, portanto, o fato de sermos voltados a Deus acontece pelo maravilhoso e secreto poder de Deus, contrário à natureza.

Sendo assim, tal é o início de nossa conversão: o Senhor nos busca por Sua própria anuência quando vagamos e nos afastamos; e ainda que a Ele não clamemos nem o busquemos, Ele transforma as afeições obstinadas de nosso coração a fim de que possa nos preparar para sermos ensinados. Quando como inimigo mortal de Cristo, rebelde contra o evangelho, ensoberbecido com a

João Calvino

confiança que coloca em sua própria sabedoria, inflamado pelo ódio à verdadeira fé, cegado pela hipocrisia, inteiramente lançado no propósito de derrocada da verdade, ele repentinamente é transformado em um novo homem — de um modo que ninguém jamais concebeu — não apenas é transformado de um lobo em ovelha, mas também em um pastor. É como se Cristo gerasse com Sua mão algum anjo enviado do Céu.

> *"...o Senhor nos busca por Sua própria anuência*
> *quando vagamos e nos afastamos".*

João Calvino

INGRATIDÃO E O JULGAMENTO DE DEUS

Mas, se o perverso se converter de todos os pecados que cometeu, e guardar todos os meus estatutos, e fizer o que é reto e justo, certamente, viverá; não será morto. De todas as transgressões que cometeu não haverá lembrança contra ele; pela justiça que praticou, viverá.
—EZEQUIEL 18:21,22

Para alguns pode parecer severo e estar em divergência com a misericórdia divina negar completamente o perdão a qualquer um que se reorienta a ele. Isso é facilmente eliminado. Não é dito que o perdão será negado caso se voltem ao Senhor, mas é completamente negado que possam se voltar ao arrependimento — à medida em que por sua ingratidão são atingidos pelo justo julgamento de Deus com cegueira eterna. Não há nada contrário a isso na aplicação que posteriormente é feita do exemplo de Esaú, que tentou em vão, pelo clamor e lágrimas, recuperar sua primogenitura perdida. Nem na denúncia do profeta: "...eles também clamaram, e eu não os ouvi...". Tais modos de expressão não denotam verdadeira conversão ou a busca por Deus, mas, sim, a ansiedade com que os perversos são compelidos a ver o que eles antes seguramente ignoravam, ou seja, não há nada que possa ser benéfico, exceto o auxílio do Senhor. Isso, contudo, eles não imploram para ter, antes apenas lamentam ter perdido. Logo tudo o que o profeta denota ao clamar, e os apóstolos com suas lágrimas, é o terrível tormento que amofina e tortura os perversos em desespero.

Consequentemente, deve-se observar cuidadosamente o seguinte: caso Deus agisse de outro modo seria inconsistente consigo mesmo quando proclama por meio do profeta que "...se o perverso

João Calvino

se converter de todos os pecados que cometeu [...] certamente, viverá; não será morto" (EZEQUIEL 18:21,22). E (como eu já disse) é certo que a mente do homem não pode ser transformada para o bem a menos que o seja pela graça preventiva do Senhor. A promessa àqueles que clamam a Ele nunca falhará, mas os nomes de oração e conversão são inadequadamente dados a esse tormento cego pelo qual os corrompidos são distraídos quando veem que devem buscar a Deus se desejam encontrar solução para suas desgraças e, contudo, evitam se aproximar do Senhor.

CONFISSÃO DE PECADOS

Dar-te-ei as chaves do reino dos céus;
o que ligares na terra terá sido ligado nos céus;
e o que desligares na terra terá sido desligado nos céus.
—MATEUS 16:19

Uma forma de confissão é feita em consideração a nós mesmos e a ela há referência na passagem em Tiago: "Confessai, pois, os vossos pecados uns aos outros..." (TIAGO 5:16), pois o significado é que, ao comunicarmos nossas enfermidades uns aos outros, obteremos a assistência do conselho mútuo e a consolação. Embora Tiago, por não especificar nenhum indivíduo em particular em cujo seio devemos desabafar nossos sentimentos, deixa-nos a livre escolha de confessar a qualquer membro da igreja que pareça mais adequado, na maioria das vezes supõe-se que os pastores são melhores qualificados que outros, e nossa escolha cai principalmente sobre eles. E o fundamento da preferência é que o Senhor, ao chamá-los ao ministério, os aponta como pessoas por cujos lábios seremos ensinados a dominar e corrigir nossos pecados e dos quais extraímos consolo da esperança de perdão.

Pois, como o dever de admoestação e correção mútua é determinado a todos os cristãos, mas especialmente ordenado aos ministros, assim, embora devamos todos nos consolar uns aos outros mutuamente e confirmar-nos uns aos outros em confiança na misericórdia divina, vemos que os ministros, para certificar nossa consciência do perdão de pecado, são designados como testemunhas e patronos do perdão de modo que se diz que eles mesmos devem perdoar pecados (MATEUS 16:19; 18:18). Quando você ouve que isso lhes foi atribuído, reflita que é para o seu uso. Que todo cristão, portanto, lembre-se de que, se em sua vida particular

João Calvino

estiver tão angustiado e aflito pela compreensão de seus pecados a ponto de que não possa obter alívio sem o auxílio de outros, é seu dever não negligenciar a solução que Deus provê para ele, ou seja, ter alternativa para o alívio em uma confissão particular com seu próprio pastor e para obter consolo, implorar socorro deste cujo ofício é, tanto pública quanto confidencialmente, consolar o povo de Deus com a doutrina do evangelho.

CONFISSÃO E A IGREJA

...basta-lhe a punição pela maioria.
—2 CORÍNTIOS 2:6

Nosso Salvador fala de outro tipo de confissão no evangelho de Mateus. "Se, pois, ao trazeres ao altar a tua oferta, ali te lembrares de que teu irmão tem alguma coisa contra ti, deixa perante o altar a tua oferta, vai primeiro reconciliar-te com teu irmão; e, então, voltando, faze a tua oferta" (5:23,24). O amor, portanto, que fora suspenso por falha nossa, deve ser restaurado por meio do reconhecimento dessa falha e do pedido de perdão por tê-la cometido.

Sob essa vertente inclui-se a confissão daqueles que por seu pecado ofenderam toda a Igreja. Pois, se Cristo atribui tanta importância à ofensa de um indivíduo a ponto de proibir o sacrifício de todos que pecaram em qualquer aspecto contra seus irmãos, até que pela compensação devida tenham recobrado seu favor, não haverá razão ainda maior para aquele que, por algum exemplo pernicioso, tenha ofendido a Igreja reconcilie-se com ela pelo reconhecimento de sua falha? Assim o membro da igreja de Corinto foi restaurado à comunhão após submeter-se humildemente à correção (2 CORÍNTIOS 2:6). Essa forma de confissão existia na Igreja Cristã Primitiva como Cipriano relata: "Eles praticam o arrependimento por um período específico e então confessam; e, pela imposição das mãos do bispo e do presbítero, são admitidos na comunhão".

As Escrituras desconhecem qualquer outra forma ou método de confissão e não compete a nós atarmos novas correntes nas consciências cuja escravização Cristo tão severamente proíbe. Entretanto, o rebanho apresentar-se diante do pastor sempre que participa da Santa Ceia é algo de cuja desaprovação estou tão distante que, na verdade, sinto-me um tanto desejoso de que seja observado em toda

João Calvino

parte. Pois tanto aqueles cuja consciência está impedida podem obter benefício singular, quanto aqueles que requerem admoestação dispõem assim de uma oportunidade, desde que jamais seja concedida aprovação à tirania e à superstição.

O SUCESSO PROVÉM DE DEUS

*Digo isto, não por causa da pobreza, porque aprendi
a viver contente em toda e qualquer situação.*
—FILIPENSES 4:11

Se cremos que todo sucesso próspero e desejável depende inteiramente da bênção de Deus e que, quando dela temos carência, todos os tipos de miséria e calamidade nos aguardam, segue-se que não deveríamos pleitear riquezas e honras confiando tão avidamente em nossa própria destreza e diligência, ou amparando-nos no favor dos homens, ou confiando em qualquer idealização vazia de fortuna. Antes, deveríamos sempre considerar o Senhor, para que sob Sua providência possamos ser conduzidos a qualquer porção que Ele tenha separado para nós.

Primeiro, o resultado será que, em lugar de nos precipitar, independentemente de certo e errado, por artimanhas e ofícios perversos e prejudicando o nosso próximo para contrair riquezas e adquirir honras, passaremos apenas a viver tal sorte conforme dela pudermos desfrutar com inocência. Como essa bênção se faz presente apenas àquele que pensa com pureza e age com integridade, exclui então todos os que anseiam por ela a partir de projetos sombrios e más ações. Segundo, uma restrição será colocada sobre nós limitando a avidez por nos tornarmos ricos ou um esforço ambicioso em busca de honra. Aquilo que Deus com Seus próprios lábios declara amaldiçoado jamais pode prosseguir com Sua bênção. E finalmente, se nosso sucesso não é equivalente ao nosso desejo e esperança, devemos, contudo, manter-nos distantes da impaciência e da repulsa por nossa condição, seja ela qual for, reconhecendo que sentir-se assim seria como murmurar contra

João Calvino

Deus, que dispensa riquezas e pobreza, desprezo e honras conforme lhe apraz.

Em suma, aquele que se apoia na bênção divina do modo como aqui foi descrito, jamais, na busca dessas coisas que os homens têm o hábito de com tanta inclinação desejar, empregará ofícios perversos que, como sabe, de nada lhe valerão; ou, quando algo próspero lhe acontecer, jamais atribuirá a si mesmo e à sua própria diligência, aptidão ou ventura, em lugar de atribuir sua autoria a Deus.

A PROVIDÊNCIA DE DEUS

Ao cumprir-se o dia de Pentecostes, estavam todos reunidos no mesmo lugar; de repente, veio do céu um som, como de um vento impetuoso, e encheu toda a casa onde estavam assentados. E apareceram, distribuídas entre eles, línguas, como de fogo, e pousou uma sobre cada um deles. Todos ficaram cheios do Espírito Santo e passaram a falar em outras línguas, segundo o Espírito lhes concedia que falassem. —ATOS 2:1-4

A diversidade de idiomas impedia que o evangelho fosse difundido adiante, de modo que se os pregadores do evangelho falassem apenas um idioma, todo o mundo teria pensado que Cristo fora silenciado num pequeno rincão judaico. Mas Deus desenvolveu um modo para que o evangelho emergisse quando dividiu e separou os idiomas dos apóstolos para que pudessem disseminar entre todos os povos o que lhes fora entregue.

Assim emerge a multiforme bondade de Deus, pois uma praga e punição pelo orgulho do homem foram transformadas em bênção. De onde veio a diversidade de idiomas senão para que Deus pudesse reduzir a nada os perversos e impiedosos conselhos humanos? Mas agora Deus equipa os apóstolos com a diversidade de línguas para que Ele possa trazer e chamar para casa, à unidade bendita, pessoas que vagueiam aqui e acolá.

Eu disse que isso fora feito para o nosso bem, não apenas porque o fruto disso veio a nós, mas porque sabemos que o evangelho não se tornou nosso por acaso, mas pela designação de Deus e que, para esse exato propósito, Ele deu aos apóstolos línguas de fogo, para que nenhuma nação tivesse falta da doutrina que a eles foi confirmada.

"Assim emerge a multiforme bondade de Deus."

João Calvino

O DOM DA SALVAÇÃO

Mostrarei prodígios em cima no céu e sinais embaixo na terra: sangue, fogo e vapor de fumaça. O sol se converterá em trevas, e a lua, em sangue, antes que venha o grande e glorioso Dia do Senhor. E acontecerá que todo aquele que invocar o nome do Senhor será salvo.
—ATOS 2:19-21

À medida que Deus nos instiga a ir adiante, como se fôssemos jumentos vagarosos, com ameaças e terrores para buscarmos salvação, veja que depois disso Ele traz trevas sobre a face do céu e da Terra e demonstra-nos um meio pelo qual a salvação pode brilhar diante de nossos olhos: se o invocarmos. Devemos observar diligentemente essa circunstância. Caso Deus simplesmente prometesse salvação, essa já seria uma grande questão, mas ainda muito maior é Ele prometer o mesmo entre diversos calabouços de morte. Ele diz: "Quando todas as coisas atingirem a desordem e o medo da destruição tomar conta de tudo, apenas invoque-me e será salvo". Portanto, por mais que sejamos absorvidos pelo golfo de misérias, temos diante de nós um caminho para o qual escapar.

Devemos também observar a expressão universal "todo aquele". Pois Deus recebe para si todos os povos sem exceção e, por esse meio, convida-os à salvação. Dessa forma, assim como ninguém é excluído do invocar a Deus, o portão da salvação permanece aberto a todos, e não há nada que nos impeça de passar por ele exceto apenas nossa incredulidade.

Deus foi invocado em todas as eras, mas, desde que Ele se mostrou como Pai em Cristo, temos o acesso ainda mais facilitado a Ele. Isso deve tanto nos encher de ousadia quanto retirar de nós toda morosidade. Como o próprio Jesus também diz, por tal privilégio nossa disposição para orar passa a ser dobrada: "Até agora

João Calvino

nada tendes pedido em meu nome; pedi e recebereis, para que a vossa alegria seja completa" (JOÃO 16:24). É como se Ele dissesse: "Embora eu ainda não tivesse surgido para ser mediador e intercessor na fé, vocês, contudo, oraram; mas, agora que vocês têm a mim como seu Pai, com que coragem deverão orar?".

ARREPENDIMENTO

Respondeu-lhes Pedro: Arrependei-vos, e cada um de vós seja batizado em nome de Jesus Cristo para remissão dos vossos pecados, e recebereis o dom do Espírito Santo.
—ATOS 2:38

Há uma enorme força na palavra grega que é traduzida como "arrependei-vos", pois significa a conversão da mente, e isso quer dizer que a pessoa como um todo pode ser renovada e transformada em outra pessoa. Saibamos que o verdadeiro arrependimento acontece quando pessoas são renovadas no espírito de sua mente, como Paulo ensina (ROMANOS 12:2). Temos nessas poucas palavras praticamente a totalidade do cristianismo, a saber, como, pela renúncia de si mesmas e pelo adeus ao mundo, as pessoas podem apegar-se inteiramente a Deus. Este sermão deve ressoar continuamente na igreja: "Arrependei-vos!" (MARCOS 1:15) — não para que aqueles que já são considerados fiéis e têm lugar na igreja possam começar a arrepender-se, mas para que prossigam em fazê-lo.

Logo, devemos observar essa ordem no ensino, para que aqueles que ainda vivem sob o mundo e a carne possam começar a crucificar o velho homem, para poderem ressuscitar em novidade de vida e para que aqueles que já entraram no percurso do arrependimento possam continuamente avançar em direção ao alvo. Ademais, como a conversão interior do coração deve produzir frutos na vida, o arrependimento não pode ser corretamente ensinado a menos que sejam exigidas obras, mas obras tais como o são os testemunhos íntegros de inocência e santidade.

> *"A conversão interior do coração deve produzir frutos na vida."*
>
> *João Calvino*

LIBERDADE NA FÉ

> *...e conhecereis a verdade,*
> *e a verdade vos libertará.*
> —JOÃO 8:32

Ele enaltece o conhecimento do evangelho a partir do fruto que dele derivamos, ou — o que é a mesma coisa — de seu efeito, a saber, o fato de que nos restabelece à liberdade. Essa é uma bênção inestimável; disso advém que nada é mais excelente ou desejável do que o conhecimento do evangelho. Todos os homens sentem e reconhecem que a escravidão é um estado altamente miserável, e, uma vez que o evangelho dela nos liberta, obtemos desse mesmo evangelho o tesouro de uma vida abençoada.

Devemos agora estabelecer qual tipo de liberdade Cristo aqui descreve; a saber, aquela que nos liberta da tirania de Satanás, do pecado e da morte. E se obtemos a liberdade por meio do evangelho, isso evidencia que somos, por natureza, escravos do pecado. A seguir, devemos estabelecer qual é o método de nossa libertação. Pois, enquanto somos governados por nosso sentido e por nossa disposição natural, estamos em servidão ao pecado. Mas, quando o Senhor nos regenera por Seu Espírito, Ele, da mesma forma, liberta-nos para que, desatados dos laços de Satanás, obedeçamos voluntariamente à justiça. No entanto, a regeneração procede da fé e, assim, torna-se evidente que a liberdade procede do evangelho.

> *"...a regeneração procede da fé...".*

João Calvino

ENSINO SÁBIO

*Eu, porém, irmãos, não vos pude
falar como a espirituais, e sim como a carnais,
como a crianças em Cristo.
Leite vos dei a beber, não vos dei alimento sólido;
porque ainda não podíeis suportá-lo.
Nem ainda agora podeis, porque ainda sois carnais.*
—1 CORÍNTIOS 3:1,2

Cristo é, simultaneamente, leite para bebês e carne sólida para adultos (HEBREUS 5:13,14). A mesma verdade do evangelho é administrada a ambos, mas de modo adequado à sua capacidade. Por essa razão, o papel de um mestre sábio é se adaptar à capacidade daqueles sob instrução, de modo que, ao lidar com os fracos e ignorantes, comece com os primeiros princípios e não vá além do que são capazes de seguir (MARCOS 4:33). Ele goteja suas instruções pouco a pouco, para que não transbordem caso sejam derramadas mais abundantemente; ao mesmo tempo, aqueles primeiros princípios conterão tudo o que é necessário conhecer, não menos que as lições avançadas àqueles que são mais fortes.

Alguns, à medida que, por medo do perigo, de modo vago resmungam algo sobre o evangelho, fingem ter nisso o exemplo de Paulo. Contudo, apresentam Cristo a uma distância tão grande e com tantos disfarces, que mantêm constantemente seus seguidores em destrutiva ignorância. Nem falarei sobre suas combinações de tantas corrupções, o apresentar a Cristo não meramente pela metade, mas partido em fragmentos, nem de seu encobrir tal idolatria repugnante, mas o confirmá-la também por seu próprio exemplo. Está suficientemente manifesto o quão diferentes são de Paulo; pois o leite é alimento e não veneno e é alimento adequado e útil para o crescimento de crianças até que tenham se desenvolvido.

João Calvino

Para que não se elogiem demais por seu próprio discernimento, ele antes de tudo lhes diz o que havia encontrado entre eles no início, e depois acrescenta que as mesmas falhas permanecem entre eles até então, o que é ainda mais severo. Pois deveriam, ao menos, ao revestir-se de Cristo, despir-se da carne. Dessa maneira, logo vemos que Paulo se queixa que o sucesso que sua doutrina deveria ter tido fora obstruído. Porque, se o ouvinte não causa morosidade por sua lentidão, é papel do bom professor buscar sempre algo mais elevado, até que a perfeição seja atingida.

ALMEJANDO O CÉU

*E, por isso, neste tabernáculo, gememos,
aspirando por sermos revestidos da nossa habitação
celestial; se, todavia, formos encontrados
vestidos e não nus. Pois, na verdade, os que estamos
neste tabernáculo gememos angustiados,
não por querermos ser despidos, mas revestidos,
para que o mortal seja absorvido pela vida.*
—2 CORÍNTIOS 5:2-4

Os perversos lamentam porque não estão satisfeitos com sua condição presente, mas posteriormente uma disposição oposta prevalece, ou seja, um apego à vida, de modo que veem a morte com horror e não sentem a longa continuidade desta vida mortal como um fardo. A lamentação dos cristãos, por outro lado, surge disto: eles sabem que estão aqui em estado de exílio de sua terra de origem, sabem que estão enclausurados no corpo como em uma prisão. Logo, sentem que esta vida é um fardo, porque nela não podem desfrutar a verdadeira e perfeita bem-aventurança, visto que não podem escapar da servidão ao pecado senão pela morte e, portanto, almejam estar em outro lugar.

Sendo, entretanto, natural que todos os animais desejem a existência, como pode ser que cristãos estejam dispostos a deixar de existir? O apóstolo soluciona essa questão quando diz que os cristãos não desejam a morte por querer perder algo, mas porque têm a perspectiva de uma vida melhor. Ao mesmo tempo, as palavras expressam mais do que isso, pois ele admite que nós temos naturalmente aversão à desistência desta vida, por si só, considerando que ninguém voluntariamente se permite ser despido de sua vestimenta. Posteriormente, contudo, ele acrescenta que o horror natural à morte é sobrepujado pela confiança, assim como um

João Calvino

indivíduo, sem relutância alguma, lançará fora uma vestimenta vulgar, suja, puída e esfarrapada almejando se arrumar com vestimenta elegante, formosa, nova e durável.

Além disso, ele explica a metáfora ao dizer que aquilo que é mortal pode ser destruído pela vida. Pois, como a carne e o sangue não podem herdar o reino de Deus (1 CORÍNTIOS 15:50), é necessário que o corruptível em nossa natureza pereça para que possamos ser completamente renovados e restaurados a um estado de perfeição. Com relação a isso, nosso corpo é chamado de prisão, na qual estamos confinados.

A FONTE DA VIDA

*Pois em ti está o manancial da vida;
na tua luz, vemos a luz.*
—SALMO 36:9

Vemos com nitidez o quão inteiramente o homem é desprovido de todo o bem, o quão destituído de todos os meios de obtenção de sua própria salvação. Logo, se ele deseja obter alívio em sua necessidade, deve ir além de si mesmo e obtê-lo em alguma outra parte. Foi demonstrado posteriormente que o Senhor, graciosa e espontaneamente, manifestou-se em Cristo, em quem oferece toda a felicidade para nossa miséria, toda abundância para nossa necessidade, abrindo para nós os tesouros do Céu, para que possamos nos voltar com fé plena a Seu Filho, dele depender com expectativa plena, nele descansar e a Ele nos apegarmos firmemente com esperança absoluta. Essa, de fato, é aquela filosofia secreta e oculta que não pode ser aprendida por silogismos: uma filosofia devidamente compreendida por aqueles cujos olhos Deus abre de modo que vejam luz em Sua luz (SALMO 36:9).

Mas, após termos aprendido por fé a discernir que tudo o que é necessário para nós, ou avariado em nós, é suprido em Deus e em nosso Senhor Jesus Cristo — em quem o Pai se agradou de que toda a plenitude habitasse para que nós pudéssemos, então, dele receber como uma fonte inesgotável —, resta-nos buscá-lo e em oração lhe implorar que nos conceda aquilo que aprendemos para estarmos nele. Conhecer a Deus como o doador soberano de todo o bem, convidando-nos a apresentar nossos pedidos e, contudo, não o abordar ou solicitar-lhe algo seria como alguém ouvir sobre um tesouro e admitir que permanecesse enterrado. Logo, para demonstrar que uma fé desacompanhada de oração a Deus não pode ser genuína, o apóstolo afirma que esta deve ser a ordem:

João Calvino

assim como a fé irrompe do evangelho, da mesma forma, pela fé nosso coração é moldado para clamar ao Senhor (ROMANOS 10:14). E é exatamente isso que ele havia expressado previamente: que o Espírito de adoção que sela o testemunho do evangelho em nosso coração nos dá coragem para fazermos conhecidos os nossos pedidos a Deus, suscita gemidos que não podem ser proferidos e nos permite clamar "Aba, Pai" (ROMANOS 8:26).

A ALEGRIA NOS DIZ QUE É VERDADE!

*Abraão, vosso pai, alegrou-se
por ver o meu dia, viu-o e regozijou-se.*
—JOÃO 8:56

A fé tem os seus lugares na contemplação a Cristo. Consequentemente os antigos profetas contemplaram Cristo a distância como Ele lhes fora prometido e, contudo, não lhes foi permitido contemplá-lo manifesto — quando Ele se fez familiar e completamente visível ao descer do Céu aos homens.

Novamente, tais palavras nos ensinam que, como Deus não desiludiu o desejo de Abraão, assim também agora Ele não permitirá que alguém suspire em busca de Cristo sem que obtenha algum bom fruto, que deverá corresponder a seu santo desejo. A perversidade dos homens, pois poucos o desejam, é razão pela qual Ele não concede a muitos o deleite de si mesmo. A alegria de Abraão testifica que ele considerava o conhecimento do reino de Cristo como um tesouro incomparável, e por este motivo nos é dito que ele se alegrou por ver o dia de Cristo: para que saibamos que nada mais havia que ele valorizasse mais intensamente.

Mas todos os cristãos recebem este fruto por meio de sua fé: estando satisfeitos em Cristo somente, em quem são plena e inteiramente felizes e abençoados, suas consciências estão serenas e cheias de ânimo. E, de fato, homem algum conhece Cristo adequadamente, a menos que lhe dê a honra de depender dele totalmente.

"...suas consciências estão serenas e cheias de ânimo...".

João Calvino

FAZENDO BOAS PERGUNTAS

*Caminhando Jesus, viu um homem cego de nascença.
E os seus discípulos perguntaram: Mestre, quem pecou,
este ou seus pais, para que nascesse cego?* —JOÃO 9:1,2

Antes de tudo, embora todo homem esteja pronto a condenar outros com excepcional amargura, há poucos que aplicam o mesmo rigor a si mesmos como deveriam fazê-lo. Se o meu irmão encontra a adversidade, reconheço instantaneamente o julgamento de Deus; mas, se Ele me castiga com um golpe mais intenso, fecho os olhos para meus pecados. Porém ao considerar tais punições, todo homem deve começar consigo mesmo e poupar-se tão minimamente quanto o faria a qualquer outra pessoa. Portanto, se nesse sentido desejamos ser juízes honestos, aprendamos a ser rápidos em discernir os nossos próprios males em lugar dos males de outrem.

O segundo erro está no rigor excessivo; pois logo que qualquer homem é tocado pela mão de Deus, concluímos se tratar de ódio mortal e transformamos pequenas ofensas em crimes e quase perdemos a esperança de que para ele haja salvação. Por outro lado, ao atenuarmos nossos pecados, raramente pensamos apenas ter cometido pequenas ofensas quando cometemos crime muito grave.

Terceiro, com relação a isso, erramos ao pronunciarmos condenação a todos, sem exceção, àqueles que Deus visita com a cruz ou com tribulação. O que temos dito recentemente é indubitavelmente verdadeiro: todas as nossas agonias surgem do pecado, mas Deus aflige o Seu povo por várias razões. Algumas vezes Ele não olha para os nossos pecados, apenas testa nossa obediência, ou nos treina para a paciência — como foi com o santo Jó.

*"...aprendamos a ser rápidos em discernir
nossos próprios males em lugar dos males de outrem".*

João Calvino

NÃO CONFIE NO DINHEIRO

> *Vendo, porém, Simão que, pelo fato de imporem os apóstolos as mãos, era concedido o Espírito [Santo], ofereceu-lhes dinheiro, propondo: Concedei-me também a mim este poder, para que aquele sobre quem eu impuser as mãos receba o Espírito Santo. Pedro, porém, lhe respondeu: O teu dinheiro seja contigo para perdição, pois julgaste adquirir, por meio dele, o dom de Deus. Não tens parte nem sorte neste ministério, porque o teu coração não é reto diante de Deus. Arrepende-te, pois, da tua maldade e roga ao Senhor; talvez te seja perdoado o intento do coração; pois vejo que estás em fel de amargura e laço de iniquidade.*
> —ATOS 8:18-23

Lembremo-nos primeiro, para que sejamos livres da contaminação de Simão, que os dons do Espírito não são obtidos com dinheiro, mas são concedidos pela gratuita e simples bondade de Deus para a edificação da Igreja. Ou seja, eles são dados para que todos possam aplicar-se no auxílio a seus irmãos em Cristo conforme a medida de sua habilidade; de modo que todos possam distribuir, para o bem comum da Igreja, o que receberam; e para que a excelência de alguém não seja obstáculo, mas que apenas Cristo se destaque.

Considerando que Pedro exorta Simão ao arrependimento e à oração, ele o coloca, desse modo, na expectativa de perdão; pois ninguém jamais será tocado por qualquer desejo de arrependimento exceto aquele que crer que Deus terá misericórdia de si. Por outro lado, o desespero sempre nos carregará precipitadamente até a ousadia. Portanto, agora vemos como Pedro eleva Simão à esperança de salvação — a quem ele antes derrubara com os cruéis

João Calvino

relâmpagos e trovões de palavras — mesmo o pecado de Simão não sendo um pecado módico. Todavia, houvesse possibilidade, nós deveríamos até mesmo arrancar pessoas de dentro do inferno.

Sendo assim, até chegarmos ao ponto em que os mais perversos, por sinais manifestos, traiam-se caindo na perdição, nenhum desses deve ser tratado tão severamente a ponto de que a remissão de pecados não possa ser colocada diante deles. Sim, devemos lidar com aqueles que, por sua dureza e obstinação, precisam de repreensão incisiva de um modo que os derrubemos com uma das mãos e os coloquemos de pé com a outra.

GARANTIA TOTAL DE FÉ

As palavras do Senhor *são palavras puras,*
prata refinada em cadinho de barro, depurada sete vezes.
—SALMO 12:6

Como a fé não se satisfaz com uma opinião inconstante e dúbia, assim também não se satisfaz com uma concepção nebulosa e imprecisa. O rigor que ela exige deve ser pleno e resoluto, como o é comumente no que diz respeito às questões averiguadas e provadas. A incredulidade está tão profundamente enraizada em nosso coração, e somos tão propensos a ela, que, ainda que todos confessem com seus lábios que Deus é fiel, homem algum jamais crê nisso sem enfrentar árduo conflito. Especialmente quando colocados à prova, nós, por nossa hesitação, delatamos o vício que em nosso interior fica à espreita. Também não é sem fundamento que o Espírito Santo dá tão distinto testemunho da autoridade de Deus, para que possa curar a doença de que falei e nos induzir a dar total crédito às promessas divinas: "As palavras do Senhor são palavras puras, prata refinada em cadinho de barro, depurada sete vezes" (SALMO 12:6). "…a palavra do Senhor é provada; ele é escudo para todos os que nele se refugiam" (SALMO 18:30). Certamente, sempre que Deus assim recomenda Sua Palavra, Ele indiretamente repreende nossa incredulidade — sendo a intenção de tudo o que é dito erradicar a perversa dúvida de nosso coração.

Há muitos também que são assediados pela miserável ansiedade enquanto duvidam se Deus será ou não misericordioso com eles. De fato, pensam ter a garantia da misericórdia divina, mas a confinam em limites restritos demais. A ideia que alimentam é a de que essa misericórdia é grandiosa e abundante, é derramada sobre muitos, é oferecida e está pronta para ser concedida a todos, mas que é incerto se os alcançará individualmente ou, antes, se podem

João Calvino

acessá-la. Assim, seu conhecimento estando aquém deixa-os na metade do caminho, pouco confirmando e tranquilizando a mente e muito assediando-a com dúvida e apreensão. Muito diferente é o sentimento de plena segurança (do grego *pleroforiva*) que as Escrituras uniformemente atribuem à fé — uma segurança que não deixa dúvida sobre a bondade de Deus nos ser claramente oferecida. Não podemos ter essa segurança sem perceber verdadeiramente sua doçura e sem que a vivenciemos individualmente.

FÉ IMPLÍCITA

*Porque com o coração se crê para justiça
e com a boca se confessa a respeito da salvação.*
—ROMANOS 10:10

Nós de fato admitimos que, uma vez que somos peregrinos no mundo, a fé é implícita — não apenas porque muitas coisas ainda nos estão ocultas, mas também porque, envolvidos nas névoas de erros, não alcançamos o todo. A mais elevada sabedoria, até mesmo daquele que atingiu a mais grandiosa perfeição, é ir adiante e empenhar-se, com espírito calmo e ensinável, para fazer progresso adicional. Logo, Paulo exorta os cristãos a aguardarem por elucidação posterior sobre qualquer questão em que divergem entre si (FILIPENSES 3:15). E certamente a experiência ensina que, enquanto estivermos na carne, nossos feitos são menos do que se é desejado. Em nossa leitura diária, deparamo-nos com muitas passagens obscuras que nos condenam de ignorância. Com essa limitação, Deus nos mantém modestos, designando a cada um a medida de fé que todo mestre, ainda que excepcional, deve, contudo, estar disposto a conhecer.

Exemplos marcantes dessa fé implícita podem ser observados nos discípulos de Cristo antes de terem sido plenamente esclarecidos. Vemos com que dificuldade eles tomam os primeiros rudimentos, como hesitam nas mais ínfimas questões, como, ainda que ouvindo tão atentamente ao Mestre, não fazem grande progresso. Como Cristo testemunhou previamente a fé dos Seus discípulos, não podemos dizer que eles eram inteiramente desprovidos dela; não, caso não tivessem sido convencidos de que Cristo ressuscitaria, todo o seu zelo teria se extinguido. Também não se tratava de superstição o que levou as mulheres a prepararem as especiarias para embalsamar um cadáver de cuja ressurreição não

João Calvino

tinham expectativa alguma. Mas, embora tenham dado crédito às palavras daquele que sabiam ser verdadeiro, contudo a ignorância que ainda abrigavam na mente envolveu a sua fé em trevas e os deixou estupefatas. Consequentemente, diz-se que creram somente quando, pela realidade, perceberam a verdade do que Cristo havia dito; não somente que ali passaram a crer, mas que a semente da fé oculta, que jazia como morta em seus corações, então eclodira em vigor. Eles tinham, portanto, a fé verdadeira porém implícita, tendo reverentemente adotado Cristo como seu único mestre.

O ÚNICO CAMINHO

*Em verdade, em verdade vos digo: o que não entra
pela porta no aprisco das ovelhas,
mas sobe por outra parte, esse é ladrão e salteador.*
—JOÃO 10:1

É inútil, eu creio, examinar muito minuciosamente cada uma das partes dessa parábola. Descansemos satisfeitos com esta visão geral: conforme Cristo declara uma semelhança entre a Igreja e um aprisco em que Deus reúne todo o Seu povo, assim Ele se compara a uma porta, porque não há nenhuma outra entrada para a Igreja a não ser Ele próprio. Logo, segue-se que somente são bons pastores aqueles que guiam os homens diretamente a Cristo. E são verdadeiramente reunidos no redil de Cristo (de modo a pertencer a Seu rebanho) aqueles que devotam-se somente a Cristo. Mas tudo isso está relacionado à doutrina, pois, dado que todos os tesouros de sabedoria e conhecimento estão escondidos em Cristo (COLOSSENSES 2:3), aquele que se volta contra Ele para ir a qualquer outro canto não se mantém na estrada nem passa pela porta.

Agora, todo aquele que não desprezar Cristo ou aquele que lhe serve de orientador facilmente se livrará da hesitação que mantém tantos em estado de perplexidade com relação ao que é a Igreja e quem são aqueles a quem devemos ouvir como pastores. Pois, se aqueles que são chamados pastores esforçam-se para os levar para longe de Cristo, devemos fugir de sua presença, ao comando de Cristo, como fugiríamos de lobos ou ladrões; e não devemos formar ou manter relacionamento com qualquer sociedade se não aquela que está estabelecida na pura fé do evangelho. Por essa razão, Cristo exorta os Seus discípulos a separarem-se da multidão incrédula de toda a nação, para que não padeçam ao serem

João Calvino

governados por sacerdotes perversos e não se permitam ser reprimidos por nomes orgulhosos e vazios.

*"Cristo exorta os Seus discípulos
a separarem-se da multidão incrédula...".*

João Calvino

O PROJETO DE CRISTO

Respondeu Jesus: Em verdade, em verdade te digo: quem não nascer da água e do Espírito não pode entrar no reino de Deus. —JOÃO 3:5

Devemos sempre ter na memória o projeto de Cristo, a saber, que Ele pretendia exortar Nicodemos sobre a novidade de vida, porque ele não seria capaz de receber o evangelho até que começasse a ser um novo homem. Como esclarecimento, Cristo acrescentou que não é de modo natural que os homens nascem uma segunda vez e que não é necessário que sejam revestidos de um novo corpo; mas que nascem quando têm a mente e o coração renovados pela graça do Espírito. Logo, Ele emprega as palavras Espírito e água com o mesmo significado e isso não deve ser considerado como uma interpretação rígida ou forçada, pois é um modo frequente e comum de falar nas Escrituras quando o Espírito é mencionado como anexo às palavras "água" ou "fogo", expressando Seu poder.

Algumas vezes nos deparamos com a afirmação de que é Cristo quem batiza com o Espírito Santo e com fogo (MATEUS 3:11; LUCAS 3:16) — e que o fogo significa nada diferente de Espírito, mas apenas demonstra qual é sua eficácia em nós. Com relação à palavra "água" ser posicionada primeiro, acarreta poucas consequências; ou antes, esse modo de falar flui mais naturalmente do que o outro porque a metáfora é seguida de uma afirmação clara e direta, como se Cristo tivesse dito que homem algum é filho de Deus até que tenha sido renovado por água, e que essa água é o Espírito que nos limpa novamente, e que, por difundir Seu poder em nós, transmite-nos o rigor da vida celestial, ainda que por natureza sejamos inteiramente áridos.

"...têm a mente e o coração renovados pela graça do Espírito".

João Calvino

UMA FÉ ESPETACULAR

Foram-se aqueles homens após os espias
pelo caminho que dá aos vaus do Jordão; e, havendo
saído os que iam após eles, fechou-se a porta.
—JOSUÉ 2:7

Embora Raabe muito tenha ajudado enganando os homens que perseguiam os espias israelitas, surge uma nova causa de ansiedade, pois, uma vez que os portões foram fechados, a cidade, como uma prisão, excluía a esperança de escape. Os israelitas foram, portanto, suscitados mais uma vez, devido a uma séria provação, a clamar a Deus. É impossível que eles não tivessem conhecimento do que estava então acontecendo, especialmente considerando que Deus, com o propósito de magnificar Sua graça, os expôs propositadamente a uma série de perigos. E agora, quando sabiam que estavam sendo perseguidos, deduzimos que eles estavam ansiosos e inquietos. Seu medo fora provavelmente mais do que agravado quando lhes foi dito que sua saída ficara inviabilizada pelo fechar dos portões.

Parece, contudo, que Raabe não estava de modo algum consternada, visto que demonstra muita presença de espírito e o faz tão calmamente para sua própria segurança e de sua família. E com essa serenidade e firmeza, sua fé, que a Bíblia em outros lugares exalta, é espetacular. Pensando em princípios humanos, ela nunca teria enfrentado a fúria do rei e de seu povo para pedir um favor aos convidados que estavam semimortos devido ao pavor. Qualquer pessoa que pesar cuidadosamente todas as circunstâncias perceberá facilmente que ela possuía uma fé vívida.

Se a árvore é conhecida por seus frutos, vemos em Raabe um fruto extraordinário — que é em si indício de fé. Segundo, um princípio da piedade deve ter dado à luz ao seu sentimento de que as

João Calvino

nações vizinhas já haviam sido conquistadas, de certa forma, e estavam prontas para serem destruídas. Raabe declara, na sinceridade de seu coração, que Deus destinou aquela terra para os filhos de Israel, porque todos os habitantes haviam desfalecido diante deles, e crê que Deus reivindica um governo supremo do coração das pessoas — um governo que o orgulho do mundo nega.

JUSTIÇA GRATUITA

*Porque o fim da lei é Cristo,
para justiça de todo aquele que crê.*
—ROMANOS 10:4

Nessa passagem, o apóstolo lida com uma objeção que pode ter sido feita contra ele, pois os judeus mantiveram-se aparentemente no caminho correto por dependerem da justiça da Lei. Foi necessário que Paulo refutasse essa falsa opinião; e é isso que ele faz aqui. Ele demonstra que não é falso intérprete da Lei aquele que procura ser justificado por ela ou por suas próprias obras, porque a Lei foi dada para este fim: guiar-nos pela mão a outra justiça. Independentemente do que a Lei ensine, do que ordene, do que prometa, sempre faz referência a Cristo como seu objeto principal e, portanto, todas as suas partes devem ser aplicadas a Ele. Mas isso não pode ser feito, a menos que nós, que estamos despidos de toda justiça e ficamos confundidos com o conhecimento de nosso pecado, busquemos somente a justiça gratuita de Cristo.

Segue, então, que Paulo está certo ao repreender a má exploração da Lei pelos judeus, que absurdamente transformaram em obstáculo aquilo que deveria ser seu auxílio. Aparentemente eles mutilaram a Lei de Deus de modo infame, pois rejeitaram a alma dela e se apoderaram do cadáver da letra. Contudo, embora a Lei prometa recompensa àqueles que observam sua justiça, ela substitui, após ter provado a culpa de todos, outra justiça em Cristo — que não é obtida por obras, mas é recebida por fé como dom gratuito. Assim a justiça da fé recebe o testemunho da Lei. Temos então aqui uma passagem notável que prova que a Lei, em todas as suas partes, tinha uma referência a Cristo, e, logo, ninguém pode compreendê-la corretamente se não nivelar-se ao seu padrão.

João Calvino

PROCLAMANDO O EVANGELHO

Como, porém, invocarão aquele em quem não creram?
E como crerão naquele de quem nada ouviram?
E como ouvirão, se não há quem pregue? E como pregarão,
se não forem enviados? Como está escrito:
Quão formosos são os pés dos que anunciam coisas boas!
—ROMANOS 10:14,15

O significado desses versículos é que somos, de certa forma, mudos até que a promessa de Deus abra nossa boca para orar. E essa é a ordem que Deus nos mostra por meio do profeta Zacarias quando Ele diz: "...direi: é meu povo, e ela dirá: O Senhor é meu Deus" (ZACARIAS 13:9). Não é nossa função imaginar um Deus segundo o que quer que possamos desejar; devemos possuir um conhecimento adequado de Deus, tal como está estabelecido na Bíblia. E quando formamos a ideia de Deus como sendo bom, segundo nosso próprio entendimento, não se trata de uma fé convicta nem sólida que temos, mas um sonho incerto e evanescente. É, portanto, necessário ter a Palavra, de modo que possamos ter o conhecimento apropriado de Deus. Mas, se alguém dissesse, devido a esses versículos, que Deus não pode revelar-se a nós exceto por meio da pregação, eu negaria que ensinar essa ideia era a intenção de Paulo; pois o apóstolo estava apenas pensando nos caminhos comuns do Senhor e não pretendia estabelecer uma lei para a distribuição da graça de Deus.

Paulo sugere que se trata de uma prova e garantia do amor divino quando qualquer nação é favorecida com a pregação do evangelho e que ninguém é dele pregador exceto aqueles a quem Deus levantou em Sua especial providência. Logo, não há dúvida

João Calvino

de que Deus visita todas as nações às quais o evangelho é proclamado. O evangelho não cai como a chuva das nuvens, mas é levado pelas mãos de pessoas para onde quer que seja enviado do alto.

> *"...ninguém é dele pregador exceto aqueles a quem Deus levantou em Sua especial providência".*

CRISTO NOSSO INTERCESSOR

*Filhinhos meus, estas coisas vos escrevo para que
não pequeis. Se, todavia, alguém pecar,
temos Advogado junto ao Pai, Jesus Cristo, o Justo.*
—1 JOÃO 2:1

Devemos nos afastar do pecado e, embora estejamos sempre expostos ao julgamento de Deus, temos certeza de que Cristo intercede por nós por meio do sacrifício de Sua morte, de modo que o Pai é gracioso conosco. Ao mesmo tempo, João também prevê uma objeção aqui, caso algum leitor possa pensar que João nos deu licença para pecar quando falou da misericórdia de Deus e demonstrou que ela é oferecida a todos nós. Ele então une as duas partes do evangelho que pessoas impensadamente separam, assim o lacerando e mutilando. Além disso, a doutrina da graça sempre foi desonrada pelos ímpios. Quando se menciona a expiação de nossos pecados por Cristo, os impiedosos, arrogantemente, dizem que nisso é concedido uma licença para pecar. Para evitar esses insultos, João testifica primeiro que a ideia por trás dessa doutrina era impedir-nos de pecar, pois quando ele diz: "...para que não pequeis...", ele sugere apenas que seus leitores, na medida em que conseguirem, deveriam abster-se de pecar. E, pela mesma razão, João diz o que diz sobre comunhão com Deus: que deveríamos conformar-nos a Deus. João, contudo, não silencia sobre a remissão gratuita de pecados. Pois, ainda que o céu caia e todas as coisas sejam confundidas, contudo essa parte da verdade jamais deve ser omitida; ao contrário, o que Cristo é deve ser pregado clara e distintamente.

Por isso João imediatamente acrescenta a segunda sentença afirmando que quando pecamos temos um Advogado. Com essas palavras, ele confirma que estamos muito distantes de sermos

João Calvino

perfeitamente justos, que diariamente contraímos nova culpa e que há, entretanto, solução para nos reconciliarmos com Deus se corrermos para Cristo. Em suma, João quer dizer que o evangelho não apenas nos chama para longe do pecado, visto que Deus nos convida a si e nos oferece o Espírito da regeneração, mas também que há uma provisão para os miseráveis pecadores.

AMOR VÃO

Não ameis o mundo nem as coisas que há no mundo.
Se alguém amar o mundo, o amor do Pai não está nele.
—1 JOÃO 2:15

João havia dito antes que a única regra para viver religiosamente é amar a Deus. Mas visto que, quando estamos ocupados com o amor vão pelo mundo, voltamos todos os nossos pensamentos e afeições para outra direção, essa vaidade deve primeiro ser extirpada de nós para que o amor de Deus possa reinar em nosso interior. Até que nossa mente esteja purificada, a antiga doutrina do Deus amoroso pode ser afirmada cem vezes, mas sem efeito algum. Seria como despejar água sobre uma bola; não se pode recolher uma gota sequer porque não há lugar vazio para retê-la.

Quando diz "mundo", João fala de tudo o que está conectado à vida presente, separado do reino de Deus e da esperança de vida eterna. E inclui nisso corrupções de todo o tipo e o abismo de todos os males. No mundo há prazeres, deleites e todas essas seduções pelas quais somos enredados, de modo que nos afastamos de Deus. Ademais, o amor ao mundo é condenado severamente porque precisamos esquecer-nos de Deus e de nós mesmos quando nada consideramos ser tanto quanto a Terra; e quando uma paixão corrupta desse tipo governa alguém e o mantém tão entrelaçado a ponto de que já não se pensa na vida celestial, essa pessoa está possuída por uma imbecilidade animalesca.

> *"...a única regra para viver religiosamente*
> *é amar a Deus".*

João Calvino

SEM ESPAÇO PARA O PECADO

*Sabeis também que ele se manifestou
para tirar os pecados, e nele não existe pecado.*
—1 JOÃO 3:5

Quando diz: "...e nele não existe pecado", João não fala de Cristo pessoalmente, mas de todo o Corpo de Cristo. Onde quer que Cristo dissemine Sua poderosa graça, João nega haver espaço para o pecado; ele, portanto, imediatamente chega a esta conclusão: aqueles que permanecem em Cristo, não pecam. Pois, se Cristo habita em nós por fé, Ele executa Sua obra; ou seja, Ele nos purifica de pecados. Logo, fica distinto o que é pecar. Pois Cristo, por Seu Espírito, não nos renova perfeitamente de uma única vez, ou em um instante, mas continua nossa renovação ao longo da vida. Deve, portanto, ocorrer que os fiéis estão expostos ao pecado enquanto vivem no mundo, mas na medida em que o reino de Cristo prevalece neles, o pecado é abolido.

Entretanto, nesse meio tempo, eles são caracterizados segundo o princípio predominante, ou seja, diz-se que são justos e vivem de modo íntegro porque aspiram sinceramente à justiça. Diz-se que não pecam, porque não consentem o pecado embora labutem sob a debilidade de sua carne. Mas, por outro lado, lutam, lamentando, para que possam verdadeiramente testificar com Paulo que fazem o mal que não desejam fazer. João diz que os fiéis habitam em Cristo, porque estamos, por fé, unidos a Ele e somos feitos um com Ele.

*"...estamos, por fé, unidos a Ele
e somos feitos um com Ele".*

João Calvino

DEMONSTRANDO MISERICÓRDIA

*...e, fazendo chegar a sua casa, homem por homem, caiu sobre Acã, filho de Carmi, filho de Zabdi, filho de Zera, da tribo de Judá. Então, disse Josué a Acã: Filho meu, dá glória ao S*ENHOR*, Deus de Israel, e a ele rende louvores; e declara-me, agora, o que fizeste; não mo ocultes.*
—JOSUÉ 7:18,19

Josué interroga Acã sem ter dúvida alguma e, quando a descoberta é feita, incita Acã a confessar ter roubado os bens condenados da cidade de Jericó. Josué chama Acã de "filho", mas não de modo irônico ou hipócrita, antes declarando verdadeira e sinceramente que se sentia como um pai para Acã, a quem ele já havia destinado à morte.

Por esse exemplo, juízes são ensinados que, embora punam crimes, devem moderar a sua severidade para não excluir os sentimentos de humanidade e, por outro lado, devem ser misericordiosos sem ser imprudentes e omissos. Em outras palavras, devem ser como pais para com aqueles a quem condenam, sem substituir a amenidade indevida pela austeridade da justiça. Muitos usam bondade lisonjeira para apanhar desprevenidos criminosos deploráveis; eles fingem ter a intenção de perdoá-los e então, após uma confissão ser obtida, entregam-nos repentinamente ao algoz quando o culpado esperava ser salvo.

Mas Josué, satisfeito por haver encontrado o criminoso diante do tribunal de Deus, de modo algum o bajula com vã esperança de perdão e assim fica ainda mais livre para pronunciar a sentença que Deus impôs.

"*...devem ser como pais para com aqueles a quem condenam*".

João Calvino

SOLUÇÃO PARA O MEDO

*Acheguemo-nos, portanto, confiadamente, junto
ao trono da graça, a fim de recebermos misericórdia e
acharmos graça para socorro em ocasião oportuna.*
—HEBREUS 4:16

O fundamento desta garantia é que o trono de Deus não está revestido de majestade nua para nos confundir, mas é adornado de um novo nome — o nome da graça — que deve sempre ser lembrado em qualquer ocasião em que evitamos a presença de Deus. Pois a glória de Deus, quando a contemplamos isolada, não pode produzir outro efeito senão encher-nos de desespero, pois assombroso demais é Seu trono.

O apóstolo, então, para solucionar nossa insegurança e libertar nossa mente de todo o medo e tremor, o adorna com "graça" e lhe dá um nome que pode nos atrair por sua doçura. É como se ele dissesse: "Visto que Deus declarou Seu trono como o estandarte da 'graça' e de Seu amor paterno por nós, não há razões pelas quais Sua majestade viesse a nos demover".

O sentido integral é que todos nós devemos clamar a Deus sem medo, dado que sabemos que Ele está ávido por nos auxiliar e que o fato de podermos fazer isso é devido ao benefício que Cristo nos conferiu (como descobrimos em Efésios 3:12). Pois quando Cristo nos recebe sob Sua proteção e apoio, Ele nos ampara com Sua bondade e a majestade de Deus que, de outro modo, seria terrível para nós; de modo que nada figura exceto graça e favor paternal.

"...devemos clamar a Deus sem medo".

João Calvino

PROMESSA DE PERDÃO

*Porque esta é a aliança que firmarei com a casa de Israel,
depois daqueles dias, diz o Senhor:
na sua mente imprimirei as minhas leis, também
sobre o seu coração as inscreverei;
e eu serei o seu Deus, e eles serão o meu povo.*
—HEBREUS 8:10

Independentemente, então, de qualquer desejo que possa haver em nós de viver de modo íntegro, ainda somos condenados à morte eterna diante de Deus, porque nossa vida está sempre distante demais da perfeição que a Lei exige. Não haveria, então, estabilidade alguma na aliança, a menos que Deus gratuitamente perdoasse nossos pecados. Mas é privilégio peculiar dos fiéis que outrora adotaram a aliança oferecida a eles em Cristo sentirem-se seguros de que Deus é favorável a eles; também o pecado a que são suscetíveis não é um obstáculo para eles, pois têm promessa de perdão.

E deve ser observado que esse perdão é prometido a eles não apenas por um dia, mas até o fim da vida, para que tenham reconciliação diária com Deus. Pois esse favor é estendido à totalidade do reino de Cristo, como Paulo prova profusamente no quinto capítulo de sua segunda epístola aos Coríntios. E indubitavelmente esse é o único abrigo para nossa fé e, se para ele não corrermos, o constante desespero será o nosso quinhão. Pois todos nós somos culpados e não podemos ser libertos de outra forma senão ao correr para a misericórdia de Deus, a única que pode nos perdoar.

*"...correr para a misericórdia de Deus,
a única que pode nos perdoar".*

João Calvino

SEGURO EM SUAS MÃOS

*Eu lhes dou a vida eterna; jamais perecerão,
e ninguém as arrebatará da minha mão.* —JOÃO 10:28

É fruto inestimável da fé o fato de Cristo nos oferecer a certeza de nossa segurança quando pela fé somos levados ao Seu rebanho. Mas devemos também observar sobre qual fundação essa certeza está. É pelo fato de que Ele será o fiel guardião de nossa salvação, pois Ele testifica que nossa salvação está em Suas mãos.

E se isso não fosse o suficiente, Ele diz que eles serão seguramente preservados pelo poder de Seu Pai. Essa é uma passagem notável pela qual nos é ensinado que a salvação de todos os eleitos é tão certa quanto a invencibilidade do poder de Deus. Além do mais, Cristo não pretendia lançar insensatamente essa palavra aos ventos, mas trazer uma promessa que permaneceria profundamente inserida na mente deles; e, portanto, deduzimos que a afirmação de Cristo pretende demonstrar que os eleitos estão completamente seguros quanto a sua salvação.

Nós estamos cercados, de fato, por adversários poderosos, e tão grande é nossa fraqueza a ponto de que a todo momento corremos perigo iminente de morte; mas, como Ele é o que guarda aquilo que lhe dedicamos (2 TIMÓTEO 1:12), é maior ou mais poderoso do que tudo. Logo, não temos razão alguma para tremer como se a nossa vida estivesse em perigo. Em suma, nossa salvação é certa porque está nas mãos de Deus, pois nossa fé é fraca e somos propensos demais a titubear. Mas Deus, que nos tomou sob Sua proteção, é suficientemente poderoso para dispersar, apenas com Seu sopro, todas as forças de nossos adversários.

> *"Cristo nos oferece que nos convençamos
> de nossa segurança..."*.

João Calvino

O CONVITE A TODOS

> *...e, vendo Jesus passar, disse:*
> *Eis o Cordeiro de Deus!*
> —JOÃO 1:36

Aqui vemos também o quão pequeno e restrito foi o início da Igreja. João, de fato, preparou discípulos para Cristo, mas é somente agora que Cristo começa a reunir uma Igreja. Ele não tem mais do que dois homens que são medianos e desconhecidos, mas até mesmo isso contribui para ilustrar a Sua glória: o fato de que, dentro de um curto período, sem auxílio de homens e sem mão forte, Ele difunde o Seu reino de modo maravilhoso e incrível.

Devemos também observar qual é o objetivo principal ao qual João direciona a atenção dos homens: encontrar em Cristo o perdão de pecados. E como Cristo havia se apresentado aos discípulos com o explícito propósito de que viessem a Ele, então, quando eles vêm, Ele gentilmente os encoraja. Pois Cristo não espera até que eles primeiro se dirijam a Ele, mas pergunta: "O que buscam?". Esse gentil e gracioso convite pertence a todos.

Não devemos, portanto, temer que Cristo venha a se afastar de nós ou negar que tenhamos fácil acesso, contanto que nos veja desejosos de irmos a Ele; mas, pelo contrário, Ele estenderá Sua mão para nos auxiliar em nossos esforços. E como Ele poderia deixar de encontrar aqueles que vão até Ele — buscando em regiões longínquas aqueles que vagueiam perdidos, para que possa lhes trazer de volta à estrada legítima?

"...encontrar em Cristo o perdão de pecados".

João Calvino

FÉ INVICTA CONTRA O MEDO

Agora, está angustiada a minha alma,
e que direi eu? Pai, salva-me desta hora? Mas precisamente
com este propósito vim para esta hora.
Pai, glorifica o teu nome. Então, veio uma voz do céu:
Eu já o glorifiquei e ainda o glorificarei.
—JOÃO 12:27,28

É importante compreender acertadamente o quanto a nossa salvação custou para o Filho de Deus. Caso alguém agora pergunte: "Cristo desceu ao inferno no momento em que suspendeu a morte?", eu respondo que esse foi o início e que a partir disso podemos deduzir o quanto foram terríveis e pavorosas as torturas que Ele suportou quando sentiu estar diante do tribunal de Deus, em nosso lugar, como criminoso. E embora o poder divino do Espírito fosse velado por um momento para que desse lugar à debilidade da carne, nós devemos compreender que a provação decorrente de sentimentos de angústia e medo era tal a ponto de entrar em discordância com a fé. E nisso se cumpre o que é dito no sermão de Pedro com relação a Cristo ter sido liberto das dores da morte "...porquanto não era possível fosse ele retido por ela" (ATOS 2:24).

Embora sentindo-se abandonado por Deus, Jesus não deixou no menor grau possível de confiar na bondade do Pai. Isso é aparente na celebrada oração em que, nas profundezas de Sua agonia, Ele exclamou: "...Deus meu, Deus meu, por que me desamparaste?" (MATEUS 27:46). Em meio à toda Sua agonia, Ele não deixou de clamar a Seu Deus, enquanto avaliava ter sido abandonado pelo Pai. Onde reside o sentimento ou desejo de obediência senão na alma? E sabemos que a Sua alma fora perturbada para que a nossa, sendo livre da inquietação angustiante, pudesse obter paz e

João Calvino

tranquilidade. Além disso, vemos que, em Sua natureza humana, Jesus sentia certa repulsa daquilo que Ele desejava em Sua natureza divina. Eu nada digo sobre Ele subjugar o medo sobre o qual falamos com uma afeição contrária. Essa aparência de repulsa fica óbvia nas palavras: "...Pai, salva-me desta hora? Mas precisamente com este propósito vim para esta hora. Pai, glorifica o teu nome..." (JOÃO 12:27,28). De qualquer modo, nesse aturdimento, não havia emoção violenta tal como exibimos enquanto fazemos os mais vigorosos esforços para subjugar nossos próprios sentimentos.

João Calvino

VITÓRIA NESTA RESSURREIÇÃO

*...o qual foi entregue por causa das nossas transgressões
e ressuscitou por causa da nossa justificação.*
—ROMANOS 4:25

Devemos conhecer, necessariamente, a ressurreição dos mortos sem a qual tudo o que até então foi dito seria falho. Pois vendo na cruz, na morte e no sepultamento de Cristo nada além de aparência de fraqueza, a fé deve ir além de todos esses para que lhe seja fornecida força plena. Logo, embora em Sua morte tenhamos a concretização eficaz da salvação, porque por ela somos reconciliados com Deus, satisfação é dada à Sua justiça, a maldição é removida e a punição é paga; contudo não é por Sua morte, mas por Sua ressurreição que se diz sermos gerados novamente para a esperança viva (1 PEDRO 1:3). Isso ocorre porque, ao ressuscitar, torna-se vitorioso contra a morte; assim, a vitória de nossa fé consiste apenas em Sua ressurreição. Sua natureza é melhor expressa nas palavras de Paulo: "Cristo foi entregue por causa das nossas transgressões e ressuscitou por causa da nossa justificação" (ROMANOS 4:25); como se ele dissesse que por Sua morte o pecado foi removido, por Sua ressurreição a justiça foi renovada e restaurada. Pois como poderia Ele, ao morrer, ter nos libertado da morte se tivesse se rendido ao seu poder? Como poderia Cristo ter obtido para nós a vitória se tivesse perdido a disputa?

Nossa salvação pode ser, portanto, dividida entre a morte e a ressurreição de Cristo. Pela primeira, o pecado foi abolido e a morte aniquilada, e, pela segunda, a justiça foi restaurada e a vida retomada. O poder e a eficácia da primeira sendo ainda concedidos a nós pelos meios da segunda. Paulo assim afirma que Cristo foi declarado como Filho de Deus por Sua ressurreição (ROMANOS 1:4), pois Ele então demonstrou plenamente esse poder celestial que é

João Calvino

tanto um espelho reluzente de Sua divindade quanto um suporte seguro de nossa fé — como Ele também em outro lugar ensina que "...foi crucificado em fraqueza; contudo, vive pelo poder de Deus..." (2 CORÍNTIOS 13:4). No mesmo sentido, em outra passagem, tratando de perfeição, ele diz: "para o conhecer, e o poder da sua ressurreição..." (FILIPENSES 3:10). Em perfeito acordo com isso está a passagem em Pedro sobre Deus ter ressuscitado Jesus "...dentre os mortos e lhe deu glória, de sorte que a vossa fé e esperança estejam em Deus" (1 PEDRO 1:21).

MORTE E RESSURREIÇÃO

E, se Cristo não ressuscitou, é vã a vossa fé,
e ainda permaneceis nos vossos pecados.
—1 CORÍNTIOS 15:17

Lembremo-nos de que, quando somente a morte é mencionada, tudo o que é peculiar à ressurreição está, ao mesmo tempo, incluso. E lembremo-nos de que há uma representação semelhante no termo ressurreição com a mesma frequência que é utilizado à parte da morte e tudo o que é peculiar à morte está incluso. Mas, como por ter ressuscitado, Jesus obteve a vitória e tornou-se a ressurreição e a vida, Paulo defende merecidamente: "se Cristo não ressuscitou, é vã a vossa fé, e ainda permaneceis nos vossos pecados" (1 CORÍNTIOS 15:17). Em concordância, em outra passagem, após exultar na morte de Cristo em oposição aos terrores da condenação, Paulo então expande: "...Cristo Jesus quem morreu ou, antes, quem ressuscitou, o qual está à direita de Deus e também intercede por nós" (ROMANOS 8:34).

Logo, como já esclarecemos que a mortificação de nossa carne depende da comunhão com a cruz, devemos também compreender que um benefício correspondente é derivado de Sua ressurreição. Pois como diz o apóstolo: "...como Cristo foi ressuscitado dentre os mortos pela glória do Pai, assim também andemos nós em novidade de vida" (ROMANOS 6:4).

Da mesma forma, em outra passagem, a partir do fato de estarmos mortos com Cristo ele recomenda: "Fazei, pois, morrer a vossa natureza terrena..." (COLOSSENSES 3:5); de modo que, a partir do sermos ressuscitados com Cristo, ele deduz: "...buscai as coisas lá do alto, onde Cristo vive, assentado à direita de Deus" (COLOSSENSES 3:1). Nessas palavras não somos apenas incitados a seguir a novidade de vida pelo exemplo do Salvador ressurreto,

João Calvino

mas somos ensinados que por Seu poder somos renovados para a justiça.

Um terceiro benefício derivado dela é de que nos assegura de nossa própria ressurreição, da qual é certo ser Cristo a mais segura representação. Mas deve ser observado que, quando se diz que Ele "ressuscitou dos mortos", esses termos expressam a realidade tanto de Sua morte quanto de Sua ressurreição como se fora dito que Jesus morreu a mesma morte que outros homens naturalmente morreram e recebeu imortalidade na mesma carne mortal que havia adotado.

UMA BELA HARMONIA

*Aquele que desceu é também o mesmo que subiu acima
de todos os céus, para encher todas as coisas.*
—EFÉSIOS 4:10

A ressurreição de Cristo é naturalmente seguida de Sua ascensão ao Céu. Pois, embora Cristo, ao ressuscitar, tenha dado início à plena demonstração de Sua glória e virtude deixando de lado a abjeta e ignóbil condição de uma vida mortal e a desonra da cruz, contudo foi apenas por Sua ascensão ao Céu que Seu reino realmente se iniciou. Isso o apóstolo demonstra quando diz que Cristo ascendeu "... a fim de encher consigo mesmo todas as coisas" (EFÉSIOS 4:10), assim lembrando-nos de que sob a aparência de contradição há uma bela harmonia — na medida em que, embora Ele tenha nos deixado, assim o fez para que a Sua partida pudesse ser mais útil para nós do que a presença que era confinada em um humilde tabernáculo de carne durante a Sua permanência na Terra. Logo João, após repetir o célebre convite "...Se alguém tem sede, venha a mim e beba", imediatamente acrescenta: "...o Espírito até aquele momento não fora dado, porque Jesus não havia sido ainda glorificado" (JOÃO 7:37,39). Nosso Senhor declarou isto a Seus discípulos: "...convém-vos que eu vá, porque, se eu não for, o Consolador não virá para vós outros..." (JOÃO 16:7).

Para consolá-los por Sua ausência corporal, Jesus diz que não lhes deixará sem consolo, mas virá novamente a eles. De fato, será de um modo invisível, porém mais desejável, porque foram assim ensinados por uma experiência mais segura que o governo que Ele havia obtido e o poder que Cristo exercita capacitariam os Seus fiéis seguidores a não apenas viver bem, mas também a morrer alegremente. E, de fato, vemos como mais abundantemente Seu Espírito foi derramado, como muito mais gloriosamente Seu reino

João Calvino

avançou, que poder mais grandioso foi empregado em auxiliar Seus seguidores a desbaratar Seus inimigos. Sendo elevado ao Céu, Jesus retirou a Sua presença corpórea de nossa vista — não para que Ele deixasse de estar com Seus seguidores que ainda são peregrinos na Terra, mas para que possa governar ambos, Céu e Terra, mais imediatamente por Seu poder.

AS VANTAGENS DA FÉ

E a graça foi concedida a cada um de nós segundo a proporção do dom de Cristo. Por isso, diz: Quando ele subiu às alturas, levou cativo o cativeiro e concedeu dons aos homens.
—EFÉSIOS 4:7,8

É evidente que da fé procedem múltiplos benefícios. Primeiro, ela compreende que o Senhor, por Sua ascensão ao Céu, abriu o acesso ao reino celestial que havia sido fechado por Adão; pois, tendo incorporado nossa carne, de certa forma em nosso nome, segue que estamos agora de certa maneira assentados em lugares celestiais — não mais alimentando uma mera esperança de chegar ao Céu, mas possuindo a fé racionalmente.

Segundo, a fé percebe que o lugar de Cristo ao lado do Pai não é algo sem grande vantagem para nós. Tendo entrado no Templo não construído por mãos humanas, Ele permanentemente surge como nosso Advogado e Intercessor na presença do Pai, direciona a atenção para Sua própria justiça, de modo a desviá-la de nossos pecados e, assim, reconcilia o Pai conosco, como se por Sua intercessão pavimentasse para nós o caminho de acesso a Seu trono, apresentando-o a miseráveis pecadores (a quem seria, de outra forma, um objeto de pavor) como cheio de graça e misericórdia.

Terceiro, ela discerne Seu poder, do qual dependem nossa força, nosso condão, nossos recursos e triunfo contra o inferno: "...Quando ele subiu às alturas, levou cativo o cativeiro..." (EFÉSIOS 4:8). Arruinando Seus inimigos, Ele deu dons a Seu povo e diariamente lhes enche de riquezas espirituais. Ele então ocupa Seu assento exaltado para que, por transferir Sua virtude para nós, possa nos vivificar para a vida espiritual, santificar-nos por Seu Espírito e adornar Sua Igreja com diversas dádivas. Para que por

João Calvino

Sua proteção possa preservá-la segura de todo dano e, pela força da Sua mão, refrear os inimigos enfurecidos com Sua cruz e nossa salvação; em suma, para que Ele possua todo o poder no Céu e na Terra até que tenha afugentado por completo todos os Seus inimigos, que também são os nossos, e tenha completado a estrutura de Sua Igreja. Tal é a verdadeira natureza do reino, tal é o poder que o Pai conferiu a Ele até que Ele complete o último ato julgando os vivos e os mortos.

O RETORNO DO REDENTOR

Ora, neste caso, seria necessário que ele tivesse sofrido muitas vezes desde a fundação do mundo; agora, porém, ao se cumprirem os tempos, se manifestou uma vez por todas, para aniquilar, pelo sacrifício de si mesmo, o pecado. E, assim como aos homens está ordenado morrerem uma só vez, vindo, depois disto, o juízo, assim também Cristo, tendo-se oferecido uma vez para sempre para tirar os pecados de muitos, aparecerá segunda vez, sem pecado, aos que o aguardam para a salvação.

—HEBREUS 9:26-28

O reino de Cristo no mundo está de certa forma encoberto pela humilhação de uma condição carnal; a fé é convidada a meditar mais adequadamente na presença visível que Ele exibirá no último dia. Cristo descerá do Céu em forma visível, de maneira semelhante à que Ele foi visto ascendendo e aparecerá a todos com a inexprimível majestade de Seu reino, o esplendor da imortalidade, o poder ilimitado da divindade e a prestativa companhia de anjos. Logo, nos é dito que esperemos pelo Redentor no dia em que Ele separará as ovelhas dos bodes e os eleitos dos corrompidos e quando nenhum indivíduo, vivo ou morto, escapará de Seu julgamento. Das extremidades do Universo, será ouvido o ressoar da trombeta convocando todos ao Seu tribunal — tanto aqueles que esse dia encontrar vivos quanto os que foram previamente removidos da comunidade dos viventes.

Nossa definição, franca e clara, está de acordo com o Credo que certamente foi escrito para uso popular. Não há nada contrário a ele na declaração dos apóstolos com relação ao fato de que é dado ao homem morrer uma única vez. Pois, embora aqueles que sobreviverem até o último dia não morrerão de modo natural, contudo

João Calvino

a mudança à qual serão submetidos, como deverá parecer, não é indevidamente chamada de morte (HEBREUS 9:27). "...nem todos dormiremos, mas transformados seremos todos" (1 CORÍNTIOS 15:51). O que isso significa? Sua vida mortal perecerá e será engolida em um único momento e será transformada em uma natureza inteiramente nova. Embora ninguém possa negar que essa destruição da carne seja a morte, ainda continua sendo verdade que os vivos e os mortos serão convocados para o julgamento; pois "...os mortos em Cristo ressuscitarão primeiro; depois, nós, os vivos, os que ficarmos, seremos arrebatados juntamente com eles, entre nuvens, para o encontro do Senhor nos ares..." (1 TESSALONICENSES 4:16,17).

João Calvino

CERTAMENTE ASSENTADOS

*Jesus lhes respondeu: Em verdade vos digo
que vós, os que me seguistes, quando,
na regeneração, o Filho do Homem se assentar no trono
da sua glória, também vos assentareis
em doze tronos para julgar as doze tribos de Israel.*
—MATEUS 19:28

É profundamente consolador pensar que o julgamento é outorgado àquele que já nos destinou a compartilhar com Ele a honra do julgamento (MATEUS 19:28) — quão longe está de ser verdade que Ele ascenderá ao assento do julgamento para a nossa condenação! Como poderia um príncipe, sobretudo misericordioso, destruir Seu próprio povo? Como poderia a cabeça dissipar seus próprios membros? Como poderia o advogado condenar seus clientes? Pois até mesmo o apóstolo, ao contemplar a interposição de Cristo, é ousado ao exclamar: "Quem intentará acusação contra os eleitos de Deus?" (ROMANOS 8:33). Muito mais certo é que Cristo, o intercessor, não condenará aqueles a quem Ele estendeu a Sua proteção. Certamente tal segurança não é pequena, pois estaremos sentados em nenhum outro tribunal senão naquele de nosso Redentor, de quem se deve esperar salvação; e que Aquele que agora no evangelho promete bem-aventurança eterna ratificará, então, como Juiz, a Sua promessa. O fim para o qual o Pai honrou o Filho ao confiar-lhe todo julgamento (JOÃO 5:22) era apaziguar as consciências do Seu povo quando alarmadas com a ideia do julgamento.

Até aqui segui a ordem do Credo dos Apóstolos porque profere os principais artigos da redenção em poucas palavras e pode então servir como uma lousa em que os pontos da doutrina cristã, mais merecedores de atenção, são trazidos separada e distintivamente diante de nós. Chamo isso de Credo dos Apóstolos, embora eu

João Calvino

não esteja, de modo algum, apreensivo com relação à sua possível autoria. Não tenho dúvida de que, desde o início da Igreja e, portanto, nos próprios dias dos apóstolos, ele mantinha o lugar de uma confissão pública e universalmente recebida, independentemente do canto de onde se originou. Não é provável que tenha sido escrito por um único indivíduo, visto que é certo que, desde tempos imemoráveis, foi considerado de autoridade sagrada por todos os cristãos.

A PURIFICAÇÃO SECRETA DO ESPÍRITO

Tais fostes alguns de vós; mas vós vos lavastes, mas fostes santificados, mas fostes justificados em o nome do Senhor Jesus Cristo e no Espírito do nosso Deus.
—1 CORÍNTIOS 6:11

Nós devemos compreender de que maneira nos tornamos possuidores das bênçãos que Deus presenteou ao Seu Filho Unigênito; não para uso individual, mas para enriquecer o pobre e necessitado. E a primeira coisa a qual devemos prestar atenção é o fato de que, enquanto estivermos sem Cristo e separados dele, nada do que Ele sofreu e fez para a salvação da raça humana é de mínimo benefício para nós. Para nos transmitir as bênçãos que Ele recebeu do Pai, Cristo deve tornar-se nosso e habitar em nós. Por esse motivo, Jesus Cristo é chamado nosso Cabeça e o primogênito entre muitos irmãos, enquanto, por outro lado, diz-se que somos unidos a Ele e dele revestidos. E embora seja verdade que obtemos isso pela fé, contudo visto que percebemos que nem todos abraçam indiscriminadamente a oferta de Cristo que é feita pelo evangelho, a própria natureza disso ensina-nos a nos elevarmos ainda mais e a investigarmos a secreta eficácia do Espírito, à qual se deve o fato de desfrutarmos de Cristo e de todas as Suas bênçãos.

Cristo veio pela água e pelo sangue, como o Espírito testifica com relação a Ele para que nós não percamos os benefícios da salvação que Jesus comprou. Pois como se diz haver três testemunhas no Céu — o Pai, a Palavra e o Espírito —, assim há também três na Terra — a água, o sangue e o Espírito. Não é sem motivo que o testemunho do Espírito é mencionado duas vezes; testemunho que

João Calvino

é gravado em nosso coração pelo selo e, assim, sela a purificação e o sacrifício de Cristo. Razão pela qual, também, Pedro diz que os cristãos são "eleitos [...] em santificação do Espírito, para a obediência e a aspersão do sangue de Jesus Cristo..." (1 PEDRO 1:2). Por essas palavras ele nos lembra de que, para que o derramar do Seu sangue sagrado não seja algo vão, nossa alma deve ser lavada nele pela purificação secreta advinda do Espírito Santo.

O ESPÍRITO DE SANTIFICAÇÃO

Vós, porém, não estais na carne, mas no Espírito, se, de fato, o Espírito de Deus habita em vós. E, se alguém não tem o Espírito de Cristo, esse tal não é dele.
—ROMANOS 8:9

Devemos nos lembrar de que Cristo veio fortalecido pelo Espírito Santo de uma forma peculiar, a saber, para que pudesse nos separar do mundo e nos unir na esperança de uma herança eterna. Logo o Espírito é chamado de Espírito de santificação, porque Ele nos vivifica e nutre — não meramente pela energia universal que é vista na raça humana, assim como em outros animais, mas porque Ele é a semente e a raiz da vida celestial em nós.

Consequentemente, um dos mais grandiosos enaltecimentos que os profetas dão ao reino de Cristo é de que sob esse reino o Espírito seria derramado em mais rica abundância. Uma das passagens mais notáveis encontra-se em Joel: "E acontecerá, depois, que derramarei o meu Espírito sobre toda a carne..." (2:28). Pois, embora o profeta pareça confiar os dons do Espírito ao ofício da profecia, ele, contudo, insinua com uma ilustração de que Deus, pela iluminação de Seu Espírito, proverá para si discípulos que anteriormente eram ignorantes da doutrina celestial por completo.

Além disso, como é por amor a Seu Filho que Deus nos concede o Espírito Santo e, também confiou-o em toda a Sua plenitude ao Filho para ser ministro e dispensador de Sua generosidade, Ele é chamado em um momento de Espírito do Pai e em outro de Espírito do Filho: "Vós, porém, não estais na carne, mas no Espírito, se, de fato, o Espírito de Deus habita em vós. E, se alguém não tem o Espírito de Cristo, esse tal não é dele" (ROMANOS 8:9). Paulo, portanto, nos encoraja a ter esperança de renovação completa: "Se

João Calvino

habita em vós o Espírito daquele que ressuscitou a Jesus dentre os mortos, esse mesmo que ressuscitou a Cristo Jesus dentre os mortos vivificará também o vosso corpo mortal, por meio do seu Espírito, que em vós habita" (ROMANOS 8:11). Não há inconsistência em atribuir ao Pai a glória desses dons, na medida em que Ele é seu autor; e, ao mesmo tempo, atribuí-los a Cristo, a quem foram confiados, para que Ele possa outorgá-los a Seu povo.

IMERSOS PELO ESPÍRITO

Afirmou-lhe Jesus:
Quem beber desta água tornará a ter sede.
—JOÃO 4:13

Nesse texto será adequado ressaltar os títulos que as Escrituras concedem ao Espírito quando tratam do princípio e da inteira renovação de nossa salvação. Primeiro, Ele é chamado de "Espírito de adoção" porque nos é testemunha de um favor gratuito com o qual Deus, o Pai, abraça-nos em Seu bem-amado e unigênito Filho, de modo a tornar-se nosso Pai e dar-nos ousadia para acesso a Ele. De fato, Ele dita as exatas palavras para que possamos clamar ousadamente: "*Aba*, Pai". Pela mesma razão, diz-se que Ele "...nos selou e nos deu o penhor do Espírito em nosso coração", porque, como peregrinos no mundo e pessoas de certo modo mortas, Ele nos vivifica do alto de modo a nos garantir que nossa salvação esteja incólume no cuidado do Deus fiel. Por isso, também, diz-se que o Espírito "...é vida, por causa da justiça".

Mas, visto que é a Sua irrigação secreta que nos faz florescer e produzir frutos de justiça, Ele é repetidamente descrito como água. Correspondentes a isso são as palavras de nosso Salvador às quais eu recentemente me referi: "...Se alguém tem sede, venha a mim e beba". Por outro lado, como Ele é constantemente empregado no subjugar e destruir os vícios de nossa concupiscência e inflamar o nosso coração com o amor de Deus e a piedade, Ele então recebe o nome de Fogo. Em suma, Ele nos é apresentado como a Fonte de onde todas as riquezas celestiais fluem até nós; ou Ele é descrito como a Mão pela qual Deus exerce o Seu poder, porque, por Sua divina inspiração, Ele sopra vida divina em nós de tal forma que já não mais exercemos influência sobre nós mesmos, mas somos governados por Seu direcionamento e ação, de modo

João Calvino

que tudo o que é bom em nós é fruto de Sua graça, enquanto nossos próprios méritos sem Ele são meras trevas da mente e perversidade de coração.

De fato, já foi claramente demonstrado que, até que nossa mente esteja imersa pelo Espírito, Cristo fica, de certo modo, sem ação sobre nós porque o enxergamos friamente sem nós e, portanto, distante de nós.

APRENDENDO A FÉ

*Agora, pois, encomendo-vos ao Senhor e à palavra
da sua graça, que tem poder para vos edificar
e dar herança entre todos os que são santificados.*
—ATOS 20:32

Devemos, necessariamente, dar uma definição mais clara de fé de modo a capacitar os leitores a apreenderem sua natureza e seu poder. Nesse momento é importante trazer à mente o que já se ensinou anteriormente. Primeiro, dado que Deus por Sua Lei prescreve o que devemos fazer, o fracasso em qualquer um dos aspectos nos sujeita ao temível julgamento de morte eterna que a própria Lei delata. Segundo, pelo fato de não ser apenas difícil, mas também por estar inteiramente além de nossa força e habilidade de cumprir as demandas da Lei, se olharmos somente para nós mesmos e considerarmos o que é devido a nossos méritos, não resta fundamento algum para esperança e encontramo-nos desamparados de Deus sob morte eterna. Terceiro, há apenas um método de libertação que pode nos resgatar dessa calamidade miserável: quando Cristo, o Redentor, surge (por cuja mão nosso Pai celestial, em Sua bondade e misericórdia infinitas, agradou-se de socorrer-nos) se nós com fé verdadeira admitimos essa misericórdia e com firme esperança nela descansamos.

É agora devido considerar a natureza dessa fé, por cujos meios aqueles que são adotados na família de Deus passam a ter posse do reino celestial. Para a concretização de um fim tão grandioso, é óbvio que nenhuma mera opinião ou persuasão é adequada. Vendo que Deus habita em luz inacessível, Cristo deve intervir. Logo, Ele se designa como a "luz do mundo" e em outra passagem "o caminho, a verdade e a vida". Ninguém vai ao Pai (que é a fonte de vida) senão por Ele, pois "...ninguém conhece o Pai, senão o

João Calvino

Filho e aquele a quem o Filho o quiser revelar". É, de fato, verdade que a fé diz respeito somente a Deus, mas a isso devemos acrescentar que ela reconhece Jesus Cristo a quem o Pai enviou. Deus permaneceria distante, oculto de nós, se não fôssemos iluminados pelo resplendor de Cristo. Tudo o que o Pai possuía, Ele colocou em Seu Filho unigênito para que pudesse manifestar-se no Filho e assim, ao comunicar bênçãos, expressar a verdadeira imagem da Sua glória.

TESOUROS DA GRAÇA

*Mas não foi assim que aprendestes a Cristo,
se é que, de fato, o tendes ouvido e nele
fostes instruídos, segundo é a verdade em Jesus.*
—EFÉSIOS 4:20,21

O verdadeiro conhecimento de Cristo consiste em recebê-lo como Ele é oferecido pelo Pai, a saber, legitimado por Seu evangelho. Pois, sendo Jesus designado como a razão de nossa fé, não podemos diretamente nos voltar a Ele salvo sob a orientação do evangelho. Nele, certamente, os tesouros da graça nos são revelados. Paulo faz da fé um acompanhante inseparável da doutrina (EFÉSIOS 4:20,21).

De qualquer maneira, eu não restrinjo a fé ao evangelho de tal modo que não se admita que o suficiente fora entregue a Moisés e aos profetas para que formassem um fundamento da fé; mas, como o evangelho exibe uma manifestação mais plena de Cristo, Paulo merecidamente o denomina de doutrina da fé (1 TIMÓTEO 4:6). Por essa razão ele diz que, em decorrência da fé, a Lei foi abolida (ROMANOS 10:4), incluindo sob a expressão um novo e insólito modo de ensino pelo qual Cristo, do período de Sua aparição como grande Mestre, deu uma ilustração mais plena da misericórdia do Pai e testificou mais seguramente a nossa salvação.

Devemos nos lembrar de que há uma relação inseparável entre a fé e a Palavra e de que elas não podem mais ser desconectadas uma da outra assim como não o podem os raios de luz do Sol. Logo, em Isaías, o Senhor exclama: "...ouvi, e a vossa alma viverá..." (ISAÍAS 55:3). Caso a fé tenha um mínimo declínio com base no padrão que deve objetivar, ela não conserva sua natureza, mas se torna credulidade incerta e deambulação vaga da mente. Remova a Palavra, portanto, e fé alguma permanecerá. Seja utilizando ações

João Calvino

do homem ou obras imediatas de Seu próprio poder, Deus sempre se manifesta por Sua Palavra àqueles a quem concebeu para atrair para si.

A fé não inclui meramente o conhecimento de que Deus é, mas também uma percepção de Sua vontade para conosco. A nós diz respeito não apenas saber o que Ele é em si, mas também de que modo Ele se agrada de manifestar-se a nós. Portanto, agora vemos que a fé é o conhecimento da vontade divina em relação a nós, como comprovado por Sua Palavra. E o alicerce da fé é a prévia convicção da verdade de Deus.

MISERICÓRDIA E VERDADE

*Não ocultei no coração a tua justiça; proclamei
a tua fidelidade e a tua salvação; não escondi da grande
congregação a tua graça e a tua verdade.
Não retenhas de mim, S*ENHOR, *as tuas misericórdias;
guardem-me sempre a tua graça e a tua verdade.*
—SALMO 40:10,11

Como o coração do homem não é levado à fé por toda a palavra vinda de Deus, devemos então considerar ao que propriamente a fé se refere na Palavra. A declaração de Deus a Adão foi: "…certamente morrerás" (GÊNESIS 2:17), e a Caim: "…A voz do sangue de teu irmão clama da terra a mim" (GÊNESIS 4:10). Mas estas, tão distante de serem adequadas para estabelecer a fé, tratam apenas de abalá-la. Ao mesmo tempo, não negamos que é ofício da fé aquiescer à verdade de Deus sempre que Ele fala, independentemente do que o Senhor fala e de qualquer forma que Ele fale. Nós estamos apenas indagando o que a fé pode encontrar na Palavra de Deus para que nisso possa se apoiar e suportar-se. Quando a consciência vê apenas ira e indignação, como pode não tremer e se amedrontar? E como pode evitar rejeitar o Deus a quem teme? Mas a fé deve buscar a Deus, não rejeitá-lo.

Somos atraídos para buscar a Deus quando nos é dito que nossa segurança é guardada nele, e isso nos é confirmado quando Ele declara que considera nosso bem-estar e por ele se interessa. Logo há necessidade da promessa graciosa em que Ele testifica ser um Pai favorável, visto que não há outro modo pelo qual possamos nos aproximar dele — a promessa sendo a única coisa na qual o coração do homem pode reclinar-se. Por essa razão as duas coisas, misericórdia e verdade, são uniformemente conjuntas nos Salmos como tendo conexão mútua entre si. Pois não haveria proveito

João Calvino

algum para nós sabermos que Deus é verdadeiro se Ele, em misericórdia, não nos atraísse para si; nem poderíamos de nós mesmos nos nutrirmos de Sua misericórdia caso Ele não a oferecesse deliberadamente. "...Proclamei a tua fidelidade e a tua salvação; não escondi da grande congregação a tua graça e a tua verdade. Não retenhas de mim, Senhor, as tuas misericórdias; guardem-me sempre a tua graça e a tua verdade" (SALMO 40:10,11).

Devemos agora ter uma definição plena de fé se dizemos que é um conhecimento firme e certo do favor divino para conosco, fundamentado na verdade de uma promessa gratuita em Cristo, revelada à nossa mente e selada em nosso coração pelo Espírito Santo.

CONFIANÇA CONVICTA

*Justificados, pois, mediante a fé, temos paz com Deus
por meio de nosso Senhor Jesus Cristo;
por intermédio de quem obtivemos igualmente acesso,
pela fé, a esta graça na qual estamos firmes;
e gloriamo-nos na esperança da glória de Deus.*
—ROMANOS 5:1,2

A principal dobradiça em que a fé se move é a seguinte: nós não devemos supor que qualquer promessa de misericórdia que o Senhor oferece é apenas verdadeira à parte de nós e jamais em nós; antes deveríamos fazê-las nossas acolhendo-as intimamente. Somente dessa forma é gerada a confiança que Paulo em outro momento denomina de paz (ROMANOS 5:1), embora talvez sua intenção fosse afirmar que a paz é resultado dela. Essa é a segurança que aquieta e apazigua a consciência diante do julgamento de Deus e sem a qual fica necessariamente irritada e quase despedaçada por turbulento pavor — exceto quando ocorre de adormecer por um momento, distraída tanto de Deus quanto de si mesma. E verdadeiramente não passa de um momento; ela nunca desfruta longamente desse miserável torpor, pois a memória do julgamento divino, ocasionalmente se repetindo, aguilhoa profundamente.

Em uma palavra, somente é cristão verdadeiro aquele que, firmemente convencido de que Deus está reconciliado com ele e lhe é um Pai amável, tudo espera de Sua bondade e que, confiando nas promessas de favor divino com lealdade inquestionável, espera ansiosamente a salvação, como o apóstolo demonstra nestas palavras: "...se, de fato, guardarmos firme, até ao fim, a confiança que, desde o princípio, tivemos" (HEBREUS 3:14). Ele então sustenta que ninguém tem de fato esperança no Senhor, salvo aqueles que confiantemente gloriam-se de serem herdeiros do reino celestial.

João Calvino

Nenhum homem, eu digo, é cristão senão aquele que, confiando na segurança de sua salvação, triunfa confiantemente contra o diabo e a morte como nos é ensinado pela nobre exclamação de Paulo: "Porque eu estou bem certo de que nem a morte, nem a vida, nem os anjos, nem os principados, nem as coisas do presente, nem do porvir, nem os poderes, nem a altura, nem a profundidade, nem qualquer outra criatura poderá separar-nos do amor de Deus, que está em Cristo Jesus, nosso Senhor" (ROMANOS 8:38,39). De forma semelhante, o mesmo apóstolo não considera que os olhos de nosso entendimento estejam esclarecidos a menos que saibamos qual é a esperança de herança eterna para a qual somos chamados (EFÉSIOS 1:18). Assim ele insinua consistentemente ao longo de seus escritos que a bondade de Deus não é adequadamente compreendida quando dela não deriva a segurança como seu fruto.

João Calvino

UM EMBATE PERPÉTUO

*Sinto abatida dentro de mim a minha alma;
lembro-me, portanto, de ti, nas terras do Jordão,
e no monte Hermom, e no outeiro de Mizar.*

—SALMO 42:6

Quando dizemos que a fé deve ser certa e segura, certamente não falamos de uma confiança que nunca seja afetada pela dúvida, nem de uma segurança que a ansiedade nunca assalta. Antes mantemos a postura de que os cristãos têm um embate perpétuo com sua própria desconfiança e estão, portanto, distantes de cogitar que suas consciências possuam uma quietude plácida, jamais interrompida pela ansiedade. Por outro lado, independentemente do modo pelo qual sejam assaltados, negamos que cheguem a cair e abandonar essa plena confiança que formaram na misericórdia de Deus.

As Escrituras não colocam diante de nós um exemplo mais radiante e memorável de fé do que o de Davi especialmente se dermos atenção ao constante movimento de sua vida. E, contudo, suas inúmeras queixas comprovam como a sua mente estava distante de gozar de plena paz, dentre as quais será suficiente selecionar algumas poucas. Quando ele reprova as turbulentas movimentações de sua alma, o que mais poderia ser senão uma censura de sua incredulidade? "Por que estás abatida, ó minha alma? Por que te perturbas dentro de mim? Espera em Deus…" (SALMO 42:5). Sua inquietação era indubitavelmente um sinal manifesto de desconfiança, como se ele pensasse que o Senhor o tivesse abandonado. Em outra passagem temos uma confissão mais completa: "Eu disse na minha pressa: estou excluído da tua presença…" (SALMO 31:22). Em outra passagem, com ansiedade e miserável perplexidade, ele debate consigo mesmo; não, ele levanta uma questão com relação

João Calvino

à natureza de Deus: "Esqueceu-se Deus de ser benigno? Ou, na sua ira, terá ele reprimido as suas misericórdias?" (SALMO 77:9). O que vem a seguir é ainda mais severo: "Então, disse eu: isto é a minha aflição; mudou-se a destra do Altíssimo". Como se desesperado, ele se sujeita à destruição. Ele não apenas confessa que está agitado pela dúvida, mas, como se tivesse perdido a disputa, nada de suplementar lhe resta — tendo Deus o abandonado e transformado a mão que tinha o costume de auxiliá-lo em instrumento de sua destruição. Assim Davi, quando parecia estar sobrepujado, não deixava de exigir de si mesmo o elevar-se até Deus.

A FÉ VENCE

Por sobre mim passaram as tuas iras,
os teus terrores deram cabo de mim.
—SALMO 88:16

O cristão encontra dois princípios em seu interior: um que o preenche de satisfação ao reconhecer a bondade divina e outro que o preenche de amargura devido à percepção de seu estado caído; um que o leva a reclinar-se na promessa do evangelho, outro que o apavora pela convicção de sua iniquidade; um que o faz exultar com a expectativa de vida, outro que o faz tremer com o medo da morte. Essa diversidade deve-se à imperfeição da fé, visto que nunca estamos tão perfeitamente bem no curso da vida presente a ponto de estarmos completamente curados da doença da desconfiança, inteiramente reabastecidos pela fé e nela imersos. Portanto, a partir desses conflitos: a desconfiança apega-se aos restos da carne levantando-se para assaltar a fé que está conquistando nosso coração. Mas, se, na mente do cristão, a certeza é mesclada à dúvida, não seremos sempre levados de volta à conclusão de que a fé consiste não no entendimento convicto e claro, mas apenas no entendimento obscuro e confuso da vontade divina com relação a nós? De modo algum. Embora sejamos distraídos por vários pensamentos, não ocorre de ficarmos imediatamente despojados de fé. Ainda que fiquemos agitados e sejamos lançados de um lado para outro pela desconfiança, não somos imediatamente imersos no abismo; embora abalados, não somos retirados de nosso posto. A questão invariável para debate é que a fé, a longo prazo, supera as dificuldades pelas quais foi assolada e parecia ser ameaçada.

A totalidade, então, é a seguinte: assim que a mais ínfima partícula de fé é instilada em nossa mente, começamos a contemplar a

João Calvino

face de Deus — plácida, serena e benevolente — muito distante, de fato, mas ainda tão distinta a ponto de nos garantir que nela não há engano. Em proporção ao progresso que posteriormente fazemos (e o progresso deve ser ininterrupto), obtemos uma visão mais próxima e segura, cuja própria permanência a torna mais familiar para nós. Assim vemos que a mente iluminada com o conhecimento de Deus está a princípio envolvida em grande ignorância — ignorância, entretanto, que é gradualmente removida. Ainda assim essa ignorância parcial ou esse discernimento obscuro não impede o conhecimento nítido do favor divino que tem o primeiro e principal papel na fé.

PROTEGIDO PELA FÉ

...embraçando sempre o escudo da fé, com o qual poderreis apagar todos os dardos inflamados do Maligno.
—EFÉSIOS 6:16

Para resistir aos ataques, a fé se arma e se fortifica com a Palavra de Deus. Quando a tentação sugerida é a de que Deus é um inimigo porque Ele aflige, a fé responde que, enquanto Ele aflige, Ele é misericordioso; Seu castigar é mais proveniente do amor do que da ira. Ao pensamento de que Deus é o vingador da perversidade, a fé se opõe com perdão pronto para ser concedido a todas as transgressões sempre que o pecador se submete à misericórdia divina. Assim a mente piedosa, independentemente do quão agitada e despedaçada esteja, eleva-se lentamente acima de todas as dificuldades e não permite que sua confiança na misericórdia divina seja destruída. Não, antes disso, as disputas que exercem e perturbam tendem a consagrar essa confiança.

Uma prova disto é que os santos, quando têm a mão de Deus pesando grandemente sobre si, ainda apresentam suas queixas a Ele e continuam a invocá-lo quando tudo indica que Ele está pouquíssimo disposto a ouvir. Mas de que adiantaria se lamentarem diante dele se não tivessem esperança de consolo? Eles nunca o invocariam se não cressem que Ele está pronto para auxiliá-los. Assim os discípulos, enquanto eram repreendidos por seu Mestre por razão da fraqueza de sua fé ao clamarem que estavam perecendo, ainda imploraram Seu socorro (MATEUS 8:25). E Ele, ao repreendê-los por sua falta de fé, não os rejeita nem os classifica como incrédulos, mas os instiga a livrarem-se da fraqueza.

Portanto, como já dissemos, reafirmamos novamente que a fé permanecendo fixa no peito do cristão não pode jamais ser extirpada dele. Ainda que pareça abalada e inclinada nessa ou naquela

João Calvino

direção, sua chama jamais será completamente extinta de modo que não possa ao menos esconder-se sob as brasas. Dessa forma, parece que a Palavra, que é semente incorruptível, produz fruto similar a si mesma. Seu broto nunca seca totalmente e perece. A fé, como Paulo declara (EFÉSIOS 6:16) é nosso escudo que, ao receber esses dardos, evita-os por completo ou ao menos acaba com sua força e impede que alcancem os órgãos vitais.

ARREPENDIMENTO E FÉ

*...testificando tanto a judeus
como a gregos o arrependimento para com Deus
e a fé em nosso Senhor Jesus [Cristo].*
—ATOS 20:21

Quando atribuímos a origem do arrependimento à fé, não sonhamos com algum período de tempo em que a fé deve dar à luz ao arrependimento. Desejamos apenas demonstrar que um homem não pode engajar-se seriamente no arrependimento a menos que ele saiba que pertence a Deus. Mas nenhum homem é verdadeiramente convencido de que pertence a Deus até que tenha recebido o favor que Ele oferece. Alguns são eventualmente ludibriados, acreditando que não são poucos os que são submetidos ao terror da consciência, ou que estão dispostos a obedecer antes mesmo de serem imbuídos de conhecimento; ou melhor, antes de sentirem qualquer aroma do favor divino (ATOS 20:21). Esse é aquele medo inicial que alguns escritores classificam entre as virtudes, porque acreditam que isso aproxima-se da obediência verdadeira e genuína.

Mas aqui não estamos considerando as várias maneiras pelas quais Cristo nos atrai a Ele ou nos prepara para a observância da piedade. Tudo o que digo é que nenhuma justiça pode ser encontrada onde o Espírito, a quem Cristo recebeu para que o pudesse comunicar a Seus membros, não reinar. Então, segundo a passagem do Salmo 130, "Contigo, porém, está o perdão, para que te temam" (v.4). Nenhum homem jamais reverenciará Deus se não confiar que Deus é favorável a ele; nenhum homem jamais, voluntariamente, se colocará a observar a Lei se não for convencido de que seus atos são agradáveis a Deus. A indulgência de Deus ao tolerar e perdoar nossas iniquidades é um sinal de favor paternal.

João Calvino

Isso também fica claro na exortação de Oseias: "Vinde, e tornemos para o SENHOR, porque ele nos despedaçou e nos sarará; fez a ferida e a ligará" (6:1). A esperança de perdão é empregada como estímulo para nos impedir de nos tornarmos desenfreados com o pecado.

PARTICIPANTES DA GRAÇA

*Era André, o irmão de Simão Pedro,
um dos dois que tinham ouvido o testemunho de João e
seguido Jesus. Ele achou primeiro o seu
próprio irmão, Simão, a quem disse: Achamos o Messias
(que quer dizer Cristo), e o levou a Jesus.
Olhando Jesus para ele, disse: Tu és Simão, o filho de João;
tu serás chamado Cefas (que quer dizer Pedro).*

—JOÃO 1:40-42

A intenção do evangelista é nos informar com que constância os discípulos eram trazidos a Cristo. Aqui ele faz o relato sobre Pedro e posteriormente mencionará Filipe e Natanael. O fato de André imediatamente levar seu irmão expressa a natureza da fé, que não encobre ou extingue a luz, mas antes a propaga em todas as direções. André mal tem uma centelha e, contudo, por meio dela, ilumina seu irmão. Ai de nossa morosidade, portanto, se, após sermos plenamente esclarecidos, não nos esforçarmos para levarmos outros a serem participantes dessa mesma graça.

Podemos observar em André duas coisas que Isaías requer dos filhos de Deus, a saber: que cada um deveria tomar seu próximo pela mão e que deveria dizer: "...Vinde, e subamos ao monte do SENHOR e à casa do Deus de Jacó, para que nos ensine os seus caminhos..." (ISAÍAS 2:3). Pois André estende a mão a seu irmão, mas, ao mesmo tempo, deseja que ele possa se tornar seu o discípulo companheiro na escola de Cristo.

Devemos também observar o propósito de Deus, que determinou que Pedro, que viria a ser muito mais eminente, fosse levado ao conhecimento de Cristo por ação e ministério de André. Nenhum de nós, independentemente do quão extraordinário sejamos, pode

João Calvino

se recusar a ser ensinado por um inferior, pois esse homem será severamente punido por sua impertinência ou, melhor, por seu orgulho; e mediante seu desprezo por um homem, se recusará a vir a Cristo.

DILIGENTE E CONSTANTE

*Lembraram-se os seus discípulos de que está escrito:
O zelo da tua casa me consumirá.*
–JOÃO 2:17

O evangelista diz que o zelo de Cristo foi um dos sinais pelos quais os discípulos souberam que fora Jesus quem protegera e restaurara o reino de Deus. Agora observe que eles seguiram a orientação das Escrituras a fim de formar tal opinião com relação a Cristo e deveriam mantê-la. De fato, homem algum jamais aprenderá o que Cristo é, ou qual é o objetivo do que Ele fez e do Seu sofrimento, a menos que tenha sido ensinado e orientado pelas Escrituras. Entretanto, à medida que cada um de nós deseja progredir no conhecimento de Cristo, será necessário que as Escrituras sejam o tema de nossa constante e diligente meditação.

Não é sem um bom motivo que Davi menciona a casa de Deus quando se trata da glória divina; pois, embora Deus seja suficiente para si e não precise dos serviços de ninguém, Ele, contudo, deseja que Sua glória seja manifesta na Igreja. Dessa forma Ele dá prova notável do Seu amor por nós, porque o Senhor une a Sua glória à nossa salvação, com uma conexão indissolúvel. Agora, como Paulo nos informa que uma doutrina geral é apresentada a todo o corpo (ROMANOS 15:3), que cada um de nós responda ao convite de Cristo, porque, segundo aquilo que nos é possível, não devemos permitir que o templo de Deus seja poluído de forma alguma.

"Ele deseja que Sua glória seja manifesta na Igreja."

João Calvino

A APROVAÇÃO DE CRISTO

...mas o próprio Jesus não se confiava a eles, porque os conhecia a todos.
—JOÃO 2:24

Nada é mais perigoso do que a hipocrisia, pois essa justificação de uns para com outros é uma falha extremamente comum. Dificilmente há algum homem que não esteja satisfeito consigo mesmo, e, enquanto nos autoenganamos com lisonjas vazias, imaginamos que Deus seja cego como nós o somos.

Mas aqui somos lembrados da amplitude de diferença entre o Seu julgamento e o nosso, pois Ele vê claramente aquelas coisas que não percebemos por estarem encobertas por algum disfarce, e Ele avalia segundo suas fontes ocultas, ou seja, segundo o sentimento mais secreto do coração, aquelas coisas que deslumbram nossos olhos com falso esplendor. Por isso Salomão diz que Deus sonda o coração dos homens e os pesa em Sua balança, enquanto eles se bajulam em seus caminhos (PROVÉRBIOS 21:2).

Lembremo-nos, portanto, de que ninguém é verdadeiro discípulo de Cristo se não for aprovado por Ele, pois em tal questão somente Ele é competente para decidir e julgar.

> *"Deus sonda o coração dos homens
> e os pesa em Sua balança...".*

João Calvino

OS GRILHÕES DA MORTE

*...ao qual, porém, Deus ressuscitou,
rompendo os grilhões da morte; porquanto
não era possível fosse ele retido por ela.*
—ATOS 2:24

Nós devemos buscar uma interpretação mais segura sobre a descida de Cristo ao inferno. Nada teria sido feito se Cristo apenas tivesse suportado a morte corpórea. A fim de interpor-se entre nós e a ira de Deus, e para satisfazer Seu justo julgamento, foi necessário que Ele sentisse o peso da vingança divina. Foi também necessário que Ele atacasse, de certo modo, muito proximamente os poderes do inferno e os horrores da morte eterna. Não há nada insólito em dizer que Ele desceu ao inferno, sabendo que Ele suportou a morte que é imposta ao perverso por um Deus irado. É leviano e grotesco contestar que dessa forma a ordem é pervertida, sendo absurdo que um evento que precede o sepultamento seja colocado posteriormente. Mas, após explicar o que Cristo suportou aos olhos do homem, o Credo dos Apóstolos acrescenta adequadamente o julgamento invisível e incompreensível que Ele suportou diante de Deus para nos ensinar que não apenas o corpo de Cristo foi entregue como o preço da redenção, mas que havia um preço ainda maior e mais descomunal: Ele carregou em Sua alma as torturas de homens condenados e arruinados.

Nesse sentido, Pedro diz que Deus ressuscitou Cristo "...rompendo os grilhões da morte; porquanto não era possível fosse ele retido por ela" (ATOS 2:24). Ele não menciona simplesmente a morte, mas diz que o Filho de Deus suportou as dores produzidas pela maldição e ira de Deus, a fonte da morte. Quão pouco importante seria superar a morte ileso, como se fosse uma brincadeira suportá-la. Nisto está a prova de misericórdia infinita: Ele não

João Calvino

evitou a morte que tanto temia. Cristo, então, orando em alta voz e com lágrimas é ouvido em Seu temor; não para que fosse eximido da morte, mas para que não fosse engolido por ela como um pecador, embora colocando-se como nosso representante. Logo, ao engajar-se com o poder do diabo, o medo da morte e os grilhões do inferno, Ele obteve vitória e alcançou o triunfo para que nós agora não temamos na morte aquilo que nosso Príncipe destruiu.

PADECENDO DE ENFERMIDADES

*Porque não temos sumo sacerdote
que não possa compadecer-se das nossas fraquezas;
antes, foi ele tentado em todas
as coisas, à nossa semelhança, mas sem pecado.*
—HEBREUS 4:15

Convém-nos professar com ousadia a agonia de Cristo se não nos envergonhamos da cruz. E certamente, se a Sua alma não tivesse compartilhado do castigo, Ele teria sido somente um Redentor de corpos. O propósito de Sua luta era erguer aqueles que estavam prostrados. Isso está muito longe de diminuir Sua glória celestial, pois Sua bondade jamais poderá ser celebrada o suficiente, e nisto se torna mais notável: Ele não se recusou a levar nossas enfermidades. Consequentemente há também essa consolação para nossa ansiedade e nosso desgosto, que é colocada diante de nós pelo apóstolo (HEBREUS 4:15). Não há motivo para se inquietar com enfermidades em Cristo, enfermidades às quais Ele se submeteu não sob o constrangimento da violência e necessidade, mas meramente porque Ele nos amava e sentia compaixão. Tudo o que Ele sofreu espontaneamente não diminui em grau algum Sua majestade. Em Cristo, uma enfermidade era pura e livre de todos os tipos de mácula, à medida em que fosse contida dentro dos limites da obediência. Nenhuma moderação pode ser vista na depravação de nossa natureza, mas, como Cristo era íntegro, todas as Suas afeições estavam sob tal restrição impedindo tudo o que fosse em demasia. Consequentemente, Ele podia assemelhar-se a nós em pesar, medo e pavor, contudo com essa marca de distinção.

Que o leitor piedoso considere o quanto é honroso a Cristo ser visto como alguém com maior sensibilidade e discrição do que a generalidade dos homens. Ladrões e outros malfeitores

João Calvino

revoltosamente apressam-se para a morte, muitos homens a desprezam magnanimamente, outros a encontram calmamente. Estando o Filho de Deus atônito e aterrorizado com a perspectiva da morte, onde estava Sua firmeza ou magnanimidade? Inclusive nos é dito que, nas profundezas da Sua agonia, o Seu suor era como grandes gotas de sangue caindo no chão, e, em uma morte comum, isso teria sido considerado extraordinário. Esse espetáculo, contudo, não foi exibido aos olhos de outros, visto que foi em um local isolado que Ele proferiu Seus gemidos a Seu Pai. E para que não reste dúvida alguma, foi necessário que anjos descessem do Céu para fortalecê-lo com consolação milagrosa.

A ALMA RENOVADA

*Se voltares, ó Israel, diz o Senhor,
volta para mim; se removeres as tuas abominações
de diante de mim, não mais
andarás vagueando; se jurares pela vida do Senhor,
em verdade, em juízo e em justiça, então,
nele serão benditas as nações e nele se glorificarão.*
—JEREMIAS 4:1,2

Na conversão da vida a Deus, nós exigimos uma transformação não apenas em obras externas, mas na própria alma, e essa transformação só é capaz de ocorrer após haver abdicação dos velhos hábitos para gerar frutos harmonizados à sua renovação. O profeta, visando expressar isso, ordena àqueles a quem chama ao arrependimento que criem "...coração novo e espírito novo..." (EZEQUIEL 18:31). Moisés, em diversas ocasiões, quando desejava demonstrar como os israelitas deveriam arrepender-se e voltar-se ao Senhor, dizia-lhes que deviam fazê-lo de todo o coração e toda a alma (um modo de expressão de frequência recorrente nos profetas), e, por utilizar essa expressão em relação à emancipação do coração, aponta para afeições interiores.

Mas não há passagem melhor adequada para ensinar-nos a natureza genuína do arrependimento do que a seguinte: "Se voltares, ó Israel, diz o Senhor, volta para mim [...]. Lavrai para vós outros campo novo e não semeeis entre espinhos. Circuncidai-vos para o Senhor, circuncidai o vosso coração..." (JEREMIAS 4:1-4). Veja como ele lhes declara que não será de utilidade alguma iniciar a observância da justiça a menos que a impiedade tenha sido antes de tudo erradicada do mais íntimo de seu coração. E para causar maior impressão, ele os relembra de que pertencem a Deus e nada poderão ganhar com dolo porque o Senhor odeia o coração dobre.

João Calvino

Por essa razão, Isaías escarnece das estapafúrdias tentativas dos hipócritas que zelosamente visavam o arrependimento exterior pela observância de cerimônias, entretanto não se importavam com o seguinte: "...que soltes as ligaduras da impiedade, desfaças as ataduras da servidão, deixes livres os oprimidos e despedaces todo jugo" (ISAÍAS 58:6). Nessas palavras ele demonstra admiravelmente em que consistem os atos de sincero arrependimento.

UM MEDO SINCERO

Porque a tristeza segundo Deus produz arrependimento para a salvação, que a ninguém traz pesar; mas a tristeza do mundo produz morte.
—2 CORÍNTIOS 7:10

O arrependimento deve, necessariamente, seguir um temor genuíno a respeito de Deus. Antes que a mente do pecador possa ser inclinada ao arrependimento, ele deve ser despertado pelo pensamento do julgamento divino; mas, quando sua mente for dominada pelo pensamento de que Deus, um dia, subirá a Seu tribunal para considerar todas as palavras e ações, ela não o permitirá descansar ou ter um momento de paz, mas perpetuamente o incitará a adotar um plano de vida diferente para que esteja apto a se colocar seguramente diante do trono do julgamento.

Consequentemente as Escrituras, quando insistem no arrependimento, frequentemente introduzem o tópico do julgamento, como em Jeremias: "...para que o meu furor não saia como fogo e arda, e não haja quem o apague, por causa da malícia das vossas obras" (JEREMIAS 4:4). Paulo, em seu discurso aos atenienses, diz: "Ora, não levou Deus em conta os tempos da ignorância; agora, porém, notifica aos homens que todos, em toda parte, se arrependam; porquanto estabeleceu um dia em que há de julgar o mundo com justiça..." (ATOS 17:30,31). Certas vezes declara-se que Deus é juiz com base nas punições já impostas, levando, assim, pecadores a refletirem que o pior lhes aguarda caso não se arrependam rapidamente.

Como o arrependimento começa com terror e ódio ao pecado, o apóstolo estabelece a tristeza piedosa como uma de suas causas (2 CORÍNTIOS 7:10). Tristeza piedosa para ele trata-se de quando nós

João Calvino

não apenas trememos diante da punição, mas odiamos e desprezamos o pecado, porque sabemos que desagrada a Deus.

Há, além disso, um espírito rebelde que deve ser despedaçado como se a marteladas. A severa intimidação que Deus emprega é arrancada dele por nossas disposições depravadas, pois enquanto estamos adormecidos seria vão nos atrair com medidas reconfortantes.

E há outra razão pela qual o temor de Deus se encontra na raiz do arrependimento: ainda que a vida dos homens fosse repleta de todos os tipos de virtude, se não tivessem reverência a Deus, independentemente do quanto possam ser louvados no mundo, não passam de meras abominações no Céu — à medida em que é parte principal da justiça prestar a Deus o serviço e a honra dos quais Ele é impiamente espoliado, sempre que nos submetermos a Ele não for nosso propósito explícito.

João Calvino

MORTIFICAÇÃO

*Aparta-te do mal e pratica o que é bom;
procura a paz e empenha-te por alcançá-la.*
—SALMO 34:14

Devemos agora demonstrar qual é o significado quando dizemos que o arrependimento consiste de duas partes: mortificação da carne e a vivificação do Espírito. Ajustando-se a um povo carnal, os profetas expressam isso em termos simples e familiares: "Aparta-te do mal e pratica o que é bom..." (SALMO 34:14) e "Lavai-vos, purificai-vos, tirai a maldade de vossos atos de diante dos meus olhos; cessai de fazer o mal. Aprendei a fazer o bem; atendei à justiça, repreendei ao opressor..." (ISAÍAS 1:16,17). Em nos dissuadir da perversidade, eles exigem a destruição integral da carne, que é repleta de perversidade e malícia. É uma conquista profundamente difícil e árdua renunciarmos a nós mesmos e abrirmos mão de nossa disposição natural. Pois não se pode cogitar abolir a carne a menos que tudo o que temos de nós mesmos seja abolido. Mas, vendo que todos os desejos da carne são inimizade com Deus (ROMANOS 8:7), o primeiro passo à obediência à Sua Lei é a renúncia de nossa própria natureza.

A renovação é posteriormente manifesta pelos frutos produzidos por ela: justiça, julgamento e misericórdia. Visto que não seria suficientemente adequado executar tais atos — não fossem a mente e o coração previamente dotados de sentimentos de justiça, julgamento e misericórdia —, isso ocorre quando o Espírito Santo, inculcando a Sua santidade em nossa alma, assim as inspira com novos pensamentos e afeições para que sejam devidamente reconhecidos como novos. E, de fato, como somos naturalmente opositores de Deus, a menos que a autonegação seja antecedente, nós jamais nos inclinaremos àquilo que é correto.

João Calvino

Por essa razão, com muita frequência somos ordenados a nos dispormos do velho homem, a que renunciemos o mundo e a carne, que abandonemos nossas luxúrias e sejamos renovados no espírito de nossa mente. Além do mais, a própria palavra mortificação nos lembra do quão difícil é esquecer nossa antiga natureza, porque deduzimos que não podemos ser treinados no temor de Deus e aprender os primeiros princípios da piedade a menos que sejamos violentamente golpeados pela espada do Espírito e aniquilados, como se Deus declarasse que para estarmos classificados entre Seus filhos deve haver uma destruição de nossa natureza comum.

RASGUE SEU CORAÇÃO

*Rasgai o vosso coração,
e não as vossas vestes...*
—JOEL 2:13

Os frutos do arrependimento são ações propícias da piedade direcionadas a Deus e de amor aos homens, de santidade absoluta e de pureza de vida. Em suma, quanto mais um homem se aplica a conformar sua vida ao padrão da Lei divina, mais certos os sinais de seu arrependimento são visíveis. Assim, ao incitar-nos ao arrependimento, o Espírito traz diante de nós em um momento cada preceito da Lei e em outra ocasião os deveres da segunda aliança; embora haja também passagens em que, após condenar a impureza em sua fonte no coração, Ele posteriormente desce às marcas exteriores pelas quais prova-se a sinceridade do arrependimento.

Qualquer um moderadamente versado nas Escrituras compreenderá por si só, sem ser relembrado por outros, que, quando se trata de Deus, nada se ganha sem que se inicie pelas afeições interiores do coração. Há uma passagem de Joel que não será de pouca utilidade para a compreensão de outras: "Rasgai o vosso coração, e não as vossas vestes..." (2:13). Ambos são brevemente expostos por Tiago nestas palavras: "...Purificai as mãos, pecadores; e vós que sois de ânimo dobre, limpai o coração" (TIAGO 4:8). Aqui, de fato, o acessório é estabelecido primeiro, mas a fonte e o princípio são posteriormente destacados: as impurezas ocultas devem ser retiradas e um altar a Deus deve ser erigido no próprio coração.

Há, além disso, certos exercícios externos que empregamos em particular como soluções para nos humilharmos e domarmos a nossa carne; e publicamente para testificar o nosso arrependimento. Esses têm sua origem na retaliação de que Paulo

João Calvino

fala (2 CORÍNTIOS 7:2), pois, quando a mente está aflita, ela naturalmente expressa-se em pano de saco, gemidos e lágrimas, rejeita ornamentos e todo tipo de exibição e abandona todos os deleites. Então aquele que sente o quanto é grandiosa a rebelião da carne tenta todos os meios para refreá-la. Além disso, aquele que considera adequadamente o quão grave é ter ofendido a justiça de Deus não pode descansar até que, em sua humildade, tenha dado glória a Ele.

ARREPENDIMENTO

*Mas vós sois dele, em Cristo Jesus, o qual
se nos tornou, da parte de Deus, sabedoria,
e justiça, e santificação, e redenção*
—1 CORÍNTIOS 1:30

Como o ódio ao pecado, que é o princípio do arrependimento, dá-nos inicialmente acesso ao conhecimento de Cristo — que não se manifesta a ninguém exceto a pecadores miseráveis e aflitos, lamentando, labutando, sobrecarregados, famintos e sedentos, desfalecendo de pesar e desventura; se desejamos estar em Cristo, devemos visar o arrependimento, cultivá-lo durante nossa vida integralmente e prosseguir com ele até o fim. Cristo veio para chamar todos os pecadores, mas para chamá-los ao arrependimento. Ele foi enviado para abençoar o indigno, porém para fazê-lo de modo que "...cada um se aparte das suas perversidades". Quando Deus oferece o perdão dos pecados, Ele usualmente estipula o arrependimento em retorno, sugerindo que Sua misericórdia deveria induzir os homens a se arrependerem. "Mantende o juízo...", ele diz, "...e fazei justiça, porque a minha salvação está prestes a vir...". Novamente, "...Virá o Redentor a Sião e aos de Jacó que se converterem...". Mais uma vez, "Arrependei-vos, pois, e convertei-vos para serem cancelados os vossos pecados". Contudo, deve ser observado que o arrependimento não é condição estabelecida em tal sentido a ponto de ser uma fundação para o merecimento de perdão; não, antes ele indica o fim que se deve almejar caso se deseje obter favor, tendo Deus decidido apiedar-se dos homens pela expressa finalidade de guiá-los ao arrependimento.

Portanto, enquanto estivermos habitando a prisão do corpo, devemos lutar constantemente com os vícios de nossa natureza corrupta e assim também com nossa disposição natural.

João Calvino

Verdadeiramente podemos dizer que a vida de um homem cristão é diligência constante e exercício da mortificação da carne, até que seja seguramente massacrada e o Espírito de Deus obtenha domínio em nós. Por conseguinte, para mim parece ter feito muito progresso aquele que aprendeu a estar grandemente insatisfeito consigo mesmo. Ele, contudo, não permanece no lodo sem ir adiante; antes apressa-se e suspira por Deus para que, entrelaçado em ambas, morte e vida de Cristo, possa meditar constantemente sobre o arrependimento. Inquestionavelmente aqueles que têm ódio genuíno ao pecado não podem agir de outro modo, pois homem algum jamais odiou o pecado sem antes estar enamorado da justiça.

NOSSA ÚNICA ESPERANÇA É O CÉU

Ouvindo eles isto, enfureciam-se no seu coração e rilhavam os dentes contra ele. Mas Estêvão, cheio do Espírito Santo, fitou os olhos no céu e viu a glória de Deus e Jesus, que estava à sua direita.
—ATOS 7:54,55

Nós não podemos expressar os apuros pelos quais o servo de Cristo passou quando se viu assolado por inimigos ferozes ao seu redor. Sua boa causa fora reprimida em parte por acusações falsas e maldade e, em parte, por violência e protestos insultuosos. Rodeado de rostos austeros por todos os lados, Estêvão foi contemplado com um tipo de morte cruel e horrível. Não encontrou socorro e alívio em lugar algum. Portanto, desprovido de auxílio humano, ele se volta para Deus.

Devemos observar primeiro o seguinte: Estêvão olhou para Deus que é o Juiz da vida e da morte, voltando seus olhos contra o mundo em um momento em que fora levado a extremo desespero, quando nada mais havia diante de seus olhos, exceto a morte. Feito isso, devemos também acrescentar que sua expectativa não era vã, porque Cristo lhe apareceu quase que imediatamente. Lucas mostra que Estêvão estava agora equipado com o poder do Espírito o qual não poderia ser derrotado, de modo que nada poderia impedi-lo de contemplar os Céus. Estêvão consequentemente olha para o Céu para que possa reunir coragem contemplando Cristo para que ao morrer possa triunfar gloriosamente — tendo vencido a morte.

Mas, com relação a nós, não será surpresa se Cristo não se mostrar a nós, porque estamos profundamente arraigados e

João Calvino

firmados na Terra. Por isso o nosso coração pode nos decepcionar diante do mínimo rumor de perigo, até mesmo diante do cair de uma folha. E não por outro motivo: onde está a nossa força senão em Cristo? Mas nós ignoramos os Céus como se não tivéssemos auxílio algum exceto no mundo. Portanto, Lucas dá a seguinte razão para o fato de Estêvão haver olhado firmemente para o alto: ele estava cheio do Espírito. Devemos também ascender ao Céu, tendo esse Espírito como nosso guia e condutor sempre que somos oprimidos por dificuldades. E, certamente, até o momento quando o Espírito vier iluminar os nossos olhos, eles não serão tão ágeis em se voltarem ao Céu. Sim, os olhos da carne são tão embotados que não podem ascender ao Céu.

SENHOR, VIVIFIQUE NOSSA VISÃO

*...e disse: Eis que vejo os céus abertos
e o Filho do Homem, em pé à destra de Deus.*
—ATOS 7:56

Estêvão triunfa corajosamente contra seus inimigos quando afirma claramente que viu um milagre. Aqui pode se perguntar: Como os Céus foram abertos? De minha parte, acredito que nenhuma mudança ocorreu na natureza dos Céus, mas foi concedido a Estêvão uma nova vivificação da visão a qual transpassou todas as barreiras e alcançou a invisível glória do reino do Céu. Pois, ainda que houvesse certa abertura ou partição no Céu, os olhos humanos, contudo, não poderiam alcançar tal domínio. Novamente, somente Estêvão viu a glória de Deus; pois esse espetáculo não foi apenas omitido dos perversos, que estavam no mesmo local; eles estavam também tão cegos em seu íntimo que não enxergaram a verdade manifesta. Portanto, ele diz que os Céus estão abertos para ele nesse contexto porque nada o impede de contemplar a glória de Deus. Ao que segue que o milagre não foi forjado nos Céus, mas em seus olhos.

É certo que Cristo apareceu diante dele de uma forma sobrenatural, de um modo novo e único. Eu lhe pergunto: de que cor era a glória de Deus para que pudesse ser vista naturalmente com os olhos da carne? Portanto, nada devemos imaginar nessa visão senão aquilo que é divino. Além do mais, isto é digno de observação: a glória de Deus não apareceu diante de Estêvão integralmente como ela é, mas segundo sua capacidade humana. Pois essa eternidade não pode ser compreendida com a habilidade proporcional a qualquer criatura. Sendo assim, se desejamos sentir Jesus presente pela obra de Sua graça, devemos buscá-lo no Céu como Ele se revelou ali a Estêvão.

João Calvino

AMANDO EM MEIO À ADVERSIDADE

*E apedrejavam Estêvão, que invocava
e dizia: Senhor Jesus, recebe o meu espírito!
Então, ajoelhando-se, clamou em alta voz:
Senhor, não lhes imputes este pecado!
Com estas palavras, adormeceu.*

—ATOS 7:59,60

Quando Estêvão ora: "...Senhor, não lhes imputes este pecado!...", ele associa o amor de humanos à fé em Cristo, e certamente, se desejamos estar ligados a Cristo para nossa salvação, devemos revestir-nos desse amor. Considerando que Estêvão ora por seus inimigos, sendo eles um tanto mortais, e até mesmo no exato instante em que a crueldade de seus inimigos poderia provocar-lhe o desejo de vingança, Estêvão com essa oração declara suficientemente qual o sentimento que nutre por todas as pessoas.

E sabemos que todos nós somos ordenados a fazer o mesmo que Estêvão fez. Pois não há nada mais difícil do que perdoar males de modo a virmos a desejar o bem àqueles que nos aniquilariam (MATEUS 5:43,44); portanto devemos sempre colocar Estêvão como exemplo diante de nossos olhos. Ele clama, de fato, com alta voz, mas não demonstra diante de sua plateia tendência de que não estivesse falando sinceramente e de coração, como o próprio Deus testemunha. Contudo ele clama em alta voz para que não reste nada que alivie a crueldade dos inimigos.

Indubitavelmente Estêvão não orou em vão, e Paulo é testemunha aceitável de que esse pecado mencionado por Estêvão não foi determinado pelas acusações dos judeus. Agora, ter feito

João Calvino

essa oração quando ele estava a ponto de morrer não indica que Estêvão foi movido por alguma esperança de obtenção de perdão; ou que foi tão cuidadoso a ponto de apaziguar seus inimigos, mas ele orou apenas para que aqueles homens pudessem se arrepender.

"...ele associa o amor de humanos à fé em Cristo".

CONVERSÃO DE TODOS

Replicou-lhe Jesus: Se conheceras o dom de Deus e quem é o que te pede: dá-me de beber, tu lhe pedirias, e ele te daria água viva. —JOÃO 4:10

Beneficiando-se da oportunidade, Cristo agora começa a pregar sobre a graça e o poder de Seu Espírito e o faz a uma mulher que de modo algum merecia que Ele pronunciasse uma palavra sequer a ela. Esse é certamente um exemplo surpreendente de Sua bondade, pois o que havia naquela mulher malfadada que, sendo uma prostituta, repentinamente se tornara seguidora do Filho de Deus? (Ainda que a todos nós Ele tenha demonstrado exemplo semelhante da Sua compaixão.) Nem todas as mulheres, de fato, são prostitutas; nem estão todos os homens maculados por algum crime hediondo; mas que excelência qualquer um de nós poderia usar para alegar um motivo pelo qual Ele planejaria nos conceder a doutrina celestial e a honra de sermos admitidos em Sua família?

Também não foi por acidente que ocorreu a conversa com essa mulher; pois o Senhor demonstrou-nos, como que em um modelo, que aqueles a quem Ele transmite a doutrina da salvação não são selecionados com base em mérito. E aparentemente, à primeira vista, é um maravilhoso acerto que Ele tenha passado por tantos homens grandiosos na Judeia e, contudo, manteve diálogo informal com essa mulher. Mas foi necessário que, em Sua pessoa, fosse explicada a veracidade do dito do profeta, de que "Fui buscado pelos que não perguntavam por mim; fui achado por aqueles que não me buscavam; a um povo que não se chamava do meu nome, eu disse: Eis-me aqui, eis-me aqui" (ISAÍAS 65:1).

"...a todos nós Ele demonstrou exemplo semelhante da Sua compaixão".

João Calvino

MAIS PROGRESSOS DA LEI

*Eu sei, respondeu a mulher,
que há de vir o Messias, chamado Cristo;
quando ele vier, nos anunciará todas as coisas.*
—JOÃO 4:25

A mulher prefere Cristo a Moisés e a todos os profetas no ofício do ensino; isso, ao menos, está além de qualquer controvérsia, pois ela abarca três coisas em poucas palavras.

Primeiro, ela compreende que a doutrina da Lei não era absolutamente perfeita e que nada mais além dos primeiros princípios eram ali entregues; se não houvesse necessidade de algum progresso adicional, ela não teria dito que o Messias nos anunciaria todas as coisas. Há um contraste insinuado entre Ele e os profetas de que é o Seu dever peculiar conduzir os Seus discípulos ao objetivo, enquanto os profetas apenas lhes haviam dado as instruções iniciais e de certa forma os guiado na trajetória.

Segundo, a mulher declara que espera que esse Cristo será o intérprete de Seu Pai e o mestre e instrutor de todos os piedosos.

Finalmente, ela expressa sua crença de que não devemos desejar nada melhor ou mais perfeito do que Sua doutrina, mas que, ao contrário, esse é o elemento mais avançado da sabedoria, além do qual é ilícito prosseguir. Desejo que aqueles que agora se vangloriam por serem pilares da Igreja Cristã ao menos imitassem essa pobre mulher, satisfazendo-se com a simples doutrina de Cristo, em lugar de alegarem a ação de poderes desconhecidos quando oferecem suas invenções.

> *"...não devemos desejar nada melhor
> ou mais perfeito do que Sua doutrina".*

João Calvino

PEQUENAS MEDIDAS DE FÉ

Vai, disse-lhe Jesus; teu filho vive. O homem creu na palavra de Jesus e partiu. —JOÃO 4:50

A primeira coisa que chama a nossa atenção é a surpreendente bondade e o desdém que Cristo suporta pela ignorância do homem; e Ele estende Seu poder além daquilo que dele era esperado. O homem pedira que Cristo fosse ao local e curasse o seu filho, pois achava ser possível que o seu filho fosse liberto da enfermidade, mas não que fosse possível ressuscitá-lo depois de estar morto. Portanto ele insistiu que Cristo se apressasse, para que a recuperação do filho não fosse impedida pela morte. Por conseguinte, quando Cristo perdoa ambos, podemos concluir o quão seriamente Ele valoriza até mesmo uma pequena medida de fé. É digno de observação o fato de que Cristo, enquanto não consente seu desejo, concede muito mais do que aquilo que o homem pedira, pois ele testifica a saúde vigente de seu filho.

Logo ocorre frequentemente que nosso Pai celestial, embora não se sujeite aos nossos desejos em todos os detalhes, Ele age para nos aliviar mediante métodos inesperados, de modo que aprendamos a não estipular coisa alguma ao Senhor. Quando Jesus diz: "...teu filho vive...", Ele indica que o menino foi resgatado do perigo de morrer. Pois quantos você encontrará que se beneficiam de inúmeros sermões como foi com esse homem, parte pagão, que se beneficiou de uma única palavra? Tanto mais devemos nós trabalhar com zelo para provocar nossa morosidade e, acima de tudo, para orar pedindo a Deus que toque nosso coração de tal forma, que estejamos tão dispostos a crer quanto Ele é gracioso e pronto para prometer.

"Ele age para nos aliviar mediante métodos inesperados."

João Calvino

AUXÍLIO EM NOSSA FRAQUEZA

*Também o Espírito, semelhantemente, nos assiste
em nossa fraqueza; porque não sabemos
orar como convém, mas o mesmo Espírito intercede por
nós sobremaneira, com gemidos inexprimíveis.*
—ROMANOS 8:26

Considerando que nossas aptidões estão longe de serem capazes de alcançar tal perfeição, devemos buscar alguns meios para auxiliá-las. Assim como o olho de nossa mente deveria ser absorto por Deus, também a afeição de nosso coração deve seguir o mesmo percurso. Mas ambos descem muito abaixo disso, ou antes, abatem-se e fracassam e são carregados na direção contrária.

A fim de auxiliar essa fraqueza, Deus nos dá a orientação do Espírito em nossas orações para determinar o que é correto e, assim, regular nossas afeições. Pois vemos que "...não sabemos orar como convém, mas o mesmo Espírito intercede por nós sobremaneira, com gemidos inexprimíveis" (ROMANOS 8:26). Não se trata do Espírito efetivamente orar ou gemer, mas Ele suscita em nós suspiros, anseios e confiança que nossos poderes naturais não são capazes de conceber. Também não é sem motivo que Paulo dá o nome de gemidos inexprimíveis às orações que os cristãos enviam ao Senhor sob a orientação do Espírito. Pois aqueles que são verdadeiramente exercitados na oração não são ignorantes ao fato de que as ansiedades invisíveis tanto os reprimem e aturdem, a ponto de dificilmente descobrirem o que exatamente pronunciam; não, na tentativa de balbuciar, travam e hesitam.

Por isso, parece que orar corretamente é um dom especial. Nós aqui não falamos de ociosidade, como se deixássemos para o Espírito Santo o dever da oração e abríssemos caminho para a

João Calvino

displicência à qual somos propensos demais. Portanto algumas vezes ouvimos a declaração ímpia de que devemos aguardar em suspense até que Ele tome posse de nossa mente que, caso contrário, permaneceriam ocupadas. Nossa interpretação é a de que, fartos de nossa própria crueldade e preguiça, devemos ansiar pelo socorro do Espírito. Nem mesmo Paulo, quando nos convoca a orar no Espírito (1 CORÍNTIOS 14:15), deixa de exortar-nos à vigilância, sugerindo que, enquanto a inspiração do Espírito for eficaz para a formação da oração, ela de modo algum impede ou retarda nossos próprios esforços; visto que nessa questão Deus se agrada de testar a eficiência com que a fé influencia nosso coração.

ESCLARECENDO O LIVRE-ARBÍTRIO

...pois todos pecaram e carecem da glória de Deus, sendo justificados gratuitamente, por sua graça, mediante a redenção que há em Cristo Jesus.
—ROMANOS 3:23,24

Deverá estar acima de contestação o fato de que o livre-arbítrio não capacita homem algum à execução de boas obras, a menos que ele seja auxiliado pela graça que somente os eleitos recebem por meio da regeneração. Não suporto considerar a extravagância daqueles que dizem que a graça é oferecida igual e superfluamente a todos. Contudo não foi demonstrado se o homem é inteiramente desprovido do poder de fazer o bem ou se ele ainda o possui em algum grau, embora muito fraco e limitado — grau tão débil e restrito que por si só nada pode fazer, mas, quando auxiliado pela graça, é capaz de também executar sua parte.

Diz-se que o homem tem livre-arbítrio não porque tem livre escolha com relação ao bem e ao mal, mas porque ele age voluntariamente e não por coação. Isso é perfeitamente verdadeiro, mas por que um tema tão ínfimo teria sido dignificado com um título tão soberbo? É admirável liberdade o fato de que o homem não é forçado a ser servo do pecado, enquanto é, não obstante, escravo voluntário; sua vontade está presa pelos grilhões do pecado. Eu abomino contestações meramente verbais, pelas quais a Igreja precipita-se sem propósito algum; mas acho que devemos evitar religiosamente termos que pressupõem algumas absurdidades, especialmente em matérias em que o erro é de consequência mortal. Quão poucos há que, ao ouvirem sobre o livre-arbítrio ser atribuído ao homem, não imaginam imediatamente que o homem é

João Calvino

o mestre de sua mente e vontade e que ele pode inclinar-se para o bem ou para o mal? Podemos dizer que tais perigos são removidos ao esclarecermos cuidadosamente o significado às pessoas. Mas a inclinação da mente humana para desviar-se é tal que atrairá mais rapidamente o erro de uma pequena palavra do que a verdade de um longo discurso.

SEM POSSE ALGUMA

Faz forte ao cansado e multiplica as forças
ao que não tem nenhum vigor. Os jovens se cansam e
se fatigam, e os moços de exaustos caem,
*mas os que esperam no S*ENHOR *renovam as suas forças,*
sobem com asas como águias,
correm e não se cansam, caminham e não se fatigam.
—ISAÍAS 40:29-31

Aquele que se sente profundamente depreciado e inquieto pela consciência de sua desgraça, nudez, carência e miséria fez extraordinário progresso no conhecimento de si mesmo. O homem não corre risco algum de perder muito do que tem, dado que aprenda que tudo o que deseja deve ser reavido em Deus; mas não pode designar a si mesmo uma única partícula além do que lhe é devido, sem perder-se em confiança vã e, por transferir honra divina a si mesmo, tornar-se culpado de imensa impiedade. Certamente, sempre que a nossa mente for dominada pelo anseio de possuir algo por nossa própria força que possa residir em nós e não em Deus, podemos estar certos de que tal pensamento é sugerido por nenhum outro conselheiro senão aquele que engodou nossos primeiros pais para que almejassem ser como deuses, conhecendo o bem e o mal.

De fato, é doce termos tanta virtude inerente a nós a ponto de sermos capazes de descansarmos em nós mesmos. Mas deixemos que as muitas passagens solenes nos impeçam de satisfazer-nos em vã confiança: "...Maldito o homem que confia no homem, faz da carne mortal o seu braço..." (JEREMIAS 17:5). "Não faz caso da força do cavalo, nem se compraz nos músculos do guerreiro. Agrada-se o SENHOR dos que o temem e dos que esperam na sua misericórdia" (SALMO 147:10,11). O escopo de todas essas passagens é: não

João Calvino

devemos entreter qualquer perspectiva peculiarmente nossa se desejamos desfrutar do favor de Deus que "...resiste aos soberbos. Mas dá graça aos humildes" (TIAGO 4:6). Não se admite que ninguém desfrute das bênçãos de Deus exceto aqueles que se afligem pela compreensão de sua pobreza. O Senhor certamente não priva Seus servos da luz do sol ou da lua, mas Ele os dissuade da confiança nesses astros que consideram tão magníficos.

HUMILDADE, HUMILDADE E HUMILDADE

Insensíveis, cerram o coração,
falam com lábios insolentes.
—SALMO 17:10

Sempre me senti extremamente encantado com as palavras de Crisóstomo: "O fundamento de nossa filosofia é a humildade"; e mais ainda com as palavras de Agostinho quando disse: "Quando perguntaram ao Orador: 'Qual é o primeiro preceito na eloquência?', ele respondeu: 'Locução.' 'Qual é o segundo?' 'Locução.' 'Qual é o terceiro?' 'Locução.' Então se você me perguntar sobre os preceitos da religião cristã eu responderei: primeiro, segundo e terceiro: Humildade". Por humildade ele não se refere a quando um homem, com noção de alguma virtude, abstém-se do orgulho, mas quando ele sente verdadeiramente que não tem refúgio algum senão na humildade.

Isso fica claro em outra passagem: "Que homem algum se autobajule; pois em si mesmo é demônio; ele deve sua felicidade inteiramente a Deus. O que tem você de si mesmo, exceto pecado? Tome seu pecado que é exclusivamente seu, pois a justiça é de Deus". Novamente: "Por que se presume tanto da capacidade da natureza? Ela é avariada, mutilada, acabrunhada, perdida. Deseja-se a confissão genuína, não falsa confrontação"; e "Quando qualquer um sabe que em si mesmo nada é e que não tem auxílio de si mesmo, as armas em seu interior se desfazem e a guerra termina". Todas as armas de impiedade devem ser esmagadas, despedaçadas e queimadas no fogo; você deve permanecer desarmado, sem ter auxílio algum em si mesmo. Quanto mais dependente do Senhor você for, mais Ele o sustentará.

João Calvino

Ao expor o septuagésimo Salmo, ele nos proíbe de nos lembrarmos de nossa própria justiça para que possamos reconhecer a justiça de Deus e demonstrar que Deus nos outorga Sua graça para que saibamos que nada somos — que permanecemos apenas pela misericórdia divina — vendo que em nós mesmos somos totalmente perversos. Não contendamos com Deus por nosso direto, como se qualquer coisa atribuída a Ele fosse perdida para nossa salvação. Assim como nossa insignificância é Sua exaltação, também a confissão de nossa insignificância tem solução em Sua misericórdia.

DONS CORROMPIDOS

Todas as coisas foram feitas por intermédio dele, e, sem ele, nada do que foi feito se fez. A vida estava nele e a vida era a luz dos homens. A luz resplandece nas trevas, e as trevas não prevaleceram contra ela.
—JOÃO 1:3-5

Agrada-me, e muito, a conhecida declaração que foi emprestada dos escritos de Agostinho a qual diz que os dons naturais do homem foram corrompidos pelo pecado e seus dons sobrenaturais revogados. Dons sobrenaturais representam a luz da fé e da justiça, luz essa que teria sido suficiente para a obtenção da vida celestial e de felicidade perene. Quando recusou sua lealdade a Deus, o homem foi destituído dos dons espirituais por meio dos quais tinha desenvolvido a esperança da salvação eterna. Logo, segue que ele agora está exilado do reino de Deus, de modo que todas as coisas concernentes à vida bendita da alma estão extintas nele até que ele as recupere pela graça da regeneração. Entre estas estão a fé, o amor a Deus, a caridade para com nosso próximo e o zelo com relação à justiça e a santidade. Todas essas, quando Cristo as restabelece para nós, devem ser consideradas como sendo exteriores a nós e sobrenaturais. Sendo assim, deduzimos que foram previamente abolidos.

Por outro lado, a sanidade mental e a integridade do coração foram ao mesmo tempo retiradas, e isso é o que constitui a corrupção dos dons naturais. Pois, embora ainda haja algum resíduo de inteligência e discernimento assim como vontade, não podemos chamar de sã e íntegra a mente que seja fraca e esteja imersa nas trevas. Com relação à vontade, sua depravação é simplesmente muito bem conhecida. Portanto, visto que a razão, pela qual o homem discerne entre o bem e o mal e pela qual ele compreende

João Calvino

e julga, é um dom natural, não poderia ser inteiramente destruída; mas, sendo ela em parte enfraquecida e em parte corrompida, tudo o que resta é uma deformação. Nesse sentido é dito que "A luz resplandece nas trevas e as trevas não [a compreendem]" (JOÃO 1:5); essas palavras expressam claramente ambos os pontos. Na pervertida e degenerada natureza do homem, há alguns lampejos que demonstram que ele é um animal racional e diferencia-se das bestas, na medida em que é dotado de inteligência. Contudo, essa luz é tão encoberta por nuvens de trevas que não pode reluzir para nenhum efeito benéfico. Da mesma forma, a vontade, por ser inseparável da natureza do homem, não pereceu, mas foi de tal forma escravizada pelas depravadas luxúrias a ponto de ser incapaz de um único desejo íntegro.

NOSSA INTELIGÊNCIA

*Apliquei o coração a conhecer a sabedoria e a saber
o que é loucura e o que é estultícia;
e vim a saber que também isto é correr atrás do vento.
Porque na muita sabedoria há muito
enfado; e quem aumenta ciência aumenta tristeza.*
—ECLESIASTES 1:17,18

Impor ao intelecto a cegueira perpétua, deixando-o sem inteligência de espécie alguma, é repugnante não apenas para a Palavra de Deus, mas também para a vivência comum. Vemos que foi implantado na mente humana um certo desejo de investigar a verdade; desejo que a mente nunca almejaria a menos que previamente houvesse um deleite na verdade. Há, portanto, nessa medida, discernimento na mente humana; ela é naturalmente influenciada pelo amor à verdade, cuja negligência nos animais inferiores é prova de sua natureza bruta e irracional. Entretanto sabemos que esse amor à verdade fracassa antes que alcance o seu objetivo, caindo, desse modo, em vaidade. Como a mente humana é incapaz — devido ao embotamento — de seguir o caminho correto de investigação e — após muito vaguear — tropeça ocasionalmente como alguém tateando no escuro, fica por fim tão confusa que todo o seu procedimento prova o quão impróprio é buscar a verdade e encontrá-la. Consequentemente Salomão, ao longo do livro de Eclesiastes, após enumerar todas as investigações em que os homens pensam ter atingido a mais elevada sabedoria, declara-as vãs e frívolas.

Contudo, os esforços do homem nem sempre são totalmente infrutíferos a ponto de não atingir algum resultado, especialmente quando sua atenção é direcionada a objetos inferiores. Não, até mesmo em relação a objetos superiores, ainda que seja menos cuidadoso ao investigá-los, ele faz algum progresso. Aqui, contudo, sua habilidade é mais limitada e ele nunca se torna mais consciente de sua fraqueza a não ser quando se arrisca a alçar acima da esfera da vida presente. Nós temos um tipo de inteligência sobre coisas terrenas e outro sobre as coisas celestiais. Falo das coisas terrenas que não se associam a Deus e a Seu reino, à verdadeira justiça e à futura bem-aventurança, mas têm alguma conexão com a vida presente e estão, de certa forma, confinadas em suas divisas. Por coisas celestiais falo das que representam o puro conhecimento de Deus, o método da verdadeira justiça e os mistérios do reino celestial.

João Calvino

ORDEM CIVIL

Os que desamparam a lei louvam o perverso,
mas os que guardam a lei se indignam contra ele.
Os homens maus não entendem o que é justo,
*mas os que buscam o S*ENHOR *entendem tudo.*
—PROVÉRBIOS 28:4,5

Considerando que o homem, por natureza, é um animal social, ele é propenso, por instinto natural, a valorizar e preservar a sociedade. Consequentemente, vemos que a mente de todos os homens têm impressões de ordem civil e honestidade. Logo, todo indivíduo compreende como a sociedade humana deve ser regulada por leis e é também capaz de compreender os princípios dessas leis. Daí temos o acordo universal em relação a tais temas, tanto entre nações quanto indivíduos, cujas sementes são implantadas no coração de todos sem um mestre ou legislador.

A verdade desse fato não é afetada pelas guerras e dissensões que imediatamente emergem. Enquanto alguns — como ladrões e bandidos — desejam inverter as regras da justiça, afrouxar os laços da lei e dar livre extensão à sua luxúria, outros (um vício de ocorrência muito frequente) consideram ser injusto o que alhures é considerado como justo e defendem ser louvável o que alhures é proibido. Pois tais pessoas não odeiam as leis por não saberem que são boas e sagradas, mas, inflamadas por paixão precipitada, porfiam com o que é claramente sensato e livremente odeiam o que sua mente e entendimento aprovam.

Querelas desse último tipo não destroem a ideia primária de justiça. Pois, enquanto homens contendem uns com os outros sobre decretos específicos, suas ideias de equidade concordam em substância. Isso, sem dúvida, prova a fraqueza da mente humana que, até mesmo quando parece estar no trajeto correto, trava e

João Calvino

hesita. Ainda, contudo, é verdade que algum princípio de ordem civil é impresso em todos. E isso é uma prova ampla de que, a respeito da constituição da vida presente, nenhum homem é desprovido da luz da razão.

RECONHECENDO A VERDADE DE DEUS

*Ora, os dons são diversos, mas o Espírito é o mesmo.
E também há diversidade nos serviços,
mas o Senhor é o mesmo. E há diversidade nas realizações,
mas o mesmo Deus é quem opera tudo em todos.*
—1 CORÍNTIOS 12:4-6

Ao lermos autores profanos, a reconhecível luz de verdade neles exibida deveria lembrar-nos de que a mente humana, mesmo que consideravelmente corrompida e pervertida de sua integridade original, ainda é agraciada e dotada de dons admiráveis vindos de seu Criador. Caso reflitamos que o Espírito de Deus é a única fonte de verdade, teremos o cuidado, por desejarmos evitar apresentar afronta a Ele, de não rejeitar ou condenar a verdade onde quer que ela apareça; ao desprezarmos os dons, nós insultamos o Doador.

Como, então, podemos negar que a verdade deve necessariamente ter brilhado nesses antigos legisladores que dispuseram a ordem civil e a disciplina com tanta equidade? Diremos que os filósofos, em suas primorosas pesquisas e habilidosa descrição da natureza, eram cegos? Negaremos que possuem intelecto aqueles que traçaram as regras para discursos e nos ensinaram a falar de acordo com a razão? Diremos que aqueles que, pelo cultivo da arte médica, despenderam sua diligência em nosso favor eram apenas desvairados? O que diremos das ciências exatas? Devemos considerá-las sonhos de loucos? Não, não podemos ler os escritos dos antigos sobre esses temas sem a mais elevada admiração; uma admiração que, devido à excelência que lhes é inerente, não nos será permitido reter. Mas devemos considerar qualquer coisa

João Calvino

nobre ou louvável sem detectar sua origem nas mãos de Deus? Longe de nós tal ingratidão não imputável até mesmo a poetas profanos, que reconheceram que a filosofia, as leis e todas as artes construtivas foram inventos de deuses.

Portanto, uma vez manifesto que homens a quem as Escrituras chamam carnais são tão perspicazes e prudentes na investigação de coisas inferiores, o exemplo deles deveria nos ensinar quantos dons o Senhor deixou em posse da natureza humana, a despeito de ter sido despojada do bem verdadeiro.

FRAQUEZA DE MENTE

*O Senhor conhece os pensamentos do homem,
que são pensamentos vãos.*
—SALMO 94:11

Devemos refutar a opinião daqueles que defendem que todos os pecados procedem da austeridade preconcebida e da malícia. Sabemos muito bem, por experiência, com que frequência caímos, até mesmo quando nossa intenção é boa. Nossa razão é exposta a muitas formas de logro, é suscetível a tantos erros, tropeça em tantos obstáculos e é enredada por tantas armadilhas de modo que está sempre se afastando da direção correta.

É de fato verdade que todo o pensamento, inteligência, discernimento e diligência são tão deficientes que, aos olhos do Senhor, não podemos pensar ou mirar em coisa alguma que seja justa? Para nós, que mal conseguimos suportar nos desfazer da acuidade do intelecto (em nossa estimativa um dote sobretudo precioso), parece difícil admitir, ainda que seja considerado especialmente justo pelo Espírito Santo, aquele que "conhece os pensamentos do homem, que são pensamentos vãos" (SALMO 94:11) e declara distintamente "...que era continuamente mau todo desígnio do seu coração" (GÊNESIS 6:5; 8:21).

Se tudo o que nossa mente concebe, no que medita, o que planeja e determina é sempre mau, como pode cogitar fazer o que é agradável a Deus, a quem somente justiça e santidade são aceitáveis? Fica então claro que a nossa mente, em qualquer direção que for, está miseravelmente exposta à vaidade. Davi estava consciente desta fraqueza quando orou: "Dá-me entendimento, e guardarei a tua lei..." (SALMO 119:34). Isso ele não proclama apenas uma vez, mas em um salmo repete a mesma oração quase dez vezes, o que indica como era forte a necessidade que o instigava a orar.

João Calvino

O que ele pediu somente para si, Paulo pede em oração pelas igrejas em geral. Ele diz: "Por esta razão, também nós, desde o dia em que o ouvimos, não cessamos de orar por vós e de pedir que transbordeis de pleno conhecimento da sua vontade, em toda a sabedoria e entendimento espiritual; a fim de viverdes de modo digno do Senhor..." (COLOSSENSES 1:9,10). Sempre que ele descreve isso como bênção de Deus, deveríamos nos lembrar de que ele ao mesmo tempo testifica que não está no poder do homem.

A RESTRIÇÃO DE DEUS

*Do céu olha o Senhor para os filhos dos homens,
para ver se há quem entenda, se há quem busque a Deus.
Todos se extraviaram e juntamente se corromperam;
não há quem faça o bem, não há nem um sequer.*
—SALMO 14:2,3

Em todas as eras houve alguns que, sob a orientação da natureza, foram durante toda a vida dedicados à virtude. Não traz consequência alguma o fato de que muitas nódoas possam ser detectadas em sua conduta; pela mera dedicação à virtude, eles manifestam que havia algo de pureza em sua natureza. Tais exemplos, então, parecem nos alertar contra a suposição de que a natureza do homem é inteiramente perniciosa posto que, sob sua orientação, alguns não apenas destacaram-se em feitos notórios, mas também se conduziram muito honradamente ao longo de suas vidas.

Mas devemos considerar que, não obstante a corrupção de nossa natureza, há certo espaço para a graça divina, a qual, sem purificar a natureza, pode colocá-la sob restrição eterna. Pois, tivera o Senhor soltado as rédeas de todas as mentes para agirem sem restrição em suas luxúrias, indubitavelmente não haveria um homem sequer que não exibisse que sua natureza é capaz de todos os crimes dos quais Paulo a acusa (Romanos 3 comparado ao Salmo 14:3). Poderia você excluir-se do número daqueles cujos pés são velozes no derramar de sangue, cujas mãos estão poluídas por roubo e assassinato, cujas gargantas são como sepulturas abertas, cujos lábios são peçonhentos, cujas ações são inúteis, injustas, degradadas, letais; cujas almas são vazias de Deus, cujos recônditos interiores são repletos de perversidade, cujos olhos zelam pelo embuste, cujas mentes são preparadas para a ofensa, cujas partes

João Calvino

em geral, no fim das contas, são estruturadas para infindáveis atos de perversidade?

Sendo toda alma capaz de tais abominações (e isso o apóstolo declara com ousadia), é certamente fácil verificar que resultado teríamos se o Senhor permitisse que a paixão humana seguisse sua inclinação. Não haveria besta esfomeada que corresse tão furiosamente, nenhuma corrente, embora forte e violenta, romperia tão espontaneamente suas barragens. Deus cura essas abominações no eleito; em outros Ele apenas as coloca sob restrição tal para que os impeça de irromper, chegando a um grau incompatível com a ordem estabelecida das coisas.

CRISTO PERDOA O MAIS FRACO

Respondeu-lhe o enfermo: Senhor, não tenho ninguém que me ponha no tanque, quando a água é agitada; pois, enquanto eu vou, desce outro antes de mim.

—JOÃO 5:7

Esse homem enfermo faz o que a maioria de nós tem o costume de fazer, pois limita o auxílio de Deus segundo sua própria concepção e não ousa prometer a si mesmo nada além do que concebe em sua mente. Cristo perdoa sua fraqueza e nisso temos um espelho dessa benevolência da qual todos nós temos experiência diária: quando, por um lado, mantemos nossa atenção fixa nos meios que estão a nosso alcance e quando, por outro, em oposição à expectativa, Ele nos mostra Sua mão que surge de onde estava encoberta e assim revela a que distância Sua bondade vai — além dos limites restritos de nossa fé.

Ademais, esse exemplo deve nos ensinar a paciência. Trinta e oito anos foram um período longo durante os quais Deus havia postergado conceder àquele pobre homem o favor que, desde o princípio, havia determinado que a ele outorgaria. Portanto, ainda que sejamos mantidos em suspense por longo tempo, ainda que lamentemos por nossas angústias, jamais fiquemos desencorajados pelo fastio do tempo alongado. Pois, quando nossas aflições perduram, embora não descubramos onde findam, ainda assim devemos sempre crer que Deus é o maravilhoso libertador que, por Seu poder, facilmente remove todos os obstáculos do caminho.

> *"...devemos sempre crer que Deus*
> *é o maravilhoso libertador...".*

João Calvino

FÉ REAL

*Sucedeu, ao fim de três dias, que os oficiais passaram
pelo meio do arraial e ordenaram ao povo,
dizendo: Quando virdes a arca da Aliança do Senhor,
vosso Deus, e que os levitas sacerdotes a levam,
partireis vós também do vosso lugar e a seguireis.
Contudo, haja a distância de cerca de dois mil
côvados entre vós e ela. Não vos chegueis a ela...*
—JOSUÉ 3:2-4

Apesar de não ter sido explicado a maneira como o milagre aconteceria quando a arca da aliança foi colocada à frente como um estandarte para guiar-lhes no caminho, foi natural para os israelitas deduzirem que o Senhor estava preparando algo inusitado. E enquanto eles são mantidos em suspense, sua fé é novamente provada por uma séria tribulação, pois era exemplo de rara virtude obedecer inquestionavelmente ao comando e assim seguir a arca enquanto eles obviamente estavam mal informados com relação ao resultado. Esta, de fato, é a característica especial da fé: não investigar curiosamente o que o Senhor fará, nem contestar sutilmente sobre como pode ser feito aquilo que Ele declara, mas, sim, lançar todas as nossas ansiedades em Sua providência e — sabendo que Seu poder, sob o qual devemos descansar, é ilimitado — elevar nossos pensamentos acima do mundo e, pela fé, aceitar aquilo que não podemos compreender com a razão.

Como os jovens levitas, que tinham o trabalho de carregar a arca, foram estritamente proibidos de tocá-la ou até mesmo de olhar para ela quando estivesse descoberta, é normal que as pessoas comuns não tivessem permissão para se aproximarem a uma distância considerável da arca. A dignidade da arca, portanto, é demonstrada quando o povo recebe a ordem de provar a

João Calvino

reverência que tinham estabelecendo um grande espaço entre si e ela. Pois, embora Deus nos convide intimamente para a proximidade com Ele, a confiança verdadeiramente fiel em Deus não gera autoconfiança e ousadia, mas, pelo contrário, está sempre associada ao temor. Nesse aspecto a arca da aliança era, de fato, uma garantia do favor de Deus, mas, ao mesmo tempo, tinha majestade aterradora, apta para subjugar o orgulho mundano. Além disso, essa humildade e modéstia tinham o efeito de desenvolver a fé dos israelitas impedindo-os de restringir a graça de Deus e recordando-os de que, embora estivessem muito distantes da arca, o poder divino estava sempre perto.

A VERDADEIRA RELIGIÃO E A JUSTIÇA

Irmãos, a boa vontade do meu coração e a minha súplica a Deus a favor deles são para que sejam salvos. Porque lhes dou testemunho de que eles têm zelo por Deus, porém não com entendimento. Porquanto, desconhecendo a justiça de Deus e procurando estabelecer a sua própria, não se sujeitaram à que vem de Deus.
—ROMANOS 10:1-3

Havia um bom motivo para Paulo considerar os judeus com compaixão em lugar de ódio uma vez que percebera que eles haviam caído apenas por ignorância e não por malignidade de mente e, especialmente, porque entendera que eram guiados, por certo respeito a Deus, a buscar o reino de Cristo. Aprendamos, então, para onde nossas boas intenções devem nos guiar se nos rendermos a elas. É comumente considerado ser uma boa e muito adequada desculpa quando alguém que é repreendido diz não ter agido com más intenções. E muitos, hoje em dia, creem que essa desculpa é boa, de modo que não aplicamos nossa mente à procura da verdade de Deus, porque pensamos que é desculpável o que quer que façamos de errado devido à ignorância. Mas nenhum de nós desculparia os judeus por terem crucificado Cristo, por terem se enfurecido cruelmente contra os apóstolos e por tentarem destruir e extinguir o evangelho. E, no entanto, eles tinham a mesma defesa com a qual nos desculpamos. Basta, então, dessas vãs evasões sobre as boas intenções.

Veja como os judeus se afastaram devido o zelo irrefletido! Procuravam estabelecer uma justiça própria, e essa confiança

João Calvino

insensata procedia de sua ignorância com relação à justiça de Deus. Note o contraste entre a justiça de Deus e a das pessoas. Elas são opostas entre si, como coisas inteiramente contrárias. Segue que a justiça de Deus é subvertida assim que as pessoas estabelecem a sua própria. E novamente, a justiça de Deus é, sem dúvida, dom de Deus; e da mesma forma, a justiça do povo é aquela que eles derivam de si mesmos, ou creem que colocam diante de Deus. Aqueles que buscam ser justificados por si mesmos não se submetem à justiça de Deus, pois o primeiro passo em direção à obtenção da justiça de Deus é renunciar à nossa própria justiça. Paulo penosamente desonra o orgulho do qual os hipócritas se inflam quando encobrem a justiça com a máscara oca de zelo, pois tais pessoas orgulhosas são adversas à justiça de Deus e contra ela se rebelam.

JUSTIÇA PELA FÉ

Ora, Moisés escreveu que o homem que praticar a justiça decorrente da lei viverá por ela.
Mas a justiça decorrente da fé assim diz: Não perguntes em teu coração: Quem subirá ao céu?,
isto é, para trazer do alto a Cristo; ou: Quem descerá ao abismo?, isto é, para levantar Cristo dentre os mortos.
—ROMANOS 10:5-7

Depois de dizer, como acima:
Sacrifícios e ofertas não quiseste, nem holocaustos
e oblações pelo pecado, nem com isto
te deleitaste (coisas que se oferecem segundo a lei).
—HEBREUS 10:8

Para que fique óbvia a diferença entre a justiça da fé daquela das palavras, Paulo agora as compara. Mas ele agora não se refere aos profetas, e sim ao testemunho de Moisés e o faz pela seguinte razão: para que os judeus compreendam que a Lei não foi dada por Moisés a fim de encarcerá-los em uma dependência de obras, mas, pelo contrário, a fim de guiá-los a Cristo. Para instruir o povo na doutrina do arrependimento, foi necessário que Moisés ensinasse que modo de vida era aceitável a Deus, e isso ele ensinou nos preceitos da Lei. Para que pudesse também incutir na mente do povo o amor pela justiça e implantar neles o ódio ao pecado, ele acrescentou promessas e ameaças — oferecendo recompensas aos justos e atrozes punições aos pecadores. Era agora dever do povo considerar de quantas formas eles atraíram punições para si e o quão distantes estavam de merecer qualquer coisa das mãos do Senhor por suas próprias obras, de modo que, sendo levados ao desespero, devido à sua própria justiça, pudessem correr até o porto da bondade divina e, assim, ao próprio Cristo.

João Calvino

Paulo cita uma passagem de Deuteronômio 30:12 em que Moisés fala da doutrina da Lei e agora as aplica às promessas do evangelho. Moisés demonstra que o caminho para a verdadeira vida foi aplanado quando a vontade de Deus já não estava oculta aos judeus. Moisés não somente fala da Lei, mas em geral da completude da verdade de Deus, o que inclui o evangelho, pois a palavra da Lei por si só nunca está em nosso coração — não, nem a mais breve sílaba dela — até que seja em nós implantada pela fé do evangelho. E então, até mesmo depois de nossa regeneração, não se pode dizer que a palavra da Lei esteja devidamente em nosso coração, pois exige perfeição a qual até mesmo os fiéis estão distantes de alcançar.

UMA VOZ CLARA

*...dizendo: Este é o sangue da aliança,
a qual Deus prescreveu para vós outros.*
—HEBREUS 9:20

Essa passagem nos lembra de que as promessas de Deus nos são profícuas apenas quando são confirmadas pelo sangue de Cristo. Pois o que Paulo testifica em 2 Coríntios 1:20 — que todas as promessas de Deus são sim e amém em Cristo — ocorre quando Seu sangue, como um selo, é inscrito em nosso coração, ou quando nós não apenas ouvimos Deus falando, mas também vemos Cristo oferecendo-se como garantia dessas coisas que são pronunciadas.

E, se porventura, simplesmente viesse à nossa mente o pensamento de que aquilo que lemos não é exclusivamente escrito com tinta, mas tanto mais com o sangue de Cristo, que quando o evangelho é pregado Seu sangue sagrado destila com a voz, haveria, de nossa parte, muito maior atenção assim como reverência.

*"...todas as promessas de Deus
são sim e amém em Cristo...".*

João Calvino

CULTIVE A UNIDADE

*Não deixemos de congregar-nos,
como é costume de alguns;
antes, façamos admoestações
e tanto mais quanto
vedes que o Dia se aproxima.*
—HEBREUS 10:25

Este é um mal que prevalece em todos os cantos da humanidade: o fato de que todos se colocam acima dos outros e especialmente de que aqueles que parecem se destacar em qualquer aspecto não conseguem suportar bem quando seus subalternos estão em posição de igualdade a eles. E então surge tanta melancolia quase em todos, de modo que os indivíduos, de bom grado, construiriam igrejas para si se pudessem, pois acham difícil demais acomodar-se aos modos e hábitos de outros. Os ricos invejam-se uns aos outros e dificilmente pode-se encontrar um em cem ricos que permita que o pobre seja chamado ou classificado como irmão. A menos que a similaridade de hábitos ou certas fascinações e vantagens nos una, é muito difícil até mesmo manter uma concordância contínua entre nós.

Extremamente necessária, portanto, a admoestação para todos nós é para sermos estimulados a amar e não a invejar, a não nos separarmos daqueles que Deus uniu a nós, mas aceitar com bondade fraterna todos aqueles que estão unidos a nós em fé. E certamente é a conduta de maior seriedade o cultivar da unidade tanto quanto Satanás é sobremaneira vigilante na tentativa de arrancar-nos da Igreja por qualquer meio ou furtivamente nos seduzir para que a abandonemos. E tal seria o feliz efeito caso ninguém satisfizesse a si mesmo em demasia e todos nós preservássemos este único elemento: mutualmente provocar uns aos outros a

João Calvino

amar e não permitir a vanglória de si mesmos, mas a vanglória do fazer "boas obras".

> *"...a admoestação para todos nós é para
> sermos estimulados a amar e não a invejar".*

AMPARADOS PELA ESPERANÇA

Ora, a fé é a certeza de coisas que se esperam, a convicção de fatos que se não veem.
—HEBREUS 11:1

O apóstolo aqui nos lembra de que a fé não considera as coisas presentes, mas aquelas pelas quais se espera. Esse tipo de contradição também não é isenta de seu vigor e beleza. A fé, ele diz, é o suporte ou fundação sobre o qual firmamos o pé. O suporte de quê? De coisas ausentes, que estão tão distantes de se tornarem realmente aquisição nossa a ponto de estarem muito além do alcance de nossa compreensão.

A mesma visão deve ser adotada para a segunda sentença, quando ele designa fé como a evidência ou demonstração de fatos que não se veem. Pois a demonstração faz as coisas surgirem ou serem vistas e é comumente aplicada àquilo que está sujeito a nossos sentidos.

Logo essas duas coisas, embora aparentemente inconsistentes, harmonizam-se perfeitamente quando falamos de fé. Pois o Espírito de Deus nos mostra coisas ocultas, cujo conhecimento não pode alcançar nossos sentidos. A nós é prometida a vida eterna, mas é prometida aos mortos. A nós é garantida uma feliz ressurreição, entretanto, estamos envolvidos em corrupção. Somos declarados justos e, contudo, o pecado habita em nós. Ouvimos que somos felizes, todavia ainda estamos em meio a muitas misérias. Uma abundância de todas as coisas boas nos é prometida, no entanto, com frequência temos fome e sede. Deus proclama que virá em breve, mas parece surdo quando clamamos a Ele.

João Calvino

O que seria de nós se não fôssemos amparados pela esperança e se a nossa mente não emergisse das trevas acima do mundo por meio da luz da Palavra de Deus e de Seu Espírito? Diz-se corretamente, então, que a fé é a essência das coisas que são, por ora, objetos de esperança e a convicção de fatos que não se veem.

TODOS OS TESOUROS

Jesus Cristo, ontem e hoje,
é o mesmo e o será para sempre.
—HEBREUS 13:8

A única maneira pela qual podemos perseverar na fé correta é apegando-nos à fundação e não nos afastarmos dela nem mesmo no menor grau. Pois aquele que não se apega a Cristo nada conhece senão mera vaidade ainda que possa compreender o Céu e a Terra, pois em Cristo estão incluídos todos os tesouros da sabedoria celestial. Essa então é uma passagem notável na qual aprendemos que não há outro modo de ser verdadeiramente sábio a não ser fixando todos os nossos pensamentos somente em Cristo.

Agora, pelo fato de estar lidando com os judeus, ele os ensina que Cristo, por todo o sempre, possuiu a mesma soberania que possui hoje: "...o mesmo...", ele diz, "...ontem e hoje [...] e o será para sempre". Por essas palavras ele sugere que Cristo, que fora então conhecido do mundo, havia reinado desde o início do mundo e que não é possível avançar mais adiante quando chegamos a Ele. Ontem, então, compreende todo o tempo do Antigo Testamento e, para que ninguém possa esperar uma mudança repentina após um curto período de tempo, como a promulgação do evangelho era então recente, ele declara que Cristo havia sido recentemente revelado para este exato fim: que o conhecimento que se tem dele possa continuar o mesmo para sempre.

"...aquele que não se apega a Cristo
nada conhece senão mera vaidade".

João Calvino

A FONTE
DO CONHECIMENTO

*Visto como, pelo seu divino poder, nos têm sido doadas
todas as coisas que conduzem à vida e à piedade,
pelo conhecimento completo daquele que nos chamou
para a sua própria glória e virtude, pelas quais
nos têm sido doadas as suas preciosas e mui grandes
promessas, para que por elas vos torneis
coparticipantes da natureza divina, livrando-vos da
corrupção das paixões que há no mundo.*

—2 PEDRO 1:3,4

Enquanto a verdade revelada concorda com o consenso geral da humanidade em ensinar que a segunda parte da sabedoria consiste em autoconhecimento, eles diferem grandemente com relação ao método pelo qual esse conhecimento deve ser adquirido.

No julgamento da carne, o homem considera seu autoconhecimento completo quando, com confiança arrogante em sua própria inteligência e integridade, ele toma coragem e incentiva-se a feitos virtuosos e quando, declarando guerra ao vício, utiliza seus máximos esforços para obter o que é honrável e justo.

Mas aquele que se prova a si mesmo pelo padrão da justiça divina nada encontra para inspirá-lo com confiança; logo, quanto mais minucioso seu autoexame, mais grandioso o abatimento. Abandonando toda dependência de si mesmo, ele sente ser completamente incapaz de regular sua conduta devidamente.

Não é a vontade de Deus, contudo, que esqueçamos a dignidade primeva que Ele conferiu a nossos primeiros pais. É impossível que pensemos em nosso primeiro original, ou no fim para o qual

João Calvino

fomos criados, sem sermos instigados a meditar na imortalidade e a buscar o reino de Deus. Mas tal meditação, tão distante de elevar nosso espírito, antes o abate e nos torna humildes.

Portanto, ao considerar o conhecimento que o homem deve ter sobre si, parece adequado dividi-lo da seguinte forma: primeiro, considerar o fim para o qual ele foi criado e as qualidades com as quais ele foi dotado — de forma alguma qualidades desprezíveis — assim instigando-o a meditar na adoração divina e na vida futura; e, segundo, considerar suas faculdades, ou melhor, a falta delas — uma carência que, quando percebida, aniquilará toda a sua confiança e o cobrirá de confusão. A tendência da primeira visão é ensiná-lo qual é o seu dever e, da segunda, deixá-lo ciente do quão distante ele está de executá-lo.

João Calvino

ELEVANDO-SE PARA O ALTO

A ti, Senhor, elevo a minha alma.
Deus meu, em ti confio; não seja eu envergonhado,
nem exultem sobre mim os meus inimigos.
—SALMO 25:1,2

Que todos aqueles que professam orar elevem a Deus todos os seus pensamentos e sentimentos e não se distraiam (o que é comum) por divagação de pensamentos, porque nada é mais contrário à reverência devida a Deus do que essa frivolidade que evidencia uma mente demasiada entregue à permissividade e desprovida de temor. Nessa questão, devemos trabalhar ainda mais seriamente quanto maior a dificuldade que constatamos ter, pois homem algum é tão aplicado à oração a ponto de não sentir inúmeros pensamentos aproximando-se furtivamente e rompendo o teor de sua oração ou retardando-o por meio de algum desvio ou digressão.

Consideremos aqui como é inconveniente quando Deus nos recebe no relacionamento familiar e nós abusamos de Sua grandiosa condescendência ao mesclarmos o sagrado e o profano reverenciando-o sem que nossa mente seja refreada, mas simplesmente como se em oração conversássemos com nosso semelhante, esquecendo-nos dele e permitindo que nossos pensamentos passeiem por todos os lados. Saibamos, então, que ninguém se prepara devidamente para a oração senão aqueles que, tão impressionados com a majestade de Deus, engajam-se nela livres de todas as preocupações e afeições terrenas. A cerimônia do erguer as nossas mãos em oração é elaborada para nos lembrar de que estamos extremamente distantes de Deus, a menos que nossos pensamentos se elevem ao alto. Como é dito no Salmo: "A ti, Senhor, elevo a minha alma..." (25:1). E as Escrituras utilizam repetidamente a

João Calvino

expressão elevar nossas orações, com o significado de que aqueles que desejam ser ouvidos por Deus não devem rastejar no pântano.

A essência é: quanto mais generosamente Deus lida conosco convidando-nos tolerantemente a aliviar nossas preocupações em Seu peito, menos desculpáveis somos caso essa admirável e incomparável bênção não suplante, em nossa estimativa, todas as outras coisas e não ganhe nossa afeição, a ponto de que a oração possa atrair seriamente cada um de nossos pensamentos e sentimentos. Isso não pode ocorrer a menos que nossa mente, esforçando-se arduamente contra todos os impedimentos, eleve-se para o alto.

João Calvino

TENHA CUIDADO COM O QUE VOCÊ PEDE

Confiai nele, ó povo, em todo tempo; derramai perante ele o vosso coração; Deus é o nosso refúgio.
—SALMOS 62:8

Que tenhamos nossa mente e coração moldados como ocorre com a dos que iniciam um diálogo com Deus. Alcançaremos isso com relação à mente se, abandonando pensamentos e preocupações carnais que possam interferir com a direta e pura contemplação de Deus, ela não apenas for inteiramente engajada em oração, mas também, tanto quanto possível, for carregada e elevada acima de si mesma. Todas as preocupações exteriores e alheias devem ser dissipadas, pois por meio delas a mente pode ser conduzida de um lado a outro em suspense obscuro, pode ser derrubada do Céu e mantida na Terra rastejando. Quando digo que a mente deve ser elevada acima de si mesma, falo de que não deve levar à presença de Deus nenhuma dessas coisas que nossa razão cega e néscia é propensa a criar, nem deve manter-se confinada na pequena medida de sua própria vaidade, mas antes elevar-se a uma pureza digna de Deus.

Nós devemos pedir apenas na medida em que Deus permite, pois, embora Ele nos ofereça a possibilidade de derramar o nosso coração (SALMO 62:8), Ele não dá rédeas soltas indiscriminadamente a afeições tolas e depravadas, e, quando Ele promete que concederá aos crentes os seus desejos, Sua indulgência não alcança o ponto de submeter-se aos caprichos de Seus filhos. Em ambas as questões, delitos atrozes são cometidos em todos os cantos. Pois não apenas muitos sem modéstia, sem reverência supõem invocar a Deus com relação às suas frivolidades, mas imprudentemente

João Calvino

levam seus sonhos, sejam quais forem, diante do tribunal de Deus. Tal é a insensatez ou sandice sob a qual agem: têm a audácia de se deleitar no que é tão abominável a Deus e então se envergonham ao extremo de propagar a seus companheiros. Os homens em oração dão maior permissão a seus desejos ilícitos do que o fariam caso contassem fábulas jocosas a seus amigos. Deus não permite que Sua condescendência seja assim zombada, mas, vindicando Sua própria luz, coloca os nossos desejos sob restrição de Sua autoridade. Devemos, portanto, dar atenção à observação de João: "E esta é a confiança que temos para com ele: que, se pedirmos alguma coisa segundo a sua vontade, ele nos ouve" (1 JOÃO 5:14).

A SABEDORIA DE DEUS

Onde está o sábio? Onde, o escriba?
Onde, o inquiridor deste século? Porventura, não tornou
Deus louca a sabedoria do mundo? Visto como,
na sabedoria de Deus, o mundo não o conheceu por sua
própria sabedoria, aprouve a Deus
salvar os que creem pela loucura da pregação.
—1 CORÍNTIOS 1:20,21

Tendo toda a raça humana sido arruinada na pessoa de Adão, a excelência e a dignidade de nossa origem estão tão distantes de nos beneficiar que, antes, tornam-se nossa maior desgraça, até que Deus (que não reconhece como obra Sua o homem quando desonrado e corrompido pelo pecado) surge como Redentor na pessoa de Seu único Filho. Desde nossa queda da vida para a morte, todo o conhecimento de Deus, o Criador, seria inútil caso não fosse seguido da fé, apresentando-nos Deus como o Pai em Cristo.

O curso natural indubitavelmente era de que a tessitura do mundo fosse uma escola em que aprendêssemos a piedade e dela derivássemos a vida eterna e a perfeita felicidade. Mas, após contemplarmos a perfeição onde quer que nossos olhos fitem, acima e abaixo, somos conhecidos pela incapacidade divina, que (enquanto envolve criaturas inocentes na culpa que é nossa) por necessidade preenche nossa alma com desespero. Pois, embora Deus ainda se agrade de manifestar Seu favor paternal para conosco, de várias maneiras, não podemos deduzir que Ele é Pai a partir de uma mera sondagem do mundo. A consciência incitando-nos interiormente e demonstrando que o pecado é apenas fundamento para termos sido abandonados não nos permitirá pensar que Deus nos considera ou nos trata como filhos.

João Calvino

Acrescentadas a isso estão nossa preguiça e ingratidão. Nossa mente está tão cega que não consegue perceber a verdade, e todos os nossos sentidos são tão corrompidos que perversamente roubamos de Deus a Sua glória. Pelo que devemos concluir com Paulo: "Visto como, na sabedoria de Deus, o mundo não o conheceu por sua própria sabedoria, aprouve a Deus salvar os que creem pela loucura da pregação" (1 CORÍNTIOS 1:21). Por "sabedoria de Deus" ele designa essa magnífica arena da Terra e do Céu reabastecidos de inúmeras maravilhas, cuja sábia contemplação deveria nos ter capacitado a conhecer a Deus, mas fazemos isso com pouco benefício. Portanto, ele nos convida à fé em Cristo — fé que, por uma aparência de insensatez, causa repulsa no incrédulo. Logo, embora a pregação da cruz não esteja de acordo com a sabedoria humana, devemos humildemente abraçá-la se desejamos retornar a Deus, nosso Criador, de quem estamos alienados, para que Ele possa, novamente, tornar-se nosso Pai.

João Calvino

SOMENTE POR MEIO DE JESUS

*E a vida eterna é esta: que te conheçam a ti,
o único Deus verdadeiro, e a Jesus Cristo, a quem
enviaste. Eu te glorifiquei na terra,
consumando a obra que me confiaste para fazer.*
—JOÃO 17:3,4

Após a queda de nosso primeiro pai, é certo que nenhum conhecimento de Deus sem um Mediador foi efetivo para salvação. Cristo não fala apenas de Sua própria era, mas envolve todas as eras quando diz: "E a vida eterna é esta: que te conheçam a ti, o único Deus verdadeiro, e a Jesus Cristo, a quem enviaste" (JOÃO 17:3).

Quão mais vergonhosa, portanto, é a suposição daqueles que escancaram o Céu para o incrédulo e profano, na ausência dessa graça que as Escrituras uniformemente descrevem como a única porta pela qual entramos na vida. Em um fundamento comum a todas as eras e nações é declarado que aqueles que estão separados de Deus — e como tais, estão sob a maldição, os filhos da ira — não podem agradar a Deus até que sejam reconciliados. A isso podemos acrescentar a resposta que nosso Salvador deu à mulher samaritana: "Vós adorais o que não conheceis; nós adoramos o que conhecemos, porque a salvação vem dos judeus" (JOÃO 4:22). Por essas palavras, Ele tanto acusa de falsidade toda a religião dos gentios como designa a razão para o fato de que sob a Lei o Redentor foi prometido somente ao povo escolhido. Consequentemente, nenhuma adoração fora jamais agradável a Deus no sentido de que não era direcionada a Cristo. Logo, Paulo também afirma que todos os gentios estavam "sem Deus" e privados da esperança de vida.

Agora, considerando que João ensina que havia vida em Cristo desde o princípio e que o mundo inteiro a havia perdido (JOÃO 1:4),

João Calvino

é necessário retornar a essa fonte. Por conseguinte, Cristo declara que, à medida que é propiciador, Ele é vida. E, de fato, a herança do Céu não pertence a ninguém exceto aos filhos de Deus (JOÃO 15:6). Agora, seria demasiado incongruente dar lugar e posição de filhos a qualquer um que não tenha sido enxertado no corpo do único Filho.

PUNIDO PELO CRIME DE OUTRO

*Mas ele foi traspassado pelas nossas transgressões
e moído pelas nossas iniquidades;
o castigo que nos traz a paz estava sobre ele,
e pelas suas pisaduras fomos sarados.*

—ISAÍAS 53:5

Um ponto principal na narrativa do evangelho é a condenação de Cristo diante de Pôncio Pilatos, o governador da Judeia, para nos ensinar que a punição à qual estávamos expostos foi infligida àquele Justo. Nós não poderíamos escapar do temível julgamento de Deus, e Cristo, para que nos resgatasse desse julgamento, submeteu-se a ser condenado por um mortal. Não, por um homem perverso e profano. Pois o nome Governador é mencionado não apenas para respaldar a credibilidade da narrativa, mas para lembrar-nos do que Isaías diz: "...o castigo que nos traz a paz estava sobre ele, e pelas suas pisaduras fomos sarados" (53:5). Pois, para remover nossa condenação, não foi suficiente suportar um tipo qualquer de morte. Para realizar nosso resgate, foi necessário selecionar um modo de morte pelo qual Ele pudesse nos libertar entregando-se a condenações e encarregando-se de nossa expiação. Tivesse Ele sido despedaçado por assassinos, ou morto em um tumulto sedicioso, não poderia ter havido tipo algum de remissão em tal morte. Mas, quando Ele é colocado como criminoso no tribunal, onde testemunhas são trazidas para apresentar provas contra Ele e a boca do juiz o condena a morrer, nós o vemos suportando o caráter de um ofensor e malfeitor.

Quando lemos que Cristo foi afastado do assento do julgamento para a execução e crucificado entre ladrões, temos o cumprimento da profecia que é citada pelo evangelista: "...Com malfeitores foi contado" (ISAÍAS 53:12; MARCOS 15:28). Quando lemos

João Calvino

que Ele foi absolvido pelos mesmos lábios que o condenaram (pois Pilatos foi forçado uma vez e mais outra a dar testemunho público da inocência de Jesus), trazemos à mente o que é dito por outro servo: "...tenho de restituir o que não furtei" (SALMO 69:4). Logo percebemos Cristo representando o caráter de um pecador e um criminoso, ao mesmo tempo que a Sua inocência reluz, e fica manifesto que Ele sofre pelo crime de outro e não por Seu próprio.

DA IGNOMÍNIA AO TRIUNFO

Todavia, ao Senhor agradou moê-lo, fazendo-o enfermar; quando der ele a sua alma como oferta pelo pecado, verá a sua posteridade e prolongará os seus dias; e a vontade do Senhor prosperará nas suas mãos.
—ISAÍAS 53:10

A cruz era amaldiçoada não apenas na opinião dos homens, mas pela promulgação da Lei divina. Consequentemente Cristo, enquanto nela suspenso, sujeita-se à maldição. E, assim, foi corretamente consumado para que toda a maldição — que, devido às nossas iniquidades, nos aguardava ou, antes, estava sobre nós — pudesse ser retirada de nós e transferida a Ele. Isso foi também encoberto na Lei, visto que a palavra pela qual o pecado em si é adequadamente designado foi aplicada aos sacrifícios e expiações oferecidos pelo pecado. Por essa aplicação do termo, o Espírito pretendia sugerir que eram um tipo de purificação, levando (por substituição) a maldição adequada ao pecado.

Mas isso que foi representado figurativamente nos sacrifícios mosaicos é revelado em Cristo, o arquétipo. Por conseguinte, a fim de cumprir a expiação plena, Ele fez da Sua alma uma vítima propiciatória pelo pecado (como o profeta diz em Isaías 53:5,10), em que a culpa e o castigo, sendo de certa forma estabelecidos, deixam de ser imputados a nós. O apóstolo declara isso mais evidentemente quando diz: "Aquele que não conheceu pecado, ele o fez pecado por nós; para que, nele, fôssemos feitos justiça de Deus" (2 CORÍNTIOS 5:21). O Filho de Deus, embora imaculadamente puro, tomou sobre si a desgraça e a ignomínia de nossas iniquidades e em troca nos vestiu de Sua pureza. Ele parece se referir à mesma coisa quando diz que Ele "...condenou [...] na carne, o pecado" (ROMANOS 8:3) tendo o Pai destruído o poder do pecado quando

João Calvino

foi transferido à carne de Cristo. Portanto, esse termo indica que Cristo, em Sua morte, foi oferecido ao Pai como vítima propiciatória — para que, tendo ocorrido a expiação por Seu sacrifício, nós deixássemos de tremer diante de ira divina. Fica agora claro o que o profeta diz ao afirmar que "...o SENHOR fez cair sobre ele a iniquidade de nós todos" (ISAÍAS 53:6), a saber, que, como Ele deveria purificar a contaminação provinda de pecados, eles foram transferidos a Ele por atribuição.

ESTEJA PREPARADO PARA A OPOSIÇÃO

E Saulo consentia na sua morte. Naquele dia, levantou-se grande perseguição contra a igreja em Jerusalém; e todos, exceto os apóstolos, foram dispersos pelas regiões da Judeia e Samaria.

—ATOS 8:1

A perseguição começou com Estêvão. Depois disso, quando a loucura do povo fora incendiada, derretia-se como cera quente sobre todos os cristãos. Indubitavelmente a Igreja não teve nada além de um pequeno descanso, também não foi liberta da ira dos perversos; mas o Senhor poupou os Seus por um período, para que pudessem ter certa liberdade e agora começavam a ser mais gravemente atacados.

Essas coisas devem ser aplicadas aos nossos tempos também. Caso a ira de nossos inimigos pareça, a qualquer momento, estar adormecida de modo que não lance chamas distantes, saibamos que o Senhor está suprindo-nos por nossas fraquezas. Contudo, não imaginemos nesse intervalo que teremos trégua contínua, mas estejamos em prontidão para sofrer lesões ainda mais dolorosas tantas vezes quantas surgirem repentinamente.

Lembremo-nos também que se em qualquer momento a constância de um cristão aguça a crueldade de nossos inimigos, a culpa desse mal é injustamente atribuída ao próprio cristão. Pois Lucas não difama Estêvão quando diz que por meio dele a Igreja foi mais atacada do que fora antes; em vez disso exalta Estêvão, porque ele agiu valentemente como portador do estandarte, encorajou outros, com seu exemplo, a lutar corajosamente. Havia apenas esse único corpo de piedosos em todo o mundo e foi despedaçado pela fuga,

João Calvino

entretanto, com o tempo isso fez surgir mais congregações a partir desses membros coxos que foram dispersos aqui e acolá e, assim, o Corpo de Cristo foi expandido por toda parte, ao passo que antes estivera calado dentro dos muros de Jerusalém.

APRENDENDO COM HUMILDADE

Então, disse o Espírito a Filipe: Aproxima-te desse carro e acompanha-o. Correndo Filipe, ouviu-o ler o profeta Isaías e perguntou: Compreendes o que vens lendo? Ele respondeu: Como poderei entender, se alguém não me explicar? E convidou Filipe a subir e a sentar-se junto a ele.
—ATOS 8:29-31

Modéstia sobretudo formidável do eunuco que não apenas autoriza Filipe, que era de uma classe mais baixa, a discutir com ele, mas também voluntariamente confessa sua ignorância. E certamente jamais temos a expectativa de que alguém que seja inflado de confiança em sua própria sagacidade esteja pronto para ser ensinado.

Aqui percebe-se que a leitura das Escrituras beneficia tão poucos nesses dias, porque mal conseguimos encontrar um em cem que se submeta voluntariamente a aprender. Pois, embora quase todas as pessoas têm vergonha de serem ignorantes em qualquer questão em que sejam ignorantes, todos prefeririam, com orgulho, nutrir sua ignorância do que dar impressão de que aprendem com os outros. Na verdade, muitos e muitos tomam para si, arrogantemente, o ofício de ensinar outros.

Contudo, lembremo-nos de que o eunuco de fato confessou sua ignorância para que, não obstante sua condição, viesse a ser um dos aprendizes da Palavra de Deus ao ler as Escrituras. Essa é a verdadeira reverência às Escrituras quando reconhecemos que nela há sabedoria que excede todos os nossos sentidos; e, contudo, não nos ressentimos dela, mas a lemos diligentemente,

João Calvino

dependemos da revelação do Espírito e desejamos que nos seja concedido um intérprete. Portanto, devemos nos empenhar se desejamos ter Deus, cujo Espírito está sobre os humildes e mansos, como nosso Mestre (ISAÍAS 66:2). E se alguém, desconfiando de si mesmo, submete-se a ser ensinado, os anjos descerão do Céu antes que o Senhor permita que trabalhemos em vão — ainda que devamos, como fez o eunuco, utilizar todo o auxílio que o Senhor nos oferece para a compreensão das Escrituras.

João Calvino

27 DE SETEMBRO

ENCONTRADO SOMENTE EM CRISTO

*Mas a Escritura encerrou tudo sob o pecado,
para que, mediante a fé em Jesus Cristo,
fosse a promessa concedida aos que creem.*
—GÁLATAS 3:22

Deus nunca se mostrou propício a Seu povo ancestral, nem lhes deu qualquer esperança de graça sem um Mediador. Eu nada afirmo sobre os sacrifícios da Lei — pelos quais cristãos eram ensinados clara e abertamente que a salvação não seria encontrada em lugar algum senão na expiação que somente Cristo completou. Tudo o que sustento é que o próspero e feliz estado da Igreja sempre se encontrou na pessoa de Cristo.

Embora Deus tenha abraçado toda a posteridade de Abraão em Sua aliança, ainda assim Paulo argumenta devidamente (GÁLATAS 3:16) que Cristo era, de fato, a semente em que todas as nações da Terra seriam abençoadas, visto que sabemos que todos os nascidos de Abraão, segundo a carne, não foram considerados a semente. Fica claro que a semente de Abraão é considerada primordialmente uma inflorescência, e que a salvação prometida não é alcançada sem que se vá a Cristo. Logo a adoção primária do povo escolhido dependia da graça do Mediador.

Embora isso não seja expresso em termos bem distintos em Moisés, parece ter sido comumente conhecido por todos os piedosos. Pois, antes que um rei tivesse sido designado para os israelitas, Ana (a mãe de Samuel), descrevendo a felicidade do justo, fala o seguinte em sua canção: "…dá força ao seu rei e exalta o poder do seu ungido" — sugerindo com essas palavras que Deus abençoaria Sua Igreja. A isso corresponde o prenúncio que é posteriormente

João Calvino

acrescentado: "Então, suscitarei para mim um sacerdote fiel [...] e andará ele diante do meu ungido para sempre" (1 SAMUEL 2:10,35).

E não pode haver dúvida de que nosso Pai celestial planejava que a imagem viva de Cristo fosse vista em Davi e em sua posteridade. Por conseguinte, ao exortar os justos a temê-lo, ele roga: "Beijai o Filho..." (SALMO 2:12). Portanto, embora o reino estivesse dividido pela revolta das dez tribos, a aliança que Deus havia feito com Davi e seus sucessores conduzia-se para permanecer.

O OBJETO DA FÉ

*Seja a tua mão sobre o povo da tua destra,
sobre o filho do homem que fortaleceste para ti.*
—SALMO 80:17

Tendo todos os outros sido excluídos, Davi foi escolhido para ser a pessoa em quem o bom prazer do Senhor habitaria: "Por isso, abandonou o tabernáculo de Siló [...]. Além disso, rejeitou a tenda de José e não elegeu a tribo de Efraim. Escolheu, antes, a tribo de Judá, o monte Sião, que ele amava. [...] Também escolheu a Davi, seu servo, e o tomou dos redis das ovelhas; tirou-o do cuidado das ovelhas e suas crias, para ser o pastor de Jacó, seu povo, e de Israel, sua herança" (SALMO 78:60,67,68,70,71).

Em suma, Deus, dessa forma preservando Sua Igreja, pretendia que sua segurança e salvação dependesse de Cristo como seu Cabeça. Por conseguinte, Davi exclama: "O SENHOR é a força do seu povo, o refúgio salvador do seu ungido". Ele, então, ora: "Salva o teu povo e abençoa a tua herança...", sugerindo que a segurança da Igreja estava indissociavelmente conectada ao governo de Cristo. No mesmo sentido ele em outra passagem diz: "Ó SENHOR, dá vitória ao rei; responde-nos, quando clamarmos". (SALMO 20:9).

Tais palavras ensinam claramente que os cristãos, ao solicitarem o auxílio de Deus, confiavam exclusivamente no fato de que estavam sob o governo invisível do Rei. Isso pode ser deduzido de outro Salmo: "Oh! Salva-nos, SENHOR, nós te pedimos; [...] Bendito o que vem em nome do SENHOR" (118:25,26). Aqui fica óbvio que os cristãos são convidados a Cristo com a garantia de que estarão seguros quando estiverem inteiramente em Sua mão.

Para o mesmo efeito há outra oração, em que toda a Igreja implora a misericórdia divina: "Seja a tua mão sobre o povo da tua destra, sobre o filho do homem que fortaleceste [ou melhor

João Calvino

equipou] para ti" (SALMO 80:17). Pois, embora o autor do Salmo lamente a dispersão de toda a nação, ele ora por seu avivamento nele, que é o único Cabeça. De tudo isso fica abundantemente claro que, como o Senhor não pode ser gracioso com a raça humana sem o Mediador, Cristo fora sempre apresentado aos santos Pais sob a Lei como o objeto de sua fé.

NOSSO REDENTOR

*Certamente, ele tomou sobre si as nossas enfermidades
e as nossas dores levou sobre si; e nós
o reputávamos por aflito, ferido de Deus e oprimido.
Mas ele foi traspassado pelas nossas
transgressões e moído pelas nossas iniquidades;
o castigo que nos traz a paz
estava sobre ele, e pelas suas pisaduras fomos sarados.*
—ISAÍAS 53:4,5

Considerando que as Escrituras proclamam que Ele foi revestido de carne a fim de tornar-se o Redentor, é pretensioso imaginar qualquer outra causa ou outro fim. Nós conhecemos bem o motivo pelo qual Cristo foi de início prometido, a saber, para que Ele pudesse renovar um mundo caído e socorrer o homem perdido. Logo, sob a Lei Ele foi tipificado por sacrifícios para inspirar os que creem com a esperança de que Deus seria favorável a eles após Cristo ter sido reconciliado pela expiação dos pecados dos homens. Visto que, desde a era mais antiga (mesmo antes que a Lei fosse promulgada), nunca houve promessa alguma de um Mediador sem sangue, nós simplesmente deduzimos que Ele foi destinado no conselho eterno de Deus a expurgar a corrupção do homem — sendo o derramar de sangue o símbolo de expiação. Consequentemente, também, os profetas, ao discursarem sobre Ele, predisseram que Cristo seria o Mediador entre Deus e o homem. É suficiente referir-nos à notável profecia de Isaías, em que ele prediz que Ele foi "...moído pelas nossas iniquidades...", que o "...castigo que nos traz a paz estava sobre ele...", que como sacerdote foi "...como oferta pelo pecado...", que "...pelas suas pisaduras fomos sarados", que, considerando que "Todos nós andávamos desgarrados como ovelhas...", "Todavia, ao SENHOR agradou moê-lo,

João Calvino

fazendo-o enfermar..." e assim "...o Senhor fez cair sobre ele a iniquidade de nós todos" (53:5,6), após ouvir que Cristo foi divinamente designado para trazer alívio aos miseráveis pecadores, cuja ignorância com relação a tais limites dá tolerância por demais a uma curiosidade insensata.

Então, quando Ele de fato surgiu, declarou que o apaziguar Deus para que Ele nos trouxesse da morte para a vida era a causa de Seu advento. Com o mesmo efeito foi o testemunho dos apóstolos com relação a Ele (JOÃO 1:9; 10:14). João, consequentemente, antes de ensinar que o Verbo se fez carne, narra a queda do homem. Mas, acima de tudo, ouçamos nosso próprio Salvador quando discursa sobre Seu ofício: "Em verdade, em verdade vos digo que vem a hora e já chegou, em que os mortos ouvirão a voz do Filho de Deus; e os que a ouvirem viverão". E "Eu sou a ressurreição e a vida. Quem crê em mim, ainda que morra, viverá".

A DECLARAÇÃO DE DEUS

*...graça que nos foi dada em Cristo Jesus,
antes dos tempos eternos, e manifestada, agora, pelo
aparecimento de nosso Salvador Cristo Jesus,
o qual não só destruiu a morte, como trouxe à luz a vida
e a imortalidade, mediante o evangelho.*
—2 TIMÓTEO 1:9,10

Quando o Espírito declara que pelo decreto eterno de Deus as duas coisas foram conectadas — ou seja, que Cristo deveria ser nosso Redentor e, ao mesmo tempo, um participante de nossa natureza —, é ilícito ir adiante com indagações. Aquele que é entretido com o desejo de saber algo mais, não satisfeito com a imutável ordenação de Deus, demonstra também que não está nem mesmo satisfeito com esse Cristo que nos foi dado como o preço da redenção. E, de fato, Paulo não apenas declara para que fim Ele foi enviado, mas em tempo adequado reprime toda a impudicícia e lascívia da mente humana: "assim como nos escolheu, nele, antes da fundação do mundo, para sermos santos e irrepreensíveis perante ele; e em amor nos predestinou para ele, para a adoção de filhos, por meio de Jesus Cristo, segundo o beneplácito de sua vontade, para louvor da glória de sua graça, que ele nos concedeu gratuitamente no Amado, no qual temos a redenção, pelo seu sangue..." (EFÉSIOS 1:4-7).

Aqui certamente a queda de Adão não é pressuposta como anterior em período de tempo, mas nossa atenção é direcionada àquilo que Deus predeterminou antes de todas as eras, quando lhe agradou prover uma cura para a miséria da raça humana. Caso, novamente, seja retorquido que esse conselho de Deus dependia da queda do homem, que Ele previu, para mim é mais que suficiente contestar que aqueles que sugerem a investigação

João Calvino

— ou desejam saber mais de Cristo do que Deus predestinou por Seu decreto sigiloso — estão presumindo com audácia ímpia a invenção de um novo Cristo. Quando discursando sobre o ofício específico de Cristo, Paulo, de forma justa, ora pelos efésios para que Deus os fortaleça "...mediante o seu Espírito no homem interior", para que eles possam "...compreender, com todos os santos, qual é a largura, e o comprimento, e a altura, e a profundidade e conhecer o amor de Cristo, que excede todo entendimento..." (EFÉSIOS 3:16,18,19), como se pretendesse estabelecer propósito para delimitar barreiras em torno de nossa mente e impedi-la de declinar um bocado sequer do dom da reconciliação sempre que seja feita menção de Cristo.

À IMAGEM DE DEUS

*Criou Deus, pois,
o homem à sua imagem,
à imagem de Deus o criou;
homem e mulher os criou.*
—GÊNESIS 1:27

Enquanto admito que Adão era portador da imagem de Deus na medida em que estava unido a Ele (sendo esta a verdadeira e mais elevada perfeição de dignidade), mantenho contudo que a semelhança a Deus deve ser buscada apenas nas marcas Cristo também era a própria imagem de Deus naquele momento, e qualquer excelência gravada em Adão tinha sua origem nisto: por meio do único Filho, ele se aproximou da glória de seu Criador. Portanto, o homem foi criado à imagem de Deus (GÊNESIS 1:27), e nele o Criador agradou-se de contemplar, como em um espelho, a Sua própria glória. O homem foi elevado a esse grau de honra pela bondade do Filho primogênito.

Mas eu acrescento que, como o Filho era o cabeça dos homens e dos anjos, então a dignidade que foi conferida ao homem pertencia também aos anjos. Pois, quando ouvimos homens sendo chamados de filhos de Deus (SALMO 82:6), seria incongruente negar que foram dotados de alguma qualidade em que se assemelham ao Pai. Ele se agradou de que Sua glória fosse representada nos homens e anjos — e a manifestou em ambas as naturezas — para que pudessem desfrutar constantemente da Sua presença imediata porque são como Ele. Paulo ensina (COLOSSENSES 3:10) que os homens não são renovados à imagem de Deus de nenhuma outra forma senão sendo associados aos anjos, para que estejam todos unidos sob um cabeça. Em suma, se cremos em Cristo, nossa

João Calvino

felicidade será aperfeiçoada quando tivermos sido recebidos nos Céus e transformados à semelhança de anjos.

> *"...o Criador agradou-se de contemplar,*
> *como em um espelho, a Sua própria glória".*

CARNE VERDADEIRA

Porquanto o que fora impossível à lei, no que estava enferma pela carne, isso fez Deus enviando o seu próprio Filho em semelhança de carne pecaminosa e no tocante ao pecado; e, com efeito, condenou Deus, na carne, o pecado, a fim de que o preceito da lei se cumprisse em nós, que não andamos segundo a carne, mas segundo o Espírito.

—ROMANOS 8:3,4

Devemos ver como Cristo cumpriu o ofício de Mediador, quando revestido de nossa carne. Nos tempos antigos, a realidade de Sua natureza humana foi impugnada pelos maniqueístas e marcionistas — estes imaginando para si um fantasma em vez do Corpo de Cristo, e aqueles sonhando que Ele teria sido dotado de carne celestial. As passagens das Escrituras discordantes de ambos são numerosas e fortes.

A bênção não é prometida em uma semente celestial ou na semelhança de um homem, mas na semente de Abraão e Jacó; nem é o trono eterno prometido a um homem etéreo, mas ao Filho de Davi e rebento da sua carne. Logo, quando manifesto na carne, Ele é chamado de Filho de Davi e Abraão, não porque foi nascido de virgem e, ainda assim, criado do nada, mas posto que "...segundo a carne, veio da descendência de Davi" (ROMANOS 1:3). Do mesmo modo como o mesmo apóstolo em outra passagem diz que Ele veio dos judeus (ROMANOS 9:5).

Por conseguinte, nosso Senhor não contendeu com o nome de homem e frequentemente chama-se de Filho do homem, pois desejava expressar mais claramente que era um homem por verdadeira descendência humana. O Espírito Santo, com tanto cuidado e simplicidade, declarou um método que não é, em si, obscuro,

João Calvino

mas quem pensaria que mortais teriam a audácia de escurecê-lo com seus brilhos? Muitas outras passagens estão à mão caso fosse desejado que reproduzíssemos algumas mais. Por exemplo, aquela em que Paulo diz: "...Deus enviou seu Filho, nascido de mulher..." (GÁLATAS 4:4), e inúmeras outras que demonstram que Ele foi submetido a fome, sede, frio e a outras enfermidades de nossa natureza.

Mas, das muitas, devemos sobretudo selecionar aquelas que possam conduzir à edificação de nossa mente na verdadeira fé, como quando é dito: "Pois, tanto o que santifica como os que são santificados, todos vêm de um só. Por isso, é que ele não se envergonha de lhes chamar irmãos [...]. Por isso mesmo, convinha que, em todas as coisas, se tornasse semelhante aos irmãos, para ser misericordioso e fiel sumo sacerdote..." (HEBREUS 2:11,17).

VERDADEIRAMENTE HOMEM

Porque, de fato, foi crucificado em fraqueza;
contudo, vive pelo poder de Deus.
Porque nós também somos fracos nele, mas viveremos,
com ele, para vós outros pelo poder de Deus.
—2 CORÍNTIOS 13:4

Marcião [N.E.: Marcião de Sinope, criador do marcionismo, que pregava a existência de dois deuses diferentes, sendo um do Antigo Testamento e outro do Novo.] imagina que Cristo, em vez de um corpo, assumiu um fantasma visto que é dito em outro lugar que Ele foi feito à semelhança do homem e reconhecido em figura humana. Portanto ele desconsidera por completo o que Paulo está então debatendo (FILIPENSES 2:7). Seu objeto não é demonstrar que tipo de corpo Cristo assumiu, mas que, quando poderia de forma justa ter asseverado Sua divindade, Ele se agradou de nada exibir senão os atributos de um homem miserável e vilipendiado. Pois, a fim de nos exortar à submissão por Seu exemplo, Jesus demonstra que sendo Deus poderia ter exibido ao mundo o resplendor da Sua glória, mas abriu mão de Seu direito e voluntariamente esvaziou-se para que assumisse a forma de servo e, satisfeito com essa condição humilde, encobrisse Sua santidade com o véu da carne. Aqui, inquestionavelmente, Paulo não explica o que Cristo era, mas de que maneira Ele agia. Não, de todo o contexto, é facilmente inferido que foi na verdadeira natureza de homem que Cristo humilhou-se. O que podem significar as palavras: Ele foi "...reconhecido em figura humana..." senão que, por um tempo, ao invés de ser resplandecente com glória divina, a aparência humana apenas surgiu em um forma mesquinha e abjeta?

Também não manifestariam a verdade as palavras de Pedro de que Cristo foi "...morto, sim, na carne, mas vivificado no espírito"

João Calvino

(1 PEDRO 3:18) a menos que o Filho de Deus tivesse se tornado fraco devido a Sua natureza humana. Isso é explicado mais claramente por Paulo, quando declara que Jesus "...foi crucificado em fraqueza..." (2 CORÍNTIOS 13:4). E, depois disso, veio Sua exaltação, pois é distintamente dito que Cristo adquiriu nova glória após ter se humilhado. Isso poderia adequadamente aplicar-se somente a um homem dotado de corpo e alma. O apóstolo ali não fala da essência de Seu corpo como sendo celestial, mas da vida espiritual que deriva de Cristo e nos vivifica (1 CORÍNTIOS 15:47). Não fosse o Seu corpo da mesma natureza que a nossa, não haveria integridade no argumento que Paulo explora com tanta seriedade: se Cristo ressuscitou, nós também ressuscitaremos; se não ressuscitarmos, também Cristo não ressuscitou.

IRMANDADE

Sabemos que todas as coisas cooperam
para o bem daqueles que amam a Deus, daqueles que
são chamados segundo o seu propósito. Porquanto
aos que de antemão conheceu, também os predestinou
para serem conformes à imagem de seu Filho,
a fim de que ele seja o primogênito entre muitos irmãos.
—ROMANOS 8:28,29

É uma evasão leviana e desprezível dizer que Cristo é chamado de Filho do homem porque foi prometido a homens. É óbvio que, no idioma hebraico, o Filho do homem significa um homem verdadeiro, e Cristo, indubitavelmente, manteve a expressão de Sua própria língua. Ademais, não pode haver dúvida alguma com relação ao que se deve ser compreendido pela expressão filhos de Adão. Sem irmos longe demais, uma passagem no oitavo Salmo, que os apóstolos aplicam a Cristo, será abundantemente suficiente: "…que é o homem, que dele te lembres? E o filho do homem, que o visites?" (SALMO 8:4). Sob essa ilustração é expressa a verdadeira humanidade de Cristo, pois, embora Ele não fosse diretamente descendente de um pai terreno, contudo originalmente veio de Adão. Também não poderia ser dito tendo em vista a passagem que já citamos: "Visto, pois, que os filhos têm participação comum de carne e sangue, destes também ele, igualmente, participou…". Essas palavras provam claramente que Ele era um membro e participante da nossa mesma natureza. Nesse sentido também é dito que "…tanto o que santifica como os que são santificados, todos vêm de um só…". O contexto prova que isso se refere a uma comunidade de mesma natureza, pois imediatamente é acrescentado: "…Por isso, é que ele não se envergonha de lhes chamar irmãos" (HEBREUS 2:11). Tivesse ele dito a princípio que cristãos são da parte

João Calvino

de Deus, onde haveria algum fundamento para envergonhar-se de pessoas que possuem tal dignidade? Mas, quando Cristo, de Sua graça ilimitada, associa-se com o mal e ignóbil, vemos por que foi dito que "...ele não se envergonha...".

É vão opor-se ao fato de que dessa forma os perversos serão irmãos de Cristo, porque sabemos que os filhos de Deus não são nascidos de carne e sangue, mas do Espírito por meio da fé. Portanto, somente a carne não constitui a união de irmandade. Quando dizemos que Cristo se tornou homem para que Ele pudesse nos tornar filhos de Deus, a expressão não se estende a todas as classes de pessoas, sendo necessária a intervenção da fé para sermos espiritualmente introduzidos no Corpo de Cristo.

A INTEMPERANÇA DE DAVI

*Desvia de mim o olhar, para que eu tome alento,
antes que eu passe e deixe de existir.*
—SALMO 39:13

Embora a oração seja o relacionamento familiar de cristãos com Deus, a reverência e a modéstia devem ser observadas. Não devemos soltar as rédeas de nossos desejos, nem ansiar por qualquer coisa que vá além daquilo que Deus permite; e, além disso, a menos que a majestade de Deus devesse ser desprezada, nossa mente deve ser elevada à pura e impoluta reverência. Isso homem algum jamais executou com a perfeição devida. Sem falarmos da generalidade dos homens, com que frequência as queixas de Davi tinham sabor de intemperança? Não se trata de ele verdadeiramente planejar queixar-se com Deus ou murmurar por Seus julgamentos, mas, debilitado devido a enfermidades, ele não encontra melhor consolo do que derramar seus pesares no seio de seu Pai celestial. Não, até mesmo nosso balbuciar é tolerado por Deus, e o perdão é concedido à nossa ignorância com a mesma frequência que qualquer deslize imprudente. De fato, sem essa indulgência, não temos liberdade alguma para orar.

Mas, embora tenha sido intenção de Davi submeter-se inteiramente à vontade de Deus, ele ora com igual paciência e fervor, ainda que emoções irregulares surgissem, ou melhor, algumas vezes irrompessem — emoções nem um pouco discordantes da primeira lei que estabelecemos. Particularmente, podemos ver em uma sentença do trigésimo nono Salmo como esse santo foi carregado pela intensidade de seu pesar e incapaz de mantê-lo contido: "Desvia de mim o olhar, para que eu tome alento, antes que eu passe e deixe de existir" (SALMO 39:13). Você chamaria isso de linguajar de um homem desesperado, que não tinha outro desejo senão de que

João Calvino

Deus se afastasse e o deixasse saborear suas aflições. Não que essa mente devota se apresse para tal intemperança ou que ele deseje encerrar seu relacionamento com Deus; ele apenas se queixa de que a ira divina é mais do que pode suportar. Durante essas provações, ele frequentemente deseja escapes que não estão de acordo com a regra da Palavra e nos quais os santos não consideram devidamente o que é lícito e conveniente. As orações contaminadas com tais falhas, de fato, merecem ser rejeitadas; contudo, uma vez que os santos lamentem, administrem a autocorreção e voltem a si, Deus os perdoa.

PERDÃO NA ORAÇÃO

Ó Senhor, Deus dos Exércitos, até quando estarás indignado contra a oração do teu povo?
—SALMO 80:4

Os santos têm frequentemente lutado com sua própria frieza, sua carência e miséria, que não os incitam suficientemente à oração séria. Ocorre muitas vezes, também, que suas mentes vagueiam e ficam quase perdidas; logo, nessa questão também há necessidade de perdão, para que suas orações (por serem lânguidas ou mutiladas, ou interrompidas e errantes) não encontrem recusa. Um perdão duplo deve sempre ser solicitado: primeiro, porque os santos têm consciência de muitas falhas (cuja compreensão, entretanto, não lhes toca de tal forma que os faça sentir insatisfeitos consigo mesmos como deveriam); e segundo, (na medida em que foram capacitados a beneficiarem-se do arrependimento e do temor de Deus) são humilhados com justo pesar por suas ofensas e oram pela remissão do castigo pelo Juiz.

Inúmeros exemplos do mesmo tipo ocorrem nas Escrituras, dos quais fica manifesto que a fé dos santos era frequentemente misturada a dúvidas e medos, de modo que, enquanto criam e tinham esperança, revelavam certo grau de incredulidade. Mas, por não irem até o ponto que desejariam, essa é apenas uma razão suplementar para esforçarem-se a corrigir suas falhas, para que possam diariamente aproximar-se da perfeita lei da oração e ao mesmo tempo sentir em que abismo de males estão mergulhados aqueles que, nas mesmas curas que utilizam, trazem sobre si novas enfermidades. Não há oração que Deus não pudesse, merecidamente, desprezar, caso não ignorasse as máculas com que todas elas estão poluídas. Eu não menciono essas coisas para que cristãos possam perdoar-se secularmente a si mesmos em qualquer

João Calvino

falha que cometam, mas para que possam chamar-se a confissões severas e, assim, esforçar-se para superar esses obstáculos.

EM NOME DE JESUS

Acheguemo-nos, portanto, confiadamente, junto ao trono da graça, a fim de recebermos misericórdia e acharmos graça para socorro em ocasião oportuna.
—HEBREUS 4:16

Como homem algum é digno de achegar-se em seu próprio nome e colocar-se na presença de Deus, nosso Pai celestial (para aliviar-nos imediatamente do medo e da vergonha) nos deu Seu Filho, Jesus Cristo nosso Senhor, para ser nosso Advogado e Mediador — para que, sob Sua orientação, possamos achegar-nos com segurança, confiando que, tendo Ele como nosso Intercessor, nada do que pedimos em Seu nome nos será negado, pois não há nada que o Pai possa negar a Ele (1 TIMÓTEO 2:5; 1 JOÃO 2:1).

Para isso é necessário que façamos referência a tudo o que ensinamos previamente com relação à fé; porque, como a promessa nos dá Cristo como nosso Mediador, assim, a menos que nossa esperança de obter o que pedimos esteja fundamentada nele, ela nos priva do privilégio da oração. Pois é impossível pensar na temível majestade de Deus sem cobrir-se de pavor e, consequentemente, a noção de nossa própria indignidade deve manter-nos distantes — até que Cristo intervenha e converta um trono de temível majestade em um trono de graça, como o apóstolo ensina que assim podemos achegar-nos "...portanto, confiadamente, junto ao trono da graça, a fim de recebermos misericórdia e acharmos graça para socorro em ocasião oportuna" (HEBREUS 4:16).

E como uma regra foi estabelecida com relação à oração, como uma promessa foi dada de que aqueles que oram serão ouvidos, assim somos especialmente ordenados a orar no nome de Cristo, sendo-nos prometido que obteremos o que pedirmos em Seu nome. "E tudo quanto pedirdes em meu nome...", diz nosso

João Calvino

Salvador, "…isso farei, a fim de que o Pai seja glorificado no Filho […]. Até agora nada tendes pedido em meu nome; pedi e recebereis, para que a vossa alegria seja completa" (JOÃO 14:13; 16:24).

Logo fica indiscutivelmente claro que aqueles que oram a Deus em qualquer outro nome, senão o de Cristo, deliberada e obstinadamente falsificam Suas ordens e consideram Sua vontade como nula, enquanto não têm promessa alguma a obter. Pois, como Paulo diz: "Porque quantas são as promessas de Deus, tantas têm nele o sim; porquanto também por ele é o amém…" (2 CORÍNTIOS 1:20), ou seja, são confirmadas e cumpridas nele.

# 8 DE OUTUBRO

INTERCESSÃO

Porquanto há um só Deus e um só Mediador entre Deus e os homens, Cristo Jesus, homem.
—1 TIMÓTEO 2:5

Considerando que Ele próprio é o único acesso pelo qual podemos nos aproximar de Deus, aqueles que se desviam desse caminho e negam esse acesso não têm outro que lhes reste; Seu trono não lhes apresenta nada exceto ira, julgamento e terror. Em suma, como o Pai o consagrou nosso guia e cabeça, aqueles que o abandonam ou dele se afastam de qualquer forma esforçam-se do modo como podem para macular e apagar o selo que Deus imprimiu.

Portanto, Cristo é o único Mediador por cuja intercessão o Pai se torna favorável e gracioso (1 TIMÓTEO 2:5). Embora os santos ainda tenham permissão para utilizar intercessões pelas quais eles mutuamente suplicam a Deus em favor da salvação uns dos outros e das quais o apóstolo faz menção (EFÉSIOS 6:18,19; 1 TIMÓTEO 2:1), eles dependem, contudo, daquela única intercessão e estão muito longe de invalidá-la. Porque, como as intercessões que, como membros de um corpo, oferecemos uns pelos outros nascem do sentimento de amor, elas fazem referência a este Cabeça. Sendo também feitas em nome de Cristo, o que mais declaram senão o fato de que homem algum pode obter o mínimo benefício de quaisquer orações sem a intercessão do Mediador?

Como nada há na intercessão de Cristo para impedir os diferentes membros da Igreja de oferecerem orações uns pelos outros, então que seja estabelecido como princípio fixo que todas as intercessões assim utilizadas na Igreja devem fazer referência àquela intercessão especificamente. Não, devemos ser especialmente cuidadosos em demonstrar nossa gratidão com relação a isto: que

João Calvino

Deus, perdoando nossa indignidade, não apenas permite que cada indivíduo ore por si mesmo, mas também permite que todos intercedam mutualmente uns pelos outros. Tendo Deus dado lugar em Sua Igreja a intercessores que mereciam ser rejeitados quando oravam em particular por si mesmos, quão presunçoso seria abusar dessa bondade empregando-a para obscurecer a honra de Cristo?

VIDA E MORTE

*Os céus e a terra tomo, hoje, por testemunhas
contra ti, que te propus a vida e a morte, a bênção e
a maldição; escolhe, pois, a vida, para que
vivas, tu e a tua descendência, amando o Senhor,
teu Deus, dando ouvidos à sua voz e
apegando-te a ele; pois disto depende a tua vida e
a tua longevidade; para que habites
na terra que o Senhor, sob juramento, prometeu
dar a teus pais, Abraão, Isaque e Jacó.*
—DEUTERONÔMIO 30:19,20

Para que uma noção de culpa possa incitar-nos a buscar perdão, é importante saber como o fato de sermos instruídos na Lei Moral nos torna mais indesculpáveis. Se é verdade que a justiça perfeita é colocada diante de nós na Lei, segue-se que a completa observância dela é a justiça perfeita aos olhos de Deus — ou seja, a justiça pela qual um homem pode ser julgado e pronunciado justo no tribunal divino. Por conseguinte, Moisés, após promulgar a Lei, não hesita tomar céu e Terra como testemunhas de que ele coloca vida e morte, bem e mal diante do povo. Também não pode ser negado que a recompensa da salvação eterna, como prometida pelo Senhor, aguarda a obediência perfeita à Lei (DEUTERONÔMIO 30:19).

Todavia, novamente é importante compreender de que forma executamos essa obediência pela qual nós, licitamente, alimentamos a esperança de recompensa. Pois que uso há em ver que a recompensa de vida eterna depende da observância da Lei, a menos que adicionalmente figure estar em nosso poder obter a vida eterna dessa maneira? Aqui está manifesta, então, a fraqueza da Lei, pois em nenhum de nós é manifesta essa justiça da Lei e,

João Calvino

portanto, sendo excluídos das promessas de vida, nós novamente estamos sob a maldição. Eu não afirmo apenas o que acontece, mas o que deve, necessariamente, acontecer. Como a doutrina da Lei transcende a nossa capacidade, o homem pode de fato olhar a distância para as promessas apresentadas, mas não pode auferir benefício algum delas.

Portanto, a única coisa que lhe resta é formar uma melhor estimativa de sua miséria partindo da excelência das promessas, enquanto considera que a esperança da salvação é eliminada e ele é ameaçado com a morte inevitável.

INSTRUÍDO PELA LEI

*Porquanto o que fora impossível à lei, no que
estava enferma pela carne, isso fez Deus
enviando o seu próprio Filho em semelhança de carne
pecaminosa e no tocante ao pecado; e,
com efeito, condenou Deus, na carne, o pecado, a fim
de que o preceito da lei se cumprisse
em nós, que não andamos segundo a carne,
mas segundo o Espírito.*
—ROMANOS 8:3,4

O ofício e o uso da Lei Moral parecem-me consistir em exibir a justiça de Deus — em outras palavras, a justiça que por si só é aceitável a Deus —, que a todos instrui sobre sua própria iniquidade e finalmente os condena. Isso é necessário para que o homem, que está cego e intoxicado pelo amor a si mesmo, possa ser levado imediatamente ao conhecimento de sua fraqueza e impureza e a confessá-las, pois, até que a sua vaidade seja perfeitamente demonstrada, ele permanece ensoberbecido por confiança obsessiva em seus próprios poderes e nunca pode ser levado a sentir sua debilidade enquanto mensurá-los de acordo com o padrão de sua escolha. Contudo, assim que ele começa a compará-los com as exigências da Lei, tem algo para domar sua presunção. Por mais elevada que seja sua opinião sobre seus poderes, ele imediatamente sente que ofegam diante da carga pesada, depois cambaleiam e tropeçam e finalmente caem e cedem.

Mas aquele que é instruído pela Lei coloca de lado a arrogância que outrora o cegava. Da mesma forma, ele precisa ser curado do orgulho, a outra doença sob a qual dissemos que ele age. Enquanto lhe é permitido recorrer em seu próprio julgamento, ele substitui a justiça real por uma hipócrita e, satisfeito com isso, estabelece

João Calvino

certas observâncias fictícias em oposição à graça de Deus. Mas, após ser forçado a pesar sua conduta na balança da Lei, renunciando a toda dependência de sua justiça imaginária, ele vê que está a uma infinita distância da santidade e, por outro lado, que transborda de inúmeros vícios dos quais anteriormente parecia livre. As reentrâncias nas quais o sentimento de desejo se encontra são tão profundas e tortuosas que facilmente escapam de nossa visão.

VERDADEIRA ADORAÇÃO

Guarda e cumpre todas estas palavras
que te ordeno, para que bem te suceda a ti e a teus filhos,
depois de ti, para sempre, quando fizeres
*o que é bom e reto aos olhos do S*ENHOR*, teu Deus.*
—DEUTERONÔMIO 12:28

O Senhor, ao fornecer uma regra perfeita de justiça, demonstrou que não há nada mais aceitável a Ele do que a obediência. Mas a mente humana, em sua inibição, está sempre inventando modos diferentes de adoração como meio de obter o favor de Deus. Essa afetação irreligiosa da religião traiu a si mesma em todas as eras e ainda o faz; homens sempre ansiando conceber algum método para adquirir justiça sem aprovação alguma da Palavra de Deus.

Logo, nessas observâncias que são geralmente consideradas boas obras, os preceitos da Lei ocupam um espaço restrito, sendo o todo quase usurpado por esse infindável exército de invenções humanas. Mas não foi essa a exata permissão que Moisés pretendia refrear quando, após a promulgação da Lei, ele dirigiu-se ao povo dizendo: "Tão somente guarda-te a ti mesmo e guarda bem a tua alma, que te não esqueças daquelas coisas que os teus olhos têm visto, e se não apartem do teu coração todos os dias da tua vida..." (DEUTERONÔMIO 4:9)? Antecipando que os israelitas não descansariam após receberem a Lei, mas dariam à luz (a menos que severamente proibidos) novos tipos de justiça, Deus declara que a Lei compreendia a justiça perfeita. Esta deveria ter sido uma restrição sobretudo poderosa e, contudo, eles não desistiram do presunçoso curso tão fortemente proibido.

Nós estamos certamente sob a mesma obrigação que eles estavam, pois não pode haver dúvida de que está perpetuamente em

João Calvino

vigor a alegação de uma perfeição absoluta que Deus criou para Sua Lei. Não satisfeitos com isso, entretanto, nós trabalhamos excessivamente fabricando e cunhando uma infindável variedade de boas obras, uma após a outra. A melhor cura para esse vício seria uma constante e arraigada convicção de que a Lei foi concedida do Céu para nos ensinar a justiça perfeita, de que a única justiça assim ensinada é aquela que a vontade divina ordenará expressamente e é vão tentar, por novas formas de adoração, obter o favor de Deus para quem a verdadeira adoração consiste somente na obediência.

RECONCILIAÇÃO

*Ora, tudo provém de Deus, que nos
reconciliou consigo mesmo por meio de Cristo e nos deu
o ministério da reconciliação, a saber,
que Deus estava em Cristo reconciliando consigo o
mundo, não imputando aos homens as
suas transgressões, e nos confiou a palavra da reconciliação.*
—2 CORÍNTIOS 5:18,19

Outra parte principal de nossa reconciliação com Deus foi que o homem, que havia se perdido por sua desobediência, deveria, a propósito de encontrar solução, opor a ela a obediência, satisfazer a justiça divina e pagar a pena pelo pecado. Portanto nosso Senhor veio completamente homem — adotou a pessoa de Adão e assumiu seu nome — para que pudesse, no lugar do homem, obedecer ao Pai, a fim de poder apresentar nossa carne como preço satisfatório ao justo julgamento de Deus e na mesma carne pagar a dívida que nós contraímos. Finalmente, sendo somente Deus não poderia sofrer e sendo apenas homem não poderia vencer a morte; Ele uniu a natureza humana à divina. Isso Ele fez para que pudesse sujeitar a fraqueza da primeira à morte como expiação pelo pecado e, pelo poder da segunda, mantendo embate com a morte, conquistasse para nós a vitória. Aqueles, portanto, roubam de Cristo a Sua divindade ou Sua humanidade, ou diminuem Sua majestade e glória, ou obscurecem a Sua bondade. Por outro lado, não são menos prejudiciais aos homens ao comprometer e subverter sua fé que, a menos que esteja alicerçada nessa fundação, não pode firmar-se.

Ademais, o esperado Redentor era o filho de Abraão e Davi que Deus havia prometido na Lei e nos profetas. Aqui os que creem têm outra vantagem: ao traçar a Sua origem chegando em Davi

João Calvino

e Abraão, eles o reconhecem mais distintamente como o Messias celebrado por tantos oráculos. Mas deve ser dada atenção especial ao que expliquei recentemente: que a natureza comum é a garantia de nossa união contra o Filho de Deus que, revestido de nossa carne, guerreou com o pecado até a morte para que pudesse ser nosso triunfante vencedor, e que a carne que Ele recebeu de nós Ele a ofereceu em sacrifício a fim de que, por meio da expiação, Cristo pudesse apagar nossa culpa e apaziguar a justa ira de Seu Pai.

DUAS ABSURDIDADES

*Pois assim como, por uma só ofensa, veio o juízo
sobre todos os homens para condenação, assim também,
por um só ato de justiça, veio a graça
sobre todos os homens para a justificação que dá vida.*
—ROMANOS 5:18

Correspondente a esta há outra passagem: "O primeiro homem, formado da terra, é terreno; o segundo homem é do céu" (1 CORÍNTIOS 15:47). Em conformidade, o mesmo apóstolo ensina que Cristo foi enviado "...em semelhança de carne [...] a fim de que o preceito da lei se cumprisse em nós..." e o separa distintamente do grupo comum, como sendo homem verdadeiro, contudo sem falha e corrupção (ROMANOS 8:3,4).

É infantilidade perder tempo sustentando que, se Cristo é imaculado e foi gerado da semente de Maria pela ação secreta do Espírito, não é, portanto, a semente da mulher que é impura, mas somente a do homem. Nós não sustentamos que Cristo é imaculado meramente porque nasceu de uma mulher sem ligação com um homem, mas porque Ele foi santificado pelo Espírito — a fim de que Sua concepção fosse pura e imaculada, como teria sido antes da queda de Adão. Tenhamos sempre em mente que onde quer que as Escrituras anunciem a pureza de Cristo, referem-se à Sua verdadeira natureza humana, visto que seria supérfluo dizer que Deus é puro. Ademais, a santificação de que João fala em seu décimo sétimo capítulo é inaplicável à natureza divina. Isso não sugere a ideia de uma semente dupla em Adão, embora nenhuma contaminação tenha se estendido a Cristo; a concepção do homem não é em si viciosa ou impura, mas uma circunstância acidental da queda. Logo, não é estranho que Cristo, por quem nossa integridade seria restaurada, tenha sido isentado da corrupção comum.

João Calvino

Outra absurdidade que impõem a nós: se a Palavra de Deus encarnou, deve necessariamente ter sido encerrada no apertado edifício do corpo terreno — é pura petulância. Pois, embora a infinita essência da Palavra estivesse unida à natureza humana em uma única Pessoa, não temos conhecimento de limitação alguma. O Filho de Deus desceu milagrosamente do Céu, entretanto sem abandonar o Céu. Ele se agradou de ser concebido milagrosamente no ventre da virgem, para viver na Terra e ser pendurado na cruz e, contudo, sempre preencheu o mundo desde o princípio.

João Calvino

DOIS FORMAM UM

*Este é a imagem do Deus invisível,
o primogênito de toda a criação.*
—COLOSSENSES 1:15

Quando é dito que o Verbo se fez carne, não devemos compreender como se Ele fosse transformado em carne ou confusamente misturado a ela, mas que Ele escolheu o ventre da virgem como um templo em que pudesse habitar. Ele, que era o Filho de Deus, tornou-se o Filho do homem — não por confusão de matéria, mas por unidade de pessoa. Pois sustentamos o fato de que a divindade estava tão confluída e unida à humanidade que todas as propriedades de cada natureza permaneceram íntegras e, no entanto, as duas naturezas constituem apenas um Cristo.

Caso, em questões humanas, encontre-se algo semelhante a esse grande mistério, a equivalência mais pertinente parece ser a do homem; pois o homem obviamente consiste a partir de duas substâncias, nenhuma das quais é tão misturada à outra a ponto de que ambas não mantenham suas próprias propriedades; pois nem a alma é corpo, nem o corpo é alma. Por conseguinte, é dito separadamente da alma o que não se pode de forma alguma aplicar ao corpo; e que, por outro lado, diz-se do corpo o que é completamente inaplicável à alma. E isso, novamente, diz-se do homem, o que não se pode ser afirmado, sem absurdidade, nem do corpo ou da alma separadamente. Finalmente, as propriedades da alma são transferidas ao corpo e as propriedades do corpo à alma e, contudo, estas formam apenas um homem e não mais de um. Tais modos de expressão sugerem tanto que há no homem uma pessoa formada de dois componentes quanto que essas duas diferentes naturezas constituem uma pessoa.

João Calvino

As Escrituras falam dessa maneira sobre Cristo. Certas vezes elas atribuem-lhe qualidades que deveriam ser indicadoras especialmente da Sua humanidade, e algumas vezes qualidades aplicáveis peculiarmente à Sua divindade, e outras vezes sobre as qualidades que abarcam ambas as naturezas e não se aplicam especialmente a nenhuma delas.

A LIBERTAÇÃO FINAL

E, então, virá o fim, quando ele entregar o reino ao Deus e Pai, quando houver destruído todo principado, bem como toda potestade e poder. Porque convém que ele reine até que haja posto todos os inimigos debaixo dos pés. O último inimigo a ser destruído é a morte.
—1 CORÍNTIOS 15:24-26

A verdadeira substância de Cristo é mais claramente declarada nessas passagens que compreendem ambas as naturezas de Cristo (a humana e a divina) simultaneamente. Várias dessas estão no evangelho de João. O que ali lemos — com relação a Ele ter recebido poder do Pai para perdoar pecados, a vivificar quem desejar, a conceder justiça, santidade e salvação, a ter sido designado juiz de vivos e mortos, a ser honrado como o Pai — não se trata de algo peculiar à Sua divindade ou à Sua humanidade, mas é aplicável a ambas. Da mesma forma, Ele é chamado de a Luz do mundo, o bom Pastor, a única Porta, a Videira verdadeira. O Filho de Deus foi ungido com tais prerrogativas em Sua manifestação na carne. Embora possuísse o mesmo com o Pai antes que o mundo fosse criado, ainda assim não era da mesma maneira ou aspecto; também nada disso poderia ser atribuído a alguém que fosse um homem e nada mais.

No mesmo sentido, devemos compreender a declaração de Paulo de que ao fim Cristo entregará "...o reino ao Deus e Pai..." (1 CORÍNTIOS 15:24). O reino de Deus certamente não teve início e não terá fim. Mas, porque Ele foi escondido sob a humilde vestimenta da carne, tomou sobre si a forma de servo, humilhou-se (FILIPENSES 2:8), tornou-se obediente ao Pai e, após passar por essa sujeição, foi finalmente coroado com glória e honra (HEBREUS 2:7) e exaltado à suprema autoridade a ponto de que diante de Seu nome

João Calvino

todo joelho se dobrará (FILIPENSES 2:10), assim ao fim Ele sujeitará ao Pai tanto o nome quanto a coroa de glória e o que quer que receba dele, para que Deus seja tudo em todos (1 CORÍNTIOS 15:28). Para que fim foram o poder e a autoridade a Ele concedidos, senão para que o Pai possa nos governar por meio da Sua mão? No mesmo sentido, também, diz-se que Ele, por certo tempo, se assentará à destra do Pai até que nós usufruamos da presença imediata de Sua Divindade.

COMPREENSÃO

Se morrestes com Cristo para
os rudimentos do mundo, por que, como se vivêsseis
no mundo, vos sujeitais a ordenanças.
—COLOSSENSES 2:20

Embora hereges representem o nome de Cristo, a verdade é que a fundação não é comum entre eles e os piedosos, mas pertence exclusivamente à Igreja, pois, se essas coisas relacionadas a Cristo forem diligentemente consideradas, será descoberto que Cristo está com eles somente em nome, não em realidade. Por conseguinte, atualmente, embora os papistas tenham as palavras "Filho de Deus, Redentor do mundo" soando em sua boca, eles, contudo, privam-no de Sua virtude e dignidade — o que Paulo fala "...não retendo a cabeça..." é verdadeiramente aplicável a eles (COLOSSENSES 2:19).

Portanto, para que a fé encontre em Cristo solo consistente de salvação e assim nele descanse, devemos partir deste princípio: o ofício que Ele recebeu do Pai consiste em três partes. Ele foi designado Profeta, Rei e Sacerdote — embora pouco foi ganho ao manter os nomes desacompanhados de um conhecimento do fim e do uso. Nós observamos previamente que a mente dos cristãos sempre esteve *marcada pela convicção* de que a luz plena do entendimento deveria ser aguardada apenas no advento do Messias, embora Deus, ao suprir uma ininterrupta sucessão de profetas, nunca deixou Seu povo desprovido de doutrina proveitosa, que fosse suficiente para salvação.

Também essa não foi uma mera suposição que adentrou a mente dos judeus. Eles criam no que oráculos precisos lhes haviam ensinado. Mas, como o ofício comum dos profetas era manter a Igreja em expectativa e ao mesmo tempo apoiá-la até o advento do

João Calvino

Mediador, lemos que os fiéis se queixavam (durante a dispersão) de que eram privados desse privilégio comum. "Já não vemos os nossos símbolos; já não há profeta; nem, entre nós, quem saiba até quando" (SALMO 74:9). Mas, no momento em que Cristo já não estava mais tão distante, um período foi designado a Daniel "...para selar a visão e a profecia..." (DANIEL 9:24). Isso não era apenas o fato de que a autoridade da profecia ali falada poderia ser estabelecida, mas de que os que criam poderiam (por certo tempo) submeter-se pacientemente às exigências dos profetas — uma vez que o cumprimento e a completude de todas as profecias eram iminentes.

João Calvino

PROTEGIDO POR CRISTO

Uma vez jurei por minha santidade
(e serei eu falso a Davi?): A sua posteridade durará para
sempre, e o seu trono, como o sol perante mim.
Ele será estabelecido para sempre como a lua e fiel
como a testemunha no espaço.
—SALMO 89:35-37

Eu venho ao ofício majestoso de Cristo — do qual seria vão falar sem previamente lembrar o leitor de que sua natureza é espiritual — porque é daqui que aprendemos sobre sua eficácia, os benefícios que confere, todo o seu poder e eternidade (eternidade, aliás que em Daniel um anjo atribui ao ofício de Cristo — Daniel 2:44); e em Lucas um anjo, licitamente, aplica a eternidade à salvação do Seu povo (LUCAS 1:33). Mas isso também é duplo e deve ser visto de duas maneiras. Uma delas diz respeito a todo o corpo da Igreja e a outra é adequada a cada membro. Com relação à primeira, deve-se mencionar o que é dito em Salmos: "Uma vez jurei por minha santidade (e serei eu falso a Davi?): A sua posteridade durará para sempre, e o seu trono, como o sol perante mim. Ele será estabelecido para sempre como a lua e fiel como a testemunha no espaço" (SALMO 89:35-37). Não pode haver dúvida de que Deus aqui promete que Ele será, pela mão de Seu Filho, o eterno governante e defensor da Igreja. Em ninguém, exceto Cristo, será encontrado o cumprimento dessa profecia, pois, imediatamente após a morte de Salomão, o reino perdeu em grande medida sua dignidade e, com ignomínia à família de Davi, foi transferida a um único indivíduo. Posteriormente, decaindo gradualmente ao final, chegou a um triste e desonrado fim.

Com a mesma frequência que ouvimos que Cristo está fortalecido com poder eterno, aprendamos que a perpetuidade da Igreja

João Calvino

está assim efetivamente segura; que, em meio às turbulentas agitações pelas quais é constantemente assediada e os dolorosos e temíveis alvoroços que ameaçam inúmeros desastres, ainda permanece segura. Vemos que tudo o que é terreno e do mundo é temporário e em breve desvanece. Portanto, para que nossa esperança se eleve ao Céu, Cristo declara que o Seu reino não é deste mundo (JOÃO 18:36).

BEM EQUIPADO

Porque o reino de Deus não é comida nem bebida, mas justiça, e paz, e alegria no Espírito Santo.
—ROMANOS 14:17

O fato de que a força e a utilidade do reino de Cristo não podem ser plenamente apreendidas, sem que reconheçamos esse reino como espiritual, é suficientemente aparente até mesmo nisto: durante todo o curso de nossa vida tendo que guerrear sob a cruz, nossa condição aqui é amarga e miserável. Devemos saber que a felicidade que nos é prometida em Cristo não consiste em vantagens exteriores, tais como levar uma vida afortunada e pacata, ter abundância de riquezas, estar seguro contra qualquer avaria e ter riqueza de prazeres como os que a carne é propensa a desejar, os quais pertencem condignamente à vida celestial.

Como no mundo a condição próspera e desejável de uma pessoa em parte consiste na abundância de bem temporário e paz doméstica e, em parte, na forte proteção que dá segurança contra a violência exterior, Cristo assim também enriquece Seu povo com todas as coisas necessárias à salvação eterna da alma deles e fortifica-os com coragem para permanecerem inatingíveis a todos os ataques de inimigos espirituais. Quando concluímos que Ele reina mais para nós do que para si, e também tanto em nosso interior quanto em nosso exterior, e, sendo renovados com os dons do Espírito — dos quais somos naturalmente destituídos —, conseguimos sentir, a partir de seus primeiros frutos, que estamos verdadeiramente unidos a Deus para a perfeita bem-aventurança. E então, confiando no poder do mesmo Espírito, não duvidaremos de que seremos sempre vitoriosos contra o diabo, o mundo e tudo o que pode nos atingir. Não sendo um reino terreno ou carnal, mas

João Calvino

espiritual, eleva-nos à vida eterna a fim de que possamos pacientemente viver o presente sob labuta, fome, frio, desprezo, desgraça e outros pesares.

Nós podemos viver satisfeitos porque nosso Rei jamais nos abandonará, mas suprirá nossas necessidades até que nossa peleja acabe e sejamos chamados ao triunfo. Até então, Ele nos arma e equipa por Seu poder, adorna-nos com esplendor e magnificência e nos enriquece com recursos; nisso encontramos grande causa para glorificar — e também somos inspirados com ousadia — de modo que podemos lutar intrepidamente contra o diabo, o pecado e a morte. Em suma, revestidos com a Sua justiça, podemos bravamente superar todas as afrontas do mundo e, conforme Ele nos reabastece livremente com os Seus dons, podemos, em retribuição, produzir frutos para a Sua glória.

João Calvino

GOVERNANDO O REINO

E pôs todas as coisas debaixo dos pés e, para ser o cabeça sobre todas as coisas, o deu à igreja, a qual é o seu corpo, a plenitude daquele que a tudo enche em todas as coisas.
—EFÉSIOS 1:22,23

Pelo fato de aqueles que creem permanecerem invencíveis na força de seu Rei e Suas riquezas espirituais transbordarem sobre eles, não é inadequado chamá-los de cristãos. Além do mais, dessa eternidade da qual falamos não há nada depreciativo na expressão de Paulo: "E, então, virá o fim, quando ele entregar o reino ao Deus e Pai..." (1 CORÍNTIOS 15:24). E também: "...então, o próprio Filho também se sujeitará àquele que todas as coisas lhe sujeitou, para que Deus seja tudo em todos" (1 CORÍNTIOS 15:28), pois o significado é meramente que nessa glória perfeita a administração do reino não será tal qual o é agora. O Pai concedeu todo o poder ao Filho e por meio da mão do Filho o Pai nos governará, amparará, susterá, manter-nos-á sob a Sua tutela e nos dará assistência.

Logo, enquanto vagueamos a distância como peregrinos de Deus, Cristo pode gradualmente trazer-nos à comunhão plena com Deus. E, de fato, Ele estar assentado à destra do Pai tem o mesmo significado de ser chamado de representante de Deus, a quem foi confiado todo o poder de governo. Deus se agrada de que a pessoa de Cristo, de forma mediadora (por assim dizer), governe e defenda a Igreja. Assim também o fato de que Ele está assentado à destra do Pai é explicado por Paulo na epístola aos efésios significando que "...para ser o cabeça sobre todas as coisas, o deu à igreja, a qual é o seu corpo..." (EFÉSIOS 1:22,23). Logo, Paulo corretamente deduz que Deus será então o único Cabeça da Igreja, posto que a tarefa de Cristo em defender a Igreja terá então se completado.

João Calvino

Pela mesma razão, através das Escrituras Ele é chamado de Senhor, tendo o Pai o designado como nosso superior com o propósito expresso de exercitar Seu governo por meio de Cristo. Ele reina por autoridade divina, pois o motivo para que assumisse o ofício de Mediador era que, descendo do seio e da incompreensível glória do Pai, Ele pudesse aproximar-se de nós.

O SACRIFÍCIO DO SACERDOTE

*Ora, todo sacerdote se apresenta, dia após dia,
a exercer o serviço sagrado e a oferecer muitas vezes
os mesmos sacrifícios, que nunca jamais
podem remover pecados; Jesus, porém, tendo oferecido,
para sempre, um único sacrifício
pelos pecados, assentou-se à destra de Deus.*
—HEBREUS 10:11,12

Com relação ao sacerdócio de Cristo, devemos crer brevemente que seu fim e aplicação são — como Mediador livre de toda mácula — que Ele possa, por Sua própria santidade, garantir o favor de Deus para nós. Mas, pelo fato de que uma maldição obstrui a entrada e Deus, em Seu caráter de Juiz, é hostil a nós, a expiação deve necessariamente intervir — para que, como Sacerdote recrutado para apaziguar a ira de Deus, Cristo possa readmitir-nos em Seu favor. Pois, a fim de que Cristo pudesse cumprir esse ofício, foi-lhe adequado apresentar-se com um sacrifício. Até mesmo sob a lei do sacerdócio era proibido entrar no santuário sem sangue, para ensinar ao adorador que, embora o sacerdote pudesse desaprovar para evitar as consequências, Deus não poderia ser propiciado sem a expiação do pecado. Sobre esse assunto o apóstolo discursa longamente na epístola aos Hebreus, do sétimo até quase o fim do décimo capítulo.

A totalidade se resume a isto: a honra do sacerdócio não é apropriada a ninguém senão a Cristo, porque, pelo sacrifício de Sua morte, Ele limpou nossa culpa e satisfez o pagamento pelo pecado. Somos lembrados da grande importância dessa questão por esta solene promessa que Deus proferiu e sobre a qual declarou que não se arrependeria: "...Tu és sacerdote para sempre, segundo a ordem de Melquisedeque" (SALMO 110:4). Indubitavelmente o Seu

João Calvino

propósito era ratificar o ponto em que Ele sabia que nossa salvação articulava. Pois, para nós ou para nossas orações, não há acesso a Deus até que o sacerdote, expurgando nossa imundícia, nos santifique e obtenha para nós esse favor do qual a impureza de nossa vida e do nosso coração nos priva. Logo vemos que, se o benefício e a eficácia do sacerdócio de Cristo devem nos alcançar, o início de tudo deve estar em Sua morte.

CONSAGRADO POR CRISTO

*Assim como tu me enviaste ao mundo,
também eu os enviei ao mundo. E a favor deles
eu me santifico a mim mesmo,
para que eles também sejam santificados na verdade.*
—JOÃO 17:18,19

Cristo, por cujo auxílio obtemos favor, deve ser o mediador perpétuo. Disso surge novamente não apenas a confiança na oração, mas também a tranquilidade de mentes piedosas, enquanto reclinam-se em segurança na indulgência paternal de Deus e sentem-se convictas de que tudo o que for consagrado pelo Mediador lhe é agradável. Mas, considerando que Deus, sob a Lei, ordenou que sacrifícios de animais fossem oferecidos a Ele, houve um acordo diferente e novo com relação a Cristo; ou seja, Ele deveria ser simultaneamente vítima e sacerdote, porque não se podia encontrar nenhuma outra satisfação adequada para o pecado e ninguém era digno da honra de oferecer o único Filho de Deus.

Cristo agora carrega a incumbência de sacerdote, não apenas para que, pela lei eterna de reconciliação, Ele possa tornar o Pai favorável e propício a nós, mas também nos admitir nessa sobremaneira honrável aliança. Pois nós — embora de nós mesmos poluídos, nele somos sacerdotes (APOCALIPSE 1:6) — oferecemo-nos a Deus além de tudo o que temos e livremente entramos no santuário celestial, a fim de que os sacrifícios de oração e louvor que apresentamos sejam satisfatórios e de doce aroma diante dele. A esse respeito são as palavras de Cristo: "E a favor deles eu me santifico a mim mesmo…" (JOÃO 17:19). Estando vestido com a Sua santidade, na medida em que Ele nos dedicou ao Pai consigo mesmo (caso contrário seríamos uma abominação diante dele), nós o agradamos como se fôssemos puros e limpos; não, até

João Calvino

mesmo sagrados. Por isso essa unção do santuário de que se faz menção em Daniel 9:24, pois devemos dar atenção ao contraste entre essa cerimônia e aquela obscura que estava então em uso, como se o anjo tivesse dito que, tendo as sombras sido dispersas, haveria sacerdócio evidente na pessoa de Cristo.

A FONTE DE SALVAÇÃO

E não há salvação em nenhum outro; porque abaixo do céu não existe nenhum outro nome, dado entre os homens, pelo qual importa que sejamos salvos.
—ATOS 4:12

Condenados, mortos e perdidos em nós mesmos, devemos buscar em Jesus a justiça, a libertação, a vida e a salvação como nos foi ensinado pelas celebradas palavras de Pedro: "E não há salvação em nenhum outro; porque abaixo do céu não existe nenhum outro nome, dado entre os homens, pelo qual importa que sejamos salvos" (ATOS 4:12). O nome Jesus não lhe foi dado aleatoriamente, por acidente ou pela vontade do homem, mas foi trazido do Céu por um anjo como o arauto do decreto supremo — sendo também acrescentada a razão: "...porque ele salvará o seu povo dos pecados deles" (MATEUS 1:21). Nessas palavras deveria haver atenção àquilo que em outro ponto observamos: o ofício de Redentor foi a Cristo designado a fim de que Ele fosse nosso Salvador. Contudo, a redenção seria deficiente se não nos conduzisse por uma progressão ininterrupta ao objetivo final de segurança; portanto, no momento em que nos extraviamos dele no menor grau que seja, a salvação (que reside inteiramente nele) gradualmente desaparece de modo que todos os que não descansam nele voluntariamente privam-se de toda a graça. A observação de Bernardo [N.T.: de Claraval] bem merece ser lembrada: "O nome de Jesus não é apenas luz, mas também alimento; sim, óleo sem o qual todo o alimento da alma fica seco; sal que, como condimento, quando ausente, o que quer que se coloque diante de nós fica insípido; em suma, mel na boca, melodia nos ouvidos, alegria no coração e ao mesmo tempo remédio; todo discurso em que esse nome não é ouvido é absurdo".

João Calvino

Mas aqui é necessário considerar diligentemente de que forma obtemos salvação dele, a fim de que não apenas sejamos convencidos de que Ele é o autor da salvação, mas, tendo aceitado o que for suficiente como uma fundação segura de nossa fé, possamos nos abster de tudo o que possa nos fazer titubear.

VALORIZANDO A LIBERTAÇÃO

*Cristo nos resgatou da maldição da lei,
fazendo-se ele próprio maldição em nosso lugar (porque
está escrito: Maldito todo aquele que for
pendurado em madeiro), para que a bênção de Abraão
chegasse aos gentios, em Jesus Cristo, a fim
de que recebêssemos, pela fé, o Espírito prometido.*
—GÁLATAS 3:13,14

O modo que o Espírito geralmente fala nas Escrituras é o seguinte: Deus era inimigo dos homens até que estes foram restaurados ao favor pela morte de Cristo (ROMANOS 5:10); eles estavam amaldiçoados até que sua iniquidade foi perdoada pelo sacrifício de Cristo (GÁLATAS 3:10,13) e estavam separados de Deus até que, por meio do corpo de Cristo, foram recebidos na união (COLOSSENSES 1:21,22). Tais modos de expressão são acomodados à nossa capacidade para que possamos melhor compreender o quanto a nossa condição sem Cristo é miserável e nefasta.

Pois, se não fosse dito em termos claros que a ira divina, a vingança e a morte eterna estavam sobre nós, seríamos menos conscientes de nossa miséria sem a misericórdia de Deus e menos dispostos a valorizar a bênção da libertação. Conforme as Escrituras ensinam, permita que uma pessoa ouça o quanto ela estava afastada de Deus devido ao pecado, que era herdeira da ira, exposta à maldição da morte eterna, excluída de toda esperança de salvação, completamente alheia à bênção de Deus, escrava de Satanás, cativa sob o jugo do pecado — em suma, condenada à terrível destruição e já envolvida nela —, e que Cristo então se interpôs, tomou o castigo sobre si, carregou o que (pelo justo julgamento de Deus) pendia sobre os pecadores e, com Seu próprio sangue, retificou os pecados que os tornaram abomináveis a Deus. Por essa retificação

João Calvino

Ele satisfez e propiciou devidamente Deus o Pai; por essa mediação Ele apaziguou Sua ira; nessa base Cristo instaurou paz entre Deus e os homens e por esse vínculo assegurou a divina benevolência para com eles. Essas considerações não moverão essa pessoa ainda mais profunda e surpreendentemente a representar a grandiosidade da calamidade de que fora liberta?

A MENOS QUE CRISTO NOS UNA

*Porque, se nós, quando inimigos, fomos
reconciliados com Deus mediante a morte do seu Filho,
muito mais, estando já reconciliados,
seremos salvos pela sua vida; e não apenas isto,
mas também nos gloriamos em Deus
por nosso Senhor Jesus Cristo, por intermédio de quem
recebemos, agora, a reconciliação.*
—ROMANOS 5:10,11

Deus, que é justiça perfeita, não pode amar a iniquidade que Ele vê em todos. Portanto, todos nós temos em nosso interior algo que merece o ódio de Deus. Consequentemente, em relação à nossa natureza corrupta e à conduta depravada que a segue, todos somos ofensivos a Deus, culpados aos Seus olhos e por natureza filhos do inferno. Mas, como o Senhor não deseja destruir o que pertence a Ele, ainda assim encontra algo em nós que, em bondade, pode amar. Pois, embora seja por nossa culpa sermos pecadores, ainda somos as Suas criaturas; embora tenhamos trazido morte sobre nós mesmos, Ele nos criou para a vida. Logo, o mero amor gratuito o incita a nos receber em Seu favor, mas, se há uma aversão perpétua e irreconciliável entre justiça e iniquidade, enquanto permanecermos pecadores não poderemos ser completamente recebidos. Portanto, a fim de que todo fundamento de ofensa possa ser removido e Ele possa reconciliar-nos completamente consigo, por meio de compensação estabelecida na morte de Cristo, Ele revoga todo o mal que está em nós — de modo que nós, previamente impuros e imundos, agora somos aos Seus olhos justos e santos.

Assim, Deus o Pai, por Seu amor, prevê e antecipa a nossa reconciliação em Cristo. Não, é porque Ele primeiro nos amou que

João Calvino

Ele posteriormente nos reconcilia consigo. Mas, porque a iniquidade (que merece a indignação de Deus) permanece em nós até que a morte de Cristo venha em nosso socorro — e essa iniquidade é aos Seus olhos amaldiçoada e condenada —, nós não somos admitidos em plena e certa comunhão com Deus, a menos que Cristo nos una. E, portanto, se desejamos desfrutar da esperança de termos Deus gracioso conosco e a nós favorável, devemos fixar o olhar e a mente somente em Cristo, pois somente a Ele devemos o fato de que nossos pecados, que necessariamente provocaram a ira de Deus, não são a nós imputados.

João Calvino

PELA OBEDIÊNCIA DE CRISTO

...vindo, porém, a plenitude do tempo,
Deus enviou seu Filho, nascido de mulher, nascido
sob a lei, para resgatar os que estavam sob
a lei, a fim de que recebêssemos a adoção de filhos.
—GÁLATAS 4:4,5

Quando se pergunta como Cristo, ao abolir o pecado, removeu a inimizade entre nós e Deus e comprou a justiça que o tornou favorável e benigno a nós, pode-se responder em geral que Ele cumpriu essa tarefa por todo o curso de Sua obediência. Isso é provado pelo testemunho de Paulo: "Porque, como, pela desobediência de um só homem, muitos se tornaram pecadores, assim também, por meio da obediência de um só, muitos se tornarão justos" (ROMANOS 5:19). E ele em outra passagem estende o fundamento para o perdão que isenta da maldição da Lei para a vida plena de Cristo: "...vindo, porém, a plenitude do tempo, Deus enviou seu Filho, nascido de mulher, nascido sob a lei, para resgatar os que estavam sob a lei..." (GÁLATAS 4:4,5). Logo, até mesmo em Seu batismo, Jesus declarou que uma parte da justiça fora cumprida pela obediência que Ele rendeu ao comando do Pai. Em suma, a partir do momento em que Jesus assumiu a forma de servo, Ele começou a pagar o preço da libertação.

As Escrituras, entretanto, para definir com mais exatidão o modo de salvação, atribuem-no peculiar e especialmente à morte de Cristo. Ele próprio declara que deu a Sua vida como resgate por muitos (MATEUS 20:28). Paulo ensina que Ele morreu por nossos pecados (ROMANOS 4:25). João Batista exclamou: "...Eis o Cordeiro de Deus, que tira o pecado do mundo!" (JOÃO 1:29). Em outra passagem Paulo declara: "...sendo justificados gratuitamente, por sua graça, mediante a redenção que há em Cristo Jesus, a

João Calvino

quem Deus propôs, no seu sangue, como propiciação, mediante a fé..." (ROMANOS 3:24,25). E "...sendo justificados pelo seu sangue, seremos por ele salvos da ira" (ROMANOS 5:9). Também, "Aquele que não conheceu pecado, ele o fez pecado por nós; para que, nele, fôssemos feitos justiça de Deus" (2 CORÍNTIOS 5:21).

SUBMISSÃO VOLUNTÁRIA

...antes, a si mesmo se esvaziou, assumindo a forma de servo, tornando-se em semelhança de homens; e, reconhecido em figura humana, a si mesmo se humilhou, tornando-se obediente até à morte e morte de cruz.
—FILIPENSES 2:7,8

Na Confissão de Fé chamada de Credo Apostólico, a transição é admiravelmente feita do nascimento de Cristo para Sua morte e ressurreição, na qual consiste a completude da perfeita salvação. Contudo, não há exclusão da outra parte da obediência que Ele executou em vida. Consequentemente Paulo abarca, do início ao fim, o fato de que Cristo assumiu a forma de servo, humilhou-se e tornou-se "obediente até à morte e morte de cruz" (FILIPENSES 2:7). E, de fato, o primeiro passo na obediência foi a Sua sujeição voluntária, pois o sacrifício teria sido fútil para a justificação se não tivesse sido oferecido espontaneamente. Logo, nosso Senhor após testificar: "...dou minha vida pelas minhas ovelhas", acrescenta com clareza: "Ninguém a tira de mim..." (JOÃO 5:15,18). No mesmo sentido, Isaías declara: "...como ovelha muda perante os seus tosquiadores, ele não abriu a boca" (ISAÍAS 53:7). A história do evangelho relata que Ele se apresentou para encontrar os soldados e, em vez de defender-se na presença de Pilatos, permaneceu ali para receber julgamento.

Ele de fato não o fez sem peleja, pois havia assumido nossas fraquezas também e nesse aspecto seria adequado que Ele provasse que estava rendendo obediência a Seu Pai. Foi um exemplo incomum de amor incomparável por nós essa luta com terrores tenebrosos e, em meio a terríveis torturas, abandonar todo cuidado consigo para que fosse nosso Provedor. Devemos ter em mente que Cristo não podia propiciar Deus devidamente sem que

João Calvino

renunciasse aos Seus próprios sentimentos e se submetesse inteiramente à vontade de Seu Pai. A esse respeito, o apóstolo cita uma passagem pertinente de Salmos: "...eis aqui estou, no rolo do livro está escrito a meu respeito, agrada-me fazer a tua vontade, ó Deus meu..." (SALMO 40:7,8; HEBREUS 10:7). Dessa forma, como as consciências trêmulas não encontram descanso sem sacrifício e ablução pelos quais os pecados são expiados, somos convenientemente direcionados para aqui, para fonte de nossa vida que está na morte de Cristo.

NOSSA JUSTA AFLIÇÃO

Eis que vos reprovarei a descendência, atirarei excremento ao vosso rosto, excremento dos vossos sacrifícios, e para junto deste sereis levados. Então, sabereis que eu vos enviei este mandamento, para que a minha aliança continue com Levi, diz o Senhor dos Exércitos. Minha aliança com ele foi de vida e de paz; ambas lhe dei eu para que me temesse; com efeito, ele me temeu e tremeu por causa do meu nome. A verdadeira instrução esteve na sua boca, e a injustiça não se achou nos seus lábios; andou comigo em paz e em retidão e da iniquidade apartou a muitos.
—MALAQUIAS 2:3-6

Não há espanto no fato de que os bons são tentados quando o estado das coisas no mundo está em grade confusão. Até mesmo Salomão diz: "...o mesmo sucede ao justo e ao perverso [...] tanto ao que sacrifica como ao que não sacrifica..." (ECLESIASTES 9:2), consequentemente a Terra está cheia de impiedade e vilipêndio. Há, então, uma causa para indignação e inveja oferecida a nós; mas, como Deus intencionalmente testa nossa fé por tais confusões, devemos nos lembrar de que precisamos exercitar a paciência. Ao mesmo tempo, não é suficiente que nos submetamos ao julgamento de Deus, a menos que também consideremos que somos licitamente afligidos, que embora estejamos atentos àquilo que é justo e correto, muitos vícios ainda se mantêm firmemente apegados a nós e que estamos salpicados de manchas, o que provoca a ira de Deus contra nós. Aprendamos então a formar julgamento correto com relação ao que a nossa vida é e, então, tenhamos em mente quantas são as razões para que Deus, certas vezes, lide rudemente conosco. Assim todo o nosso invejar cessará, e nossa

João Calvino

mente será calmamente preparada para obedecer. Em suma, essas considerações averiguarão qualquer perversidade que possa haver em nós de modo que nem nossos pensamentos perversos ou nossas palavras serão tão fortes a ponto de levantar-se em rebelião contra Deus.

> *"...devemos nos lembrar de que precisamos exercitar a paciência".*

CONSOLO PARA O CORAÇÃO

Portanto, eis que eu a atrairei,
e a levarei para o deserto,
e lhe falarei ao coração.
—OSEIAS 2:14

Falar ao coração é trazer consolo, acalmar o pesar com uma palavra gentil, oferecer uma palavra de ternura e trazer alguma esperança para que aquele que previamente estivera desgastado pela tristeza possa respirar livremente, reunir coragem e alimentar a esperança de uma condição melhor. E esse tipo de falar deve ser cuidadosamente observado, pois o que Deus quer dizer é que não havia lugar para Suas promessas porque os israelitas eram demasiadamente insubordinados.

Os coríntios, quando separados de Paulo, obstruíram, de certa forma, a passagem de sua doutrina a ponto de que ele não podia dirigir-se a eles de modo paternal (2 CORÍNTIOS 6:11,12). Então também nesse ponto o Senhor testifica que a estrada estava fechada para as Suas promessas, pois, se Ele desse aos israelitas a esperança de perdão, ela teria sido menosprezada; se Ele os tivesse convidado gentilmente para si, eles a teriam recusado com desdém; sim, rejeitado a oferta com desprezo, tão grande era sua ferocidade. Desejasse o Senhor reconciliar-se com eles, e o teriam repudiado, ou recusado, ou continuado a abusar de Sua bondade como antes o fizeram... Saibamos então que, sempre que estivermos desprovidos da noção do favor de Deus, o caminho terá sido fechado por nossa culpa, pois Deus estaria sempre disposto prontamente a demonstrar bondade, a menos que nossa contumácia e rigidez se colocasse no caminho. Mas, quando Ele nos vê tão submissos a ponto de

João Calvino

estarmos flexíveis e prontos a obedecer, Ele então se dispõe a fazer a Sua parte, para falar ao nosso coração; ou seja, está pronto para mostrar-se assim como Ele é: repleto de graça e bondade.

> *"Falar ao coração é trazer consolo,*
> *acalmar o pesar com uma palavra gentil...".*

A GENEROSIDADE DE DEUS

*Se, porém, algum de vós necessita de sabedoria,
peça-a a Deus, que a todos dá liberalmente
e nada lhes impropera; e ser-lhe-á concedida.*
—TIAGO 1:5

Como nossa razão e todos os nossos sentimentos são contra a ideia de que podemos ser felizes em meio a males, Tiago nos roga que peçamos ao Senhor que nos dê sabedoria. Eu aqui restrinjo o significado de "sabedoria" ao assunto da passagem como se Tiago tivesse dito: "Se essa doutrina é mais elevada do que sua mente pode conceber, peça ao Senhor que o ilumine por Seu Espírito, pois, como essa consolação apenas é suficiente para abrandar toda amargura do mal — dado que o que é mau para a carne é bom para nós —, assim nós devemos necessariamente dominar a impaciência a menos que sejamos mantidos por esse tipo de consolo". Sabendo que o Senhor não exige de nós o que está acima de nossas forças, mas que está pronto para nos auxiliar (desde que peçamos), aprendamos, portanto, sempre que Ele nos ordena a fazer algo, a lhe pedir o poder para execução.

Quando diz "todos" ele fala daqueles que pedem, pois aqueles que não buscam solução alguma para suas necessidades merecem consumir-se nelas. Entretanto, essa declaração universal, pela qual todos nós, sem exceção, somos convidados a pedir, é muito importante; logo, pessoa alguma deve privar-se de tão grande privilégio.

A palavra "liberalmente" significa uma prontidão no doar. O significado é, então, que Deus está tão inclinado e pronto a conceder, que não rejeita ninguém ou esnobemente os faz esperar; como Deus não é como os egoístas e gananciosos que frugalmente, com a mão fechada, ofertam apenas um pouco, ou doam uma parte do que poderiam, ou argumentam consigo mesmos por longo tempo sobre o dever de doar ou não.

A frase "nada lhes impropera" é acrescentada, para que ninguém tema ir a Deus com frequência. Até mesmo as pessoas mais generosas, quando alguém lhes pede auxílio muito frequentemente, mencionam seus atos de bondade e assim desculpam-se pelo futuro. Logo nos envergonhamos de exaurir um mortal, independentemente do quão liberal seja, pedindo-lhe com muita frequência. Mas Tiago nos lembra de que não há nada disso em Deus, pois Ele está sempre pronto para acrescentar novas bênçãos às antigas, sem nenhum fim ou limitação.

DONS DE OUTROS

*Antes da ruína, gaba-se o coração do homem,
e diante da honra vai à humildade.* —PROVÉRBIOS 18:12

Todos nós nos apressamos tão cegamente na direção do amor próprio que todos pensam ter um bom motivo para exaltar-se e desprezar os outros quando comparados. Se Deus nos outorgou algo de que não devemos nos arrepender, confiando-nos isso, nós imediatamente ficamos eufóricos e não apenas inchamos, mas quase explodimos de orgulho... [As Escrituras] ensinam-nos a lembrar que os dons que Deus nos outorgou não são nossos, mas são Seus dons gratuitos e que aqueles que exibem-se por possuí-los traem por ingratidão. "Pois quem é que te faz sobressair?...", diz Paulo, "...E que tens tu que não tenhas recebido?..." (1 CORÍNTIOS 4:7). Então por um exame diligente de nossas falhas, mantenhamo-nos humildes. Consequentemente, quando nada restar para inflar o nosso orgulho, muito haverá para dominá-lo. Novamente, é ordenado que sempre que contemplamos os dons de Deus em outros, reverenciemos e respeitemos os dons como modo também de honrar aqueles em quem residem. Deus, tendo se agradado de outorgar-lhes honra, seria desfavorável a nós se os privássemos dessa mesma honra. Então nos é dito para desconsiderar suas falhas; não, de fato, que os encorajemos com elogios e não insultemos aqueles a quem devemos considerar com honra e boa vontade por causa de suas falhas. Dessa forma, com consideração a todos com os quais nos relacionamos, nosso comportamento será não apenas moderado e modesto, mas cordial e amigável. A única forma pela qual você pode obter a verdadeira mansidão é ter o seu coração imbuído de perspectiva humilde sobre si mesmo e respeito por outros.

"...os dons que Deus nos outorgou não são nossos".

João Calvino

HUMILDADE

*...e também por mim; para que me seja dada,
no abrir da minha boca, a palavra, para, com intrepidez,
fazer conhecido o mistério do evangelho, pelo qual
sou embaixador em cadeias, para que, em Cristo, eu seja
ousado para falar, como me cumpre fazê-lo.*
—EFÉSIOS 6:19,20

Orem também por mim. De modo específico, Paulo pede aos efésios que orem por ele. Com isso vemos que não há ninguém tão ricamente dotado de dons a ponto de não precisar desse tipo de apoio de outros cristãos enquanto permanecer no mundo. Quem teria mais direito de pleitear isenção da necessidade de receber oração do que Paulo? Entretanto, ele pede as orações de seus irmãos e não hipocritamente, mas a partir de um desejo sincero de receber seu auxílio. E o que Paulo deseja que eles peçam em oração por ele? Ele pede que palavras lhe sejam dadas. O quê? Estaria ele habitualmente sem palavras ou o medo o impedia de fazer uma profissão aberta do evangelho? De modo algum; mas havia razão para temer caso seu esplêndido começo não fosse constante em seu progresso futuro. Além disso, seu zelo por proclamar o evangelho era tão fervoroso a ponto de nunca se satisfazer com seus esforços. E, de fato, se considerarmos o peso e a importância do assunto, todos reconheceremos que estamos muito longe de sermos capazes de manejá-lo de maneira adequada.

O medo nos impede de pregar sobre Cristo aberta e destemidamente, enquanto a ausência de restrição e obscuridade é exigida de seus ministros... mas Paulo não demonstra incredulidade quando duvida de sua própria firmeza e pede a intercessão de outros? Não... os únicos auxílios sobre os quais ele se apoia são aqueles que ele sabe serem aprovados pela promessa divina...

João Calvino

É ordenança de Deus que os cristãos orem uns pelos outros. Quão consolador deve ser então a cada um de nós saber que o cuidado de nossa salvação é ordenado a todo o restante e sermos informados por Deus que as orações de outros em nosso favor não são derramadas em vão! Seria lícito recusar o que o próprio Senhor ofereceu?

João Calvino

HIPOCRISIA VELADA

*Se alguém supõe ser religioso,
deixando de refrear a língua,
antes, enganando o próprio coração,
a sua religião é vã.*
—TIAGO 1:26

Tiago agora repreende até mesmo aqueles que se vangloriavam por serem executores da Lei, um pecado que os hipócritas frequentemente praticam; ou seja, a frouxidão da língua no diminuir outros. Tiago já tocou na questão do dever de restringir a língua, mas para um fim diferente, pois nesse ponto pediu que pratiquemos o silêncio diante de Deus para que sejamos mais aptos a aprender. Ele fala agora de outra coisa: que os fiéis não deveriam usar sua língua para difamar.

É, de fato, necessário que esse vício seja condenado quando a questão [desta seção da carta de Tiago] é o guardar a Lei, pois aqueles que abandonaram vícios mais asquerosos estão especialmente sujeitos a essa doença. Alguém que não é adúltero, nem ladrão, nem bêbado, pelo contrário, parece ser brilhante com demonstrações de santidade cairá na própria armadilha ao difamar outros, fazendo-o sob o pretexto de fervor, mas que, na verdade, é por meio do desejo da calúnia.

O objetivo aqui, então, era distinguir entre os verdadeiros adoradores de Deus e os hipócritas, que são tão inflados de orgulho farisaico a ponto de buscarem louvor nas falhas de outros. Tiago diz que se alguém aparenta ser religioso, ou seja, pavoneia santidade, mas entrementes satisfaz-se em maldizer outros, fica então evidente que tal pessoa não serve a Deus verdadeiramente. Pois, em dizer que sua religião é vã, Tiago não apenas sugere que outras virtudes são manchadas pelo difamar, mas que a conclusão é de que o aparente zelo pela religião não é sincero.

> *"...os fiéis não deveriam
> usar sua língua para difamar".*

João Calvino

A GLÓRIA DE JESUS

*Pelo que também Deus o exaltou
sobremaneira e lhe deu o nome que está acima de todo
nome, para que ao nome de Jesus
se dobre todo joelho, nos céus, na terra e debaixo
da terra, e toda língua confesse que
Jesus Cristo é Senhor, para glória de Deus Pai.*
—FILIPENSES 2:9-11

Paulo demonstra que o ser rebaixado, algo que a mente humana teme, é desejável no mais elevado grau. Não há ninguém, é verdade, que não reconheceria que é algo razoável o que se exige de nós quando somos exortados a imitar Cristo. A seguinte consideração, entretanto, incita-nos a imitá-lo ainda mais jubilosamente: aprendermos que nada é melhor para nós do que sermos conformados à Sua imagem. Agora, Paulo demonstra pelo exemplo de Jesus que são abençoados todos os que, unidos a Cristo, voluntariamente se rebaixam, pois Cristo foi exaltado da condição mais abjeta à mais alta posição. Todos, portanto, que se humilham serão, de modo semelhante, exaltados. Quem agora relutaria exercitar a humildade por meio da qual a glória dos reinos celestiais é obtida?

Essa passagem dá oportunidade a filósofos espúrios, ou, antes, eles tomaram posse dela para alegar que Cristo assim agiu primeiro por si mesmo e depois por outros. Quem não enxerga ser esta uma sugestão de Satanás: que Cristo sofreu na cruz para que adquirisse para si, pelo mérito de Sua obra, aquilo que Ele não possuía? Pois é o plano do Espírito Santo que nós, na morte de Cristo, nada vejamos, provemos, ponderemos, sintamos e reconheçamos exceto a pura bondade de Deus e o amor de Cristo por nós, que foi grande e inestimável, e que Ele, sem considerar a si mesmo, devotou-se a si e a Sua vida por amor a nós. Em toda ocasião quando as

João Calvino

Escrituras falam da morte de Cristo, elas atribuem sua vantagem e seu valor a nós — no sentido de que por meio dela somos redimidos, reconciliados a Deus, restaurados à justiça, limpos de nossas poluições, a vida é comprada e o portão da vida é aberto para nós.

O TIPO CORRETO DE TEMOR

Em Icônio, Paulo e Barnabé entraram juntos na sinagoga judaica e falaram de tal modo, que grande multidão veio a crer, tanto de judeus como de gregos. Mas os judeus incrédulos incitaram e irritaram os ânimos dos gentios contra os irmãos. Entretanto, demoraram-se ali muito tempo, falando ousadamente no Senhor, o qual confirmava a palavra da sua graça, concedendo que, por mão deles, se fizessem sinais e prodígios. Mas dividiu-se o povo da cidade: uns eram pelos judeus; outros, pelos apóstolos. E, como surgisse um tumulto dos gentios e judeus, associados com as suas autoridades, para os ultrajar e apedrejar, sabendo-o eles, fugiram para Listra e Derbe, cidades da Licaônia e circunvizinhança, onde anunciaram o evangelho.

—ATOS 14:1-7

Note a que ponto os santos patronos de Cristo sofreram. Eles não cediam espaço quando seus inimigos se colocavam contra eles. Porém, quando a agitação se exacerbou e corriam risco de apedrejamento, embora tivessem muitos apoiadores de sua doutrina, não foram adiante, mas, lembrando-se da declaração de Cristo que alerta os fiéis a conservarem pacientemente suas almas, evitaram a fúria do inimigo. E ainda que tenham partido para que não se lançassem de cabeça na morte, contudo sua constância na pregação do evangelho declara satisfatoriamente que não temiam o perigo. Pois Lucas diz que pregaram o evangelho também em outros locais. Este é o tipo correto de temor: quando os servos de Cristo não correm voluntariamente em

João Calvino

direção a seus inimigos para serem mortos por eles e, no entanto, não abandonam seu dever. O medo também não os impede de obedecer a Deus quando Ele chama. E assim, consequentemente, têm condições de passar até mesmo pela morte para cumprir seu dever, quando isso é necessário.

VIDA FUTURA

*Também a terra não se venderá
em perpetuidade, porque a terra é minha;
pois vós sois para mim estrangeiros e peregrinos.*
—LEVÍTICO 25:23

Qualquer que seja o tipo de tribulação pelo qual sejamos afligidos, devemos sempre considerar que seu fim é que sejamos treinados para desprezar o presente e, deste modo, estimulados a almejar o futuro. Pois, dado que Deus bem sabe quão fortemente somos inclinados por natureza a um amor servil por este mundo, a fim de evitar que nos apeguemos a ele muito fortemente, Ele emprega o motivo mais adequado para chamar-nos de volta e remover nossa letargia. Pensar-se-ia que cada um de nós, de fato, deveria almejar a imortalidade celestial durante todo o curso de nossa vida, pois em aspecto algum nos envergonharíamos de superar os animais inferiores cuja condição não seria de forma alguma inferior à nossa, se não tivéssemos a esperança de imortalidade além da sepultura. Mas, quando presenciamos os planos, desejos e ações de cada um, nada vemos neles senão a Terra. Daí nossa estupidez; nossa mente fascinada pelo brilho da riqueza, do poder e das honras, de modo que não vê adiante... Nós nos beneficiamos devidamente da cruz quando aprendemos que esta vida, estimada em si mesma, é intranquila, conturbada, miserável de inúmeras formas e claramente em aspecto algum feliz, ou que aquilo que é considerado como suas bênçãos é incerto, fugaz, vão e corrupto por uma grande mescla de mal. Disso concluímos que tudo o que devemos buscar ou esperar aqui é peleja, que, quando pensamos na coroa, devemos elevar os olhos ao Céu; pois devemos sustentar que nossa mente nunca se eleva

João Calvino

seriamente ao desejar e almejar o futuro, até que tenha aprendido a desprezar a vida presente.

> *"...quando pensamos na coroa,
> devemos elevar os olhos ao Céu".*

João Calvino

A VIDA QUE VALE MENOS DO QUE O DOADOR DA VIDA

Porém em nada considero a vida preciosa para mim mesmo, contanto que complete a minha carreira e o ministério que recebi do Senhor Jesus para testemunhar o evangelho da graça de Deus. —ATOS 20:24

Todos os piedosos devem ter bem definido em sua mente que, colocando todas as coisas de lado, devem apressar-se para obedecer a Deus. A vida é, de fato, o dom mais excelente, e ele não deve ser negligenciado. Visto que somos criados à imagem de Deus, podemos, por fim, pensar nessa bendita imortalidade que é armazenada para nós no Céu, em que o Senhor mostra-se agora por diversos testemunhos e sinais como sendo nosso Pai.

Mas, porque nos é ordenado que [a vida] seja como uma corrida, devemos sempre nos apressar até a linha de chegada e superar todos os obstáculos para que nada nos impeça ou nos retarde em nosso percurso. É algo torpe para nós sermos mantidos rebaixados com cego desejo de viver, a ponto de perdermos a base e a causa da vida pela vida em si; é isso que Paulo está dizendo. Paulo não simplesmente faz de sua vida luz, mas desconsidera o respeito a ela para que possa terminar sua corrida, para que possa cumprir o ministério que recebeu de Cristo como se dissesse que não deseja viver, a menos que possa satisfazer o chamado de Deus; e que, portanto, não será sofrimento para ele perder sua vida para que possa chegar pela morte ao objetivo do trabalho prescrito a ele por Deus.

A alegria de uma boa consciência está mais profunda e firmemente reservada do que algo que poderia ser levado pela aflição exterior ou qualquer sofrimento da carne. Ela triunfa mais jubilosamente do que pode ser oprimida.

João Calvino

O PERIGO DA AMBIÇÃO

E que, dentre vós mesmos, se levantarão homens falando coisas pervertidas para arrastar os discípulos atrás deles.
—ATOS 20:30

A fonte e o início desse mal são percebidos porque eles "...[arrastarão] os discípulos atrás deles". Portanto, a ambição é a mãe de todas as heresias. A sinceridade da Palavra de Deus floresce quando os pastores dão as mãos para trazer discípulos a Cristo, pois este é o estado saudável da Igreja: que somente o Senhor seja ouvido. Logo, segue-se que onde humanos estiverem ávidos por controle, a doutrina da salvação estará pervertida como também a segurança do rebanho será ignorada. E como esse ponto ensina que quase todas as corrupções de doutrina fluem do orgulho humano, aprendemos novamente aqui que isso não pode ocorrer de outra maneira, senão que pessoas ambiciosas se afastarão da pureza correta e corromperão a Palavra de Deus. Ao perceber que o ensino puro e sincero das Escrituras tende à finalidade de que somente Cristo tenha o controle e que os seres humanos nada conseguem atribuir para si mesmos, e, portanto, tomarão para si o máximo da glória de Cristo oferece, segue-se que aqueles que são viciados em si mesmos e dedicam-se a promover a sua própria glória (que apenas pode obscurecer a glória de Cristo) são corruptores da sã doutrina — e isso obscurece Cristo.

"Portanto, a ambição é a mãe de todas as heresias."

João Calvino

PROPRIEDADE DELE

*De todas as famílias da terra,
somente a vós outros vos escolhi...*
—AMÓS 3:2

Cristo não leva ninguém ao Pai exceto aqueles que o Pai concedeu a Ele, e esta dádiva que conhecemos depende da eleição eterna, pois aqueles a quem o Pai destinou à vida, Ele coloca sob a guarda de Seu Filho para que Ele os defenda. Isto é o que Ele diz segundo João: "Todo aquele que o Pai me dá, esse virá a mim..." (JOÃO 6:37). Que então nos submetamos a Deus pela obediência da fé e aprendamos a atribuir isso integralmente à Sua misericórdia, pois caso contrário jamais seremos levados a Ele pela mão de Cristo. Ademais, essa doutrina nos fornece forte fundamento de convicção; pois quem pode estremecer sob a orientação e as proteções de Cristo? Quem, enquanto estivesse na dependência de tal mantenedor e guardião, não desconsideraria todos os perigos? E indubitavelmente, quando Cristo diz: "Eis-me aqui, e os filhos...", Ele realmente cumpre o que em outro momento prometeu: que não permitiria perecer nenhum dos que recebeu do Pai (JOÃO 10:28).

Devemos observar finalmente que, embora o mundo com insana obstinação rejeite o evangelho, ainda assim as ovelhas sempre reconhecem a voz de seu Pastor. Não deixemos, portanto, que a impiedade de quase todos os níveis, eras e nações nos perturbe, dado que Cristo une os que são Seus e que foram confiados à Sua proteção. Ocorrendo que o réprobo apressa-se precipitadamente para a morte por sua impiedade, desta forma as plantas que Deus não plantou são arrancadas (MATEUS 15:13). Saibamos, ao mesmo tempo, que aqueles que Cristo ganhou lhe são conhecidos e que a salvação desses está selada por Ele de modo que nenhum deles será perdido (2 TIMÓTEO 2:19). Fiquemos satisfeitos com esse selo.

João Calvino

NOSSA HERANÇA CELESTIAL

Bendito o Deus e Pai de nosso Senhor Jesus Cristo, que, segundo a sua muita misericórdia, nos regenerou para uma viva esperança, mediante a ressurreição de Jesus Cristo dentre os mortos, para uma herança incorruptível, sem mácula, imarcescível, reservada nos céus para vós outros que sois guardados pelo poder de Deus, mediante a fé, para a salvação preparada para revelar-se no último tempo.

—1 PEDRO 1:3-5

As três palavras que seguem "para uma herança" são destinadas a amplificar a graça de Deus. Pois Pedro tinha este objetivo [na escrita]: impressionar amplamente a nossa mente com relação à excelência [da graça].

Toda palavra que segue é importante. Diz-se que a herança é reservada ou preservada para que saibamos que está além do alcance do perigo, pois, se não estivesse na mão de Deus, poderia ser exposta a perigos intermináveis. Para que possa então libertar-nos do medo, Pedro testifica que nossa salvação está posta em segurança além dos danos que Satanás pode causar. Mas, como a segurança da salvação pode apenas trazer-nos pequeno consolo, a menos que todos saibam que ela é propriedade de cada um, Pedro então acrescenta "...para vós...". Pois aqui as consciências podem descansar calmamente, a saber, quando o Senhor a elas clama do Céu: "Vejam, sua salvação está em minhas mãos e está reservada para vocês".

Deveríamos notar a conexão quando Pedro diz que somos preservados enquanto estamos no mundo e, ao mesmo tempo, nossa herança está reservada nos Céus. Caso contrário tal pensamento surgiria imediatamente: "Que bem nos faz termos a salvação

João Calvino

armazenada no Céu quando somos lançados de um lado para outro neste mundo, como em um mar turbulento?". O apóstolo, portanto, antecipa as objeções desse tipo quando demonstra que, embora estejamos no mundo expostos aos perigos, ainda estamos, contudo, seguros pela fé. Embora estejamos próximos da morte, ainda estamos seguros sob a proteção da fé. Mas, como a própria fé, por meio da enfermidade da carne, estremece e teme frequentemente, estaríamos sempre ansiosos com relação ao futuro não fosse o auxílio do Senhor. Então, como somos gerados pela fé, ela própria recebe a sua estabilidade vinda do poder de Deus. Logo essa é a sua segurança não apenas para o presente, mas para o futuro.

EXORTANDO UNS AOS OUTROS

Então, Jesus passou a dizer-lhes:
Vede que ninguém vos engane.
—MARCOS 13:5

Como por natureza somos inclinados ao mal, temos necessidade de vários auxílios para mantermo-nos no temor de Deus. A menos que nossa fé seja de vez em quando instigada, ela cairá prostrada; a menos que seja aquecida, se congelará; a menos que seja despertada, ficará entorpecida. Ele deseja que estimulemos uns aos outros com exortações mútuas, de modo que Satanás não possa arrastar-se sigilosamente para o nosso coração e por suas falácias afastar-nos de Deus. E este é um modo de falar que deve ser especialmente observado, pois não caímos imediatamente pelo primeiro ataque nesta loucura que é batalhar contra Deus; mas Satanás gradativamente nos aborda ardilosamente por meios indiretos até que nos tenha enredado em seus enganos. Então, de fato, estando cegos, lançamo-nos em rebelião aberta.

Devemos, então, encontrar esse perigo em tempo devido; e trata-se de um perigo que está próximo de todos nós, pois nada é mais possível do que ser enganado, e desse engano vem, eventualmente, a dureza de coração. Vemos, consequentemente, o quão necessário é para nós que sejamos incitados pelos contínuos aguilhões de exortações. O apóstolo não fornece apenas um preceito geral de que todos deveriam ter cautela consigo mesmos, mas deseja que sejam também zelosos com a salvação de todos os membros, de modo que nenhum daqueles que foram chamados pereça devido à sua negligência. E aquele que sente ser seu dever

João Calvino

proteger todo o rebanho, de modo que nenhuma ovelha seja negligenciada, exerce nessa causa o ofício de um bom pastor.

> *"A menos que nossa fé seja*
> *de vez em quando instigada, ela cairá prostrada."*

João Calvino

GLORIANDO-SE NA HUMILDADE

*O irmão, porém, de condição humilde glorie-se na sua
dignidade, e o rico, na sua insignificância, porque
ele passará como a flor da erva. Porque o sol se levanta
com seu ardente calor, e a erva seca, e a sua flor cai,
e desaparece a formosura do seu aspecto; assim também
se murchará o rico em seus caminhos.*
—TIAGO 1:9-11

Ao falar daquele que é "o rico", Tiago menciona a pessoa específica em lugar do geral, pois essa mensagem diz respeito a todos aqueles que se destacam em honra, ou em dignidade, ou em qualquer outro aspecto externo. Tiago lhes ordena que se gloriem em sua humildade ou pequenez para reprimir a arrogância daqueles que são geralmente cheios de si com o seu bem-estar. Mas ele o chama de humildade porque o reino de Deus que nos foi mostrado deve levar-nos a desprezar o mundo, visto que sabemos que todas as coisas que previamente admirávamos com intensidade são coisa alguma ou coisa muito pequena. Cristo, que não é mestre senão dos filhos, verifica por Sua doutrina todo o orgulho da carne. Então, a menos que a vã alegria do mundo cative os ricos, eles devem estar prontos para a glória por lançarem fora sua excelência carnal.

Gloriar-se em riquezas é estapafúrdio e despropositado, pois elas perecem em um momento como uma flor selvagem. Os filósofos ensinam a mesma coisa, mas é como a canção entoada aos surdos até que os ouvidos deles sejam abertos pelo Senhor a fim de que ouçam a verdade concernente à eternidade do reino celestial.

"Gloriar-se em riquezas é estapafúrdio e despropositado."

João Calvino

A ARMADURA
DE DEUS — PARTE UM

*Revesti-vos de toda a armadura de Deus,
para poderdes ficar firmes contra as ciladas do diabo;
porque a nossa luta não é contra o sangue
e a carne, e sim contra os principados e potestades,
contra os dominadores deste mundo tenebroso,
contra as forças espirituais do mal, nas regiões celestes.*
—EFÉSIOS 6:11,12

Deus nos deu várias armas defensivas, basta não rejeitarmos indolentemente o que nos é oferecido. Mas somos quase todos imputáveis de negligência e hesitação no uso da graça oferecida; como se um soldado, prestes a encontrar o inimigo, tomasse seu capacete e negligenciasse seu escudo. Para corrigir essa imprudência, Paulo empresta uma comparação do ofício militar e nos propõe vestir toda a armadura de Deus. O Senhor oferece-nos as armas para rechaçar todo tipo de ataque; contudo permanece tarefa nossa colocá-las em uso e não as deixar penduradas na parede. Para estimular nossa vigilância, ele nos lembra de que não devemos apenas envolver-nos na guerra aberta, mas de que temos um inimigo astuto e traiçoeiro para encontrar o qual frequentemente aguarda em tocaia, pois tal é o significado da frase do apóstolo: "…as ciladas do diabo…".

Para impressioná-los ainda mais profundamente com o perigo que correm, ele salienta a natureza do inimigo, que ilustra com uma afirmação comparativa: "…não é contra o sangue e a carne…". O significado é que nossas dificuldades são muitos maiores do que seriam caso tivéssemos que lutar com humanos. Onde resistimos à força humana, a espada se opõe à espada, o homem contende com

João Calvino

o homem, a força é recebida com força e habilidade com habilidade; mas aqui o caso é amplamente diferente. Tudo se soma a isto: nossos inimigos são tais que nenhum poder humano pode resistir. Essa não é uma luta física.

Lembremo-nos disso quando outros nos maltratarem com intuito de provocarem em nós atitude de vingança. Nosso temperamento natural nos levaria a direcionar todos os nossos esforços contra os malfeitores em si, mas esse tolo desejo será contido ao considerarmos que as pessoas que nos importunam nada são além de dardos lançados pela mão de Satanás. Enquanto estivermos ocupados destruindo esses dardos, tornamo-nos vulneráveis a sermos feridos de todos os lados. Lutar contra carne e sangue não será apenas inútil, mas altamente pernicioso. Devemos ir diretamente ao inimigo que nos ataca e fere de dentro de seu esconderijo.

João Calvino

A ARMADURA
DE DEUS — PARTE DOIS

*Por isso, vistam toda a armadura de Deus,
para que possam resistir no dia mau [...] Assim,
mantenham-se firmes, cingindo-se com
o cinto da verdade, vestindo a couraça da justiça e
tendo os pés calçados com a prontidão do
evangelho da paz. Além disso, usem o escudo da fé,
com o qual vocês poderão
apagar todas as setas inflamadas do Maligno.*
—EFÉSIOS 6:13-16 NVI

"Assim, mantenham-se firmes...". Agora segue a descrição das armas que somos aconselhados a utilizar. A verdade, que significa sinceridade de mente, é comparada a um cinto. Na antiguidade, esse cinto era uma das partes mais importantes da armadura militar. Nossa atenção é então direcionada à fonte de sinceridade, pois a pureza do evangelho deve remover de nossa mente toda a astúcia e toda a hipocrisia de nosso coração. Em segundo lugar, Paulo recomenda a justiça e deseja que esta seja uma couraça para proteger o peito. Ele nos ordena que estejamos adornados, primeiro, com integridade e depois com uma vida devota e santa.

Quando o apóstolo diz: "tendo os pés calçados...", a alusão é às grevas militares. Assim como soldados cobriam suas pernas e seus pés para protegê-los contra o frio e outras lesões, assim nós devemos estar calçados com o evangelho se desejamos passar ilesos pelo mundo. É chamado de evangelho da paz, pois é a mensagem de nossa reconciliação com Deus, e nada mais dá paz à consciência. A nós é dito que deixemos de lado todo embaraço e que

João Calvino

estejamos preparados tanto para a jornada quanto para a guerra. Por natureza nós temos antipatia pelo trabalho e falta de agilidade. Uma estrada acidentada e muitos outros obstáculos retardam nosso progresso e ficamos desencorajados pelo menor infortúnio. Com relação a isso, Paulo coloca o evangelho como o meio mais adequado de empreender e executar a expedição.

Não é sem motivo que os instrumentos de guerra mais necessários — uma espada e um escudo — são comparados à fé e à Palavra de Deus. No combate espiritual, estas duas mantêm o posto mais elevado. Pela fé repelimos todos os ataques do diabo e pela Palavra de Deus o próprio inimigo é morto. Caso entremos em campo desarmados, desprovidos de nossa espada, como sustentaremos esse caráter?

A ARMADURA
DE DEUS — PARTE TRÊS

*Tomai também o capacete da salvação e
a espada do Espírito, que é a palavra de Deus;
com toda oração e súplica, orando em
todo tempo no Espírito e para isto vigiando com toda
perseverança e súplica por todos os santos.*
—EFÉSIOS 6:17,18

A cabeça é protegida pelo melhor capacete quando, elevados pela esperança, olhamos para o Céu para a salvação que é prometida. É, portanto, apenas pelo tornar-se objeto de esperança que a salvação é um capacete.

Tendo instruído os efésios a vestirem suas armaduras, Paulo agora lhes diz que lutem pela oração. Esse é o verdadeiro método. Clamar a Deus é o exercício principal da fé e da esperança, e é dessa forma que obtemos de Deus todas as bênçãos. A oração e a súplica não são grandemente diferentes entre si, exceto pelo fato de que a súplica é apenas um ramo da oração.

Somos exortados a perseverar em oração. Toda tendência de desânimo deve ser combatida com uma execução jubilosa do dever. Com fogo intenso devemos continuar nossas orações, mesmo que não obtenhamos imediatamente o que desejamos. Mas qual é o significado de "em todo tempo"? Quando tudo flui prosperamente — quando estamos relaxados e animados —, raramente sentimos forte estímulo à oração; ou antes, nunca corremos para Deus, exceto quando somos levados por algum tipo de angústia. Paulo, portanto, deseja que não permitamos que oportunidade alguma passe — em ocasião alguma negligenciando a oração,

João Calvino

de modo que orar em todo tempo é a mesma coisa; orando tanto na prosperidade como na adversidade.

Não há um momento de nossa vida em que o dever da oração não possa ser incitado por nossas necessidades. Mas a oração contínua poderá da mesma forma ser aplicada pela consideração de que as necessidades de nossos irmãos em Cristo devem mover nossa empatia. Caso, em qualquer momento, estejamos mais frios ou mais indiferentes com relação à oração do que deveríamos estar, reflitamos insistentemente sobre quantos de nossos companheiros cristãos estão desgastados por angústias intensas e variadas, estão sobrecarregados por confusões dolorosas ou são reduzidos aos sofrimentos mais baixos. Caso reflexões como essas não nos despertem de nossa letargia, é porque, possivelmente, temos corações de pedra. Mas devemos orar apenas por cristãos? Embora o apóstolo declare as reivindicações dos piedosos, ele não exclui outras.

MANTENDO O CORAÇÃO TRANQUILO

Sabeis estas coisas, meus amados irmãos.
Todo homem, pois, seja pronto para ouvir, tardio para
falar, tardio para se irar. Porque
a ira do homem não produz a justiça de Deus.
—TIAGO 1:19,20

Tendo, então, estabelecido diante de nós a bondade de Deus, Tiago demonstra como é necessário que estejamos preparados para receber a bênção de Deus manifestada a nós. E essa doutrina é muito útil, pois a regeneração espiritual não é obra de um único momento. Como alguns remanescentes da pessoa pecaminosa permanecem em nós, devemos necessariamente ser renovados ao longo da vida até que a carne seja abolida; pois nossa perversidade, ou arrogância, ou preguiça é um grande impedimento para Deus aperfeiçoar a Sua obra em nós. Logo, uma vez que Tiago quer que sejamos céleres no ouvir, ele recomenda a prontidão, como se tivesse dito: "Quando Deus tão livre e gentilmente se apresenta a vocês, também vocês devem apresentar-se ensináveis, para que a sua morosidade não o faça parar de falar".

Mas, na medida em que pensamos ser muito sábios, não ouvimos calmamente Deus falando conosco e por nossa pressa o interrompemos quando Ele se dirige a nós. O apóstolo exige que estejamos em silêncio, que sejamos lentos no falar. E, indubitavelmente, ninguém pode ser discípulo verdadeiro de Deus senão aquele que ouve o Senhor silenciosamente. Tiago não exige [a quietude imposta pelo filósofo grego Pitágoras], que não permitirá o questionamento quando o conhecimento é necessário. Tiago simplesmente quer que corrijamos e restrinjamos a nossa assertividade a fim de

João Calvino

que, como comumente ocorre, não interrompamos Deus inoportunamente, e, na medida em que o Senhor abre a Sua sagrada boca, nós possamos abrir a Ele o nosso coração e os nossos ouvidos e não o impeçamos de falar.

A ira também, creio eu, é condenada com relação à escuta que Deus ordena que seja dada a Ele; como se ao fazermos tumultos perturbássemos e impedíssemos o Senhor, pois Deus não pode ser ouvido exceto quando a mente está calma e tranquila. Portanto, Tiago acrescenta: enquanto a ira nos governar, não haverá espaço para a justiça de Deus. Em suma, a menos que o calor da discussão raivosa seja banido, jamais daremos a Deus o calmo silêncio que Tiago menciona.

COMUNIDADE

Ai dos que ajuntam casa a casa,
reúnem campo a campo, até que não haja mais lugar,
e ficam como únicos moradores no meio da terra!
—ISAÍAS 5:8

Isaías agora reprova a avareza e a ganância insaciáveis das quais atos de traição, injustiça e violência são propensos a surgir. Em si, não se pode condenar o ato de acrescentar campo a campo e casa a casa, mas Isaías olha para a disposição de mente que não pode de forma alguma ser satisfeita quando é inflamada pelo desejo de ganho. Tão grande é a intensidade em pessoas cobiçosas a ponto de desejarem possuir tudo somente para si e considerarem tudo o que é possuído por outros como algo que desejam e que lhes foi tomado. Daí a bela observação de João Crisóstomo afirmando: "As pessoas gananciosas, se pudessem, retirariam deliberadamente o Sol dos pobres". Elas invejam em seus irmãos os elementos comuns e, de bom grado, os devorariam; não porque deles pudessem desfrutar, mas porque tamanha é a insanidade à qual sua ganância os leva.

Isaías, portanto, acusa pessoas cobiçosas e ambiciosas de tal insensatez a ponto de desejarem que as outras pessoas fossem removidas da Terra para que somente elas a possuíssem e consequentemente não estabelecem limite algum a seu desejo de ganho. Que insanidade é desejar que as outras pessoas sejam afastadas da Terra a quem Deus nela acomodou junto a nós e a quem, assim como a nós, Ele designou como seu lar! Certamente nada mais desastroso poderia acontecer a essas pessoas do que ter seu desejo realizado. Estivessem elas sozinhas, não poderiam arar, ou colher, ou executar outros ofícios indispensáveis à sua subsistência, ou suprir-se do que é indispensável à vida. Deus conectou as pessoas

João Calvino

tão proximamente de modo que todos precisam do auxílio e da mão de obra uns dos outros, e ninguém senão um lunático desdenharia outras pessoas como se fossem nocivas ou inúteis para o próximo. As pessoas ambiciosas não podem desfrutar de seu renome senão em meio à multidão. Como são cegas, portanto, quando desejam afugentar e afastar outros, para que possam reinar sozinhas!

LOUVANDO EM TODOS OS MOMENTOS

*E, depois de lhes darem muitos açoites,
os lançaram no cárcere, ordenando ao carcereiro que
os guardasse com toda a segurança. Este,
recebendo tal ordem, levou-os para o cárcere interior e
lhes prendeu os pés no tronco. Por volta da
meia-noite, Paulo e Silas oravam e cantavam louvores a
Deus, e os demais companheiros de prisão escutavam.*
—ATOS 16:23-25

Mesmo quando presos no cárcere, Lucas escreve que, em oração, Paulo e Silas louvaram a Deus. A partir disso, vemos que nem a vergonha que sofreram, nem as lesões que fizeram sua carne arder, nem o fedor do profundo calabouço, nem o perigo da morte que severamente os perseguia de perto poderiam impedi-los de dar graças ao Senhor jubilosamente e com alegria no coração.

Devemos observar esta regra geral: não podemos orar do modo como deveríamos a menos que também louvemos a Deus. Pois, mesmo que o desejo de orar surja por sentirmos nossa privação e miséria e seja, portanto, em grande parte, unido à tristeza e à inquietude, os fiéis contudo devem frear seus sentimentos a fim de que não murmurem contra Deus. Devem fazer isso para que a forma correta de orar una as duas afeições: tristeza e inquietude (pela necessidade atual que nos mantém abatidos) à alegria (pela obediência por meio da qual nos submetemos a Deus e por cuja esperança que, mostrando-nos um lugar seguro e facilmente disponível, revigora-nos mesmo em meio ao naufrágio). Paulo nos prescreve o seguinte formato: "...sejam conhecidas, diante de

João Calvino

Deus, as vossas petições, pela oração e pela súplica, com ações de graças" (FILIPENSES 4:6). Mas nessa história devemos notar as circunstâncias, pois, embora a dor das lesões fosse extrema, embora a prisão fosse incômoda, embora o perigo fosse grande, quando vemos que Paulo e Silas não interromperam o louvor a Deus, compreendemos que eles foram grandiosamente encorajados a carregar a cruz.

FIRME E INABALÁVEL

*Ouve-se a voz do S*ENHOR *sobre as águas; troveja
o Deus da glória; o S*ENHOR *está sobre as muitas águas.
A voz do S*ENHOR *é poderosa; a voz do S*ENHOR
*é cheia de majestade. A voz do S*ENHOR *quebra os cedros;
sim, o S*ENHOR *despedaça os cedros do Líbano.*
—SALMO 29:3-5

Enquanto permanecemos neste mundo, não estamos em solo firme, mas somos jogados de um lado para o outro como se estivéssemos no meio do mar; e mar, de fato, muito turbulento, pois Satanás está, incessantemente, provocando inúmeras tempestades, que imediatamente desequilibrarão e afundarão nosso navio caso não lancemos rapidamente nossa âncora às profundezas. Em lugar algum surge aos nossos olhos um porto, mas, para onde quer que olhemos, temos apenas água à vista; sim, ondas também se levantam e nos ameaçam, mas, assim como a âncora é lançada nas águas até um local escuro e invisível, e enquanto ali permanece escondida, impedindo que seja inundada a embarcação castigada pelas ondas, assim nossa esperança deve estar inabalável no Deus invisível. Há a seguinte diferença: a âncora é lançada ao fundo do mar, porque ali no fundo está a terra, porém a nossa esperança eleva-se para o alto e ascende, pois no mundo nada encontra em que possa firmar-se, não deve apegar-se a coisas criadas, mas descansar em Deus somente. Como também o cabo pelo qual a âncora é suspensa une a embarcação à terra ao longo de um extenso e escuro espaço intermediário, assim a verdade de Deus é um vínculo para nos conectarmos com Ele, de modo que nenhuma distância física e nenhuma escuridão podem nos impedir de nos apegarmos a Ele. Logo, quando unidos a Deus, embora devamos lutar com contínuas tempestades, estamos, contudo, além do perigo de

João Calvino

naufrágio. Consequentemente ele diz que essa âncora é firme e inabalável, ou segura e tenaz. Pode, de fato, ocorrer que, pela violência das ondas, a âncora seja arrancada, ou o cabo seja arrebentado, ou o navio, castigado, seja despedaçado. Isso ocorre no mar, mas o poder de Deus para nos manter é inteiramente diferente, pois Ele é a força da esperança e a firmeza de Sua Palavra.

TRADIÇÃO

*Quero, portanto, que os varões orem em todo lugar,
levantando mãos santas, sem ira e
sem animosidade. Da mesma sorte, que as mulheres,
em traje decente, se ataviem com modéstia
e bom senso, não com cabeleira frisada e com ouro,
ou pérolas, ou vestuário dispendioso,
porém com boas obras (como é próprio às mulheres que
professam ser piedosas). A mulher aprenda
em silêncio, com toda a submissão. E não permito
que a mulher ensine, nem exerça
autoridade de homem; esteja, porém, em silêncio.*
—1 TIMÓTEO 2:8-12

Eu aprovo apenas as estruturas humanas que são fundadas na autoridade de Deus, derivam das Escrituras e são, portanto divinas em sua totalidade. Digo que é uma tradição humana e ao mesmo tempo divina. É de Deus na medida em que é uma parte da decência, cujo cuidado e a observância são recomendados pelo apóstolo; e é humana na medida em que determina especificamente o que foi indicado como um princípio geral. Desse exemplo podemos julgar o que deve ser ensinado sobre toda a classe: que toda a soma da justiça, e todas as partes da adoração divina, e tudo o que é necessário para a salvação o Senhor fielmente deixou claro e desdobrou, em Seus oráculos sagrados, de modo que neles somente Ele é o único mestre a ser ouvido. Mas, como na disciplina exterior e nas cerimônias, Ele não se agradou de prescrever cada particularidade que devemos observar (Deus previu que isso dependia da natureza dos tempos e que um formato não seria adequado a todas as eras); neles devemos recorrer às regras gerais que Ele forneceu, empregando-as para testar quaisquer que sejam

João Calvino

as necessidades que a Igreja possa exigir que se adote para ordem e decência. Finalmente, como Ele não entregou nenhum comando expresso, porque coisas dessa natureza não são necessárias para a salvação e, para a edificação da Igreja, deveriam acomodar-se às várias circunstâncias de cada era e nação, será adequado, como o interesse da Igreja possa exigir, mudar ou revogar o antigo, assim como introduzir novos formatos. Eu confesso, de fato, que não devemos inovar imprudente ou incessantemente ou por causas triviais. A caridade é o melhor juiz do que tende a ferir ou a edificar: se a permitirmos ser a guia, todas as coisas estarão seguras.

PROTEJAM OS POBRES

*Ouvi, meus amados irmãos. Não escolheu
Deus os que para o mundo são pobres, para serem ricos
em fé e herdeiros do reino que ele prometeu
aos que o amam? Entretanto, vós outros menosprezastes
o pobre. Não são os ricos que vos
oprimem e não são eles que vos arrastam para tribunais?*
—TIAGO 2:5,6

Tiago prova agora por um argumento duplo que eles agiram ilogicamente quando, pelo bem dos ricos, desprezaram os pobres. A primeira parte indica ser inconveniente e lamentável diminuir aqueles a quem Deus exalta e tratar de forma reprovadora aqueles a quem Ele honra. Como Deus honra os pobres, então todos os que os rejeitam revertem a ordem de Deus. O outro argumento é retirado da experiência comum: uma vez que os ricos são, em grande parte, um tormento para os bons e inocentes, é muito despropositado conceder-lhes recompensa pelos males que causam e é irracional que sejam mais aprovados por nós do que o são os pobres que nos auxiliam mais do que nos prejudicam.

Deus escolheu aqueles que são de fato pobres, não exclusivamente, mas desejou começar por eles — a fim de que Ele pudesse massacrar o orgulho dos ricos. Paulo também diz isso: que Deus não escolheu muitos nobres, muitos poderosos no mundo, mas, sim, aqueles que são fracos de modo que pudesse envergonhar aqueles que são fortes. Em suma, embora Deus derrame Sua graça sobre os ricos assim como sobre os pobres, ainda assim a vontade de Deus é dar preferência a estes e não àqueles, para que os poderosos aprendam a não se adularem, para que os servis e desconhecidos possam dar crédito à misericórdia de Deus e para que ambos sejam treinados na mansidão e na humildade.

João Calvino

Há, de fato, alguns ricos que são justos, mansos e odeiam toda injustiça, mas são poucos. Como os humanos comumente exercitam seu poder fazendo o que é errado, ocorre, portanto, que quanto mais poder alguém possui, pior e mais injusto é com o seu próximo. Muito mais cuidadosos, então, devem ser os ricos para que não contraiam doença alguma que prevaleça por todos os cantos entre aqueles de sua própria classe.

LIDANDO COM O DESESPERO

*Jerusalém pecou gravemente; por isso,
se tornou repugnante; todos os que a honravam a
desprezam, porque lhe viram a nudez;
ela também geme e se retira envergonhada. A sua
imundícia está nas suas saias; ela não pensava
no seu fim; por isso, caiu de modo espantoso e não tem
quem a console. Vê, Senhor,
a minha aflição, porque o inimigo se torna insolente.*
—LAMENTAÇÕES 1:8,9

Quando Jeremias diz que Israel não considerou seu futuro, eu compreendo que isso significa que os judeus estavam tão afligidos pelo desespero a ponto de não elevarem seus pensamentos às promessas de Deus. Pois não se trata de uma fonte comum de consolo, e o que senso comum nos dita — respirar fundo quando diante de males extremos e estender nossos pensamentos adiante, pois a miséria nem sempre nos oprimirá —, e que alguma mudança para melhor ocorrerá. Como os humanos têm certa tendência a sustentar-se em adversidades, Jeremias diz que os judeus não se lembraram de seu futuro; ou seja, eles estavam tão ensandecidos por seu sofrimento que se tornaram estúpidos e não tiveram esperança para o futuro. Em suma, por essas palavras, Jeremias fala de extremo desespero, pois os judeus estavam tão espantados que não conseguiam elevar suas mentes a nenhuma esperança.

Jerusalém sucumbiu sob suas misérias de modo que não conseguia voltar seus pensamentos à esperança alguma, nem pensar em outro fim, mas tornou-se insensata em suas misérias — como as pessoas geralmente ficam desesperadas quando pensam não haver libertação para elas.

João Calvino

Essas coisas devem ser cuidadosamente observadas, pois Satanás, nestes dias, utiliza-se de vários meios para nos levar ao desespero. Para nos distrair de toda confiança na graça de Deus, ele coloca calamidades extremas diante de nós. E quando o pesar apreende nossa mente de tal forma até o ponto de a esperança da graça não reluzir, desse pesar desmedido surge a impaciência que pode nos levar à loucura. Consequentemente murmuramos e então vociferamos contra Deus.

Jeremias agora os encoraja a orar e sugere-lhes palavras, pois ele fala como se estivesse falando a todos. Ele os exorta, segundo a obrigação de seu ofício, a manter a boa esperança e os encoraja a orar.

João Calvino

GLÓRIA APENAS A DEUS

*Em Listra, costumava estar assentado certo homem
aleijado, paralítico desde o seu nascimento,
o qual jamais pudera andar. Esse homem ouviu falar
Paulo, que, fixando nele os olhos e vendo
que possuía fé para ser curado, disse-lhe em alta voz:
Apruma-te direito sobre os pés! Ele saltou
e andava. Quando as multidões viram o que Paulo
fizera, gritaram em língua licaônica, dizendo:
Os deuses, em forma de homens, baixaram até nós.
A Barnabé chamavam Júpiter, e a Paulo,
Mercúrio, porque era este o principal portador da
palavra. O sacerdote de Júpiter, cujo templo
estava em frente da cidade, trazendo para junto das
portas touros e grinaldas, queria sacrificar
juntamente com as multidões. Porém, ouvindo isto,
os apóstolos Barnabé e Paulo, rasgando
as suas vestes, saltaram para o meio da multidão,
clamando: Senhores, por que fazeis isto?
Nós também somos homens como vós, sujeitos aos
mesmos sentimentos, e vos anunciamos o evangelho
para que destas coisas vãs vos convertais ao Deus vivo,
que fez o céu, a terra, o mar e tudo o que há neles.*

—ATOS 14:8-15

Devemos tomar muito cuidado para não permitirmos que a honra seja concedida a nós, o que pode turvar a glória de Deus; mas antes, assim que qualquer profanador da glória de Deus surja, que irrompa esta paixão de que temos exemplo em Paulo e Barnabé. E embora os mestres da igreja devam ser especialmente repletos de zelo, não há nenhum dos piedosos que

João Calvino

não deva ficar profundamente indignado ao ver a adoração de Deus poluída ou dada a outrem.

Ademais, nenhum dano maior pode ser causado aos santos do que quando a honra retirada de Deus é concedida a eles, e isso deve ocorrer quando qualquer coisa divina lhes é atribuída e concedida.

VENCENDO PELA FÉ

*Deus não é homem,
para que minta; nem filho de homem,
para que se arrependa.
Porventura, tendo ele prometido,
não o fará? Ou,
tendo falado, não o cumprirá?*
—NÚMEROS 23:19

Ouvimos o que Cristo diz: se buscarmos salvar a nossa vida neste mundo, a perderemos para sempre. Se, portanto, o verdadeiro amor pela ressurreição futura habita em nosso coração, isso facilmente nos levará ao desprezo pela morte. E indubitavelmente devemos viver apenas como quem vive para Deus. No momento em que nos deixa de ser permitido viver para Deus, devemos, de boa vontade e não relutantemente, encontrar a morte. Ademais, por este versículo, o autor confirma o que disse: que os santos superam todos os sofrimentos pela fé, pois, a menos que sua mente seja mantida pela esperança da ressurreição bendita, eles imediatamente falham.

Devemos, então, também auferir encorajamento necessário pelo qual podemos fortificar-nos em adversidades. Pois não devemos recusar o favor do Senhor que nos permite estar conectados com tantos homens santos, sobre quem sabemos que foram exercitados e testados em muitos sofrimentos. Aqui, de fato, estão registrados não os sofrimentos de poucos indivíduos, mas as perseguições comuns da Igreja e essas não por um ou dois anos, mas contínuas, algumas vezes desde avós até seus netos. Não será surpresa, então, se Deus se agradar de provar nossa fé nos dias de hoje por provações semelhantes; nem devemos pensar que fomos

João Calvino

abandonados por Ele que, sabemos, tomou conta de nossos santos patriarcas que sofreram o mesmo antes de nós.

> *"...devemos, de boa vontade e não relutantemente, encontrar a morte".*

João Calvino

VIDA ETERNA

Sabemos que, se a nossa casa terrestre deste tabernáculo se desfizer, temos da parte de Deus um edifício, casa não feita por mãos, eterna, nos céus.
—2 CORÍNTIOS 5:1

O objetivo de Paulo aqui é corrigir a impaciência em nós, o pavor, a antipatia e o descaso pela cruz; o desprezo pelo que consideramos estar "abaixo de nós"; em duas palavras: nossos "orgulho" e "fraqueza", e isso só pode ser alcançado ao elevarmos nossa mente às alturas do Céu, por meio do desprezo ao mundo. Agora, ele se apoia em dois argumentos. Por um lado, demonstra a condição miserável da humanidade nesta vida e, por outro lado, a suprema e perfeita bem-aventurança que aguarda os cristãos no Céu após a morte. Pois o que mantém os seres humanos tão firmemente vinculados a um apego equivocado a esta vida senão o enganarem-se com uma falsa imaginação — acreditando serem felizes vivendo aqui? Por outro lado, não é suficiente estar a par das misérias desta vida se, ao mesmo tempo, não mantivermos em vista a felicidade e a glória da vida futura. Isto é comum a bons e maus: ambos desejam viver. Isto, também, é comum a ambos: quando consideram quantas são e quão grandiosas são as misérias a que estão aqui expostos, frequentemente murmuram, lamentam sua condição e desejam solução para seus males. Entretanto, como todas as pessoas naturalmente veem a morte com horror, os incrédulos jamais, voluntariamente, desistem desta vida, a menos quando se livram dela por repulsa ou desespero. Os cristãos, por outro lado, partem de boa vontade porque têm uma esperança mais agradável colocada diante deles, além deste mundo.

Este conhecimento não surge do intelecto humano, mas vem da revelação do Espírito Santo; consequentemente, é próprio de

João Calvino

cristãos. Até mesmo os pagãos tinham certa ideia da imortalidade da alma, mas nenhum deles tinha certeza dela.

Adicionalmente, deve ser observado que esse conhecimento não é simplesmente um tipo generalizado, como se os cristãos fossem meramente, de forma geral, convencidos de que os filhos de Deus estarão em melhor condição após a morte e não tivessem garantia para si especificamente; pois que pequena ajuda isso seria no consolo aos cristãos! Pelo contrário, todos devem ter conhecimento específico sobre si, porque isto e somente isto pode inspirar-me a encontrar a morte com ânimo: se estou plenamente convencido de que estou partindo para uma vida melhor.

REDENÇÃO

*O lobo habitará com o cordeiro, e o leopardo se deitará
junto ao cabrito; o bezerro, o leão novo e o
animal cevado andarão juntos, e um pequenino os guiará.*
—ISAÍAS 11:6

Isaías novamente volta a descrever o caráter e os hábitos daqueles que se submeteram a Cristo. O discurso do profeta equivale a uma promessa de que haverá uma bendita restauração do mundo. Ele descreve a ordem que existia no princípio, antes que a incredulidade humana produzisse a infeliz e sombria mudança sob a qual lamentamos. De onde vem a crueldade dos animais que incita o mais forte a capturar, dilacerar e devorar com pavorosa violência os mais fracos? Certamente não haveria cizânia entre as criaturas de Deus se tivessem permanecido na condição primeira e original. Quando exercitam a crueldade uns com os outros e o fraco precisa ser protegido do forte, temos uma evidência da desordem que surgiu da pecaminosidade do homem. Pelo fato de que Cristo veio para reconciliar o mundo com Deus pela remoção da maldição, não é sem fundamento que a restauração de um estado perfeito é creditada a Ele: "Cristo virá para afastar do mundo tudo o que é nocivo e para restaurar à sua beleza prévia o mundo que está sob a maldição". Embora Isaías diga que os animais selvagens e os domados viverão em harmonia de modo que a bênção de Deus possa ser clara e plenamente manifesta, ele fala, contudo, principalmente do que eu disse: que o povo de Cristo não terá necessidade de causar mal, nenhuma ferocidade ou crueldade. Eles eram antes como leões ou leopardos, mas serão agora como ovelhas ou cordeiros, pois terão abandonado toda disposição cruel e animalesca.

Do que ele fala quando diz: "…e um pequenino os guiará"? Isso significa que animais que antes eram cruéis e indomáveis estarão

João Calvino

prontos para render-se jubilosamente à obediência, de modo que não haverá necessidade de violência para conter sua ferocidade. Contudo devemos observar o significado espiritual de que todos os que se tornam seguidores de Cristo obedecerão a Ele, embora anteriormente fossem animais brutos e selvagens; e o obedecerão de tal forma que, assim que Cristo levantar o dedo, eles seguirão os Seus passos, como é dito que Seu povo assim estará disposto a fazer. Permitamo-nos, portanto, ser governados por Ele e submetamo-nos de boa vontade àqueles a quem Ele designou sobre nós, embora aparentem ser pequeninos.

João Calvino

AME SINCERAMENTE

> *Tendo purificado a vossa alma, pela vossa obediência
> à verdade, tendo em vista o amor fraternal
> não fingido, amai-vos, de coração, uns aos outros
> ardentemente, pois fostes regenerados não
> de semente corruptível, mas de incorruptível, mediante
> a palavra de Deus, a qual vive e é permanente.*
> —1 PEDRO 1:22,23
>
> *Ora, o intuito da presente admoestação visa
> ao amor que procede de coração puro,
> e de consciência boa, e de fé sem hipocrisia.*
> —1 TIMÓTEO 1:5

Paulo brevemente nos lembra, sobretudo, do que Deus exige em nossa vida e a marca à qual nossos esforços deveriam ser direcionados. E isso é o que devemos observar mais cuidadosamente, porque o mundo faz sua própria ideia de santidade consistir de pequenas bagatelas e quase desconsidera isso, o aspecto principal. Vemos como eles [alguns grupos religiosos] se extenuam com mil superstições inventadas e, enquanto isso, o último aspecto é o amor que Deus, sobretudo, enaltece. Essa, então, é a razão pela qual Pedro chama nossa atenção a isso, ao falar de uma vida corretamente formada. Ele antes havia falado da mortificação da carne e de nossa conformidade com a vontade de Deus, mas agora nos lembra do que Deus deseja que cultivemos ao longo da vida: amor mútuo, pois por meio disso testificamos também que amamos a Deus e por essa evidência Ele prova quem são aqueles que realmente o amam.

Pedro chama de "não fingido" como Paulo qualifica a fé em 1 Timóteo 1:5 de "sem hipocrisia" porque nada é mais difícil do que amar nosso próximo em sinceridade. O amor a nós mesmos,

João Calvino

que é repleto de hipocrisia, é dominante em nós, e, além disso, todos consideram cuidadosamente o amor que demonstram a outros em termos de sua própria vantagem e não pela regra de fazer o bem. Pedro acrescenta "ardentemente", pois quanto mais preguiçosos somos por natureza, mais devemos estimular-nos ao fervor e à sinceridade, e isso não apenas uma única vez, antes mais e mais diariamente.

CORREÇÃO EVENTUAL

*O Justo considera a casa dos perversos
e os arrasta para o mal.* —PROVÉRBIOS 21:12

Quando os fiéis veem que tudo vai bem com o perverso, eles são necessariamente propensos a sentir inveja, e esse é um teste muito perigoso, pois todos desejam a liberdade vigente. Consequentemente o Espírito de Deus cuidadosamente se alonga nisso, em muitas passagens, assim como no Salmo 37, para que os fiéis não tenham inveja da prosperidade do ímpio. Pedro fala o mesmo, pois ele demonstra que as aflições devem ser calmamente suportadas pelos filhos de Deus, quando comparam o destino de outros com o seu próprio. Mas ele reconhece que Deus é o juiz do mundo e que, portanto, ninguém pode escapar impune de Sua mão. Ele então deduz que uma terrível vingança em breve alcançará aqueles cuja condição parece agora favorável. O propósito do que ele diz, como já afirmei, é demonstrar que os filhos de Deus não deveriam desfalecer sob a amargura dos males presentes, mas deveriam, ao contrário, suportar calmamente suas aflições por um curto período de tempo, dado que a questão será a salvação, ao passo que os ímpios terão que trocar uma prosperidade débil e fugaz por perdição eterna.

Mas o argumento parte do menor para o mais grandioso; pois, se Deus não poupa Seus próprios filhos a quem Ele ama e que o obedecem, quão pavorosa será Sua severidade contra inimigos e inimigos rebeldes! Não há, então, nada melhor do que obedecer ao evangelho a fim de que Deus possa corrigir-nos bondosamente por Sua mão paternal para nossa salvação.

*"...os filhos de Deus não deveriam desfalecer
sob a amargura dos males presentes".*

João Calvino

O PREÇO DA REDENÇÃO

*...sabendo que não foi mediante coisas corruptíveis,
como prata ou ouro, que fostes resgatados
do vosso fútil procedimento que vossos pais vos legaram,
mas pelo precioso sangue, como de
cordeiro sem defeito e sem mácula, o sangue de Cristo.*
—1 PEDRO 1:18,19

Aqui está outra razão, extraída do preço da nossa redenção, da qual devemos sempre e continuamente nos lembrar todas as vezes em que se fizer referência à nossa salvação. Para qualquer um que rejeite e despreze a graça do evangelho, não apenas a salvação dessa própria pessoa é inútil, mas também o sangue de Cristo é inútil, pelo qual Deus manifestou o valor da salvação. Mas nós sabemos o quão terrivelmente sacrílego é considerar o sangue do Filho de Deus como algo comum. Não há, portanto, nada que deva nos estimular à prática da santidade como a memória do preço de nossa redenção.

Em prol de ampliar o que disse antes, ele contrasta a prata e o ouro, a fim de que saibamos que todo o mundo e todas as coisas que a raça humana declara serem preciosas, nada são para a excelência e o valor desse preço. Mas ele diz que foram redimidos de seu modo de vida vão, para que soubéssemos que toda a vida de um ser humano, até que essa pessoa se converta a Cristo, é um catastrófico labirinto de perambulações. Pedro também sugere que não é por meio de nossos próprios méritos pessoais que somos restaurados ao caminho correto, mas porque é a vontade de Deus que o preço [o sangue de Jesus] oferecido por nossa salvação seja eficaz em nosso favor. Disto vemos que o sangue de Cristo não é apenas a garantia de nossa salvação, mas também a causa de nosso chamado.

João Calvino

FÉ VIVA

*Meus irmãos, qual é o proveito,
se alguém disser que tem fé, mas não tiver obras?
Pode, acaso, semelhante fé salvá-lo?
Se um irmão ou uma irmã estiverem
carecidos de roupa e necessitados
do alimento cotidiano, e qualquer dentre vós
lhes disser: Ide em paz, aquecei-vos
e fartai-vos, sem, contudo, lhes dar o necessário
para o corpo, qual é o proveito disso?
Assim, também a fé, se não tiver obras,
por si só está morta.*
—TIAGO 2:14-17

Quando ele perguntou: "...Pode, acaso, semelhante fé salvá-lo?", isso é o mesmo que Tiago dizer que não obtemos salvação por um conhecimento apático e vazio de Deus, o que todos sabem ser sobretudo verdade. A salvação vem a nós pela fé por esta razão: porque nos une a Deus. E isso não vem de nenhuma outra forma senão por sermos unidos ao Corpo de Cristo, de modo que, vivendo por Seu Espírito, somos também governados por Ele. Não há coisa tal como essa na fé inanimada. Portanto não há surpresa alguma no fato de Tiago negar que a salvação esteja conectada a ela.

Tiago então toma um exemplo do que estava conectado a seu tema, pois vinha exortando seu público sobre os deveres do amor. Caso alguém, ao contrário, se vangloriasse por estar satisfeito pela fé sem obras, Tiago compara essa fé obscura ao ditado sobre alguém que diz ao faminto que seja cheio sem suprir-lhe do alimento de que está destituído. Logo, assim como alguém que manda embora com palavras um pobre e, sem oferecer ajuda alguma,

João Calvino

zomba dessa pessoa, da mesma forma brincam com Deus aqueles que concebem para si a fé sem obras e sem nenhum dos deveres da religião.

> *"...vivendo por Seu Espírito,
> nós somos também governados por Ele".*

João Calvino

MANTENDO O PRAZER SOB CONTROLE

Ai dos que se levantam pela manhã e seguem a bebedice e continuam até alta noite, até que o vinho os esqueça! Liras e harpas, tamboris e flautas e vinho há nos seus banquetes; porém não consideram os feitos do Senhor, nem olham para as obras das suas mãos. —ISAÍAS 5:11,12

Isaías acrescenta os instrumentos de prazer pelos quais pessoas viciadas em excessos provocam seu apetite. Agora, Isaías não culpa a música — pois é uma habilidade que não deve ser desprezada —, mas descreve uma nação nadando em todo tipo de luxo e inclinada demais a entregar-se a prazeres.

Quando Isaías diz: "...não consideram os feitos do Senhor...", é como se ele tivesse dito: "Eles são tão fiéis em sua indulgência luxuosa e tão devotos a ela como se esse fosse o propósito para o qual nasceram e foram educados; e não consideram porque o Senhor lhes supre o necessário". Os seres humanos não nasceram para comer, beber e chafurdar-se em luxo, mas para obedecer a Deus, adorá-lo devotamente, reconhecer Sua bondade e esforçar-se para fazer o que é agradável aos Seus olhos. Mas, quando se entregam ao luxo, quando dançam, cantam e não têm nenhum outro objetivo em vista exceto desperdiçar sua vida no mais alto regozijo, são piores do que os animais. Pois não consideram o fim para o qual Deus os criou, de que maneira Ele governa este mundo por Sua providência e para que propósito todas as ações de nossa vida devem ser direcionadas. É suficiente saber que todos os que são obcecados por prazer estão aqui sujeitos pelo profeta à reprovação por tornarem-se, voluntariamente, como animais violentos, quando não direcionam sua mente a Deus, que é o Autor da vida.

João Calvino

HUMILDE AOS OLHOS DE DEUS

...atenta para todo soberbo e abate-o.
Olha para todo soberbo e humilha-o,
calca aos pés os perversos no seu lugar.
—JÓ 40:11,12

É uma ameaça grandemente atroz quando Jó diz que todos os que buscam elevar-se terão Deus como seu inimigo que os humilhará. Por outro lado, ele fala dos humildes, diz que Deus será propício e favorável a eles. Nós devemos imaginar que Deus tem duas mãos: uma que como um martelo esmaga e quebra em pedaços aqueles que se exaltam e outra que eleva os humildes que voluntariamente se rebaixam e é como um suporte firme para sustentá-los. Estivéssemos realmente convencidos disso e tivéssemos isso profundamente fixado em nossa mente, quem de nós ousaria, por orgulho, incitar guerra com Deus? Mas a esperança de impunidade agora nos faz levantar intrepidamente nossa trombeta para o Céu. Permita então que essa declaração seja como um trovão celestial para tornar humildes os homens.

Mas ele chama de humildes aqueles que, estando vazios de toda confiança em seu próprio poder, sabedoria e justiça, buscam todo o bem somente em Deus. Visto que não há como ir a Ele exceto dessa maneira, quem, tendo perdido sua própria glória, não deveria de bom grado se humilhar?

"...ele fala dos humildes, diz que Deus
será propício e favorável a eles".

João Calvino

O AUTOESVAZIAMENTO DE JESUS

Tende em vós o mesmo sentimento que houve também em Cristo Jesus, pois ele, subsistindo em forma de Deus, não julgou como usurpação o ser igual a Deus; antes, a si mesmo se esvaziou, assumindo a forma de servo, tornando-se em semelhança de homens; e, reconhecido em figura humana, a si mesmo se humilhou, tornando-se obediente até à morte e morte de cruz.

—FILIPENSES 2:5-8

A humildade de Cristo consistia em rebaixar-se do ponto mais elevado de glória à vergonha mais baixa; nossa humildade consiste em abster-nos de nos exaltarmos por um falso orgulho. Jesus abriu mão de Seu direito; tudo o que é exigido de nós é que não tomemos para nós mais do que devemos. Logo, Paulo começa com isto: na medida em que Jesus era a forma de Deus, ele não considera ilícito que Jesus se mostre nessa forma, contudo Ele se esvaziou. Visto que, então, o Filho de Deus desceu de tão grande altura, quão desarrazoado é que nós, que nada somos, ensoberbeçamo-nos com orgulho!

Não haveria mal algum caso Jesus tivesse se mostrado como igual a Deus, pois, quando Paulo diz que Jesus "não julgou", é como se o apóstolo dissesse: "Jesus sabia, de fato, que isso era lícito e correto para Ele", para que saibamos que Sua degradação foi voluntária, não necessária.

Até mesmo isso, foi grande humildade: sendo Senhor, Ele se tornou servo. Mas Paulo diz que Jesus foi além disso, porque Ele não era apenas imortal, mas também o Senhor da vida e da morte. Ele, contudo, tornou-se obediente a Seu Pai, até o ponto de suportar a morte. Isso foi rebaixamento extremo, especialmente quando

João Calvino

vemos o tipo de morte [que Jesus sofreu], que Paulo imediatamente menciona a fim de realçá-la. Pois, ao morrer dessa maneira, Jesus não apenas foi coberto de vergonha aos olhos dos seres humanos, mas foi também amaldiçoado aos olhos de Deus. É certamente um padrão de humildade tal que deve absorver a atenção de toda a humanidade. Por ora, distante está de ser possível desdobrá-la em palavras de modo adequado à sua dignidade.

O USO DO JEJUM

E, promovendo-lhes, em cada igreja, a eleição de presbíteros, depois de orar com jejuns, os encomendaram ao Senhor em quem haviam crido. —ATOS 14:23

Eles tinham duplo objetivo e motivo para sua oração. O primeiro era de que Deus os direcionasse com o espírito de sabedoria e discrição para escolher os melhores e mais indicados homens, pois sabiam que eles não estavam munidos de sabedoria suficientemente grande para terem certeza de que não seriam ludibriados. Eles também não tinham tanta confiança em seu trabalho pesado a ponto de não reconhecer que o ponto principal era a bênção de Deus. E se essa regra deve ser observada em todas as circunstâncias sempre que o governo da Igreja está em curso, o que depende inteiramente da vontade e do deleite de Deus, devemos garantir que nada arriscaremos a menos que tenhamos Deus como nosso guia e governante. O segundo objetivo da oração deles era para que Deus equipasse aqueles pastores escolhidos com os dons necessários. Da mesma maneira, eles jejuam a fim de que isso os ajude a incitar o fervor de suas orações, pois, caso contrário, sabemos como pode ser grande a nossa frieza. Não porque seja sempre necessário que jejuemos para orar, visto que Deus convida até mesmo aqueles que foram saciados para dar graças, mas, quando por alguma necessidade somos instigados a orar mais fervorosamente do que estamos acostumados, o jejum é um auxílio muito proveitoso. E é proveitoso que notemos esse e outros usos do jejum, visto que em si mesmo nada vale nem é de importância para Deus, exceto na medida em que é aplicado a outro objetivo.

> *"Da mesma maneira eles jejuam a fim de que isso os ajude a incitar o fervor de suas orações …".*

João Calvino

O FOGO DE DEUS

*Do meio dessa nuvem saía a semelhança
de quatro seres viventes [...]. A forma de seus rostos
era como o de homem; à direita,
os quatro tinham rosto de leão; à esquerda, rosto de boi;
e também rosto de águia, todos os quatro [...].
O aspecto dos seres viventes era como carvão em brasa,
à semelhança de tochas; o fogo corria
resplendente por entre os seres, e dele saíam relâmpagos.*

—EZEQUIEL 1:5, 10, 13

Algo divino deve resplandecer nesta visão, porque Deus apresenta a face de um homem e de um boi, de uma águia e de um leão, e nisso Ele se rebaixa à tolice do povo e também do profeta, pois, como somos humanos, nossa mente não consegue ir adiante do Céu. E disso vemos com que amabilidade e tolerância Deus lida conosco, pois, de Sua parte, Ele vê como é pequena a nossa compreensão, então Ele desce até nós.

O profeta agora expressa a forma do fogo mais claramente: que os carvões eram como lamparinas que emitem sua luminosidade a certa distância e parecem espalhar seus raios em todas as direções, como o Sol quando brilha atravessando o ar sereno. No geral, o profeta quer dizer que o fogo não era escuro, mas cheio de centelhas e demonstra que os raios eram difundidos como lamparinas acesas. Posteriormente ele diz que eles andavam entre os seres viventes. O profeta vê, por assim dizer, uma forma flamejante se movendo entre as próprias criaturas viventes. Logo, o Senhor desejava demonstrar o poder e a vida de Seu próprio Espírito em todas as ações para que não mensurássemos a nossa maneira, segundo a depravação que nos é inerente.

João Calvino

Mais tarde ele diz que o fogo era resplendente e que dele saíam relâmpagos. O profeta fala de algo muito especial aqui, como se tivesse dito que o fogo não é como o que surge de madeira acesa, mas que era brilhante; do que podemos prontamente compreender que Deus aqui estabelece diante de nós a Sua glória visível e, pela mesma razão, Ezequiel diz que relâmpagos saíam do fogo. Mas sabemos que não se pode contemplar relâmpagos sem temor, pois em um momento o ar parece inflamado, como se Deus fosse, de uma maneira ou de outra, absorver o mundo. Consequentemente o surgimento de relâmpagos é sempre tenebroso para nós; portanto, quando Deus deseja se tornar familiar para nós, Ele nos despe de todo orgulho e toda segurança. Por fim, a humildade é o princípio da verdadeira inteligência. Agora compreendemos porque os relâmpagos são lançados do fogo; Ele posteriormente confirma isso.

EVITANDO JULGAR OS OUTROS

> *Porque todos tropeçamos em muitas coisas.*
> *Se alguém não tropeça no falar, é perfeito varão, capaz*
> *de refrear também todo o corpo. Ora,*
> *se pomos freio na boca dos cavalos, para nos obedecerem,*
> *também lhes dirigimos o corpo inteiro.*
> *Observai, igualmente, os navios que, sendo tão grandes*
> *e batidos de rijos ventos, por um pequeníssimo leme*
> *são dirigidos para onde queira o impulso do timoneiro.*
> *Assim, também a língua, pequeno órgão,*
> *se gaba de grandes coisas. Vede como uma fagulha*
> *põe em brasas tão grande selva!*
>
> —TIAGO 3:2-5

Após ter dito que não há ninguém que não peque em vários aspectos, Tiago agora mostra que a doença do usar mal a língua é mais hedionda do que outros pecados. Pois, ao dizer que alguém que não ofende em discurso é perfeito, ele sugere que a restrição da língua é uma grande virtude, uma das principais virtudes. Logo agem mais perversamente as pessoas que curiosamente examinam cada falha, até mesmo a menor, e, ainda assim, tão grosseiramente se satisfazem.

Tiago então indiretamente toca na hipocrisia dos censores, porque no examinar-se omitem a questão principal que era de grande importância: o seu mal falar. Aqueles que reprovam os outros fingem uma paixão pela santidade perfeita, mas deveriam ter começado com a língua se desejassem ser perfeitos. Como não fazem esforço algum para refrear a língua, mas, ao contrário, abocanham e dilaceram outros, eles exibem apenas uma santidade fictícia. Torna-se evidente que são os mais repreensíveis de todos, porque negligenciam uma virtude primária.

João Calvino

Por meio de duas comparações Tiago prova que uma grande parte da verdadeira perfeição está na língua e que ela exerce domínio, como ele menciona, sobre toda a vida. Ele compara a língua primeiro a um freio e depois ao leme de um navio. Embora um cavalo seja um animal bravio, é, contudo, direcionado conforme a vontade de seu condutor, que está com as rédeas; não é menor o governo que a língua pode exercer no homem. Também com relação ao leme de um navio, que direciona uma grande embarcação e supera a impulsividade dos ventos, mesmo a língua sendo um pequeno membro do corpo, muito faz no controlar a vida de uma pessoa.

A MANEIRA CORRETA DE DEBATER PELA FÉ

E alguns dos filósofos epicureus e estoicos contendiam com ele, havendo quem perguntasse: Que quer dizer esse tagarela? E outros: Parece pregador de estranhos deuses; pois pregava a Jesus e a ressurreição. Então, tomando-o consigo, o levaram ao Areópago, dizendo: Poderemos saber que nova doutrina é essa que ensinas? Posto que nos trazes aos ouvidos coisas estranhas, queremos saber o que vem a ser isso. Pois todos os de Atenas e os estrangeiros residentes de outra coisa não cuidavam senão dizer ou ouvir as últimas novidades.

—ATOS 17:18-21

Nessa passagem, Lucas acrescenta que Paulo começou o duelo com os filósofos. O próprio Paulo havia ordenado que mestres piedosos se equipassem com armas espirituais, com as quais poderiam defender valentemente a verdade se qualquer inimigo se colocasse contra ela (TITO 1:9). Pois não é sempre que escolhemos com quem teremos que lidar, mas o Senhor frequentemente permite que pessoas teimosas e questionadoras surjam para nos exercitar, para que suas negações da verdade apareçam mais claramente. Contudo o fim demonstrará que Paulo não discutiu segundo a sofística, nem foi levado a nenhum debate improfícuo e supérfluo, mas que viveu por essa modéstia que ele próprio ordena em outros pontos. E assim devemos nós fazer, a fim de que, ao refutarmos questionamentos vãos e ruins, possamos mansa e modestamente pronunciar o que é são e verdadeiro;

João Calvino

e devemos sempre evitar este perigo: que a ambição ou o desejo de expor nossa perspicácia não nos envolva em supérfluas e irrelevantes disputas de sagacidade.

> "...o Senhor frequentemente permite que pessoas teimosas e questionadoras surjam para nos exercitar...".

TEMOR E TREMOR

*Assim, pois, amados meus, como sempre obedecestes,
não só na minha presença, porém,
muito mais agora, na minha ausência, desenvolvei
a vossa salvação com temor e tremor;
porque Deus é quem efetua em vós tanto o querer
como o realizar, segundo a sua boa vontade.*
—FILIPENSES 2:12,13

Paulo conclui a totalidade da exortação com uma afirmação geral: eles deveriam humilhar-se debaixo da mão do Senhor, pois isso muito prontamente garantirá que, deixando de lado toda arrogância, eles sejam gentis e condescendentes uns com os outros. Essa é a única forma adequada por meio da qual a mente humana poderá aprender a afabilidade, quando alguém que, encontrando-se afastado, satisfeito em seu esconderijo, examina-se em comparação a Deus.

Paulo gostaria que os filipenses atestassem e confirmassem sua obediência sendo submissos e humildes. Agora a fonte de humildade é esta: reconhecer o quão miseráveis somos e como somos desprovidos de todo o bem. Paulo em sua declaração "...com temor e tremor..." os chama a assim fazer. Pois de onde vem o orgulho senão da certeza produzida pela confiança cega quando nos satisfazemos e ficamos mais ensoberbecidos pela confiança em nossa própria virtude, do que preparados para descansar na graça de Deus? Em contraste com esse vício, está o temor sobre o qual ele exorta [os filipenses].

Agora é como se a graça de Deus [fosse] um doce motivo para descanso; pois, se Deus age em nós, porque não nos satisfaríamos em nosso sossego? Não há nada que deva nos treinar mais na modéstia e no temor do que sermos ensinados que é somente pela

João Calvino

graça de Deus que permanecemos, e cairemos instantaneamente se Ele, ainda que no menor grau, retirar Sua mão. A confiança em nós mesmos produz imprudência e arrogância. Sabemos por experiência que todos que confiam em sua própria força tornam-se insolentes por meio da presunção e, ao mesmo tempo, destituídos de inquietações, resignam-se ao sono. O remédio para ambos os males é quando, duvidando de nós mesmos, dependemos inteiramente somente de Deus.

CARREGANDO FARDOS

*Levai as cargas uns dos outros e, assim, cumprireis
a lei de Cristo. Porque, se alguém julga ser
alguma coisa, não sendo nada, a si mesmo se engana.*
—GÁLATAS 6:2,3

As fraquezas ou pecados sob os quais gememos são chamados fardos. Isso é particularmente adequado em uma exortação ao comportamento amável, pois a natureza nos dita que aqueles que se curvam sob um fardo devem ser aliviados. Paulo nos diz para suportarmos os fardos. Não devemos tolerar os pecados ou ignorar que eles pressionam os nossos irmãos, mas aliviá-los, o que pode ser feito apenas por meio da correção suave e amigável.

Quando a palavra "lei" aqui é aplicada a Cristo, cumpre o papel de argumentação. Há um contraste implícito entre a lei de Cristo e a lei de Moisés: "Se vocês desejam guardar uma lei, Cristo lhes dá uma lei que estão sujeitos a preferir em comparação com todas as outras, que é estimar a benignidade uns para com os outros. Quem não dispõe disso, nada tem". Por outro lado, Paulo nos diz que, quando todos assistem compassivamente a seu próximo, a lei de Cristo se cumpre; pelo que ele sugere que tudo o que não procede do amor é supérfluo. Mas, como ninguém executa em todos os aspectos o que Paulo exige, estamos ainda distantes da perfeição. A pessoa que mais se aproxima dela, se comparada a outros, ainda está muito distante se comparada a Deus.

O que Paulo quer dizer no versículo 3 é claro. A frase "...não sendo nada..." em primeira análise parece significar: "Se qualquer pessoa que, na realidade nada é, afirma ser algo". Como há muitas pessoas de nenhum valor real que ficam eufóricas por uma tola admiração de si mesmas. Mas o significado é mais amplo:

João Calvino

"Considerando que todas as pessoas são nada, qualquer um que deseje aparentar algo ou convença-se de que é alguém engana-se". Primeiro, então, Paulo declara que nada temos que seja nosso de que temos direito de vangloriar-nos, mas somos carentes de tudo o que é bom, de modo que toda nossa jactância é mera vaidade. Segundo, Paulo sugere que aqueles que requerem algo como seu enganam-se. Agora, visto que nada suscita mais a nossa indignação do que outros mentirem para nós, parece a mais elevada insensatez que mintamos para nós mesmos. Essa consideração nos tornará muito mais sinceros com os outros.

# A MESA DO SENHOR

*Enquanto comiam, tomou Jesus um pão,
e, abençoando-o, o partiu, e o deu aos discípulos,
dizendo: Tomai, comei; isto é o meu corpo.
A seguir, tomou um cálice e, tendo dado graças,
o deu aos discípulos, dizendo:
Bebei dele todos; porque isto é o meu sangue, o sangue
da [nova] aliança, derramado
em favor de muitos, para remissão de pecados.*
—MATEUS 26:26-28

Após Deus nos ter recebido em Sua família, não se trata de que Ele deva considerar-nos como servos, mas como filhos, executando o papel de um pai bom e preocupado, que provê para nosso bem-estar durante todo o curso de nossa vida. E, não satisfeito com isso, Ele se agradou de uma garantia para certificar-nos de Sua contínua generosidade. Para esse fim, Ele concedeu outro sacramento à Sua Igreja pela mão de Seu Filho unigênito: um banquete espiritual no qual Cristo testifica que Ele próprio é o pão vivo do qual nossa alma se alimenta para uma verdadeira e bendita imortalidade. Os símbolos são pão e vinho, que representam o alimento invisível que recebemos do corpo e do sangue de Cristo. Pois como Deus, regenerando-nos no batismo, enxerta-nos na comunhão de Sua Igreja e nos torna propriedade Sua, afirmamos que Ele executa o ofício de um pai benigno ao suprir continuamente o alimento pelo qual nos sustentará e preservará na vida para a qual nos gerou por Sua Palavra. Ademais, Cristo é o único alimento de nossa alma e, portanto, nosso Pai celestial nos convida a Ele, para que, renovados pela comunhão com Ele, possamos ocasionalmente acumular novo vigor até que alcancemos a imortalidade celestial. Mas, como esse mistério da união secreta de Cristo com os cristãos é

João Calvino

incompreensível por natureza, Ele exibe sua forma e imagem em símbolos visíveis adaptados à nossa capacidade. Ele coloca como certo para nós como se fosse visto pelos olhos; a familiaridade da semelhança dando acesso até mesmo às mentes mais estúpidas e demonstrando que almas são alimentadas por Cristo assim como a vida corpórea é sustentada por pão e vinho. Nós agora, portanto, compreendemos o fim que essa bênção mística tem em vista: garantir-nos que o Corpo de Cristo foi outrora sacrificado por nós, a fim de que agora possamos nos alimentar dele e ao fazê-lo sintamos dentro de nós o poder deste sacrifício único: Seu sangue, que foi outrora derramado por nós para ser nossa bebida perpétua.

SEJA SANTO

Disse o Senhor a Moisés: Fala a toda a congregação dos filhos de Israel e dize-lhes: Santos sereis, porque eu, o Senhor, vosso Deus, sou santo.
—LEVÍTICO 19:1,2

O sistema das Escrituras do qual falamos visa sobretudo dois alvos. O primeiro é que o amor à justiça, ao qual não somos de modo algum naturalmente propensos, pode ser instilado e implantado em nossa mente. O segundo é prescrever uma regra que nos impedirá de nos afastarmos enquanto buscamos a justiça. Elas possuem inúmeros métodos admiráveis de recomendar a justiça. Com que melhor fundamento pode iniciar senão lembrando-nos de que devemos ser santos, visto que Deus é santo? Pois, quando fomos espalhados pela Terra como ovelhas perdidas, vagueando pelo labirinto deste mundo, Ele nos trouxe de volta para Seu rebanho. Quando se faz menção de nossa união com Deus, lembremo-nos de que a santidade deve ser a ligação. Não se trata de termos vindo à comunhão com Ele pelo mérito da santidade — devemos antes nos apegarmos a Ele a fim de que, permeados por Sua santidade, possamos segui-lo para onde quer que nos chame —, mas porque o aspecto mais profundo de Sua glória refere-se a não termos comunhão alguma com a perversidade e impureza. Logo, Ele nos diz que esse é o fim de nosso chamado, o objetivo pelo qual devemos sempre ter respeito se desejamos responder ao chamado de Deus. Pois que benefício é sermos resgatados da iniquidade e da poluição do mundo no qual estávamos imersos, se nos permitimos nelas chafurdar durante toda a vida?

"Quando se faz menção de nossa união com Deus, lembremo-nos de que santidade deve ser a ligação...".

João Calvino

COISAS MUNDANAS

*Isto, porém, vos digo, irmãos: o tempo
se abrevia; o que resta é que não só os casados sejam
como se o não fossem; mas também
os que choram, como se não chorassem; e os que
se alegram, como se não se alegrassem;
e os que compram, como se nada possuíssem; e os que
se utilizam do mundo, como se dele
não usassem; porque a aparência deste mundo passa.*
—1 CORÍNTIOS 7:29-31

Por estes fundamentos somos também instruídos pelas Escrituras sobre o uso adequado das bênçãos terrenas; um tema que, no formar o plano de vida, não deveria ser negligenciado. Pois, se planejamos viver, devemos utilizar os sustentáculos necessários da vida e também não podemos rejeitar as coisas que parecem mais úteis para o deleite do que para a necessidade. Devemos, portanto, observar um equilíbrio para que os utilizemos com consciência pura, seja por necessidade ou por prazer. O Senhor prescreve isso por Sua Palavra quando nos diz que para o Seu povo a vida presente é um tipo de peregrinação pela qual se apressam ao reino celestial. Se é para apenas passarmos pela Terra, não pode haver dúvida de que devemos utilizar suas bênçãos apenas até o ponto em que auxiliam nosso progresso, antes de retardá-lo. Mas, como esse é um lugar escorregadio e há grande perigo de queda em ambos os lados, fixemos nossos pés onde podemos nos posicionar com segurança.

Houve algumas pessoas boas e santas que, quando viram a intemperança e a opulência serem levadas perpetuamente ao excesso onde quer que não fossem rigidamente refreadas e ficaram desejosas de corrigir tal mal pernicioso, supuseram não haver

João Calvino

outro caminho senão permitir aos seres humanos utilizar bens terrenos apenas na medida em que são necessários; um conselho piedoso de fato, mas desnecessariamente austero. Muitos também nos dias atuais, procurando pretexto para intemperança carnal no uso de coisas externas para que pudessem ao mesmo tempo pavimentar o caminho para a licenciosidade, subestimam o fato de que essa liberdade não deve ser limitada por nenhuma modificação, mas entregue à consciência de todos para utilizá-la tanto quanto cada um julgar lícito. Eu, de fato, confesso que aqui as consciências não podem nem devem ser atadas por leis fixas e definitivas, mas que as Escrituras estabelecem regras gerais para os usos legítimos que devemos manter dentro dos limites que elas prescrevem.

João Calvino

MANTENHA A MENTE ABERTA

Alguns indivíduos que desceram da Judeia ensinavam aos irmãos: Se não vos circuncidardes segundo o costume de Moisés, não podeis ser salvos. Tendo havido, da parte de Paulo e Barnabé, contenda e não pequena discussão com eles, resolveram que esses dois e alguns outros dentre eles subissem a Jerusalém, aos apóstolos e presbíteros, com respeito a esta questão. Enviados, pois, e até certo ponto acompanhados pela igreja, atravessaram as províncias da Fenícia e Samaria e, narrando a conversão dos gentios, causaram grande alegria a todos os irmãos. Tendo eles chegado a Jerusalém, foram bem-recebidos pela igreja, pelos apóstolos e pelos presbíteros e relataram tudo o que Deus fizera com eles. Insurgiram-se, entretanto, alguns da seita dos fariseus que haviam crido, dizendo: É necessário circuncidá-los e determinar-lhes que observem a lei de Moisés. Então, se reuniram os apóstolos e os presbíteros para examinar a questão.

—ATOS 15:1-6

O manto e [escalão] dos homens que desceram da Judeia era muito contundente no enganar até mesmo as boas pessoas. Jerusalém era honrada, não sem motivo, entre todas as igrejas, pois o evangelho havia sido, de certa forma, redirecionado a partir dessa fonte por canos e condutos. Eles haviam visto que a circuncisão e outras cerimônias da Lei eram observadas em Jerusalém e onde quer que estivessem, não suportavam nada

João Calvino

que não se conformasse a isso, como se o exemplo de uma igreja amarrasse todas as demais igrejas a uma certa lei.

Portanto, devemos ter cautela primeiro com essa praga, para que algumas pessoas não prescrevam a lei a outras com base nos seus próprios métodos de modo que o exemplo de uma igreja não se torne um preconceito de uma regra comum. Também, devemos utilizar outra precaução: a [importância de certas pessoas] não deve impedir ou obscurecer a análise de uma questão ou problemática. Portanto, há apenas uma solução: sondar a questão com julgamento sadio.

João Calvino

A HUMANIDADE DE CRISTO

Porquanto há um só Deus e um só Mediador entre Deus e os homens, Cristo Jesus, homem, o qual a si mesmo se deu em resgate por todos: testemunho que se deve prestar em tempos oportunos. —1 TIMÓTEO 2:5,6

Quando Paulo declara que Cristo é um homem, ele não nega que o Mediador é Deus, mas, pretendendo ressaltar o vínculo de nossa união com Deus, menciona a natureza humana em lugar da divina. Isso deve ser cuidadosamente observado. Desde o princípio, os seres humanos, ao criarem esse ou aquele mediador para si, afastaram-se de Deus, e o motivo foi que, tendo sido prejudicados devido à ideia errônea de que Deus estava a grande distância deles, não sabiam para onde se voltar. Paulo corrige esse mal ao descrever Deus como estando presente conosco; pois Ele desceu até nós de modo que não precisamos buscá-lo acima das nuvens. E, de fato, se estivesse profundamente impresso no coração de todos que o Filho de Deus nos oferece a mão de um irmão e que estamos unidos a Ele pela comunhão de nossa natureza a fim de que, de nossa condição baixa, Ele possa elevar-nos ao Céu, quem não escolheria manter-se nesta estrada reta em lugar de vaguear em caminhos incertos e tempestuosos? Assim, sempre que devemos orar a Deus, se nos lembrarmos da majestade exaltada e inatingível, lembremo-nos, ao mesmo tempo, do "Cristo homem" que gentilmente nos convida e toma pela mão a fim de que o Pai, que havia sido objeto de terror e alarme, possa ser reconciliado por Ele e tornar-se favorável a nós. Essa é a única chave que abre para nós o portão do Reino celestial para que possamos comparecer na presença de Deus com confiança.

"...pois Ele desceu até nós...".

João Calvino

OS MECANISMOS DA FÉ

*Havendo grande debate, Pedro tomou a palavra
e lhes disse: Irmãos, vós sabeis que, desde há muito,
Deus me escolheu dentre vós
para que, por meu intermédio, ouvissem os gentios
a palavra do evangelho e cressem.
Ora, Deus, que conhece os corações, lhes deu testemunho,
concedendo o Espírito Santo a eles,
como também a nós nos concedera. E não estabeleceu
distinção alguma entre nós e eles,
purificando-lhes pela fé o coração. Agora, pois,
por que tentais a Deus, pondo sobre
a cerviz dos discípulos um jugo que nem nossos pais
puderam suportar, nem nós?
Mas cremos que fomos salvos pela graça do Senhor Jesus,
como também aqueles o foram.*

—ATOS 15:7-11

Certamente é trabalho da fé trazer-nos àquilo que é próprio de Cristo e assim passar a ser nosso por livre participação — de modo que há um relacionamento mútuo entre a fé e a graça de Cristo. Pois a fé em si mesma não nos purifica como se fosse uma virtude ou qualidade derramada em nossa alma, mas o faz porque recebe essa pureza que é oferecida em Cristo. Devemos também notar a sentença "[Deus,] purificando-lhes pela fé o coração"; por essa expressão, Lucas tanto faz de Deus o autor da fé como ensina também que a pureza é dom de Deus. Para resumir, ele expressa para nós que aquilo que foi dado aos seres humanos pela graça de Deus é o que eles não podem dar a si mesmos. Mas, visto que dissemos que a fé toma de Cristo aquilo que transfere a nós, devemos agora ver como a graça de

João Calvino

Cristo nos purifica a fim de que possamos agradar a Deus. E há um modo duplo de purificação: primeiro, Cristo nos oferece e nos apresenta puros e justos aos olhos do Seu Pai, afastando diariamente os nossos pecados que Ele outrora expurgou por Seu sangue; segundo, ao mortificar as luxúrias da carne por Seu Espírito, Ele nos renova para a santidade de vida.

A MENTE EXISTE PARA BUSCAR A DEUS

Então, Paulo, levantando-se no meio do Areópago, disse: Senhores atenienses! Em tudo vos vejo acentuadamente religiosos; porque, passando e observando os objetos de vosso culto, encontrei também um altar no qual está inscrito: Ao Deus Desconhecido. Pois esse que adorais sem conhecer é precisamente aquele que eu vos anuncio. O Deus que fez o mundo e tudo o que nele existe, sendo ele Senhor do céu e da terra, não habita em santuários feitos por mãos humanas. Nem é servido por mãos humanas, como se de alguma coisa precisasse; pois ele mesmo é quem a todos dá vida, respiração e tudo mais; de um só fez toda a raça humana para habitar sobre toda a face da terra, havendo fixado os tempos previamente estabelecidos e os limites da sua habitação; para buscarem a Deus se, porventura, tateando, o possam achar, bem que não está longe de cada um de nós.

—ATOS 17:22-27

A última sentença tem duas partes: é dever da humanidade buscar a Deus, e o próprio Deus vem encontrar-nos e revela-se por sinais visíveis a ponto de não termos desculpa para nossa ignorância. Portanto, lembremo-nos de que essas pessoas abusam perversamente desta vida e de que são indignas de habitar na Terra aquelas que não se aplicam a buscar a Deus. E, certamente, nada é mais absurdo do que o fato de que os seres humanos sejam ignorantes com relação a seu Autor, pois receberam a

João Calvino

habilidade de compreensão principalmente para esse uso. E devemos notar especialmente a bondade de Deus, no fato de que Ele tão intimamente se insinua a ponto de que nem mesmo o cego precisa tatear para encontrá-lo. Para onde quer que os humanos voltem o seu olhar, acima ou abaixo, devem necessariamente encontrar imagens vívidas e também infinitas do poder, da sabedoria e da bondade de Deus. Pois Deus não obscureceu sombriamente a Sua glória na criação do mundo, mas inscreveu em todos os cantos tais marcas manifestas que até mesmo os cegos as reconhecem tateando-as. Disso percebemos que os seres humanos não são apenas cegos, mas broncos como pedras quando, sendo auxiliados por testemunhos tão formidáveis, de nada se beneficiam.

JÚBILO E SOFRIMENTO

*Nisso exultais, embora, no presente,
por breve tempo, se necessário,
sejais contristados por várias provações.*
—1 PEDRO 1:6

Parece algo inconsistente quando ele diz que os fiéis que exultavam com alegria estavam ao mesmo tempo aflitos, pois esses são sentimentos contrários. Mas os fiéis sabem por experiência como essas coisas podem coexistir, muito melhor do que podem ser expressas em palavras. Contudo, para explicar a questão em poucas palavras, podemos dizer que os fiéis não são troncos de madeira, nem se esvaziaram de sentimentos humanos a ponto de não sofrerem com a angústia, não temerem o perigo e não serem golpeados pela pobreza como uma infâmia e por perseguições tão severas e afanosas de serem suportadas.

Logo, da tribulação, vivenciam a aflição, mas esta é mitigada pela fé de tal forma que não deixam de, ao mesmo tempo, exultar. Consequentemente o sofrimento não impede seu júbilo, ao contrário, dá lugar a ele. Novamente, embora o júbilo supere o sofrimento, contudo não lhe dá um fim, pois não nos desumaniza. E assim surge o que é a verdadeira paciência: seu princípio e sua raiz estão no conhecimento das bênçãos de Deus, especialmente da livre adoção com a qual Ele nos favoreceu — pois todos os que elevam suas mentes à paciência descobrem ser simples o carregar calmamente todos os males. Como pode a nossa mente ser comprimida com pesar, senão pelo fato de não termos participação em coisas espirituais? Mas todos aqueles que consideram suas tribulações como provações necessárias para sua salvação não

João Calvino

apenas se elevam acima delas, mas também as transformam em motivo de júbilo.

> *"Vejo essas lágrimas derramadas não para exibição,
> mas em arrependimento."*

A IGREJA

*Fiz aliança com o meu escolhido
e jurei a Davi, meu servo:
Para sempre estabelecerei a tua
posteridade e firmarei
o teu trono de geração em geração.*
—SALMO 98:3,4

É necessário considerar o que é a santidade em que [a Igreja] se destaca, para que, recusando-nos a reconhecer qualquer igreja, exceto uma que seja completamente perfeita, não tenhamos nenhuma Igreja sequer. O Senhor está diariamente suavizando as rugas da Igreja e limpando suas manchas. Segue-se, portanto, que a sua santidade ainda não é perfeita. Tal é, então, a santidade da Igreja: ela faz progresso diário, mas ainda não é perfeita; avança diariamente, mas ainda não alcançou o objetivo. Não compreendamos [a Bíblia] de tal forma que pensemos que mácula alguma resta nos membros da Igreja — mas somente o fato de que de todo o coração almeja a santidade e a pureza perfeita —, e logo essa pureza que ainda não alcançaram plenamente lhes é atribuída pela bondade de Deus. E embora as indicações desse tipo de santidade existente entre homens sejam raras demais, devemos compreender que, em período algum desde o início do mundo, o Senhor esteve sem a Sua Igreja, nem jamais estará até a consumação final de todas as coisas. Aprendamos com seu título exclusivo de Mãe como é útil, não, como é necessário o conhecimento da Igreja, visto que não há outro meio de entrar na vida a menos que ela nos conceba no ventre e nos dê à luz, a menos que ela nos alimente em seus seios e, em suma, mantenha-nos sob a sua custódia e seu governo até que nós, desvinculados da carne mortal, tornemo-nos como os anjos. Pois a nossa fraqueza não

João Calvino

nos permite abandonar a escola até que tenhamos investido toda a nossa vida como estudiosos.

> *"O Senhor está diariamente suavizando
> as rugas da Igreja e limpando suas manchas."*

João Calvino

INTEGRIDADE

*Portanto, sede vós perfeitos
como perfeito é o vosso Pai celeste.*
—MATEUS 5:48

Eu não insisto que a vida do cristão nada deverá exalar exceto o perfeito evangelho, embora isso deva ser desejado e deva haver esforço para ser alcançado. Não insisto tão rigorosamente em perfeição evangélica, a ponto de recusar reconhecer como cristão qualquer um que não a tenha atingido. Dessa forma, todos seriam excluídos da Igreja, dado que não há ninguém que não esteja abolido dessa perfeição, enquanto muitos que fazem apenas pequeno progresso seriam imerecidamente rejeitados. O que fazer então? Coloquemos o seguinte diante de nossos olhos como o fim no qual devemos constantemente mirar: não se pode dividir a questão com Deus, executando parte do que Sua Palavra ordena e omitindo parte por prazer próprio. Pois, primeiramente, Deus recomenda uniformemente a integridade como a parte principal de Sua adoração; sendo tal integridade um espírito verdadeiramente não dividido, destituído de brilho e ficção, e a isso se opõe um ânimo dobre como se fosse dito que o início espiritual de uma boa vida é quando as afeições interiores são sinceramente devotas a Deus, no cultivo da santidade e da justiça.

Mas, vendo que nesta prisão terrena do corpo ninguém tem suprimento de força suficiente para apressar-se em seu percurso perfeitamente, enquanto a maioria é tão oprimida com fraqueza que, hesitando, vacilando e até mesmo rastejando no chão, faz pouco progresso, vamos todos nós até onde nossa humilde habilidade permitir e terminemos a jornada outrora iniciada. Ninguém fará um trajeto tão precário a ponto de não ter algum grau de progresso diariamente. Não nos desesperemos com a pequena medida

João Calvino

de sucesso. Independentemente de quão pequeno o sucesso possa corresponder ao nosso desejo, nosso trabalho não será perdido quando o hoje for melhor do que o ontem; providos de uma verdadeira mente resoluta, mantemos nossa mira e almejamos a meta, sem bajular a nós mesmos nem satisfazendo nossos vícios, mas identificando como nosso constante esforço o ato de tornar-nos melhores até que alcancemos a própria bondade. Se durante todo o curso de nossa vida o buscarmos e seguirmos, finalmente a alcançaremos. Quando aliviados da enfermidade da carne, seremos admitidos à plena comunhão com Deus.

João Calvino

DELEITE

*Fazes crescer a relva para os animais
e as plantas, para o serviço
do homem, de sorte que da terra
tire o seu pão, o vinho,
que alegra o coração do homem,
o azeite, que lhe dá
brilho ao rosto, e o alimento,
que lhe sustém as forças.*
—SALMO 104:14,15

Que este seja nosso princípio: não errarmos no uso dos dons da Providência quando os aplicamos ao fim para o qual o autor os fez e destinou, visto que os criou para nosso bem e não para nossa destruição. Ninguém se manterá no verdadeiro caminho melhor do que alguém que tiver esse fim cuidadosamente à vista. Agora, se considerarmos o fim para o qual Deus criou o alimento, descobriremos que Ele deu atenção não apenas para a nossa necessidade, mas também para o nosso deleite e satisfação. Assim, na vestimenta, o objetivo era, em acréscimo à necessidade, beleza e honra; e nas ervas, frutas e árvores, além de seus variados usos, graciosidade de aparência e doçura de aroma. Não fosse assim, o profeta não enumeraria entre as misericórdias de Deus "…o vinho, que alegra o coração do homem, o azeite, que lhe dá brilho ao rosto…". As Escrituras não mencionariam em lugar algum, ao louvar a benevolência de Deus, que Ele concedera tais coisas a humanos. As qualidades naturais das coisas em si demonstram com que fim, e a que ponto, devem ser licitamente desfrutadas. O Senhor adornou flores com toda a beleza que se apresenta espontaneamente aos olhos e o doce aroma que deleita o sentido do olfato, e será ilícito que desfrutemos dessa beleza e desse odor? O

João Calvino

quê? Ele não distinguiu as cores de tal forma a ponto de que algumas são mais concordantes com outras? Ele não deu qualidades ao ouro e à prata, marfim e mármore, pelas quais os declara preciosos acima de outros metais ou pedras? Em suma, não deu Ele a tantas coisas um valor sem uso necessário algum?

FUGINDO DE DEUS

---

*Jonas se dispôs, mas para fugir da presença do Senhor,
para Társis; e, tendo descido a Jope,
achou um navio que ia para Társis; pagou, pois,
a sua passagem e embarcou nele, para ir
com eles para Társis, para longe da presença do Senhor.*
—JONAS 1:3

Agora, com relação à fuga de Jonas, devemos ter em mente o que eu disse antes: todos os que não obedecem voluntariamente aos comandos de Deus fogem da Sua presença; não se trata de poderem afastar-se mais ainda dele, mas buscam, como podem, confinar Deus em limites restritos e desculpar-se por estarem sujeitos a Seu poder. Ninguém de fato admite isso abertamente, contudo o fato em si demonstra que ninguém se afasta da obediência aos mandamentos divinos sem buscar diminuir o poder de Deus e, assim, retirá-lo dele a fim de que Deus não mais governe. Para todos esses, então, que não se submetem voluntariamente a Deus, agir dessa forma é o mesmo que voltar as costas para Ele e rejeitar a Sua autoridade para que possam não mais estar sob o Seu poder e domínio.

Concede-nos, Deus Todo-Poderoso, que assim como quando estávamos alienados de toda esperança de salvação o Senhor não nos enviou um Jonas, mas nos concedeste o Teu Filho para ser nosso Mestre para nos mostrar claramente o caminho da salvação e não apenas para nos chamar ao arrependimento por ameaças e medo, mas também amavelmente nos atrair à esperança de vida eterna e ser uma garantia de Teu amor paterno. Ó concede-nos que não rejeitemos tão notável favor a nós oferecido, mas que te obedeçamos, Senhor, voluntariamente e de coração; e embora as condições que o Senhor coloca diante de nós em Teu evangelho

João Calvino

pareçam severas e o carregar da cruz seja amargo para nossa carne, ainda assim que jamais rejeitemos obedecer-te, mas que nos apresentemos a ti, Senhor, em sacrifício e, tendo vencido todos os impedimentos deste mundo, que possamos continuar no percurso de Teu santo chamado até que finalmente sejamos unidos em Teu reino celestial sob a orientação de Cristo, Teu Filho, nosso Senhor. Amém.

João Calvino

O CUIDADO DE DEUS CONTINUA

Então, os marinheiros, cheios de medo, clamavam cada um ao seu deus e lançavam ao mar a carga que estava no navio, para o aliviarem do peso dela. Jonas, porém, havia descido ao porão e se deitado; e dormia profundamente.
—JONAS 1:5

Jonas sem dúvida retirou-se antes que a tempestade surgisse. Assim que zarparam do porto, Jonas afastou-se para algum canto escondido a fim de que pudesse ali dormir. Mas isso foi insensibilidade indesculpável da parte dele; uma vez que ele sabia que era fugitivo da presença de Deus, deveria estar inquieto devido aos terrores contínuos. Porém, frequentemente ocorre que, quando alguém procura esconderijos, traz sobre si um torpor quase animalesco; não pensa em nada, não se importa com nada, não se abala por nada. Tal era, então, a insensibilidade que possuía a alma de Jonas quando desceu ao porão do navio para descansar e ali pudesse satisfazer-se no sono. Como isso aconteceu ao santo profeta, quem de nós não deveria temer que assim acontecesse consigo? Pois o que impediu que a ruína tragasse Jonas completamente senão a misericórdia de Deus que se apiedou de Seu servo e velou por sua segurança mesmo quando ele adormeceu?

Nisso vemos que o Senhor frequentemente cuida de Seu povo quando não estão atentos e que os vigia enquanto dormem; mas isso não deve servir para nutrir a nossa autoindulgência, pois cada um de nós já é mais indulgente consigo mesmo do que deveria ser. Antes, ao contrário, o exemplo de Jonas, a quem vemos ter estado tão próximo à destruição, deve nos despertar e advertir para o fato

João Calvino

de que, quando algum de nós se afastar de seu chamado, não poderá permanecer seguro nesse estado, mas correrá imediatamente de volta a Deus. E se Deus não nos atrair de volta para si sem meios violentos, que ao menos sigamos o exemplo de Jonas.

VERDADEIRO ARREPENDIMENTO

Disseram-lhe: Que te faremos,
para que o mar se nos acalme? Porque o mar se ia
tornando cada vez mais tempestuoso.
Respondeu-lhes: Tomai-me e lançai-me ao mar,
e o mar se aquietará, porque eu sei que, por
minha causa, vos sobreveio esta grande tempestade.
—JONAS 1:11,12

E agora podemos aprender dessas palavras uma instrução sobretudo útil: Jonas não discute com Deus, nem se queixa raivosamente de que Ele o puniu muito severamente, mas voluntariamente abraça a culpa que lhe é imputada e sua punição. Como poderia ele confessar o Deus verdadeiro, cuja grande ira então vivenciava? Mas vemos que Jonas estava tão derrotado que não fracassou ao atribuir a honra devida a Deus. Assim, ele repete o mesmo aqui: "Vejam", diz ele, "eu sei que esta grande tempestade ocorreu por minha causa". Alguém que assume toda a culpa certamente não é alguém que murmura contra Deus. É verdadeira a confissão de arrependimento quando reconhecemos Deus e voluntariamente admitimos diante de outros que Ele é justo ainda que, segundo o julgamento de nossa carne, Deus possa lidar violentamente conosco. Sempre que damos a Ele o louvor em virtude de Sua justiça, demonstramos o nosso arrependimento, pois, a menos que a ira de Deus nos rebaixe a este humilde estado de espírito, seremos sempre repletos de amargura.

Concede-nos, Deus Todo-Poderoso, que, conforme tu nos instigas diariamente ao arrependimento e cada um de nós é também pungido com o entendimento de nossos pecados, não nos

João Calvino

tornemos néscios em nossos vícios, nem nos enganemos com adulação vazia, mas que cada um de nós examine a própria vida e então unidos, boca e coração, confessemos que somos todos culpados não apenas de ofensas leves, mas de ofensas merecedoras da morte eterna. Que nenhum outro alívio haja para nós senão Tua infinita misericórdia; e que possamos buscar nos tornarmos participantes dessa graça que nos foi oferecida por Teu Filho e nos é diariamente oferecida por Teu evangelho, de modo que, confiando-nos a Ele como nosso Mediador, não desistamos de ter esperança mesmo em meio a milhares de mortes, até que estejamos unidos na bendita vida que foi conquistada para nós pelo sangue de Teu único Filho. Amém.

João Calvino

LEMBRANDO-NOS DE NOSSOS PECADOS

*Pois nós também, outrora, éramos néscios,
desobedientes, desgarrados, escravos de toda sorte
de paixões e prazeres, vivendo em malícia
e inveja, odiosos e odiando-nos uns aos outros.*
—TITO 3:3

Nada é mais adequado para vencer o nosso orgulho e, ao mesmo tempo, para moderar nosso rigor (com outros), do que quando se demonstra que tudo o que mantemos contra outros pode cair em nossas próprias cabeças. Perdoa facilmente aquele que precisa também pedir perdão. E, de fato, a ignorância de nossas próprias falhas é a única coisa que nos deixa indispostos a perdoar os outros. Aqueles que têm zelo verdadeiro por Deus são, de fato, severos com aqueles que pecam; mas, porque partem de si mesmos, sua severidade é sempre mesclada à compaixão. A fim de que os cristãos, portanto, não zombem arrogante e cruelmente de outros que ainda estão em ignorância e cegueira, Paulo traz à lembrança dos cristãos o tipo de pessoas que foram anteriormente; como se tivesse dito: "Caso tal tratamento hostil seja dado àqueles a quem Deus ainda não concedeu a luz do evangelho, houve um momento em que você foi tratado exatamente com a mesma severidade com motivos igualmente bons. Indubitavelmente você não desejaria que qualquer pessoa fosse tão cruel assim com você, portanto exercite agora a mesma moderação com outros".

Aqueles que agora foram iluminados pelo Senhor, sendo prostrados pela memória de sua antiga insensatez, não deveriam se exaltar orgulhosamente diante de outros, ou tratá-los com maior

João Calvino

dureza e severidade do que aquela que acreditam que deveria ter sido demonstrada a si, quando eram o que os outros são agora. O segundo ponto é que deveriam considerar, com base no que ocorreu consigo, que aqueles que hoje são estranhos podem amanhã ser recebidos na Igreja e, tendo sido levados a mudar suas práticas pecaminosas, possam tornar-se participantes dos dons de Deus dos quais eles são agora desprovidos. A graça de Deus, de que eles agora desfrutam, é uma prova de que outros podem ser levados à salvação.

O PIOR
DOS PECADORES

*Fiel é a palavra e digna de toda aceitação:
que Cristo Jesus veio ao mundo para
salvar os pecadores, dos quais eu sou o principal.*
—1 TIMÓTEO 1:15

Paulo demonstra que foi bom para a Igreja que ele tivesse sido o tipo de pessoa que fora antes de ter sido chamado ao apostolado; porque Cristo, ao entregá-lo como garantia, convidou todos os pecadores à esperança certa de obtenção de perdão. Quando ele, que fora um animal feroz e selvagem, foi transformado num pastor, Cristo forneceu notável manifestação de Sua graça, a partir da qual todos devem ser levados a crer firmemente que os portões da salvação não são fechados diante de pecador algum independentemente de quão hediondos e devastadores seus pecados tenham sido.

Paulo escreveu: "…Cristo Jesus veio ao mundo para salvar os pecadores…". Que esse prefácio seja para nossos ouvidos como o som de uma trombeta proclamando os louvores da graça de Cristo, a fim de que possamos crer nela com fé mais forte. Que para nós seja como um selo para imprimir em nosso coração a firme convicção no perdão de pecados que caso contrário encontra entrada apenas no coração de pessoas que passam por dificuldades.

A palavra "pecadores" é enfática, pois aqueles que reconhecem que salvar é trabalho de Cristo têm dificuldade de admitir a ideia de que tal salvação pertence aos "pecadores". Nossa mente está sempre pronta para olhar para nosso mérito, e, assim que o vemos, nossa confiança afunda. Da mesma forma, quanto mais alguém é oprimido por pecados pessoais, que tal pessoa vá mais

João Calvino

corajosamente a Cristo, firmando-se na doutrina de que Ele veio para trazer salvação não ao justo, mas aos "pecadores".

> *"...os portões da salvação não são fechados diante de pecador algum...".*

RESPEITANDO SEU CHAMADO

*...e a diligenciardes por viver tranquilamente,
cuidar do que é vosso e trabalhar
com as próprias mãos, como vos ordenamos;
de modo que vos porteis com dignidade
para com os de fora e de nada venhais a precisar.*
—1 TESSALONICENSES 4:11,12

A última coisa que o Senhor pede que todos nós observemos é que, em todas as ações da vida, tenhamos respeito a nosso próprio chamado. Ele conhece a fervilhante inquietação da mente humana, o modo precário como se move aqui e ali, sua avidez por manter coisas contrárias que estão ao mesmo tempo a seu alcance sua ambição. Portanto, para que todas as coisas não sejam lançadas na confusão por nossa insensatez e precipitação, Ele designou deveres distintos a cada um nos diferentes modos de vida. É suficiente saber que em tudo o chamado do Senhor é a fundação e o princípio da ação correta. Alguém que não age com referência a isso jamais, ao ser dispensado do dever, manterá o curso correto. Essa pessoa será, algumas vezes, capaz talvez de aparentar algo bom, mas seja o que for aos olhos dos homens, será rejeitado diante do trono de Deus; e, além disso, não haverá harmonia entre as diferentes partes da vida de tal pessoa.

Logo, apenas alguém que direciona sua vida para esse fim terá uma vida que é adequadamente estruturada; porque, livre do impulso da precipitação, essa pessoa não arriscará mais do que seu chamado justifica, sabendo que é ilícito saltar sobre os limites prescritos. Alguém que é humilde não terá medo de cultivar a vida privada, de modo a não abandonar o posto no qual Deus o colocou. Novamente, em todas as nossas preocupações, nossa faina, nossos pesares e outros fardos, não será pequena a satisfação

João Calvino

em saber que todos estes estão sob a autoridade de Deus. Todos em seus modos específicos de vida, sem queixas demais, sofrerão suas inconveniências, seus cuidados, inquietações e angústias convencidos de que Deus proveu o fardo. Isto, também, trará admirável consolação: ao seguir seu chamado devido, nenhuma obra será tão má e sórdida a ponto de não possuir esplendor e valor aos olhos de Deus.

A ONIPRESENÇA DE DEUS

*...e no meio disto, uma coisa como metal brilhante,
que saía do meio do fogo. Do meio
dessa nuvem saía a semelhança de quatro seres viventes,
cuja aparência era esta: tinham a
semelhança de homem. Cada um tinha quatro rostos,
como também quatro asas.*
—EZEQUIEL 1:4-6

Com relação ao número, eu não duvido que Deus desejou nos ensinar que a Sua influência é difundida por todas as regiões do mundo, pois sabemos que o mundo está dividido em quatro partes. Se, portanto, Deus trabalha por meio de anjos e os usa como ministros de Seu poder, então, quando os anjos são trazidos adiante, ali a providência de Deus é óbvia e também o Seu poder no governo do mundo. Esta, então, é a razão pela qual não apenas dois querubins, mas quatro, foram colocados diante dos olhos do profeta: porque a providência divina deve ser evidente nas coisas terrenas, pois as pessoas então imaginavam que Deus estava confinado ao Céu. Todavia o profeta ensina não apenas que Ele reina no Céu, mas que governa as questões terrenas. E por essa razão e com esse propósito, Ele estende Seu poder sobre os quatro cantos do globo. Por que, então, cada animal tem quatro rostos? Eu respondo que, por meio disso, a virtude angelical é demonstrada como estando em todos os animais. Deus, por meio de Seus anjos, não trabalha apenas em seres humanos e outros animais, mas por toda a criação. E porque as coisas inanimadas não têm movimento em si e porque Deus desejava instruir um povo ignorante e que não ponderava, Ele coloca diante deles a imagem de todas as coisas sob a representação de animais. Entre seres viventes, no entanto, a humanidade fica com a primazia visto que fora criada à imagem

João Calvino

de Deus. Agora, como está igualmente claro que nenhuma criatura se move por si só, mas que todos os movimentos ocorrem pelo instinto secreto de Deus, logo cada querubim tem quatro rostos como se fosse dito que anjos não administram o reino de Deus somente em uma parte, mas em todos os lugares. Segundo, que os demais seres são movimentados de tal forma como se estivessem unidos aos próprios anjos. Em seguida, o profeta descreve cada um com quatro rostos porque, se pudermos confiar em nossos olhos ao observarmos o modo como Deus governa o mundo, a virtude angelical aparecerá em todos os momentos. É realmente como se os anjos tivessem o rosto de todos os animais; ou seja, dentro de si aberta e notavelmente, estão todos os elementos e todas as partes do mundo.

O VERDADEIRO ARREPENDIMENTO

Dele todos os profetas dão testemunho de que, por meio de seu nome, todo aquele que nele crê recebe remissão de pecados.
—ATOS 10:43

É de grande relevância que estejamos completamente convencidos de que quando pecamos há uma reconciliação com Deus pronta e preparada para nós. Caso contrário, sempre carregaríamos um inferno conosco. Poucos, de fato, consideram como é miserável e desventurada uma consciência cética; mas a verdade é que o inferno reina onde não há paz com Deus. Muito mais então nos é conveniente receber de todo o coração essa promessa que oferece livre perdão a todos que confessam seus pecados. Ademais, isso é fundamentado inclusive na justiça de Deus, porque Ele, que é quem promete, é verdadeiro e justo. Aqueles que pensam que Deus é chamado justo porque Ele nos justifica livremente raciocinam, como eu imagino, com muito refinamento, visto que a justiça e a retidão aqui dependem da fidelidade e ambas estão anexadas à promessa. Deus teria sido justo caso lidasse conosco com todo o rigor da justiça, mas, como Ele se ligou a nós por Sua Palavra, Ele não seria considerado justo a menos que perdoasse.

No entanto, como essa confissão é feita a Deus deve ser em sinceridade, e o coração não pode falar a Ele sem novidade de vida, logo inclui verdadeiro arrependimento. Deus, de fato, perdoa livremente, mas de tal forma que a conveniência de misericórdia não se torne uma sedução para o pecado.

"...nos é conveniente receber [...] esta promessa que oferece livre perdão a todos que confessam seus pecados".

João Calvino

ORANDO DA FORMA CORRETA

... porque, na peleja, clamaram a Deus, que lhes deu ouvidos, porquanto confiaram nele.
—1 CRÔNICAS 5:20

Embora Deus tenha prometido fazer qualquer coisa que Seu povo possa pedir, Ele, contudo, não lhes permite liberdade irrestrita para pedir qualquer coisa que lhes venha à mente; mas Deus ao mesmo tempo lhes prescreve uma lei segundo a qual devem orar. E indubitavelmente nada é melhor para nós do que essa restrição, pois, se fosse permitido a todos nós pedirmos o que nos agrada e se Deus nos satisfizesse com nossos desejos, isso seria nos prover muito nocivamente. Pois não sabemos o que pode ser adequado; não, nós transbordamos de desejos corruptos e prejudiciais. Mas Deus fornece um medicamento duplo para que não oremos de outra forma senão segundo o que Sua própria vontade determinou; pois Ele nos ensina por Sua Palavra que deseja que peçamos, e também estabelece sobre nós Seu Espírito como nosso guia, e reina para conter nossos sentimentos de modo que não padeçam vagueando além das fronteiras devidas. O quê ou como orar, nós não sabemos, diz Paulo; mas o Espírito auxilia em nossas debilidades e suscita em nós gemidos inexprimíveis (ROMANOS 8:26). Devemos também pedir que a boca do Senhor direcione e guie as nossas orações, pois Deus em Suas promessas fixou para nós, como foi dito, o modo correto de orar.

"...pois Ele nos ensina por Sua Palavra que deseja que peçamos...".

João Calvino

CONSIDERE TUDO COMO MOTIVO DE ALEGRIA

*Eu dei ordens aos meus consagrados, sim,
chamei os meus valentes para executarem a minha ira,
os que com exultação se orgulham.*
—ISAÍAS 13:3

Devemos indubitavelmente conceber as tentações como abarcadoras de todas as coisas adversas, e assim são chamadas porque são os testes de nossa obediência a Deus. Ele pede aos fiéis, enquanto exercitados nelas, que exultem; e isso não apenas quando sucumbem em uma tentação, mas quando caem em muitas; não de um tipo apenas, mas de vários. E, sem dúvida, uma vez que servem para mortificar nossa carne, como os vícios da carne continuamente crescem em nós, elas devem necessariamente ser repetidas com frequência. Ademais, à medida que labutamos sob enfermidades, não é surpresa que diferentes soluções sejam aplicadas para removê-las.

O Senhor então nos aflige de várias maneiras, porque ambição, avareza, inveja, glutonaria, intemperança, amor em demasia ao mundo e as inumeráveis luxúrias que em nós abundam não podem ser curadas pelo mesmo remédio.

Quando Ele nos pede que consideremos tudo como alegria, é o mesmo que dizer que tentações devem ser consideradas como ganho, interpretadas como oportunidade para alegrar-se. Ele quer dizer, em suma, que não há nada nas tribulações que deva perturbar a nossa alegria. Logo, Ele não apenas nos ordena a suportar adversidades calmamente e com a mente equilibrada, mas demonstra que há uma razão pela qual o fiel deveria alegrar-se quando pressionado por elas.

João Calvino

É, de fato, certo que todo o sentido de nossa natureza é formado de tal maneira que toda tentação produz em nós tristeza e sofrimento, e nenhum de nós pode despir-se de sua natureza a ponto de não sofrer e se entristecer sempre que sente qualquer mal. Mas isso não impede que os filhos de Deus se levantem, pela orientação do Espírito Santo, acima do sofrimento da carne. Assim o é: que em meio à tribulação não deixem de alegrar-se.

LUTAS E ADVERSIDADES

*Disse ainda o SENHOR: Certamente,
vi a aflição do meu povo, que está no Egito,
e ouvi o seu clamor por causa dos
seus exatores. Conheço-lhe o sofrimento.*
—ÊXODO 3:7

A vida dos homens é de fato indiscriminadamente sujeita às lutas e adversidades, porém Tiago não trouxe à tona nenhum homem ordinário para exemplo, pois de nada valeria perecer com a multidão. Ele escolhe os profetas, uma associação com quem é abençoado. Nada nos quebra e desanima tanto como o sentimento de miséria. É, portanto, uma verdadeira consolação saber que essas coisas comumente consideradas males são auxílios e socorros para nossa salvação. Isso é, de fato, o que está distante de ser compreendido pela carne; contudo os fiéis devem estar convencidos disto: que são felizes quando, por meio de várias dificuldades, são provados pelo Senhor. Para nos convencer disso, Tiago nos lembra de considerar o fim ou o plano das aflições suportadas pelos profetas, pois, como em nossos próprios males, ficamos sem capacidade crítica, sendo influenciados pela tristeza, pelo sofrimento ou algum outro sentimento imoderado por não vermos nada sob um céu nebuloso e em meio às tempestades, sendo lançados para lá e para cá, por assim dizer. É, portanto, necessário que desloquemos o nosso olhar para outro canto onde o céu é de certa forma sereno e radiante. Quando as aflições dos santos são relacionadas a nós, não há ninguém que professará que suas condições eram miseráveis, mas que, ao contrário, eram alegres.

> *"...essas coisas comumente consideradas males
> são auxílios e socorros para nossa salvação".*
>
> *João Calvino*

LIBERTOS DA TENTAÇÃO

Permaneça para sempre diante de Deus;
concede-lhe que a bondade e a fidelidade o preservem.
—SALMO 61:7

O que primeiro ofende o fraco é que, quando o fiel ansiosamente busca auxílio, ele não é imediatamente ajudado por Deus mas, ao contrário, Deus o faz padecer, por assim dizer, definhar ao longo da fadiga e languidez diárias; segundo, quando o perverso cresce arbitrariamente com impunidade e Deus entrementes fica em silêncio como se fosse conivente com suas ações malignas. Entretanto, Pedro remove essa dupla ofensa, pois testifica que o Senhor sabe quando é conveniente libertar o piedoso da tentação. Por essas palavras, ele nos lembra de que esse ofício deve ser deixado para Deus e que devemos, portanto, suportar tentações e não desfalecer se a qualquer momento Ele adia a Sua vingança contra o impiedoso.

Essa consolação é muito necessária para nós, pois é provável que o seguinte pensamento possa surgir furtivamente: "Se o Senhor desejasse que Seus escolhidos estivessem seguros, por que não une todos eles em algum canto da Terra para que possam encorajar-se mutuamente à santidade? Por que Ele os mistura com os perversos por quem serão desonrados?". Mas, quando Deus requer para si o ofício de auxiliar e proteger os Seus escolhidos, para que eles não fracassem na disputa, reunimos coragem para lutar mais tenazmente.

"O Senhor sabe quando é conveniente libertar
o piedoso da tentação".

João Calvino

ESCONDERIJO

*Então, os marinheiros, cheios de medo,
clamavam cada um ao seu deus e lançavam ao mar
a carga que estava no navio, para o aliviarem
do peso dela. Jonas, porém, havia descido
ao porão e se deitado; e dormia profundamente.
Chegou-se a ele o mestre do navio
e lhe disse: Que se passa contigo? Agarrado no sono?
Levanta-te, invoca o teu deus; talvez, assim,
esse deus se lembre de nós, para que não pereçamos.
E diziam uns aos outros: Vinde,
e lancemos sortes, para que saibamos por causa de quem
nos sobreveio este mal. E lançaram sortes,
e a sorte caiu sobre Jonas. Então, lhe disseram:
Declara-nos, agora, por causa de quem nos sobreveio
este mal. Que ocupação é a tua? Donde vens?
Qual a tua terra? E de que povo és tu? Ele lhes respondeu:
Sou hebreu e temo ao S*ENHOR*, o Deus do céu,
que fez o mar e a terra. Então, os homens ficaram
possuídos de grande temor e lhe disseram:
Que é isto que fizeste! Pois sabiam os homens
que ele fugia da presença
do S*ENHOR*, porque lho havia declarado.*

—JONAS 1:5-10

Frequentemente ocorre que qualquer um que tenha procurado esconderijos traz sobre si um torpor quase brutal; não pensa em nada mais, não se importa com nada mais, não se inquieta por nada mais. Tal era, então, a insensibilidade que possuía a alma de Jonas quando desceu ao porão para descansar no navio, para que ali pudesse satisfazer-se no sono. Dado que isso

João Calvino

aconteceu ao santo profeta, quem de nós não deve temer que assim seja consigo? Aprendamos, portanto, a nos lembrar frequentemente do tribunal de Deus; e quando a nossa mente estiver dominada pelo torpor, aprendamos a nos encorajar e examinar, para que o julgamento de Deus não nos sobrevenha enquanto dormimos. O que impediu que a ruína tragasse Jonas completamente senão a misericórdia de Deus, que se apiedou de Seu servo e velou por sua segurança mesmo quando ele adormeceu? Vemos nisso que o Senhor frequentemente cuida de Seu povo quando eles não estão atentos e que os vigia enquanto dormem; mas isso não deve servir para nutrir a autoindulgência, pois cada um de nós já é mais indulgente consigo mesmo do que deveria ser. Antes, ao contrário, esse exemplo de Jonas, a quem vemos ter estado tão próximo à destruição, deve nos despertar e nos advertir para o fato de que, quando algum de nós se afastar de seu chamado, não poderá permanecer seguro nesse estado, mas antes correrá imediatamente de volta a Deus.